U0693480

河南师范大学历史文化学院学术专著出版基金资助
河南师范大学学术专著出版基金资助
河南省高等学校青年骨干教师资助计划

北宋
BEISONG
SHIXUE SIXIANG LIUBIAN YANJIU
史学思想流变研究

李峰 ◎ 著

人民出版社

序

　　李峰博士的大作《北宋史学思想流变研究》即将出版,索序于我。作为作者博士论文指导教师的我,虽然一开始即参与了这部著作主题的思考与讨论,但是经过了六七年的深入研究与修订,李峰博士呈现给读者的这部论著,无论是内容的丰富还是思想的深刻,早已较之最初的文本厚重了许多,也给予了读者更多的思考。

　　关于中国古代史学,向有两晋、两宋以及清代高峰诸说。其中两晋说的代表者是首倡"史学应有专史去叙述"的梁启超,其《中国历史研究法》称:"两晋、六朝,百学芜秽而治史者独盛,在晋尤著……故吾常谓,晋代玄学之外惟有史学,而我国史学界亦以晋代为全盛时代。"持两宋说者的代表是陈寅恪,其"中国史学莫盛于宋"、"宋贤史学,今古罕匹"的观点,最为论史学者所称引。挽近,则又有台湾大学治史学史的杜维运氏,独张清代高峰说一帜,直指陈寅恪之两宋高峰说,谓"中国史学"至清代,乃"迈入一新境界","又岂远不逮宋代史学哉"?! 当然,学术之见,见仁见智,然若单以史学思想论,则我们还是要说,两宋时代的相关内容,似较之其他时代,相对可能要更富一筹。而且,论述宋代史学的论文论著虽然不少,但是结合整个学术以及社会政治清晰勾稽史学思想演进路向的论著,似并不是很多见。这也是我与李峰博士讨论并提出学位论文选题的初衷。当时为了把问题发掘、讨论得更深入,以免有浮泛之弊,我们最终决定把讨论的范围缩小到北宋,而重点则讨论北宋史学思想流变的线索与事实。

　　所谓"流变",顾名思义,就是指史学思想的演进,如水之绵绵,后来者既是对前者的继承,又是对前者的否定,并在否定、继承的张力间形成新的流向态势,从而完成史学思想嬗递之间的接受与拓新。应该说这种历史主义的思考方法,也是中国史学历来讲求的"通识"的认识方法。

中国史学向有讲求"通古今之变"的"通识"传统。而这种"通识"之于学术,于内、于纵,便是"辨章学术、考镜源流";于外、于横,则是孟子所谓的"知人论世"。若用现代学术语言讲,前者或可称为"内在理路"的梳理考察,后者则或可称为学术与其发生之背景或语境的结合论述。这里李峰博士论著所谓"北宋史学思想流变研究",顾名思义,也就是要结合"考镜源流"与"知人论世",即结合史学思想演进的内在理路与思想流变发生之背景或语境,揭橥北宋史学思想显现的流变格局与态势。

按照"考镜源流"与"知人论世"结合这样一种内外、纵横相结合的思路,李峰博士将北宋史学思想流变的发生,溯源于中唐。认为北宋的史学思想,实是中唐以来整个学术思想合乎逻辑的演进。至于北宋史学思想流变的展开,则是北宋士阶层对于北宋政治文化态势下提出的时代命题的思考与回应:

——北宋是一个怎样的时代?

——北宋的士阶层是怎样认识和回应这个时代的?

——在回应时代问题时,北宋的士阶层都关注了哪些历史问题? 对历史作出了哪些思考? 又提出了哪些史学思想? 这些史学思想具有哪些学术特点? 史学思想的流变中又与哪些学术问题有所牵连? 这些史学思想随着时代的迁变又形成了哪些流变及走向?

凡此种种,李峰博士都已在他的论著中作出了相应的探讨。当然,具体讨论到了哪一步,论述得如何,读者还是要通过与文本的对话后作出自己的评判。

学术对话总是令人愉快的,因为它能使人在思想中感受到存在。我想魏晋名士们痴迷于挥麈玄谈,或可能也是因为有着某种类似的快感或美感吧。李峰博士淡泊名利,敏事讷言,但言及学术则滔滔。我与李峰博士师友之间,每忆及或与之小酌,相与渐入微醺而辩愈急。古人谓聚天下英才而育之为人生一乐,或有此之一谓耶?

是为序。

向燕南

2013 年 7 月于半野厂

前　言

　　北宋史学思想的变迁是汉唐学术合乎逻辑的发展,其中始于庆历之际的史学新变与中唐的新史学运动有着直接的学术关联。孙复、孙甫、欧阳修等于庆历之际史学新变有着举足轻重的作用。

　　北宋史学思想从发生、发展、繁荣以至于消沉,整个过程都与时代的发展变化息息相关。宋初皇朝新建,史学思想重在效法前代;庆历之际,随着统治危机的爆发,学术领域内的变动也随之展开,史学变革遂乘势而起;嘉祐至元丰年间,统治危机持续深入,史学思想也进入新的繁荣期;北宋晚期,受党争等因素影响,史学思想呈现被异化倾向。

　　就正统思想而言,北宋前期学者们以传统神学理论为指导推演朝代兴替;庆历之际欧阳修以政治理性与道德理性立论,提出正统绝续说;嘉祐至元丰年间,欧阳修的主张得到学界普遍认同。

　　就资治思想而言,北宋前期学者重汉唐故事,庆历之际先王之道、祖宗之法受到推崇;嘉祐至元丰年间学者们在批判祖宗之法的同时,对王道的内涵展开了更为热烈的论争;晚期受党争影响,资治思想被异化。

　　就教化思想而言,北宋前期学者们借鉴传统手法,重构以宋朝为核心的新的伦理道德秩序,竭力维护社会的稳定;庆历之际,受新春秋学思想影响,学者们普遍效法《春秋》义例撰述历史,力求更好地发挥史学的教化功能;嘉祐至元丰年间,学者们以道德理性推演历史的发展,以义理判定历史是非并指导历史编纂,在一定程度上构筑起了道德理性在史学领域的主导地位,从而强化了史学的教化功能。

目 录

绪　　论

　　纵观整部中国古代史，自有国家以来，每一个朝代都面临着政权合法性问题、发展问题以及稳定问题。为解决这些问题，历代学者可谓殚精竭虑，他们从其所掌握的知识出发，根据自己对时代命题的理解，纷纷献计献策。由于史学与现实的关系非常密切，或者说史学正是通过干预现实而彰显其存在的，故而史学在历代的思想潮流中显得非常活跃。如针对政权的合法性问题，学者主张利用史学的正统史观予以应对；针对朝代的发展问题，学者主张利用史学的资治功能予以应对；针对社会秩序的稳定问题，学者主张利用史学的教化功能予以应对。由此产生了史学领域内主导中国古代史学思想走向的正统问题、资治问题以及教化问题等三个核心命题。

　　由于正统问题、资治问题以及教化问题等史学核心命题不仅主导着中国古代史学思想的走向，而且对古代政治也有着深远的影响，因此从把握中国古代史学思想史、政治史等角度考虑，截取古代一个典型时段，对史学思想做具体而微的剖析就显得相当必要。而北宋史学思想内容之丰富，在中国史学思想史上堪称典型。对这一历史时段史学思想中的正统问题、资治问题以及教化问题等史学核心命题的流变做具体而微的把握，不仅可以深化对宋代史学思想史的研究，为中国史学思想史的研究提供一个可资借鉴的新视角，同时也可以加深学界对北宋政治史的理解与把握。因此这一选题有着极强的学术价值与意义。

第一节　北宋史学思想分期

受时代及学术自身发展因素的影响，北宋史学思想发展变化的过程大致可分为复兴期、变革期、繁荣期和衰落期等四个时期。

复兴期：建隆（960—963）至天圣（1023—1032）、明道（1032—1033）年间。此期北宋文化处在恢复期，苏轼所谓："宋兴七十余年，民不知兵，富而教之，至天圣、景祐极矣，而斯文终有愧于古。士亦因陋守旧，论卑而气弱。"① 陈傅良则把天圣（1023—1032）、明道（1032—1033）以前视为"守故蹈常"时期："宋兴，士大夫之学，亡虑三变：起建隆至天圣、明道间，一洗五季之陋，知向方矣，而守故蹈常之习未化"②。史学作为宋代文化的一部分，自然也处在恢复时期。

此期，就正统问题而言，学者摭拾前代学术理念，以三统、五德理论为核心重构北宋历史，竭力塑造北宋皇朝的正统形象；就资治问题而言，学者力求通过借鉴历史经验，确立其统治秩序；就教化问题而言，为了确立新的社会秩序，北宋学者利用传统的历史编纂手段，重构新的伦理道德体系。由于此期的史学思想主要是对前代史学思想的学习与继承，故吴怀祺先生指出这一时期的史学思想"缺少创新"③。

变革期：庆历（1041—1048）之际。因为学术史重点考察的是思想的变迁，而思想的变迁不像政治史的变迁那样截然分明，所以"学术史的年代，同普通史的年代，不能划得恰平，中间也有些参差不齐的。"④ 因此，学界论及"庆历之际"，多不局限于庆历（1041—1048）年间，而是以庆历

---

① 苏轼撰，孔凡礼点校：《苏轼文集》卷十《六一居士集叙》，中华书局1986年版，第316页。
② 陈傅良：《止斋集》卷三十九《温州淹补学田记》，《文渊阁四库全书》第1150册，第809页。
③ 吴怀祺：《宋代史学思想史》，黄山书社1992年版，第5页。
④ 钱穆：《欧阳修〈新五代史〉与〈新唐书〉》，《中国史学名著》，三联书店2000年版，第163页。

（1041—1048）年间为中心向前后延伸若干年。如刘昭瑞认为："北宋中期这一段时间，也就是公元11世纪20年代到70年代这五、六十年左右时间，堪称又一文化高峰期，这段时间包括北宋王朝仁宗、英宗、神宗三个皇帝，以仁宗的庆历年间为中心，前后延伸30年左右。为了便于概括，在文化史的研究中，可以把这一段时间称之为'庆历之际'。"① 郭学信也持此说②。漆侠论及宋学，认为其"形成于庆历新政（1043—1044）的前后四十年间。"③ 此虽未明言"庆历之际"，显然指的就是这个时段。而李强"以庆历年间活跃士人的主要政治、文学活动时期为参照，把自仁宗天圣末到嘉祐初的二三十年时间，归于所谓的'庆历之际'。"④

征诸史实，笔者认为"庆历之际"的上限应在明道（1032—1033）、景祐（1034—1038）之际，下限当在嘉祐（1056—1063）年间，也就是以庆历（1041—1048）年间为中心，前后历时三十年左右。此期的特征是新思潮涌动。

所谓"思潮"，或可称为"时代思潮"，梁启超所谓："今之恒言曰'时代思潮'，此其语最妙于形容。凡文化发展之国，其国民于一时期中，因环境之变迁与夫心理之感召，不期而思想之进路，同趋于一方向，于是相与呼应汹涌如潮然。始焉其势甚微，几莫之觉，浸假而涨——涨——涨，而达于满度。过时焉则落，以渐至于衰熄。凡'思'非皆能成'潮'，能成潮者，则其思必有相当之价值，而又适合于其时代之要求者也。凡'时代'非皆有'思潮'，有思潮之时代必文化昂进之时代也。"⑤ 据此，要确定一个时代是否有某种思潮，要具备两个在逻辑上相互关联的条件：即首先要求在一定时期有相当数量的人的思想朝着同一个方向发展，其次这种思想必须有一定的价值并且适合时代的要求，达到此两点者即可称为思潮。而以此两点来关照北

① 刘昭瑞：《"庆历之际"——中国传统思想文化发展的又一高峰期》，《人文杂志》1991 年第 3 期。

② 郭学信：《略论"庆历之际"士人精神的嬗变》，《天津社会科学》2002 年第 5 期。

③ 漆侠：《胡瑗在经学和教育上的杰出贡献》，《天津社会科学》2001 年第 4 期。

④ 李强：《北宋庆历士风与文学研究》，上海书店出版社 2011 年版，第 1 页。

⑤ 梁启超：《中国近三百年学术史》，中国书店 1985 年版，第 11 页。

宋学术思想的发展，可发现在北宋中期确实出现过一次新思潮运动。如苏轼指出当时在欧阳修的激励下，通经与学古成了学者们的追求："自欧阳子出，天下争自濯磨，以通经学古为高，以救时行道为贤，以犯颜纳说为忠。"① 此期当指景祐（1034—1038）、庆历（1041—1048）年间，因为在这段时间欧阳修多次抗颜直谏，名动海内。全祖望则明确指出，宋代学术勃兴于庆历（1041—1048）之际："庆历之际，学统四起。"②

在此期间，源自中唐的儒学更新运动再度复兴，古文运动以及新史学运动亦皆乘势而起，宋代学术因而进入勃兴时期。

此期学者们纷纷主张以经学思想尤其以新春秋学思想为指导治史。就资治问题而言，受经学新变的影响，推行王道，追踪二帝三王成为时代潮流，在此过程中，学者们对王道的内涵展开了深入的探讨，汉唐故事受到抨击，宋代祖宗故事被推至崇高地位；就正统问题而言，欧阳修以《春秋》思想为理论依据，对传统正统史观进行改造，提出正统绝续说，从而使正统史观面貌为之一新；就教化问题而言，学者们普遍效法《春秋》义例撰述历史，力求更好地发挥史学的教化功能。

繁荣期：嘉祐（1056—1063）至元丰（1078—1085）年间。论及宋代学术的繁荣期，苏轼认为当自嘉祐（1056—1063）时期起，所谓："长育成就，至嘉祐末，号称多士。"③ 陈傅良亦视景祐（1034—1038）以后为学术繁荣时期，而范仲淹、欧阳修和周敦颐在其间依次起到了推波助澜的作用："范子始与其徒抗之以名节，天下靡然从之，人人耻无以自见也；欧阳子出，而议论文章，粹然尔雅，轶乎魏晋之上；久而周子出，又落其华，一本于六艺，学者经术遂庶几于三代，何其盛哉。"④ 由于北宋史学思想的变迁是在北宋学术思想变迁的大势下形成的，北宋史学思想的繁荣期与北宋学术思想相一致。

① 苏轼撰，孔凡礼点校：《苏轼文集》卷十《六一居士集叙》，第316页。
② 黄宗羲辑，全祖望订补，冯云濠、王梓材校正：《宋元学案》卷六《士刘诸儒学案》，《续修四库全书》第518册，第134页。
③ 苏轼撰，孔凡礼点校：《苏轼文集》卷十《六一居士集叙》，第316页。
④ 陈傅良：《止斋集》卷三十九《温州淹补学田记》，第809页。

此期兴起于庆历（1041—1048）之际的新史学思想继续发展。就资治问题而言，随着学者对历史发展规律的深入剖析，虽然祖宗家法和汉唐故事也受到一些学者的推崇，但就当时的思想主流而言，更看重三代的王道，在庆历（1041—1048）之际还被认为是推动社会变革的积极因素的祖宗家法，在此期间则被普遍认为是需要加以破除的阻碍社会发展的消极因素。熙丰（1068—1085）年间的变法活动，就是一个高举王道旗帜，全面变更宋代祖宗家法的过程。就正统问题而言，欧阳修的主张得到学者普遍认同，正统观面貌焕然一新；就教化问题而言，学者们抛弃传统的天命观，纷纷以道德理性为指导研究、评判并撰述历史，确立了道德理性在史学领域内的主导地位。

衰落期：元祐（1086—1094）至靖康（1126—1127）年间。此期不同政治派别打着以史资治的旗号，而行其专断国是之私心，从而异化了北宋的以史资治之风。历史教化思想及正统思想皆乏善可陈。

第二节　学术史回顾

本书着重对北宋史学思想流变进行探研，由于北宋史学思想的发展变化始终围绕着正统问题、资治问题以及教化问题等三个核心命题展开，故本书所探讨的就是北宋学者围绕这些核心命题生发出的史学思想的发展变化历程。而关于这些方面的研究，国内外的学者已取得了相当大的成绩。

一、关于北宋史学变革问题

北宋史学的变革问题，在 20 世纪前期就引起了学者的注意。刘咸炘认为受仁宗时期学术新风的影响，北宋史学思想也发生变化，如欧阳修受孙复、尹洙影响，作《五代史记》及《唐书》，"本纪用《春秋》法"。吕夏卿承中唐学者喜谈《春秋》，以褒贬为史法之流，作《唐书直笔》详言本纪书法，

"开晚宋以后之习"①。

　　蒙文通继而用简约的文辞对北宋史学流变进行梳理，指出唐初至庆历（1041—1048）以前主流史学皆沿袭六朝，缺乏创新，其异端则是中唐异儒所倡导的以春秋学思想为指导来研究历史的新派史学，此学到"庆历时代"，随着旧学的衰落而勃兴，从支流变为主流："自天宝、大历以来发其端，至庆历而后盛。"认为《新五代史》和《新唐书》的修撰是中唐新史学思想合乎逻辑的发展，孙甫的《唐史记》，对中唐史学有继承也有创新，《资治通鉴》"遗褒贬，削制度，是则仿孙氏者也"。②

　　钱穆认为宋代史学与汉唐史学相比有好议论的特点："就一般而论，宋儒史学，显较汉唐儒为盛。而宋儒之于史学，亦好创立议论，不专于纂辑叙述考订而止。于著史考史外，特长论史，此亦宋代学术一新风气之特征。"③

　　牟润孙对孙复的春秋学思想进行了探讨，认为孙复之书"别开说经之新途径，其影响所及者，不仅《春秋》之学或经学而已"④。

　　刘子健称："11 世纪的历史学家掀起了一场史学评论高潮。"⑤

　　王东认为庆历（1041—1048）年间，学风突变，学者们由迷信传注转为主张以己意说经，在此声浪中，宋代的"春秋学"家们上宗唐代啖助等人的"春秋学"，对《春秋》三传予以空前的怀疑与驳难，其中"孙复是这种学风的带头人"。这种《春秋》经学对宋代的史学产生了重大影响："纵观宋代史学，几乎所有有影响的史家史著，都与《春秋》经学有着内在的联系。"如经界的感注导致了史界的疑古、《春秋》"笔法"影响着宋代史学中义例之学的创立、《春秋》"大义"影响着宋代史学史笔主旨的确立、《春秋》"正名"思想影响着宋代史学"正统"论的形成。随着《春秋》经学的理学化，宋代史

①　刘咸炘：《刘咸炘学术论集史学编（下）》，广西师范大学出版社 2007 年版，第 507 页。

②　蒙文通：《中国史学史》，上海人民出版社 2006 年版，第 73—76 页。

③　钱穆：《朱子新学案》，巴蜀书社 1986 年版，第 9 页。

④　牟润孙：《两宋春秋学之主流》，《注史斋丛稿》，中华书局 1987 年版，第 141 页。

⑤　［美］刘子健著，赵冬梅译：《中国转向内在》，江苏人民出版社 2002 年版，第 28 页。

学由经学化开始最终走入理学化的道路。①

　　蔡崇榜认为宋代义理史学发达："宋代史学，上承中唐以来师法《春秋》义例，以孔子褒贬笔削之意言史的风气；下受儒学更新运动和理学思想的影响，出现援经入史，以史学著作阐释儒学义理，宣扬儒家伦理道德、经世思想的一派，从而涌现出大批义理史著。"②

　　吴怀祺先生认为北宋史学思想史以庆历元年（1041）为分界线，可分为两个阶段。前一阶段，"宋代的学术思想包括史学思想基本上是沿袭前人的认识，发明不多。"这一时期学术思想、史学思想反映出的时代特点是"尊王攘夷"，特别是"尊王"的观念。后一阶段，"学术思潮是'疑经'与'发明经旨'的结合。"理学对史学产生多方面的影响。这一阶段史学思想的中心内容可概括为"资鉴"、"求理"。③

　　徐洪兴对孙复的思想进行全面探讨，认为孙复"治《春秋》舍传求经，直抒'圣人'微旨，在学界造成新风气，对宋儒义理之学的产生起了重要作用。"④

　　杨世文对中唐啖助学派的新春秋学思想进行了梳理，指出"宋代学者继承了啖助、赵匡、陆淳的治学传统⑤。

　　瞿林东先生认为在中国史学发展历程中，两宋史学在理论上的成就十分突出。在历史观念方面，表现出深刻的忧患意识；在史学观念方面，表现出广泛而深入的史学批评意识，从而把中国古代史学批评推向繁荣阶段。其特点是具有自觉史学批评意识的史家越来越多，提出的理论问题越来越深入，开展史学批评的范围越来越广泛。这几方面的"合力"，造成了中国史学在多

　　① 王东：《宋代史学与〈春秋〉经学——兼论宋代史学的理学化趋势》，《河北学刊》1988年第6期。
　　② 蔡崇榜：《论宋代的义理史学》，《国际宋代文化研讨会论文集》，四川大学出版社1991年版，第519页。
　　③ 吴怀祺：《宋代史学思想史》，第1—10页。
　　④ 徐洪兴：《孙复论》，《孔子研究》1990年第3期。
　　⑤ 杨世文：《经学的转折：啖助赵匡陆淳的新春秋学》，《孔子研究》1996年第4期。

途发展之后又一个生动活泼的局面。①

王盛恩先生对孙甫的史学成就进行了探研，认为孙甫于宋代史学"有开风气之功"。②

邓志峰探讨了中唐的新史学运动，认为该运动的基本取向是用新经学的标准来衡量史学，进而讲究"春秋义法"。③

宋馥香、石晓明认为《春秋》对北宋时期历史编纂的影响，主要表现在取法《春秋》义例指导史书的编纂和仿照《春秋》笔法记史等两个方面④。

王天顺指出北宋中叶孙复受中唐啖助学派影响，以"春秋学"名家，欧阳修、石介皆从其学，促成"春秋学"勃兴，从而带动整个经学走出汉唐注疏的旧畛域，开辟了宋学新天地。受此影响，"史学也一新其面目：史家大都高标《春秋》尊王之旨，在自己的作品中大量注入《春秋》精神，经史趋于合流。"认为《春秋》褒贬大义是宋代史学的灵魂。史家以《春秋》大义绳历代群史，尊编年而抑纪传，在体例上做文章。《春秋》义例被奉为史家极则。史家发挥所谓"春王正月"之义，厘定年序，为宋廷争正统；效《春秋》书法，严格义例，彰显尊王之旨，严责臣节以重教化。⑤

邓锐探讨了《春秋》义例、大义的内涵及其对宋代史书褒贬的影响。⑥

二、关于正统问题

内藤湖南认为由于历史编纂的需要，导致宋代正统论兴盛。⑦

陈芳明认为在宋以前，正统观念还没有形成系统的思想，对正统源流的正式讨论，始于宋朝。就正统论的内容而言，北宋正统论的中心是欧阳修。

---

① 瞿林东：《两宋史学批评的成就》，《河北学刊》1999 年第 2 期。

② 王盛恩：《孙甫史学发微》，《史学史研究》2003 年第 3 期。

③ 邓志峰：《义法史学与中唐新史学运动》，《复旦学报》2004 年第 6 期。

④ 宋馥香、石晓明：《〈春秋〉对北宋历史编纂之影响探微》，《东北师大学报》2006 年第 1 期。

⑤ 王天顺：《宋代史学的政治功利主义与春秋宋学——蠡测宋代史学成就的另一面》，《学术月刊》2008 年第 11 期。

⑥ 邓锐：《〈春秋〉书法对宋代史书褒贬的影响》《安徽史学》2009 年第 6 期。

⑦ ［日］内藤湖南著，马彪译：《中国史学史》，上海古籍出版社 2008 年版，第 172—177 页。

而最先讨论正统思想的是《册府元龟》，此可代表北宋前期对正统论的看法，该正统观念中充满迷信思想，立论以五行学说为基础，认为历代王朝的正统地位是"乘时迭起"，是"上承天统"。欧阳修不赞成以五德说来解释正统，认为历代强盛王朝的兴起都是在前朝衰退之时取而代之，绝不是根据五德之运才崛起的。欧阳修还创绝统之说，认为正统的演变可断可续，不必强立正统，从而给正统论以极大的弹性。章望之并不赞同欧阳修的观点，在批驳之时，又于正统之外提出了霸统说。苏轼则拥护欧阳修而对章望之的观点进行了批驳，苏轼的立论基础在于名实的辨别。苏轼认为欧阳修提出正统的目的在于重名，而章望之提出霸统的目的在重实，因此章望之的霸统说等于鼓励后人弑君称王，而欧阳修的正统说是重名分，即强调正统思想中的名实相符，故虽重名，实际上也是重实。司马光赞同欧阳修的绝统说，反对章望之的霸统说。最后，陈芳明认为通过综观北宋时期的正统论，可了解宋代士大夫史学思想的一个趋势，即正统的观念由最初的政治神话逐渐演变到史学的讨论，反映着史学思想的进步。①

吴怀祺先生认为欧阳修的正统论与传统正统论明显不同的地方，"是欧阳修把尊王大一统的观念作为'正统'的内涵"②。

饶宗颐对宋代的正统论进行了全面梳理，指出宋循火德之运迄无改易，而宋初诸儒尤有主金德、土德之异论。认为欧阳修首撰《正统论》为古今一大文字，并叙述了章望之、苏轼、陈师道、司马光等关于正统问题的论争。③

王记录师等认为欧阳修的正统论注重从道德、功业两方面去考察王朝历史地位，把道德评价与历史评价结合起来，言人事而弃神学，重理性而摒迷信，并指出正统有续有绝，中国历史上存在着"王道"无所归的历史时期，这些认识在史学上都是有价值的，反映了欧阳修史学思想的进步之处。④

---

① 陈芳明：《宋代正统论的形成背景及其内容》，《宋史研究集》（8），"国立"翻译馆中华丛书编审委员会（台北）1976年版。

② 吴怀祺：《宋代史学思想史》，第32页。

③ 饶宗颐：《中国史学上之正统论》，上海远东出版社1996年版，第35—44页。

④ 王记录、闫明恕：《正统论与欧阳修的史学思想》，《贵州社会科学》1996年第1期。

　　范立舟认为宋代理学思潮的兴起，使正统之辨成为传统政治历史文化中的一个鲜明主题。宋儒对中国历代王朝合法性依据的认定标准有二："合天下于一"和"居天下之正"。北宋时期，注重"一统"甚于"居正"，未尝唯以终极本体的伦理观念"天理"为标尺去审视、评价中国历史上王朝传承中的合法性。南宋立国之后，现实的政治格局自然地引起宋儒文化心态与历史观念的重大变化，体现在正统理论问题上，"合天下于一"的观念淡薄了，而"居天下之正"的意识凸显了。[①]

　　刘连开认为欧阳修的正统论在中国史学思想史上占有重要地位。欧阳修在不同文章中，对正统标准的阐释也不一致，有时批判前人于对峙分裂历史时期强立一国为正统的做法，从而将曹魏与五代各国排除于正统秩序之外，有时又承认二者的正统地位。欧阳修的论述实际上构成了正统二重标准，即史学（史书纪实）的标准与政治（德义）的标准，其矛盾既暴露出史家正统理论与修史实践之间的悖离，又体现了封建史学的二重性。[②]

　　张伟认为中国封建正统史观至两宋而趋于理论化，以"居正"、"一统"、"严夷夏之防"为核心内容的两宋正统史观，不仅反映出宋代史学思想的演变和史学政治功能的强化，而且对史学的发展产生了深刻影响，剖析两宋正统史观是解读传统史学思想演变的一大关键。[③]

　　金鑫、曹家齐认为欧阳修以"居正"和"一统"作为判定"正统"标准的思想，是在批判"五德终始"说的基础上，以《春秋公羊传》为理论依据，带上宋学的特征。其"绝统"概念的提出，则是受到了韩愈道统"绝统"说的启发。[④]

　　刘浦江认为以阐释政权合法性为目的的五德终始说建立在对宇宙系统的信仰之上，经过宋代儒学复兴的冲击，被宋儒以道德批评为准则的正统论取而代之。但五运说的残余影响仍长期存在，直到明代，朝野间仍在继续讲求

---

　　① 范立舟：《宋儒正统论之内容与特质》，《安徽师范大学学报》1999 年第 2 期。
　　② 刘连开：《再论欧阳修的正统论》，《史学史研究》2001 年第 4 期。
　　③ 张伟：《两宋正统史观的历史考察》，《宁波大学学报》2003 年第 2 期。
　　④ 金鑫、曹家齐：《说欧阳修的正统论》，《史学史研究》2005 年第 2 期。

德运。五运说在宋代所面临的危机并不是一个孤立的现象，而是中国传统政治文化的一种共同境遇。宋代知识精英对五运说、谶纬、封禅、传国玺等传统政治文化进行了全面的清算，从学理上消解它们的价值，从思想上清除它们的影响。宋儒的政治伦理观念在当时是高调的、前卫的，但到元明清时代就变成了普世的价值观。传统政治文化的这一变迁轨迹，显示了宋元明清时代思想史的基本走向。①

江湄认为伴随唐宋文化转型而兴起的"正统"论，扬弃了天人感应、五德终始之说，以法则性、道德性"天理"取代主宰性、意志性"天命"，经宋儒精心阐发的文化价值理想、社会政治理想"天理—王道"再次构成统合历史兴盛衰亡之变的"贞一之理"。而北宋时代的正统之辨呈现出儒家历史哲学、政治哲学在因应时代变化之际曾具有的复杂、深刻的思想面貌。②

三、　关于资治问题

历史上，历史发展观问题往往与国家发展问题联系在一起。中国自古有以史资治的传统，而历史发展观的一个重要任务就是解决向谁学习的问题。因此，宋代学者对历史发展观问题屡有论述，并以此为依据深入探讨了资治问题。关于这方面的研究，学术界已取得一系列成果。

学界注意到北宋中期新学术背景下学者对历史发展观的思考。吴怀祺先生指出，欧阳修认为"支配社会兴衰治乱的是'人理'，'人理'是封建的纲常伦理。"③二程在对历史盛衰的认识上，首先他们认为"自然界事物和社会历史都有盛衰变动的过程"。其次他们认为历史可分为二帝以上的时期、三代王道时期、三代以后的霸道时期等三个不同的历史时期，这三个阶段的变化"是在循环中退化的"。其原因在于"三代用'理'、'道'治天下，秦汉以后的社会是用'法'、'智力'行权术，控制天下。"④指出邵雍把历史概括为皇

①　刘浦江：《"五德终始"说之终结》，《中国社会科学》2006年第2期。
②　江湄：《从"大一统"到"正统"论》，《史学理论研究》2006年第4期。
③　吴怀祺：《宋代史学思想史》，第45页。
④　吴怀祺：《宋代史学思想史》，第65—70页。

帝王霸的循环变化过程，"有'退化论'的色彩"。认为"决定历史兴衰的根本东西是道，即父子君臣之道。"① 指出司马光缺乏历史变通思想，对历史总体认识，缺少运动、变化的思想。司马光认为历史有王道与霸道的区别，但是王、霸的"道"没有根本的区别。因此在司马光看来，"历史上的经验教训中的根本的'道'的总结，对治理现实社会的意义特别重大"。"道"的具体内容就是"名分等级统治的礼制"。②

施丁先生认为司马光探讨历代治乱兴衰，主张古今之道不变。③

王志略指出曾巩认为古今变化不同④。

汪高鑫先生认为司马光从探讨易道阴阳消长之理入手，论证人类社会历史呈治乱兴衰交替运动变化，肯定天地是造物主，而人君是历史治乱兴衰的决定者，主张道法有别，强调"圣人守道不守法"。⑤

北宋学者通过对历史发展观的探讨，形成了法圣、法史和法祖的富有特色的以史资治思想。学界对此也有深入的研究。

所谓法圣，是指效法六经中所体现的二帝三代之治，或者说是"王道"思想。

刘连开认为理学家们注重探讨历史发展的趋势以及历史变化的动因，这可以归结为历史之"道"的讨论。宋代的义理化史家们对这一内容最感兴趣。宋代由于社会结构的变化、商品经济的发展，导致了社会价值观念的深刻变动。就士大夫而言，他们在"义"与"利"的价值判断和抉择面前产生了思想的困惑，围绕着这个问题，宋代史家们展开了热烈的讨论。王霸义利之争涉及哲学、政治以及人生观等诸多领域的问题，同时蕴含着深刻的历史哲理，反映了历史价值标准的认识。⑥

江湄探讨了北宋诸家春秋学的王道论述，认为北宋中期，春秋学大盛，

① 吴怀祺：《宋代史学思想史》，第94—95页。

② 吴怀祺：《宋代史学思想史》，第112—115页。

③ 施丁：《论司马光的史学思想》，《文史哲》1988年第6期。

④ 王志略：《曾巩历史学说综述》，《贵州师范大学学报》1999年第1期。

⑤ 汪高鑫：《对司马光历史盛衰论的再认识》，《史学史研究》2000年第1期。

⑥ 刘连开：《理学和两宋史学的趋向》，《史学史研究》1995年第1期。

其著者有孙复、孙觉、程颐、刘敞、苏辙等五家。诸家推明"王道"大义的精神统绪，在喜谈尧舜三代之治、天人性命之理的时代风气下，以春秋学的形式表达着对于若干重大、根本政治问题的理性深思，且形成了交锋抗辩的对话关系。这些问题包括"大一统"人间秩序的理想形态及其形上依据，专制君权的正当性判断，"大一统"国家的政治宪纲，士大夫的政治伦理与实践原则，立国兴国的改革之道，等等。①

余英时对宋人"回向三代"的观念进行了探讨，认为虽然太宗时期效法三代的"三代论"还未曾形成一股推动朝野的思潮，"欲复二帝三代"的意识一直到仁宗朝才充分显露出来，当时"回向三代"的意识大盛。如石介、尹洙、欧阳修、李觏"都同有超越汉、唐，复归'三代'的明显倾向。"认为朱熹所谓的"国初"学者们"欲复二帝三代"，大体上指仁宗时期而言。进而指出"回向'三代'的改革议论自仁宗中期以来一直持续不断，这是神宗熙宁变法的背景。"认为王安石法"二帝三王"之意的主张"道破了回向'三代'运动的真精神所在。"程颢的变革主张与范仲淹、王安石的言论颇多相互呼应之处，即都认为回向"三代"，"必归宿于变法改制"。最后特别指出"由于熙宁变法是在回向'三代'的号召之下进行的，后来蔡京打着'新法'的旗帜执政，一举一动都引'三代'为借口，以致激起士大夫的反弹。"②

邓小南对北宋前期士大夫们的"皇王帝霸"之说进行了探讨，认为该说是以"阐发为君之道的形式出现，作为帝王政治的御臣御民之术而被注意。"当时的士大夫们"一方面称说三代，一方面又希望比隆汉唐。"认为此期士大夫们开国致治的理想目标似乎相对"务实"，主要是希望"比隆汉唐"。仁宗后期至神宗前期，士大夫们纷纷提出救世良方，具有代表性的是司马光与王安石。王安石以先王之政为标杆，对祖宗之法提出批判，认为当时之法度多

---

① 江湄：《北宋诸家〈春秋〉学的"王道"论述及其论辩关系》，《哲学研究》2007 年第 7 期。

② 余英时：《朱熹的历史世界：宋代士大夫政治文化的研究》，三联书店 2004 年版，第 184—198 页。

不合于先王之政。①

　　所谓法史，就是效法以汉唐历史为重要内容的历史典故。

　　仓修良认为《册府元龟》与古代许多官修类书一样，主要是为了供帝王阅览历代治乱兴衰之故、君臣得失事迹，以为施政之借鉴。不过它在这方面表现得更为突出。它的全部编纂过程，从内容到分类，无一不是从史鉴角度出发。② 孙绍华认为《册府元龟》是为了有益治道，适应当时社会历史的政治要求而编辑成书的。不论从正面或反面，《宰辅部》所辑存的历代大臣事迹不仅数量可观，而且也细别门类，以使所揭示的各方面的问题都极为鲜明突出，以达到彰善惩恶，永垂鉴戒的目的。③ 叶孟明认为《册府元龟·将帅部》是以总结古代将帅正反两方面经验作为鉴戒为其目的，条理分明，内容翔实，是古代将帅之道的全面总结。④ 陈抗生认为太祖、太宗时，宋朝刚摆脱乱世，统治阶级自上而下都对法律感到陌生，为使司法官员学习法律，熟悉历代法制沿革，以便彻底改变法吏不知法的反常状态，太宗朝编撰《太平御览·刑法部》，侧重历史刑名本身的摘采。真宗时期前代的问题已解决，皇朝对法律的关注转向探讨和总结各朝统治阶级的法律指导思想、司法原则、司法程序的经验教训以为巩固赵宋王朝的统治服务，因此《册府元龟》重在对司法原则及其经验、教训的叙录。⑤ 内藤虎次郎认为《册府元龟》反映了前代以博学多识为特点的学问。⑥

　　施丁先生认为司马光治史，意在为统治者"资治"，这是其史学思想的最大特点。司马光重人而轻天，他编写史书，专供君主以史为鉴，要求君主懂

---

　　① 邓小南：《祖宗之法：北宋前期政治述略》，三联书店 2006 年版，第 398—449 页。

　　② 仓修良：《从〈册府元龟·帝王部〉看其作者的神学史观》，载刘乃和主编：《〈册府元龟〉新探》，中州书画社 1983 年版。

　　③ 孙绍华：《〈册府元龟·宰辅部〉初探》，载刘乃和主编：《〈册府元龟〉新探》。

　　④ 叶孟明：《略论古代的将帅之道——〈册府元龟·将帅部〉述评》，载刘乃和主编：《〈册府元龟〉新探》。

　　⑤ 陈抗生：《论〈册府元龟〉编者的法律思想》，载刘乃和主编：《〈册府元龟〉新探》。

　　⑥ （日）内藤虎次郎：《宋代史学的发展》，《宋史研究集》（6），"国立"翻译馆中华丛书编审委员会（台北）1986 年版。

得知人、立政之要。① 吴怀祺先生认为司马光非常重视从历史中寻求盛衰的经验以为鉴戒。《资治通鉴》便是在这种思想指导下编撰而成的。在探讨历史盛衰的原因上，司马光提出"'君心'决定盛衰论"，但他不把历史盛衰归结为天命，而是突出人事作用，还是有其积极意义的。司马光也强调"'用人'对治理社会的重要性。"②

所谓法祖就是效法北宋列祖列宗之政，治理国家。

邓广铭认为宋太祖、宋太宗的创法立制，使宋朝家法得以形成。庆历新政对北宋家法虽有所触动，但很有限。王安石变法则把矛头指向北宋家法，对旧的法度改易更革。但王安石变法失败，一个重要原因在于神宗对祖宗家法的坚持。王安石在制定和推行新法时，只有在不太明显地触犯北宋家法的项目上，神宗才肯支持，否则就会表现出犹疑以至深切的疑虑，以至于王安石不得不去职。嗣后，新法虽还在推行，但就实质而言，有一些已不符合王安石立法的原意了。③

唐兆梅对北宋"祖宗家法"的内容进行了探讨，并分析了它的积极与消极之处。④

乐文华、陈志强认为宋神宗是熙丰变法的主宰，他所要变革的正是作为有宋一代纲纪的"祖宗家法"。该文在系统地考察了神宗以前北宋诸帝对"祖宗家法"的开创和继承之后，详细地分析了神宗对"祖宗家法"的矛盾态度，最后指出神宗在其"锐意求治"和"祖宗家法"之间很难调和，这一定程度上导致了熙丰变法的失败。⑤

邓小南指出赵宋的"祖宗家法"，实际上就是宋代帝王累代相承的正家治国方略与规则。宋朝"祖宗家法"的提出，与宋人在讲求义理的新形势下对李唐、五代政事的反思有关，也与唐代以来的社会变迁以及士大夫家族对于

---

①　施丁：《论司马光的史学思想》，《文史哲》1988 年第 6 期。
②　吴怀祺：《宋代史学思想史》，第 117—119 页。
③　邓广铭：《宋朝的家法和北宋的政治改革运动》，《中华文史论丛》1986 年第 3 期。
④　唐兆梅：《试论北宋的"祖宗家法"》，《汕头大学学报》1987 年第 1 期。
⑤　乐文华、陈志强：《宋神宗与"祖宗家法"》，《江西教育学院学报》2000 年第 1 期。

"正家之法"的重视有关。循故事、沿祖制治国，是中国传统社会自然习见之事。赵宋统治者强调"继述父祖基业"，"以治家之道推之治国"，既是标榜"家国一体"，祗奉祖制的结果，又反映着历史发展的现实进程。作为帝王之家的"家法"，它从根本精神上制约着"国法"的取向与施行。① 邓小南认为追念祖宗之世、推崇"祖宗之法"，是赵宋一朝突出的历史现象，两宋对于"祖宗之法"的重视与强调，达到了前所未有的程度。深切认识宋代的"祖宗之法"，不仅可以揭开宋代政治史的奥秘，而且能够真正把握宋代制度史的精髓。邓小南指出宋人心目中的"祖宗之法"，既包括治国的基本方略，也包括统治者应该循守的治事态度；既包括贯彻维系制约精神的规矩设施，也包括不同层次的具体章程，是一核心精神明确稳定而涉及面宽泛的综合体。出发点着眼于"防弊"，主要目标在于保证政治格局与社会秩序的稳定。把太祖、太宗时期所施行的法度及其精神加以总结概括，将其称之为"祖宗之法"，并宗奉之，始于真宗时期。但宋朝的"祖宗之法"并非完成于太祖、太宗两朝。真宗至仁宗初年的统治者称引"祖宗之法"，基本上局限于具体的法规"典故"。仁宗朝对于"祖宗之法"的解释逐渐上升到理论高度。北宋中期以后，"祖宗之法"成为臣僚们阐发政治主张时立论的依据、谏诤规劝皇帝时通用的利器。庆历（1041—1048）时期变法派与反对派皆标榜"祖宗之法"以为旗帜，然内容却迥然不同。神宗熙宁（1068—1077）年间因新法推行而引起政争的一个重要原因就是因为涉及了对新法的更革。神宗去世后，朝政出现重大反复，无论是新党抑或是旧党都称引"祖宗故事"以申明主张。宋代"祖宗之法"的实质精神是"事为之防，曲为之制"。宋代虽强调"祖宗之法"，但实际上是根据时代需要各取所需。徽宗在位期间，虽声称尊奉祖宗，但他与所倚重的蔡京等人恰恰抛弃了祖宗一贯注重的谨慎持重政风，使北宋"元气"大伤。② 邓小南又指出，经过真宗后期至仁宗初年的酝酿，出现了效行"祖宗之法"的正式提法。赵宋的"祖宗之法"在仁宗时期受到尊崇并愈益

---

① 邓小南：《"正家之法"与赵宋的"祖宗家法"》，《北京大学学报》2000 年第 4 期。

② 邓小南：《论宋朝的"祖宗之法"——以北宋时期为例》，《国学研究》（第七卷），北京大学出版社 2000 年版。

在现实政治生活中发挥重要作用。庆历（1041—1048）时期倡导新政者所揭举的改革旗帜，是弘扬祖宗创立的"纪纲"、"成宪"，复振祖宗之法。祖宗家法对于改革者而言，既是其复振纲纪的楷模，也是他们主观上保护自己的工具。庆历（1041—1048）时期，改革派与保守派在论证自身意见的合理性时，皆依"祖宗之法"立论，"而他们所阐述、所宣扬的祖宗之法，关键迥然不同。"仁宗后期至神宗前期，士大夫们纷纷提出救世良方，具有代表性的是司马光与王安石。王安石以先王之政为标杆，对祖宗之法提出批判。司马光则主张谨守祖宗之成法。熙宁新法颁行后，众多士大夫掀起一波波要求恪守祖宗法度的声浪。而神宗从没放弃对"祖宗家法"的尊崇。元祐以后无论是新党还是旧党当政，都强调继承祖宗家法，但旧党重效法神宗以前诸君之政，新党重效法神宗之政。并且祖宗法度随着党争的加剧，愈益成为当权者擅权的工具。[①]

四、　关于教化问题

蒙文通指出，《新五代史》和《新唐书》的修撰与庆历（1041—1048）之际守唐人异学的新派崛起关系甚大。孙甫著《唐史记》，认为纪传体不仅于治乱之本、劝诫之道杂乱不明，而且多将君臣谋议之事记于传中，使君主的功勋不得显扬，同时一些值得引以为戒的事也不能以当年书之，因此他主张以编年体著唐史，具体撰述的方式是于编年之中寓实录之法。后来司马光作《资治通鉴》遗制度、削褒贬，其源即导自孙甫。[②]

仓修良认为为了麻醉人民，保持王朝的长治久安，天人感应的神学史观充斥了《册府元龟》的《帝王部》，从《总序》到每一个《小序》，几乎个个都贯穿皇权神授这一说教。[③]

叶孟明认为《册府元龟·将帅部》内容存在封建主义观点，宣扬为封建

---

①　邓小南：《祖宗之法：北宋前期政治述略》，第398—449页。

②　蒙文通：《中国史学史》，第72—79页。

③　仓修良：《从〈册府元龟·帝王部〉看其作者的神学史观》，载刘乃和主编：《〈册府元龟〉新探》。

君主效忠，蔑视人民群众和士兵，散布迷信思想。①

　　陈抗生认为《册府元龟·刑法部》始终以儒家法律思想为其基本的指导思想。这个思想的主要内容是"即天论，缘民情"，"佐德以威"，"威克厥爱"，"钦恤"，"简孚"，"动遵经义"之类②。

　　陶懋炳认为《旧五代史》多言神异，信天命，神圣灾异之说充斥书中③。

　　施丁先生认为司马光治史重人而轻天④。

　　吴怀祺先生认为欧阳修以"'人理'的概念来概括纲常伦理，把社会的治乱兴衰看作是受'理'支配。纲常的变化是历史兴乱大势形成的原因"⑤。认为二程把"理"看作是决定历史盛衰的根本原因，纲常名分的维系决定社会的安治，"顺理而治则天下兴盛，逆理而动则国家衰败。"⑥ 认为邵雍也说"理"，以"理"贯通古今天人，"不同的是邵雍用'数'，并形象地以表谱的形式，具体地表现了这一基本思想。"⑦ 认为司马光反对利用迷信灾异的神秘主义手段干涉国事，有淡化天命论的倾向，但"最终又承认天支配社会人事"。⑧ 认为范祖禹把唐代统治混乱的原因归于统治者天理伦常道德的沦丧，在评价历史人物上贯穿着天理纲常名分的说教。通过对唐史的总结，范祖禹看到了变革法制的意义，但具有"明显的保守性质"；在书法上他黜武氏之号，"不承认武周统治"。⑨

　　刘连开认为理学家们首先重新界定了史学的性质，认为史学在于"明义理"，无论是编撰史书还是阅读、考证历史，都应以究明义理为要务。"史以明义"的口号是对史学本质的重新规定，它对处于理学环境下的史学提出了

---

　　① 叶孟明：《略论古代的将帅之道——〈册府元龟·将帅部〉述评》，载刘乃和主编：《〈册府元龟〉新探》。

　　② 陈抗生：《论〈册府元龟〉编者的法律思想》，载刘乃和主编：《〈册府元龟〉新探》。

　　③ 陶懋炳：《新旧〈五代史〉评议》，《史学史研究》1987年第2期。

　　④ 施丁：《论司马光的史学思想》，《文史哲》1988年第6期。

　　⑤ 吴怀祺：《宋代史学思想史》，第45页。

　　⑥ 吴怀祺：《宋代史学思想史》，第71页。

　　⑦ 吴怀祺：《宋代史学思想史》，第90—91页。

　　⑧ 吴怀祺：《宋代史学思想史》，第123页。

　　⑨ 吴怀祺：《宋代史学思想史》，第130—135页。

新的要求。①

庞天佑认为理学与宋代史学思想有着极为密切的关系。对自然与社会起源的探讨促使宋代学者研究古史；将天理视为现实社会的道德原则使宋代学者的史学研究具有强烈的纲常伦理观念，这种观念又表现为正统意识和对《春秋》一书的重视；探讨历史问题成为探求天理的途径；对现实的关注使宋代学者普遍具有反天命和无神论的思想。②

曹家齐认为欧阳修私撰《新五代史》的目的在于以史学正人心。这一目的的确立乃源于儒家伦理纲常受到内忧外患和佛、道两教交相冲击的社会背景。由此，欧撰私史遂具有了一种与当日儒学复兴声气相通的意义，或者说是北宋儒学复兴在史学领域所取得的重要成果。③

范立舟认为宋代理学家从天理的角度对历史和现实作了新的思考。他们要把历史学当作"格物致知"的一条途径，为此而将道德的本位价值置于一切人类价值之上。他们这样做的目的就是要通过对中国历史的再解释，来说明伦理价值的普遍性、绝对性和至上性。④ 认为理学奠基人程颢、程颐从"天理"的角度对历史重新进行了深邃的思考，他们将一种本位价值——道德价值置于一切人类价值之上，把一切历史活动都放到道义的审判台上加以考察，通过对中国历史的再解释以说明伦理价值的普遍性、绝对性和至上性。不论是对历史学基本性质的反思、对历史人物的评价还是对历史规律的探寻和历史动因的认知，其理论基点与归宿都是融摄伦理规范的宇宙本体——"天理"，展现出一种成熟的历史哲学理论所具有的完整性。⑤

赵荣蔚认为孙甫的《唐史论断》，通过系统论述唐代自高祖起兵至昭宗亡国，近三百年间帝王统治时期的君臣大事，揭示唐代政治治乱的前因后果和

① 刘连开：《理学和两宋史学的趋向》，《史学史研究》1995 年第 1 期。
② 庞天佑：《理学与宋代史学思想》，《湖北民族学院学报》1997 年第 5 期。
③ 曹家齐：《欧阳修私撰〈新五代史〉新论》，《漳州师院学报》1998 年第 4 期。
④ 范立舟：《宋儒对历史学价值的探求》，《漳州师院学报》1999 年第 1 期。
⑤ 范立舟：《二程的历史哲学》，《史学月刊》2002 年第 6 期。

经验教训，始终贯穿着他的"明治乱之本，谨劝戒之道"的史学批评思想。全书议论英发，持论醇正，不失为一部杰出的史学批评著作。①

汪高鑫先生认为范祖禹是北宋倡导义理史学的重要代表人物，他叙史、论史，目的是要陶铸历史于一理；而司马光的史学则更讲求经世致用，他叙史、论史也以封建纲常伦理道德为旨归，但却不拘泥于天理，不囿于《春秋》笔法，而更重视从史事入手，通过了解史事的本末源流、历史盛衰和人事成败的前因后果，以期更好地从中取得借鉴。这种史学思想的不同，是范祖禹撰成《通鉴·唐纪》长编后，又退而另撰《唐鉴》一书的原因所在。②

赵维平认为薛居正热衷于论说君臣之道，强调臣下不侵君权、功高而能自抑，君主知人善任而又驾驭有方，解释历史发展强调"天命"。③

刘子健认为道德原则为11世纪历史学家讨论历史的终极标准④。

王盛恩先生认为孙甫是北宋史坛上最有影响的人物之一，他讲史、论史、私撰史书《唐史记》，是引经入史的倡导者和实践者，并在效法《尚书》、《春秋》大义的口号下，强调史学要为现实提供借鉴。他的史学思想及其史学成就对于宋代史学风气的转变和编年体史书的复兴具有重要影响。⑤

李怡认为真宗编修《册府元龟》的根本目的和基本原则是从封建主义的善恶标准出发，以此鉴戒彰示后人，使开卷有益，见善则迁，产生思想上的影响，从而维护并加强封建主义的统治。⑥

顾永新认为欧阳修修史以《春秋》为圭臬，并从中抽绎出三条基本义例：一是微言大义，春秋笔法；二是文约事详，简而有法；三是不没其实，据事直书。⑦

---

① 赵荣蔚：《〈唐史论断〉的史学批评特色》，《盐城师范学院学报》1999 年第 3 期。

② 汪高鑫：《司马光范祖禹唐史观点不一致论》，《安徽史学》2000 年第 1 期。

③ 赵维平：《薛居正、欧阳修史论之比较》，《河南教育学院学报》2002 年第 4 期。

④ ［美］刘子健著，赵冬梅译：《中国转向内在：两宋之际的文化内向》，江苏人民出版社 2002 年版，第 28 页。

⑤ 王盛恩：《孙甫史学发微》，《史学史研究》2003 年第 3 期。

⑥ 李怡：《从〈册府元龟〉看宋真宗的图书编纂思想》，《图书馆理论与实践》2003 年第 6 期。

⑦ 顾永新：《欧阳修编纂史书之义例及其史料学意义》，《文史哲》2003 年第 5 期。

宋馥香、王海燕通过对《新五代史》编纂特点的考察，揭示历史编纂与史家、时代的关系。认为体现于通排纪、传和善恶必书中"不没其实"的义例原则，反映了欧阳修以功业、道德标准评价历史和人物，并把功业标准作为道德标准承载体的理论；人物传全部采用类传的形式，揭示出北宋中期史学在经学影响下以儒家思想为品评人臣标准的倾向；而欧阳修对旧史志的高度简化，则反映了他以拾遗纠谬的态度和朴素的唯物方式对待历史上天人关系的思想，开启了二十四史中以"著其灾异而削其事应"原则书写纪、志的先河。①

邬国义认为刘恕的《通鉴外纪》是中国史学史上一部古史名作，在先秦史研究中具有重要价值。其中表现出他考知古今变化的历史观、民本思想及人物评价标准等，值得认真探讨和研究；书中怀疑批评"三皇五帝"的古史系统，构成宋代疑古之风的组成部分，并成为后来疑古思想的重要资源。②

周生杰认为《太平御览》鼓吹君权神授，编者在整理历代君主的史料时十分看重这方面的材料，几乎达到凡有必录的地步。宋王朝士人十分注重正统与偏霸的区分，从理论上为宋朝理应收复南蛮北夷，重振汉唐帝国雄风找根据。《太平御览》的封建正统观完全为北宋政治目的服务，重点突出入主中原的地理因素。为了达到维护封建伦常的编纂目的，《太平御览》编者在看似与秩序无关的类目安排和引文中也如水银泻地，无孔不入地透散出这些观念。③

邓锐认为尹洙撰《五代春秋》，不仅记事运用《春秋》义例，同时也继承了《春秋》书法所蕴含的大义。尹洙以《春秋》书法修史的史学实践，直接影响了欧阳修撰著《新五代史》，同时也对宋代史学探讨、运用《春秋》书法起到了一定的示范作用，是宋代史学效仿《春秋》书法的代表。④

① 宋馥香，王海燕：《论欧阳修〈新五代史〉的编纂特点》，《吉林师范大学学报》2004年第1期。

② 邬国义：《刘恕与古史研究》，《社会科学》2005年第7期。

③ 周生杰：《太平御览研究》，巴蜀书社2008年版，第358—372页。

④ 邓锐：《尹洙〈五代春秋〉对〈春秋〉书法的继承》，《淮北煤炭师范学院学报》2009年第6期。

五、 存在的问题与不足

应该说学界关于北宋史学思想流变问题的研究已取得显著成绩，但不足之处也很明显，具体而言：

首先，对许多问题的宏观把握不足。本书所论述的诸问题如史学变革、正统问题、资治问题、教化问题等都不同程度地存在着这方面的不足。如就正统问题而言，在纵的层面，研究多集中在庆历（1041—1048）之际，对其他时期的探讨相对较少；在横的层面，个案研究多，整体研究少。个案研究又多集中在对欧阳修正统观的论述方面。就史学变革问题而言，其中有一个核心问题涉及春秋学思想对史学的影响，许多学者对此都有论说，但由于行文的侧重点、主旨不同，都未能真正从全局、通贯的角度对此进行系统的探析。

其次，具体问题多论述不明。如有学者论及孙复在啖助学派新春秋学基础上的创新，仅是粗陈梗概。有学者虽名探讨宋代学者的春秋学义例与大义，实则所述皆为传统意义上的春秋学思想。

最后，对许多问题的论述颇多似是而非的论断。如有学者认为司马光具有违背正统论的非正统思想，实则是以传统正统观来关照司马光的史学思想，与事实并不符。有学者认为刘敞的《七经小议》始开宋儒"改经之例"。宋代史学理学化的过程，是欧阳修、范祖禹开其端。实则胡瑗等前辈学人已开此风，并且宋代史学理学化也非欧阳修、范祖禹开其端。有学者认为苏轼完全认同欧阳修的正统论，实则苏轼虽赞同欧阳修的观点，但并非完全认同，对此苏轼自己有明白的叙述。有学者认为欧阳修的《正统论序论》、《正统论上》、《正统论下》等三篇文章写定于仁宗康定元年，实则这三篇文章是欧阳修晚年所删定。

有鉴于此，本书以学界已取得成果为基础，围绕正统问题、资治问题、教化问题等核心命题，从通贯的角度对北宋史学思想的流变进行全面而系统的剖析，意欲在弥补相关研究所存在的不足的同时，真正实现对北宋史学思想流变的把握，从而深化学界对北宋史学思想的认识，进一步推动中国古代史学思想史研究的发展。

第三节　时代与命题：解读北宋史学思想流变的钥匙

不可否认，北宋史学思想的变迁是有其"内在理路"的。所谓"内在理路"，指"每一个特定的思想传统本身都有一套问题，需要不断地解决；这些问题，有的暂时解决了；有的没有解决；有的当时重要，后来不重要，而且旧问题又衍生新问题，如此流传不已。这中间是有线索条理可寻的。"[1] 就北宋史学思想变迁而言，其与汉唐学术的发展息息相关，尤其是中唐的新史学运动更是与它有着直接的学术关联。但诚如冯友兰所言："若惊道术多迁变，请向兴亡事里寻。"[2] 学术思想的变迁单靠"内在理路"是解释不了的，因为历史已反复证明即使学术变化的内在诸要素都已具备，但是若无外在的社会、经济、文化、政治等诸要素的配合，则学术的变革只能长期处于萌芽状态。所以即便是重视"内在理路"的余英时也认为要对外在因素给予应有重视："历史上任何一方面的重大变动，其造因都是极其复杂的。"因此"内在理路"的解释"不但不排斥任何持之有故的外缘解释，而且也可以与一切有效的外缘解释互相支援、互相配合。"[3] 就北宋史学思想而言，其由萌生到发展到繁荣以至消沉，整个过程都与时代的发展变化息息相关，换句话说，北宋史学思想的变迁是与北宋时代的变迁相始终的。

与历史上其他皇朝一样，北宋立国后，作为新兴的统治政权，它也面临着维护皇朝的稳定与发展的问题，而为解决这些问题，宋初学者可谓殚精竭虑，他们从其所掌握的知识出发，根据自己对时代命题的理解，纷纷献计献策。由于史学与现实的关系非常密切，或者说史学正是通过干预现实而彰显其存在的，故而史学在此期的思想潮流中显得非常活跃。

---

① 余英时：《论戴震与章学诚》，三联书店 2000 年版，第 325 页。
② 冯友兰：《三松堂自序》，《三松堂全集》（一），河南人民出版社 1985 年版，第 291 页。
③ 余英时：《增订本自序》，《论戴震与章学诚》，三联书店 2000 年版。

　　当北宋学者努力解决新兴皇朝所面临的一系列问题的同时，源自中唐的各种矛盾继续发展，如，释、道思想对儒家思想所造成的挑战仍然没能得到消解，社会变革继续动摇着社会秩序的稳定，传统的天人关系理论受到挑战而新的理论还没能产生等。与此同时，新的问题随着时代的发展不断出现。所有这些都要求思想界予以应和。而在各种矛盾交错发展之时，随着宋代对文教的重视，宋初颓废的士风渐渐发生变化，到真仁之际，士大夫已开始普遍关注国家大事。就国家对学术研究的态度而言，是有禁有开，如，明令禁止民间从事阴阳五行及兵学研究；限制研究当代史，鼓励探讨前代史；科举考试虽禁止考生对经学自创新义，却不限制学者对经学展开的学术研究。当时学术研究活动也日渐步入正规。

　　总之，随着各种矛盾的发展和士大夫阶层的不断成长，学术领域内发生重大变革的条件日渐具备，所缺乏的只是促成变革的机缘而已。于是当历史发展到庆历（1041—1048）之际，随着统治危机爆发而引起士大夫阶层要求革新政治的思潮的出现，学术领域内的变动也随之展开。而随着学术领域内疑经惑传思潮的兴起，意欲以新的经学思想来重新整齐史学的思潮也随之兴起，并由于众多杰出史家的参与，而得以蓬勃展开。继而史学进入一个新的繁荣时期。

　　北宋晚期，受党争等时代因素的影响，史学思想在相当大程度上被异化。

　　在关注时代变迁对北宋史学思想流变的影响的同时，本书又以史学命题而不是以人物或学术流派为核心推演北宋史学思想的流变。之所以如此，是因为这样做，不仅可以避免落入传统的窠臼，把此期的史学思想史描述为精英与经典的史学思想史，而且更能接近历史的真实。因为"一代的学术风气，虽由领袖群伦的人物所开创，但能广被开展，仍有赖于众多的知识分子全心投入，始能够造成盛况。"① 所以若沿用传统的以史家为中心的模式展开，无形中便会强调精英的影响而降低应和者的作用，把时代的思想归结为精英个

---

① 王德毅：《孙甫的生平及史学》，《宋史研究集》（第27辑）》，"国立"编译局（台北）1997年版，第460—461页。

人努力或主要是其个人努力的结果。而若以史学命题为中心推演北宋史学思想的发展历程，根据命题的要求安排史料，则精英和大众都可在新的视角下找到自己的位置。另外，以史学命题为中心推演北宋史学思想的演进历程，还可以避免对学者们的史学思想作博物馆式的陈列，因为"思想史是思想的战场，不是亡灵的画廊。"① 以命题为中心，可以通过对他们在同一主题下彼此间的应和与论争的叙述，亦即通过对史家彼此间史学思想的"同"、"异"之辨，生动地展现史家思想与思想的交锋。所谓"同"，既是指学者们所谈论的史学思想主题之同，又是指学者们用来表达史学思想主题的常用术语之同。把握住学者们史学思想主题及话语之同，有利于把握住北宋史学思想的发展大势；所谓"异"，是指各个史家思想的不同之处，它反映着学者们对时代主题的不同看法，展现了学者们在思想领域内的斗争，是体现史学思想演进的重要内容，因此也需给予足够的重视。同时也要注意辩证地看待同异之别，要认识到所谓的同是异中之同，所谓的异是同中之异，同与异只是一个问题的两个方面，人为地将其割裂开来，是不正确的。

研究显示，北宋史学思想的变迁始终围绕着正统问题、资治问题及教化问题等三个核心命题展开。

就正统问题而言，北宋前期，学者摭拾前代学术理念，以三统、五德理论为指导推演朝代兴替；庆历（1041—1048）之际，欧阳修摒弃传统神学主张，以政治理性与道德理性立论，提出正统绝续说；嘉祐（1056—1063）至元丰（1078—1085）时期，欧阳修的主张得到学者普遍认同，正统观面貌焕然一新。

就资治问题而言，北宋前期，学者虽推崇三代，实际是以汉唐为榜样，尤其推崇唐代，将其作为效法的对象；庆历（1041—1048）之际，学者们通过对历史发展规律的探讨，资治思想发生新的变化，学者们对王道的内涵展开了深入的探讨，汉唐故事受到抨击，显现出其重要性在宋代政治生活中有

---

① ［美］罗兰·斯特龙伯格（Roland N. Stromberg）著，刘北成、赵国新译：《西方现代思想史》，中央编译出版社 2005 年版。此语被印于该书的封面上，是当年《泰晤士报·文学副刊》对原书的评价。

所下降，而宋代祖宗故事则被推至崇高地位，对统治者施政有着重要影响；嘉祐（1056—1063）至元丰（1078—1085）时期，随着学者对历史发展规律的深入剖析，虽然祖宗家法和汉唐故事也受到一些学者的推崇，但就当时的思想主流而言，更看重三代的王道，在庆历（1041—1048）之际还被认为是推动社会变革的积极因素的祖宗家法，在此期间则被普遍认为是需加以破除的阻碍社会发展的消极因素，熙丰（1068—1085）年间的变法活动，就是一个高举王道旗帜，竭力变更宋代祖宗家法的过程；元祐（1086—1094）至靖康（1126—1127）年间，不同政治派别打着以史为鉴的旗号，而行其专断国是之私心，从而异化了北宋的以史资治思想。

　　就教化问题而言，北宋前期学者们借鉴传统手法，重构以宋朝为核心的新的伦理道德秩序，努力维护社会的稳定；庆历（1041—1048）之际，受新春秋学思想影响，学者们普遍效法《春秋》义例撰述历史，力求更好地发挥史学的教化功能；嘉祐（1056—1063）至元丰（1078—1085）时期，学者们抛弃传统的天命观，纷纷以道德理性为指导研究、评判并撰述历史，确立了道德理性在史学领域内的主导地位，从而强化了史学的教化功能。

第一章 北宋前期的时代命题与史学对策

北宋前期，为了给新兴政权的存在寻求合理性与合法性依据，北宋学者撷拾前代学术理念，以三统、五德理论为核心重构北宋历史，竭力塑造北宋皇朝的正统形象；由于新兴皇朝乃继乱世而兴，统治者在治国经验方面极度匮乏，为结束长期战乱，维护国家的长治久安，以史资治思想再度勃兴，北宋学者力求通过借鉴历史经验，确立其统治秩序；为了确立新的社会秩序，北宋学者通过历史编纂活动，重构新的伦理道德体系。

第一节　对宋朝正统性的诉求

三代以降，上天一直被视为宇宙的主宰，因此历代统治者在为其政权存在的合法性与合理性寻求理论支持的过程中，都非常注意使自己的统治与上天产生联系，北宋亦是如此。北宋建立后，为了给新兴政权的存在寻求合理性与合法性依据，北宋学者撷拾前代学术理念，以三统、五德理论为核心重构北宋历史，竭力塑造北宋皇朝的正统形象。

检讨历史，可发现为了使自己的统治获得合法地位，历代统治者都试图将自己的统治与上天产生联系，通过声称获得上天的休命，以昭示自己统治的神圣与不可侵犯。如夏启在征伐有扈氏前做《甘誓》，声称"恭行天之罚"①，商汤在征伐夏桀前做《汤誓》声称"有夏多罪，天命殛之"②。周武王伐商纣前做《牧誓》声称自己伐纣是"恭行天之罚"③。

春秋战国时期，学者们开始从理论上探讨人事与天命的关系，试图为王朝存在的合法性与合理性或者说正统性寻求依据。在这方面儒家与阴阳家做出了突出的贡献。

《春秋》首书"元年春王正月"，在儒家后学看来，这就体现了昭示周朝统治的合理性与合法性之意。如《公羊传》认为这是周王在行使其王权："元年者何？君之始年也。春者何？岁之始也。王者孰谓？谓文王也。曷为先言王而后言正月？王正月也。何言乎王正月？大一统也。"④董仲舒进而指出这是王者受命而王之后来行使王权以奉承天地："何以谓之王正月？曰：王者必受命而后王。王者必改正朔，易服色，制礼乐，一统于天下，所以明易姓，非继人，通以己受之于天也。王者受命而王，制此月以应变，故作科以奉天地，故谓之王正月也。"⑤何休也持这种看法："统者，始也，总系之辞。天王者，始受命改制，布政施教于天下，自公侯至于庶人，自山川至于草木昆虫，莫不一一系于正月，故云政教之始。"⑥

阴阳家对天命思想也进行了深入的探讨，其中邹衍把帝王的产生归结为天的意志，并把阴阳五行引入历史领域，用五行相胜说来解释帝王的产生和朝代的变化："凡帝王者之将兴也，天必先见祥乎下民。黄帝之时，天先见大螾大蝼。黄帝曰：'土气胜。'土气胜，故其色尚黄，其事则土。及禹之时，天先见草木，秋冬不杀，禹曰：'木气胜。'木气胜，故其色尚青，其事则木。及汤之时，天先见金刃生于水，汤曰：'金气胜。'金气胜，故其色尚白，其事则金。及文王之时，天先见火赤乌衔丹书集于周社，文王曰：'火气盛。'

---

① 《尚书正义》卷七《夏书·甘誓》，《十三经注疏》，中华书局1980年版，第155页。
② 《尚书正义》卷八《商书·召诰》，《十三经注疏》，第160页。
③ 《尚书正义》卷十五《周书·牧誓》，《十三经注疏》，第183页。
④ 《春秋公羊传注疏》卷一《隐公元年》，《十三经注疏》，第2196页。
⑤ 苏舆撰，钟哲点校：《春秋繁露义证》卷七《三代改制质文》，中华书局1992年版，第185页。
⑥ 《春秋公羊传注疏》卷一《隐公元年》，《十三经注疏》，第2196页。

火气盛，故其色尚赤，其事则火。"① 根据这种学说，代周而兴的当为水德，于是秦统一六国后，即以水德文饰统治。汉兴，公孙臣、贾谊、儿宽、司马迁等主张汉为土德，以代秦之水德。

西汉中期，董仲舒摭取春秋公羊学及阴阳五行学说，又提出三统说，董仲舒认为历史就是一个按照三统嬗递的模式往复循环的过程。所谓三统，就是指黑统、白统和赤统，受命而王的朝代由于气运不同，因而所得的统系亦不同，朝代的更易就是三统流转的结果。如夏是黑统，以寅为正，其时"天统气始通化物，物见萌达，其色黑。"商是白统，以丑为正，其时"天统气始蜕化物，物始芽，其色白。"周是赤统，以子为正，其时"天统气始施化物，物始动，其色赤。"② 为了表示顺从天意，及天命之攸归，每一个朝代都要根据自己的统系，进行诸如改正朔、易服色、制礼乐等改制活动，以明其与天的关系："王者，必受天命而后王，王者必改正朔，易服色，制礼乐，一统于天下，所以明易姓非继人，通以己受之于天也。"③ 而帝王受天命的表现就是天降祥瑞："帝王之将兴也，其美祥亦先见"④。"天之所大奉使之王者，必有非人力所能致而自至者，此受命之符也。天下之人同心归之，若归父母，故天瑞应诚而至。"⑤ 若帝王有失道之举，上天就会予以谴告："天地之物有不常之变者，谓之异，小者谓之灾。灾常先至而异乃随之。灾者，天之谴也；异者，天之威也。谴之而不知，乃畏之以威。《诗》云：'畏天之威。'殆此谓也。"⑥ 又称"《春秋》之中，视前世已行之事，以观天人相与之际，甚可畏也。国家将有失道之败，而天乃先出灾害以谴告之，不知自省，又出怪异以警惧之，尚不知变，而伤败乃至。"⑦

西汉晚期，古文经学家刘歆又对邹衍的五德终始说进行了改造，即改五

---

① 王利器：《吕氏春秋注疏》卷十三《应同》，巴蜀书社 2002 年版，第 1277—1279 页。
② 苏舆撰，钟哲点校：《春秋繁露义证》卷七《三代改制质文》，第 191—194 页。
③ 苏舆撰，钟哲点校：《春秋繁露义证》卷七《三代改制质文》，第 185 页。
④ 苏舆撰，钟哲点校：《春秋繁露义证》卷十三《同类相动》，第 358 页。
⑤ 班固：《汉书》卷五十六《董仲舒传》，中华书局 1962 年版，第 2500 页。
⑥ 苏舆撰，钟哲点校：《春秋繁露义证》卷八《必仁且智》，第 259 页。
⑦ 班固：《汉书》卷五十六《董仲舒传》，第 2498 页。

行相胜而为五行相生，以木、火、土、金、水五行相生之序来解说历代王朝的更替："太昊帝……首德始于木，……炎帝……以火承木，……黄帝……为土德，……少昊帝……为金德，颛顼帝……为水德，……帝喾……为木德，……唐帝……为火德，……虞帝……为土德，……伯禹……为金德，……成汤……为水德，……武王……为木德，汉高祖皇帝……为火德"①。这种新的五德终始说与儒家的禅让观相契合，比较有利于文饰新兴的政权，因此此说出现之后，便与董仲舒的三统说结合在一起构成正统史观的主要内容而为历代统治者所遵奉沿袭。

需要指出的是，虽然正统史观早已形成，但真正以"正统"称之，应是东汉时的事了。当然在此之前，据说在一种所谓的"记"中曾提到"正统"二字，如汉宣帝时王褒称"记曰：共惟《春秋》法五始之要，在乎审己正统而已。"② 关于"记"，学者们或认为"应该是指先秦史记，表明'正统'一词应是先秦之物"③。或认为"当是指《公羊传》或'公羊学'之类。"④ 不管怎样说，但此"正统"涵盖所谓的"五始"，并不专指本书所讲的政治领域内的正统。所谓"五始"，张晏称："《春秋》称'元年春王正月'，此五始也。"颜师古又进而解释为"元者气之始，春者四时之始，王者受命之始，正月者政教之始，公即位者一国之始，是为五始。"⑤ 真正用正统来表示政治意义上的内涵应当是东汉的班固，他在《典引篇》中提到了"正统"："盖以膺当天之正统，受克让之归运，蓄炎上之烈精，蕴孔佐之弘陈云尔"之语。关于"正统"，李贤等注称："正统谓汉承周，为火德。《尚书·尧典》曰：'允恭克让。'谓汉承尧克让之后。归运谓尧归运于汉也。炎上谓火德，烈精言盛也。"⑥ 自此以后"正统"一词才在政治领域得到普遍认同。

北宋建立后，统治者袭前代之故智，也利用正统史观来文饰自己的统治。

---

① 班固：《汉书》卷二十一下《律历志下》，第 1011—1023 页。
② 班固：《汉书》卷六十四下《王褒传》，第 2823 页。
③ 董恩林：《试论历史正统观的起源与内涵》，《史学理论研究》2005 年第 2 期。
④ 雷戈：《正朔正统正闰》，《史学月刊》2004 年第 6 期。
⑤ 班固：《汉书》卷六十四下《王褒传》，第 2823 页。
⑥ 范晔：《后汉书》卷四十下《班固列传》，中华书局 1965 年版，第 1377—1378 页。

一、 称说运命， 定宋为火德

由于历代统治者在皇朝新造之际，为"证明自己的政权为正统所系"，大都称说运命、推演五德。① 因此宋太祖（960—976 年在位）在其登极的次日即建隆元年（960）正月初五，便在大赦诏书中反复称说运命："朕以五运推移，上帝于焉睠命；三灵改卜，王者所以膺图。朕起自侧微，备尝艰险。当周邦草昧，从二帝以徂征；洎虞舜陟方，翊嗣君而篡位。但罄一心而事上，敢期百姓之与能。属以敌国侵疆，边民罹苦，朕长驱禁旅，往靖边尘。鼓旗才出于国门，将校共推于天命。迨回京阙，欣戴眇躬，幼主以历数有归，寻行禅让。兆庶不可以无主，万几不可以旷时。勉徇群心，以登大宝"云云。② 与此同时，又颁《即位谕郡国诏》，声称："帝王之兴，历数先定"，"辅臣共述于讴谣，少主自知于运命"。③ 继而在建隆元年（960）三月定宋为火德，使自己成为正统序列中的最新成员："有司言国家受周禅，周木德，木生火，当以火德王，色尚赤，腊用戌，从之。"④

乾德元年（963）闰十二月，国子博士聂崇义认为宋朝"以火德上承正统，膺五行之王气，篡三元之命历"，应该按照传统"奉赤帝为感生帝"。宋太祖将此事"下尚书省集议，如崇义奏。"为坛以祭。⑤ "如此，完成了国家德运体系的确立"。⑥

二、 鼓吹符瑞， 作为兴起之兆

由于正统史观认为正统王朝的兴起必有征兆，如邹衍所谓："凡帝王者之

① 蒋重跃：《五德终始说与历史正统观》，《南京大学学报》2004 年第 2 期。
② 李攸：《宋朝事实》卷二《登极赦》，《丛书集成初编》本，第 19 页。
③ 《宋大诏令集》卷一百八十七《政事四十·即位谕郡国诏》，中华书局 1962 年版，第 682 页。
④ 李焘：《续资治通鉴长编》卷一"建隆元年三月壬戌"条，中华书局点校本，第 10 页。
⑤ 李焘：《续资治通鉴长编》卷四"乾德元年闰十二月乙亥"条，第 113 页。
⑥ 刘复生：《宋朝"火运"论略——兼谈"五德转移"政治学说的终结》，《历史研究》1997 年第 3 期。

将兴也，天必先见祥乎下民。"① 董仲舒所谓："帝王之将兴也，其美祥亦先见"②。"祥"，就是吉凶的预兆。杜预所谓："吉凶之先见者"③。故秦汉以后，为显示神器有命，不可以智力求，与皇朝兴起有关的征兆便史不绝书。因此宋得国后，也在这方面大做文章。

当时统治者大肆鼓吹谶言。《佛祖统纪》引赵普（922—992）《皇朝飞龙记》云："先是，民间有得梁志公铜牌记云：'有一真人起冀州，开口张弓在左边，子子孙孙保永年。'……及上受禅，而宣祖之讳正当之。"④ 释惠演在乾德元年（963）五月所作的《正定府龙兴寺铸铜像记》称太祖讲周世宗显德年间坏佛像之际，"于莲花之中有字曰：'遇显即毁，遇宋即兴。'无乃前定之数乎？"所以宋朝应运而生："国家应乎天，顺乎人，革有周之正朔，造皇帝之基业。"⑤ 陶穀（903—970）又称："周季年东汉国大雪，盛唱曰：'生怕赤真人，都来一夜春。'后大宋受命。"⑥ 薛居正（912—981）等所撰的《旧五代史》，叙及显德六年（959）六月周世宗以赵匡胤为殿前都点检一事，称周世宗北征中得一木，"长二三尺，如人之揭物者，其上卦全题云'点检做'，观者莫测何物也。至是，今上始受点检之命，明年春，果自此职以副人望，则'点检做'之言乃神符也。"⑦ 赵匡胤在后周曾为归德军节度使，归德在唐为宋州，故后赵匡胤取代后周后，以"宋"为国号。据杨亿（974—1020）称此事早有征兆："晋开运间，宋城有异僧状如豪侠，挟铜弹走草莽上，指州地曰：'不二十年当有帝王由此建号。'"⑧ 杨亿又称："江南保大中，浚秦淮，得石志。案其刻，有'大宋乾德四年'凡六字，他皆磨灭不可识。令诸儒参

① 王利器：《吕氏春秋注疏》卷十三《应同》，第 1277 页。

② 苏舆撰，钟哲点校：《春秋繁露义证》卷十三《同类相动》，第 358 页。

③ 《春秋左传正义》卷十四《僖公十六年》，《十三经注疏》，第 1808 页。

④ 中华大藏经编辑局编：《佛祖统纪》卷四十三，《中华大藏经　汉文部分》（82），中华书局1994 年版，第 719 页。

⑤ 王昶：《金石萃编》卷一百二十三《正定府龙兴寺铸铜像记》，中国书店 1985 年版。

⑥ 陶穀：《清异录》卷上，《惜阴轩丛书》本。

⑦ 薛居正：《旧五代史》卷一百一十九《周书·世宗纪六》，中华书局 1976 年版，第 1583 页。

⑧ 中华大藏经编辑局编：《佛祖统纪》卷四十三，《中华大藏经　汉文部分》（82），第 719 页。

验，乃辅公祐反江东时年号。后太祖受命，国号宋，改元乾德，江左始衰弱。岂非威灵将及，而符谶先著也?"① 钟渊映称："宋小说载宋乾德初元，有丹阳人掘地获古铜钱，文曰：'大宋乾德通宝'，识者知为辅公祐所铸。"② 辅公祐为隋末唐初江淮地区的割据势力，据万斯同考证，其国号为"宋"，年号为"天明"，天明二年三月亡。③ 钟渊映也称："今考诸史，公祐号天明，非乾德也。"④ 显见此二说皆属伪造。大中祥符五年（1012）舒州获一瑞石，文曰"志公记"，该石文字显示赵宋得国事属前定："舒州民有献瑞石志公记，其文曰：'吾观四五朝后次丙子，赵号太平，二十一帝王，国家启运，在五代后。'太宗丙子岁即位，四五百年之前，天命在国家久矣。"⑤

造作宋太祖的神异之事。据称太祖之生，颇有符应。如王禹偁（954—1001）言后唐明宗"即位之岁，年已六旬，纯厚仁慈，本乎天性。每夕宫中焚香，仰天祷祝云：'某蕃人也，遇世乱，为众推戴，事不获已。愿上天早生圣人，与百姓为主。'"⑥ 而赵匡胤就生在后唐明宗统治的天成二年。据杨亿称其生之夕，"光照一室，胞衣如菡萏，营前三日香，至今人呼应天禅院为香孩儿营。"⑦

成人后又多奇事。如据杨亿称陈桥兵变发生时，赵匡胤母太夫人杜氏与其妻王夫人"方设斋于定力寺为祈福，闻变，王夫人惧，太夫人曰：'吾儿平生多奇异，人言当极贵，何忧也。'"杨亿还举了数个赵匡胤的奇事，如他称赵匡胤未仕时，过泾州长寿镇寺。"沙门知非凡人"，阴使人图其容于寺壁。在洛阳曾去长寿寺，枕殿砥昼寝时，有道人"见赤蛇出入"其鼻。后见柴太

---

① 杨亿口述，黄鉴笔录，宋庠整理：《秦淮石志》，《杨文公谈苑》，上海古籍出版社1993年版，第116页。

② 钟渊映：《历代建元考》卷上，《守山阁丛书》本。

③ 万斯同：《历代纪元汇考》卷六，《四明丛书》本。

④ 钟渊映：《历代建元考》卷上。

⑤ 李攸：《宋朝事实》卷二《纪元》，第26页。

⑥ 王禹偁：《五代史阙文》，《文渊阁四库全书》第407册，第637页。

⑦ 丁传靖辑：《宋人轶事汇编》卷一，中华书局1981年版，第1页。

尉亦即后来的周世宗，"太尉奇之，遂留幕府。"①

　　当时赵匡胤还亲自参与到神化自己的活动之中。据说后汉时，赵匡胤投奔随州刺史董宗本期间，董宗本之子董遵海曾问赵匡胤："每见城上有紫云如盖，又梦登高台，遇黑蛇约长百余丈，俄化为龙，飞腾东北去，雷电随之，是何祥也？"后因与董遵海产生矛盾，"乃辞宗本去，自是，遵海亦不复见紫云矣。"赵匡胤即位后，便殿召见董遵海，谕之曰："卿尚记往日紫云及龙化之梦乎？"董遵海再拜高呼万岁。②

　　赵匡胤还吹嘘自己"方面大耳"，有异相，为天命所眷顾，周世宗难以加害。他说："帝王之兴，自有天命，求之亦不能得，拒之亦不能止。万一有不虞之变，其可免乎！周世宗见诸将方面大耳者皆杀之，然我终日侍侧，不能害我。若应为天下主，谁能图之？不应为天下主，虽闭门深居，何益也？"③

　　另外，宋朝统治者还宣扬祥瑞。据称显德七年（960）正月癸卯，"大军出爱景门，纪律严甚，众心稍安。军校河中苗训者号知天文，见日下复有一日，黑光久相磨荡，指谓太祖亲吏宋城楚昭辅曰：'此天命也。'"④

三、 以符瑞证北宋为应运之朝

　　对于已经确立统治地位的皇朝而言，祥瑞频现意味着上天对其正统地位的肯定："天下太平，符瑞所以来至者，以为王者承天统理，调和阴阳，阴阳和，万物序，休气充塞，故符瑞并臻，皆应德而至。"⑤ 故历代统治者大都热衷于用符瑞来维护其统治，北宋皇朝亦如此。如建隆元年（960）秋，"三佛齐来贡，时尚不知皇宋受禅也。贡物有通天犀，中有形如龙，蘗一盖。其龙形腾上，而尾少左向，其文即宋字也。真主受命，岂偶然哉。艺祖即以此犀

---

　　① 中华大藏经编辑局编：《佛祖统纪》卷四十三，《中华大藏经　汉文部分》（82），第 719 页。

　　② 李焘：《续资治通鉴长编》卷九"开宝元年六月乙未"条，第 203—204 页。

　　③ 司马光撰，邓广铭、张希清点校：《涑水记闻》卷一，中华书局 1989 年版，第 4—5 页。

　　④ 李焘：《续资治通鉴长编》卷一"显德七年正月癸卯"条，第 1 页。

　　⑤ 陈立撰，吴则虞点校：《白虎通疏证》卷六《封禅》，《新编诸子集成》（第 1 辑），中华书局 1994 年版，第 283 页。

为带，每郊庙则系之。"① 建隆二年（961），"陇州防御使杨勋献黄鹦鹉，知郓州姚光辅献白兔及驯象，故以为三旗。"乾德六年（968）三月，"驯象至京师，宰相率文武百僚称贺。自后凡符瑞内外奏至，必宣示。宰相即时奏贺，大瑞率群臣诣阁门拜表。是年，太祖亲郊，有司请以国初以来祥异著之旗章，遂作金鹦鹉、驯象、玉兔三旗。"乾德三年（965）八月辛酉、四年（966）八月己卯、六年（968）正月戊申，开宝二年（969）七月乙亥，"寿星出，见于丙。"当时对于符瑞，"皆如礼部式，备载其事类于国史。"② 至道元年（995）四月知通利军钱昭序，表献部内赤乌、白兔各一，称"乌禀阳精，兔昭阴瑞，报火德蕃昌之兆，示金方驯服之征。念兹希世之珍，罕有同时而见，望宣付史馆。"宋太宗采纳了他的建议，并深有感触地对侍臣说："乌色正如渥丹，信火德之符矣。"③

第二节　取法前代，构建新朝

北宋是一个继乱世而兴的皇朝，检讨历史可以发现，自唐亡以后，在中原继起的五代统治者，在立国之初大都怀着建立太平盛世的梦想，如朱全忠建梁，即位诏称要"庶顺玄穹之意，永臻康济之期。"④ 后唐庄宗诏曰："庶遂息肩之望，冀谐鼓腹之谣。"⑤ 然而这些王朝却都不旋踵而亡。其中后梁存在十七年，后唐存在十四年，后晋存在十一年，后汉存在四年，后周存在十年。在此过程中一共更换了十三个皇帝，分属八姓，这就不能不让继起的宋朝统治者忧心忡忡。为了维护国家的稳定与发展，宋初统治者试图通过借鉴

---

① 袁褧撰，俞钢、王彩燕整理：《枫窗小牍》，《全宋笔记》（第四编·五），大象出版社 2008 年版，第 214 页。

② 徐松：《宋会要辑稿》第五十二册《瑞异一》"瑞异一之八"，中华书局 1957 年版，第 2065—2068 页。

③ 李焘：《续资治通鉴长编》卷三十七"至道元年四月乙巳"条，第 813 页。

④ 薛居正：《旧五代史》卷三《梁书·太祖纪三》，第 46 页。

⑤ 薛居正：《旧五代史》卷三十《唐书·庄宗纪四》，第 416 页。

历史经验教训，摆脱五代皇朝短命而亡的宿命，进而达到三代太平盛世。

一、传统以史资治思想复兴

众所周知，借鉴历史经验教训治理国家的以史资治思想早在先秦时期就受到思想家的重视，如周武王称："古人有言曰：'人无于水监，当于民监'。今惟殷坠厥命，我其可不大监，抚于时"①。召公称："我不可不监于有夏，亦不可不监于有殷。"②《诗·大雅·荡》云："殷鉴不远，在夏后之世"③。《周礼·天官》称"史"官"掌官书以赞治"④。《国语·楚语》载卫武公"临事有瞽史之导。"⑤ 楚国的申叔时认为学习史书，可以使人"耸善而抑恶"、"昭明德而废幽昏"、"知兴废者而戒惧"。⑥ 老子称："执古之道，以御今之有，能知古始，是谓道纪。"⑦《易传》称："夫《易》，彰往而察来"⑧，又称："君子以多识前言往行，以畜其德"⑨。

先秦时期的以史资治思想为后世继承和发扬，如汉人陆贾称："善言古者合之于今，能述远者考之于近。故说事者上陈五帝之功，而思之于身，下列桀、纣之败，而戒之于己"⑩。汉高祖刘邦因命陆贾："试为我著秦所以失天下，吾所以得之者何，及古成败之国。"⑪ 贾谊云："鄙谚曰：'前事之不忘，后之师也。'是以君子为国，观之上古，验之当世，参之人事，察盛衰之理，审权势之宜，去就有序，变化应时，故旷日长久而社稷安矣。"⑫ 唐高祖李渊

---

① 《尚书正义》卷十四《周书·酒诰》，《十三经注疏》，第 207 页。

② 《尚书正义》卷十五《周书·召诰》，《十三经注疏》，第 213 页。

③ 《毛诗正义》卷十八《大雅·荡》，《十三经注疏》，第 554 页。

④ 《周礼注疏》卷三《天官·宰夫》，中华书局 1980 年版，第 655 页。

⑤ 徐元诰撰，王树民、沈长云点校：《国语集解》卷十七《楚语上》，中华书局 2002 年版，第 501 页。

⑥ 徐元诰撰，王树民、沈长云点校：《国语集解》卷十七《楚语上》，第 485—486 页。

⑦ 陈鼓应：《老子注译及评介》，中华书局 1984 年版，第 114 页。

⑧ 《周易正义》卷八《系辞下》，《十三经注疏》，第 89 页。

⑨ 《周易正义》卷八《大畜》，《十三经注疏》，第 40 页。

⑩ 陆贾撰，王利器校注：《新语校注》卷上《术事》，中华书局 1988 年版，第 37 页。

⑪ 司马迁：《史记》卷九十五《陆贾列传》，中华书局 1959 年版，第 2699 页。

⑫ 贾谊撰，阎振益、钟夏校注：《新书校注》卷一《过秦下》，中华书局 2000 年版，第 17 页。

在所颁布的《修六代史诏》中称："司典序言,史官纪事,考论得失,究尽变通,所以裁成义类,惩恶劝善,多识前古,贻鉴将来。"① 唐太宗李世民说:"朕睹前代史书,彰善瘅恶,足为将来之戒。"自称"将欲览前王之得失,为在身之龟鉴。"② 又称"以古为镜,可以知兴替。"唐名臣魏征也说:"夫鉴形之美恶,必就于止水。鉴国之安危,必取于亡国。故《诗》曰:'殷鉴不远,在夏后之世。'又曰:'伐柯伐柯,其则不远。'"③ 杜佑主张根据时代的需要,借鉴历史上的兴衰成败经验,制定切实可行的措施,以治理国家,所谓:"酌古之要,通今之宜,既弊而思变"④。自称其撰《通典》"实采群言,征诸人事,将施有政。"⑤ 李翰对《通典》评价甚高:"今《通典》之作,昭昭乎其警学者之群迷欤!以为君子致用,在乎经邦,经邦在乎立事,立事在乎师古,师古在乎随时。必参古今之宜,穷终始之要,始可以度其古,终可以行于今。"⑥ 后周世宗时,比部郎中王朴撰《平边策》,纵论史事:"唐失道而失吴、蜀,晋失道而失幽、并,观所以失之由,知所以平之术。"⑦

历史发展到宋初,由于新兴皇朝乃继乱世而兴,统治者在治国经验方面极度匮乏,因此充满治国成败、得失经验与教训的古代历史,自然便进入了宋代君臣的视野之中,于是传统的以史资治思想再度勃兴。

宋太祖好读书,称帝后,"每遣使取书史馆"⑧。他曾颇为困惑地问赵普:"自唐季以来,数十年间,帝王凡易十姓,兵革不息,生灵涂地,其故何哉?吾欲息兵定长久之计,其道何如?"赵普答称:"唐季以来,战争不息、家散

---

① 王钦若等编纂,周勋初等校订:《册府元龟》(校订本)(七)卷五五四《国史部·选任》,凤凰出版社 2006 年版,第 6342 页。

② 王钦若等编纂,周勋初等校订:《册府元龟》(校订本)(七)卷五五四《国史部·恩奖》,第 6348 页。

③ 刘昫:《旧唐书》卷七十一《魏征传》,中华书局 1975 年版,第 2554—2561 页。

④ 杜佑撰,王文锦等点校:《通典》卷十二《食货十二》,中华书局 1988 年版,第 295 页。

⑤ 杜佑撰,王文锦等点校:《通典·自序》。

⑥ 李翰:《通典序》,杜佑撰,王文锦等点校:《通典》。

⑦ 薛居正:《旧五代史》卷一百二十八《周书·王朴传》,第 1679 页。

⑧ 王称:《东都事略》卷三十一《卢多逊传》,齐鲁书社 2000 年版,第 254 页。

人亡者无他，节镇太重，君弱臣强而已。"① 显然太祖君臣间探讨的虽是一个具体问题，却是一个典型的以史资治的例子。

宋太宗也曾多次表达以史资治的想法，如太平兴国七年（982）称："朕每退朝，不废观书，意欲酌前代成败而行之，以尽损益也。"② 淳化二年（991）称："朕年长，他无所爱，但喜读书，多见古今成败，善者从之，不善者改之，斯已矣。"③ 淳化四年（993）称："朕历览前书，必深味其理"④。淳化五年（994），宋太宗临幸国子监，令直讲孙奭（962—1033）"讲《尚书·说命》三篇，至'事不师古，以克永世，匪说攸闻'"，太宗说"诚哉是言也"。⑤ 宋真宗赵恒（997—1022 年在位）也非常重视历史的鉴戒作用，景德四年（1007）他在谈及编修《历代君臣事迹》（即《册府元龟》）一事时曾说："朕于此书，匪独听政之暇，资于阅览，亦乃区别善恶，垂之后世，俾君臣父子有所鉴诫。"⑥

宋前期诸位君主的以史资治思想在臣下那里也得到了热烈的应和。王禹偁认为以史为鉴，自古有之："臣闻前事者，后事之元龟也。是以读二帝之《典》，则首曰：'稽古帝尧'，又曰：'稽古帝舜'。"以尧舜之圣尚且要学习古道，更何况是"居三代之末，乘百王之弊"的宋朝，更应该以史为鉴，并且认为如果真正能做到"引古以证今"，就一定会起到"朝行而暮复"的效果。⑦ 陈彭年（961—1017）指出如果"理有未安"则"事当复古"⑧。杨亿认为"稽古"可以"助论思。"⑨ 认为士大夫应该"强学多闻，稽古博识，究历代之损益，明当今之利病。"⑩

---

① 邵伯温撰，李剑雄、刘德权点校：《邵氏闻见录》，中华书局 1983 年版，第 2 页。
② 李焘：《续资治通鉴长编》卷二十三"太平兴国七年十月辛酉"条，第 528 页。
③ 李焘：《续资治通鉴长编》卷三十二"淳化二年闰二月戊寅"条，第 713 页。
④ 李焘：《续资治通鉴长编》卷三十四"淳化四年闰十月己亥"条，第 757 页。
⑤ 李焘：《续资治通鉴长编》卷三十六"淳化五年十一月丙寅"条，第 801 页。
⑥ 李焘：《续资治通鉴长编》卷六十七"景德四年十二月乙未"条，第 1509 页。
⑦ 王禹偁：《王黄州小畜集》卷十九《三谏书序》，宋集珍本丛刊，线装书局 2004 年版。
⑧ 李焘：《续资治通鉴长编》卷六十四"景德三年十二月壬午"条，第 1436 页。
⑨ 杨亿：《武夷新集》卷一《龙图阁宴会应制》，《文渊阁四库全书》第 1086 册，第 357 页。
⑩ 杨亿：《武夷新集》卷十二《景德三年九月试贤良方正能直言极谏科策一道》，第 499 页。

二、 推崇皇王之道

自先秦以来，由于在历史发展观方面，学者普遍持退化史观，认为二帝三王时代是理想中的太平盛世，因此论及鉴观历史，多主张以二帝三代为标杆，效法其王道政治，以期重回太平盛世。就宋初而言，学者受此影响，也将二帝三王之治作为皇朝追求的目标，意欲度越汉唐，比肩尧、舜、汤、武。

（一）退化史观

今不如古的历史退化观念在先秦诸子的思想中就已普遍存在。如老子称："故失'道'而后'德'，失'德'而后仁，失仁而后义，失义而后礼。"[1] 孔子对尧、舜、禹、文王等赞不绝口。如论及尧称："大哉尧之为君也！巍巍乎，唯天为大，唯尧则之。"论及舜称："舜有臣五人，而天下治。"论及禹称："禹，吾无间然矣！"论及周文王称："周之德，可谓至德也已矣。"[2] 墨子认为："三代圣王既没，天下失义"[3]，"周成王之治天下也，不若武王；武王之治天下也，不若成汤；成汤之治天下也，不若尧舜。"[4] 孟子认为："五霸者，三王之罪人也；今之诸侯，五霸之罪人也；今之大夫，今之诸侯之罪人也。"[5] 荀子认为："王者之制：道不过三代，法不贰后王。道过三代谓之荡，法贰后王谓之不雅。"[6] 所谓的"后王"指的就是周代的圣王："在孟子时，文王、周公尚可谓为先王，'周道'尚可谓为'先王之法'。至荀子时，则文王、周公只可谓为后王，'周道'只可谓为后王之法矣。"[7]

---

① 陈鼓应：《老子注译及评介》，第 212 页。

② 《论语正义》卷八《泰伯》，《十三经注疏》，第 2487—2488 页。

③ 孙诒让：《墨子间诂》卷八《明鬼下》，《诸子集成》（4），上海书店出版社 1986 年版，第 138 页。

④ 孙诒让：《墨子间诂》卷一《三辩》，《诸子集成》（4），第 24 页。

⑤ 焦循：《孟子正义》卷十二《告子下》，《诸子集成》（1），上海书店出版社 1986 年版，第 494—495 页。

⑥ 王先谦：《荀子集解》卷五《王制篇》，《诸子集成》（2），上海书店出版社 1986 年版，第 101 页。

⑦ 冯友兰：《中国哲学史》，中华书局 1961 年版，第 354 页。

秦汉以后，退化史观更是深入人心。两汉时期，《淮南子·修务训》指出："世俗之人，多尊古而贱今"①。董仲舒认为："昔秦受亡周之敝，而亡以化之；汉受亡秦之敝，又亡以化之。夫继二敝之后，承其下流，兼受其猥，难治甚矣。"② 又称："夫古之天下亦今之天下，今之天下亦古之天下，共是天下，古以大治……以古准今，壹何不相逮之远也！"③ 汉昭帝时举行盐铁会议，参与讨论的文学之士称三王之时，"庠序之教，恭让之礼，粲然可得而观也。及其后，礼义驰崩，风俗灭息，故自食禄之君子，违于义而竞于财，大小相吞，激转相倾。"④ 刘向称："夫承千岁之衰周，继暴秦之余弊，民渐溃恶俗，贪饕险诐，不闲义理"⑤。扬雄称汉是"帝典阙而不补，王纲驰而未张；道极数殚，阍忽不还。"⑥ 王充称："世俗之性，好褒古而毁今"⑦。

魏晋南北朝时期，魏晋时人阮籍认为："三皇依道，五帝仗德，三王施仁，五霸行义，强国任智：盖优劣之异，薄厚之降也。"⑧ 南朝梁人沈约认为："自三代以来，醇风稍薄，成功济务，尊出权道，虽复负扆南面，比号轩、牺，莫不自谢王风，率由霸德。"⑨ 北齐人魏收称："秦灭儒经，汉承其弊，三代之礼，盖如线焉。"⑩ 又"魏氏承百王之末，属崩散之后，典刑泯弃，礼俗浇薄。"⑪

唐初，魏征认为如果国家措施得当，很快就可致太平，但封德彝等却认

---

① 高诱注：《淮南子》卷十九《修务训》，《诸子集成》（7），上海书店出版社 1986 年版，第342 页。

② 班固：《汉书》卷二十七上《五行志上》，第 1332 页。

③ 班固：《汉书》卷五十六《董仲舒传》，第 2519—2520 页。

④ 王利器校注：《盐铁论校注》卷一《错币》，《新编诸子集成》（1），中华书局 1992 年版，第56 页。

⑤ 班固：《汉书》卷二十二《礼乐志》，第 1034 页。

⑥ 扬雄：《剧秦美新》，严可均辑：《全上古三代秦汉六朝文》（1）卷五十三，中华书局 1958 年版，第 415 页。

⑦ 王充：《齐世篇》，《论衡》，《诸子集成》（7），上海书店出版社 1986 年版，第 188 页。

⑧ 陈伯君校注：《阮籍集校注》卷上《通老论》，中华书局 1987 年版，第 160 页。

⑨ 沈约：《宋书》卷四十五"史臣曰"，中华书局 1974 年版，第 1385 页。

⑩ 魏收：《魏书》卷一百八之一《礼志一》，第 2733 页。

⑪ 魏收：《魏书》卷一百一十一《刑罚志》，第 2873 页。

为："三代以后，人渐浇讹，故秦任法律，汉杂霸道，皆欲理而不能，岂能化而不欲？若信魏征所说，恐败乱国家。"魏征虽用事实将他们驳得无话可说，但是这些人虽"无以难之，然咸以为不可。"① 唐玄宗诏称："越自魏、晋，以迄周、隋，帝典阙而大道隐，王纲弛而旧章阙"②。杜佑指出："人之常情，非今是古"③。唐武宗称："朕闻三代已前，未尝言佛，汉、魏之后，像教浸兴。是由季时，传此异俗，因缘染习，蔓衍滋多，以至于蠹耗国风，而渐不觉。诱惑人意，而众益迷。"④

当然历史上也不乏反对循环退化说的，如魏征针对封德彝等的"三代以后，人渐浇讹"的观点，指出："若言人渐浇讹，不及纯朴，至今应悉为鬼魅，宁可复得而教化耶?"⑤ 杜佑认为三代时期并非盛世，而是"众暴寡，且无虚月；大灭小，未尝暂宁。迭寻干戈，挤人涂炭。"⑥ 昔贤之所以称之为盛世，"盖疾时浇巧，美往昔敦淳，务以激励勉其慕向也。"⑦ 但此并非主流思想。

（二）王道与霸道

对于历史退化的原因，春秋以来学者们普遍认为是统治者所推行的治道不同，即三代实行的是王道，而三代以下实行的是霸道的缘故。

大体说来王道与霸道的观念产生于先秦，如儒家从孔子起"就认为有两种统治术。"⑧ 孔子曾说："道之以政，齐之以刑，民免而无耻。道之以德，齐之以礼，有耻且格。"⑨ 此处虽没明言，但显然就是后世所说的王道与霸道。战国时期随着三皇五帝三王五霸的古史观念的形成，诸子对治道的探讨也日

---

①　吴兢：《贞观政要》卷一《政体》，上海古籍出版社 1978 年版，第 18 页。

②　刘昫：《旧唐书》卷二十三《礼仪志·礼仪三》，第 891 页。

③　杜佑撰，王文锦等点校：《通典》卷五十八《嘉礼三》，第 1652 页。

④　刘昫：《旧唐书》卷十八上《武宗本纪》，第 605 页。

⑤　吴兢：《贞观政要》卷一《政体》，第 18 页。

⑥　杜佑撰，王文锦等点校：《通典》卷三十一《职官十三》，第 848—849 页。

⑦　杜佑撰，王文锦等点校：《通典》卷一百八十五《边防一》，第 4979 页。

⑧　冯友兰：《中国哲学史新编》（5），人民出版社 1992 年版，第 183 页。

⑨　《论语正义》卷二《为政》，《十三经注疏》，第 2461 页。

渐热烈起来，商鞅西入秦，曾先后说孝公以帝道、王道和霸道。而《管子》更是将治道分为四类，所谓"明一者皇，察道者帝，通德者王，谋得兵胜者霸。"① 就儒家而论，明确辨析王、霸之优劣则始自孟子，孟子认为："以力假仁者霸，霸必有大国；以德行仁者王，王不待大，汤以七十里，文王以百里。以力服人者非心服也，力不赡也；以德服人者，中心悦而诚服也，如七十子之服孔子也。"② 此处"仁"与"力"对举，以见王霸之优劣。又称"何必曰利，亦有仁义而已矣。"③ "为人臣者，怀仁义以事其君；为人子者，怀仁义以事其父；为人弟者，怀仁义以事其兄，是君臣、父子、兄弟去利怀仁义以相接也，然而不王者，未之有也。何必曰利。"④ 此二处则是以"仁义"与"利"对举，以区别王霸。显然在孟子那里王霸乃是两种不同的政治模式，其中王道优于霸道。

荀子对王霸之道也有论述，他认为霸道是假仁而行："乡方略，审劳佚，畜积修斗而能颠倒其敌者也。诈心以胜矣，彼以让饰争，依乎仁而蹈利者也。"⑤ 但同时又认为王道讲义、霸道讲信："义立而王，信立而霸"。所谓"义立而王"，即"挈国以呼礼义，而无以害之，行一不义，杀一无罪，而得天下，仁者不为也。撰然扶持心国，且若是其固也。之所与为之者之人，则举义士也；之所以为布陈于国家刑法者，则举义法也；主之所极然帅群臣而首乡之者，则举义志也。如是则下仰上以义矣，是基定也；基定而国定，国定而天下定。……故曰：以国齐义，一日而白，汤武是也。汤以亳，武王以鄗，皆百里之地也，天下为一，诸侯为臣，通达之属，莫不从服，无它故焉，以义济矣，是所谓义立而王也。"所谓："信立而霸"，即"德虽未至也，义虽未济也，然而天下之理略奏矣，刑赏已诺信乎天下矣，臣下晓然皆知其可要也。政令已陈，虽睹利败，不欺其民；约结已定，虽睹利败，不欺其与。

---

① 戴望：《管子校正》卷六《兵法》，《诸子集成》(5)，上海书店出版社1986年版，第94页。

② 焦循：《孟子正义》卷三《公孙丑上》，《诸子集成》(1)，第130—131页。

③ 焦循：《孟子正义》卷一《梁惠王上》，《诸子集成》(1)，第22页。

④ 焦循：《孟子正义》卷十二《告子下》，《诸子集成》(1)，第486—487页。

⑤ 王先谦：《荀子集解》卷三《仲尼篇》，《诸子集成》(2)，第68页。

如是则兵劲城固，敌国畏之；国一綦明，与国信之；虽在僻陋之国，威动天下，五伯是也。非本政教也，非致隆高也，非綦文理也，非服人之心也，乡方略，审劳佚，谨畜积，修战备，骈然上下相信，而天下莫之敢当。……是所谓信立而霸也。"又称"故齐桓、晋文、楚庄、吴阖闾、越勾践，是皆僻陋之国也，威动天下，强殆中国，无它故焉，略信也，是所谓信立而霸也。"①因此荀子既渲染仁政、德政，也重势威、言刑赏，亦即尊王而不黜霸："隆礼尊贤而王，重法爱民而霸"②。

西汉时，董仲舒对王霸义利也提出自己的看法："王者承天意以从事，故任德教而不任刑。刑者不可任以治世，犹阴之不可任以成岁也。为政而任刑，不顺于天，故先王莫之肯为也。"③ 又说："夫仁人者，正其谊不谋其利，明其道不计其功"④。但是他又说刑罚是成德的重要手段，主张刑德兼用："庆赏刑罚，异事而同功，皆王者之所以成德也。"⑤ 两汉之际人桓谭论及皇帝王霸之道，指出："夫上古称三皇、五帝，而次有三王、五霸，此皆天下君之冠首也。故言三皇以道治，而五帝用德化；三王由仁义，五霸用权智。其说之曰：无制令刑罚，谓之皇；有制令而无刑罚，谓之帝；赏善诛恶，诸侯朝事，谓之王；兴兵众，约盟誓，以信义矫世，谓之霸。"进而指出："五帝以上久远，经传无事，唯王霸二盛之美，以定古今之理焉。"桓谭贵王而贱霸："儒者或曰：'图王不成，其弊亦可以霸。'此言未是也。传曰：'孔氏门人，五尺童子，不言五霸事者，恶其违仁义而尚权诈也。'"⑥

隋唐时期，隋人王通推崇所谓的周孔之道："卓哉！周、孔之道，其神之所为乎！顺之则吉，逆之则凶。"⑦ 唐人令狐德棻称："王道任德，霸道任刑。

---

① 王先谦：《荀子集解》卷三《仲尼篇》，《诸子集成》(2)，第131—133页。
② 王先谦：《荀子集解》卷十九《大略篇》，《诸子集成》(2)，第321页。
③ 班固：《汉书》卷五十六《董仲舒传》，第2502页。
④ 班固：《汉书》卷五十六《董仲舒传》，第2524页。
⑤ 苏舆撰，钟哲点校：《春秋繁露义证》卷十三《四时之副》，第353页。
⑥ 桓谭：《新论》卷上《王霸》，上海人民出版社1976年版，第2—3页。
⑦ 阮逸注：《文中子中说》卷一《王道篇》，《四部丛刊初编》本。

自三王以上，皆行王道。唯秦任霸术，汉则杂而行之；魏晋已下，王霸俱失。"① 韩愈称当时学者"尚知尊孔氏，崇仁义，贵王贱霸而已。"② 柳宗元称："圣人之所以立天下，曰仁义。"③

（三）对王道的信从

由于推崇古圣先王，因而自先秦起，儒者就主张效法二帝三代，推行王道，以达到太平盛世。

如春秋战国时期，孔子所谓："周监于二代，郁郁乎文哉！吾从周。"④ 主张"克己复礼"⑤，认为"齐一变，至于鲁；鲁一变，至于道"⑥。孟子所谓："遵先王之法而过者，未之有也。"又说"为政不因先王之道，可谓智乎。"⑦ 荀子所谓："王者之制：道不过三代，法不贰后王；道过三代谓之荡，法贰后王谓之不雅。"

秦汉时期，淳于越认为："事不师古而能长久者，非所闻也。"⑧ 汉昭帝时举行的盐铁会议上，文学之士要求以王道治国："圣王之治世，不离仁义。故有改制之名，无变道之实。上自黄帝，下及三王，莫不明德教，谨庠序，崇仁义，立教化。此百世不易之道也。"⑨ 王吉上疏希望汉宣帝能"承天心，发大业，与公卿大臣延及儒生，述旧礼，明王制，驱一世之民济之仁寿之域，则俗何以不若成康，寿何以不若高宗？"⑩ 贡禹针对朝廷奢侈无度的现状，要求汉元帝"承衰救乱，矫复古化"，"深察古道"，减损用度，同时指出"天生圣人，盖为万民，非独使自娱乐而已也。"要元帝勇于承担责任，"参诸天

---

① 刘昫：《旧唐书》卷七十三《令狐德棻》，第 2598 页。
② 韩愈著，屈守元、常思春主编：《与孟尚书书》，《韩愈全集校注》，四川大学出版社 1996 年版，第 2352 页。
③ 柳宗元：《柳宗元集》卷三《四维论》，中华书局 1979 年版，第 78 页。
④ 《论语正义》卷三《八佾》，《十三经注疏》，第 2467 页。
⑤ 《论语正义》卷十二《颜渊》，《十三经注疏》，第 2502 页。
⑥ 《论语正义》卷六《雍也》，《十三经注疏》，第 2479 页。
⑦ 焦循：《孟子正义》卷七《离娄上》，《诸子集成》（1），第 285—286 页。
⑧ 司马迁：《史记》卷六《秦始皇本纪》，第 254 页。
⑨ 王利器校注：《盐铁论校注》卷五《遵道》，中华书局 1992 年版，第 292 页。
⑩ 《汉书》卷七十一《王吉传》，第 3062—3065 页。

地，揆之往古"，效法古圣先王施德政于民。①

隋唐时期，王通称："吾视千载已上，圣人在上者，未有若周公焉，其道则一，而经制大备，后之为政有所持循。吾视千载而下，未有若仲尼焉。其道则一，而述作大明，后之修文者有所折中矣。千载而下，有申周公之事者，吾不得而见也；千载而下，有绍宣尼之业者，吾不得而让也。"王通弟子董常称："愿圣人之道行于时，常也无事于出处。"王通对此非常赞赏，所谓："大哉，吾与常也。"② 唐太宗声称："朕今所好者，惟在尧、舜之道，周、孔之教"③。韩愈认为先王之道就是推行仁义："博爱之谓仁，行而宜之之谓义，由是而之焉之谓道"，主张治国应"明先王之道以道之"。④ 柳宗元声称自己"好求尧、舜、孔子之志，唯恐不得；幸而遇行尧、舜、孔子之道，唯恐不慊"⑤。又自称："唯以中正信义为志，以兴尧、舜、孔子之道，利安元元为务"⑥。又说"苟守先圣之道，由大中以出，虽万受摈弃，不更乎其内。"⑦

（四）宋初对先王之政的诉求

宋初，学者们在提倡以史资治的同时，也继承了传统的退化史观，视二帝三代为太平盛世，而宋朝是"居三代之末，乘百王之弊"的新兴皇朝。⑧ 但新兴的统治者并没有因此而气馁，而是踌躇满志地将二帝三王之治作为皇朝追求的目标，意欲度越汉唐，比肩尧舜汤武。如端拱元年（988）正月，宋太宗对赵普说："朕若有过，卿勿面从，古人耻其君不为尧、舜，卿其念哉！"⑨ 晚年又对侍臣称："卿等以朕今日为治如何也？虽未能上比三皇，至于寰海宴清；法令明著，四表遵朝化，百司绝奸幸，固亦无惭于前代矣。"⑩

---

① 《汉书》卷七十二《贡禹传》，第3070—3072页。
② 阮逸注：《文中子中说》卷二《天地篇》。
③ 吴兢：《贞观政要》卷六《慎所好》，上海古籍出版社1978年版，第194页。
④ 韩愈著，屈守元、常思春主编：《原道》，《韩愈全集校注》，第2662—2665页。
⑤ 柳宗元：《柳宗元集》卷二十五《送娄图南秀才游淮南序》，第655页。
⑥ 柳宗元：《柳宗元集》卷三十《寄许京兆孟容书》，第780页。
⑦ 柳宗元：《柳宗元集》卷三十二《答周君巢饵药久寿书》，第841页。
⑧ 王禹偁：《王黄州小畜集》卷十九《三谏书序》。
⑨ 李焘：《续资治通鉴长编》卷二十九"端拱元年正月"条，第647页。
⑩ 李焘：《续资治通鉴长编》卷三十八"至道元年十二月丙申"条，第824页。

田锡（940—1004）代真宗所做《制策》称真宗："思复三代之迹"①。大中祥符八年（1015）四月四日，真宗召辅臣观御制"《皇王帝伯》四论"。②种放（956—1016）著《嗣禹说》诸篇，"人颇称之"。③咸平四年（1001）六月田锡（940—1004）奏称自己愿留在朝廷，"常以皇王之道致主于尧、舜"④。

为达到这一目的，学者们纷纷主张效法古圣先王，实行王道，也就是所谓的"皇王之道"或"尧舜之道"。如李昉（925—996）以能推行"皇王之道"称赞太祖："万古皇王之道，平窥于掌握之中"⑤。柳开（947—1000）认为皇王之道是世间最伟大的治道："皇王之道，混成如天，色笼四周，俾莫能越"⑥。田锡代真宗所做《制策》称："朕永惟皇王之理"⑦。咸平四年（1001）六月田锡奏称希望真宗以"皇王之道"治理天下，认为真宗"若师皇王之道，日新厥德，十年之内，必致太平"⑧。王禹偁称当时有儒生名郝太冲者，"凡议一事吐一辞，未始不以皇王帝霸之道为己任。"⑨陈彭年认为朝廷治国应该"宪章三代，取则六经"⑩。

三、 重视汉唐故事

从学者们高扬王道的旗帜要追踪三代看，秦汉以下的历史似乎显得无足轻重。但事实上真正被树为标杆来学习的却是汉唐之治。如宋白称赞太宗有唐贞观、开元之风："著治化之书，贞观之风也；纪他山之石，开元之事

---

① 田锡：《咸平集》卷二十二《制策》，《文渊阁四库全书》第 1085 册，第 487 页。

② 王应麟：《玉海》卷三二"祥符皇王帝伯四论"条，江苏古籍出版社、上海书店 1987 年版，第 613 页。

③ 脱脱等：《宋史》卷四百五十七《种放传》，中华书局 1977 年版，第 13423 页。

④ 李焘：《续资治通鉴长编》卷四十九"咸平四年六月"条，第 1065 页。

⑤ 徐松：《宋会要辑稿》第二十五册《礼二九》"礼二九之三"，第 1065 页。

⑥ 柳开：《河东先生集》卷八《上郭太傅书》，《四部丛刊初编》本。

⑦ 田锡：《咸平集》卷二十二《制策》，第 487 页。

⑧ 李焘：《续资治通鉴长编》卷四十九"咸平四年六月"条，第 1065—1066 页。

⑨ 王禹偁：《小畜外集》卷十三《送进士郝太冲序》，《四部丛刊初编》本。

⑩ 李焘：《续资治通鉴长编》卷六十四"景德三年十二月壬午"条，第 1436 页。

也。"① 李维将宋与汉、唐相提并论，称赞真宗："迈炎汉之好文，盛开元之致治。"②

因为虽然学者们声称要实行所谓的"王道"，但对"王道"的理解却相当粗浅。如在赵普看来，王道就是清静无为，太宗雍熙北伐失利后，赵普表称太宗登极十年，"坐隆大业，无一物之失所，见万国之咸康。所宜端拱穆清，啬神和志，以无为无事，保卜世卜年，自可远继九皇，俯观五帝，岂必穷边极塞，与戎人较其胜负。"③ 在张齐贤（943—1014）看来就是安利百姓："尧、舜之道无他，广推恩于天下之民尔。推恩者何？在乎安而利之。"④ 在王禹偁看来就是推行教化，建立尊卑等级秩序。他称孔子"行教化，序尊卑"，"定君臣父子之道，述皇王帝霸之基。"⑤ 在张知白（？—1028）看来就是谨慎行事："皇王之道在乎戒谨"⑥。

对于一个继乱世而兴，极度缺乏治国经验的皇朝而言，如此粗浅、抽象的观念显然是无法满足其需要的。因此学者虽倡言二帝三王之道，但却无法排斥秦汉以下内容丰富的史事。如太宗初年，梁颢（963—1004）上疏称："臣历观史籍，唐氏之御天下也，列圣间出，人文阐耀"⑦。淳化四年（993），梁鼎（955—1006）上疏称："'三载考绩，三考黜陟幽明'，此尧、舜所以得贤人而化天下也。三代而下，典章尚存，两汉以还，沿革可见。至于唐室，此道尤精"⑧。咸平元年（998）王禹偁代宰臣所做的谢表称："列国两汉之事，可鉴兴亡"⑨。咸平二年（999），朱台符（965—1006）上疏称："陛下自视当今事势，何如汉、唐盛时？有土者不可言贫，有人者不可言弱，以陛下

---

① 《宋太宗实录残本》卷八十，傅氏藏园校刊本。
② 徐松：《宋会要辑稿》第二十五册《礼二九》"礼二九之二一"，第1074页。
③ 李焘：《续资治通鉴长编》卷二十一"雍熙三年五月丙子"条，第617页。
④ 李焘：《续资治通鉴长编》卷二十七"太平兴国五年十二月辛卯"条，第485页。
⑤ 王禹偁：《王黄州小畜集》卷二《仲尼为素王赋》。
⑥ 李焘：《续资治通鉴长编》卷六十三"景德三年六月丁丑"条，第1405页。
⑦ 脱脱等：《宋史》卷二百九十六《梁颢传》，第9863页。
⑧ 李焘：《续资治通鉴长编》卷三十四"淳化四年十二月壬辰"条，第760页。
⑨ 王禹偁：《王黄州小畜集》卷二十一《为宰臣谢新雕三史表》。

神圣聪明，资以天下之大，而未比隆于汉、唐，窃为陛下惜之。"① 孙何（961—1004）称："有唐贞观之风，最为称首。"② 王旦（957—1017）称："唐室颠危数矣，而人归唐德者，赖祖宗仁恩浸厚也。"③ 真宗也认为自秦汉以下，"有唐文物最盛"④。

因此当时的思想界在以史资治方面只能走折衷路线，即以效法所谓的"皇王之道"之名，而行鉴观汉唐史事之实。如宋真宗认为皇王之道属于抽象的指导思想，以此为指导，只要所做的事情能够满足统治的需要，就比较接近皇王之道："朕以为皇王之道非有迹，但庶事适治道则近之矣。"⑤ 据此可知，只要有利于治国，不论是什么时代的典故，对真宗而言都是可以借鉴的。因此田锡杂取经史子集之事以进呈真宗的想法就得到了真宗的认可。咸平二年（999）五月，田锡奏进的《进撰述文字草本》中记述了与真宗的两次对话："（五月八日）臣又奏：'今陛下以何道理天下？愿以皇王之道为理。'臣又奏：'旧有《御览》，但记分门事类，共三百六十卷，取日览一卷，可周岁读遍。然不如节略经史子集，作三百六十卷，或万几之暇，日览一卷，所贵理乱兴亡之事，常在目前也。臣欲撰进。'至明日，又再承召对，宣谕：'所言皇王为理之道，可款曲著撰进来。'臣遂略言《尚书·尧舜典》是帝道，其注亦甚分明，陛下称'朕亦常看《尚书》，其注颇甚易晓。'"⑥ 又据范仲淹（989—1052）称田锡与真宗论皇王之事，"一日，召对久之，且曰：'陛下以皇王之道为心，臣请采经史中切于治体者上资圣览。'帝深然之。乃具草以进。手诏答曰：'卿能演清静之风，述理乱兴亡之本，备观鉴戒，朕心涣然。'"⑦

在此思想指导下，北宋前期统治者掀起了一场持续数十年的全面借鉴与

---

① 李焘：《续资治通鉴长编》卷四十四"咸平二年闰三月己丑"条，第940页。

② 李焘：《续资治通鉴长编》卷四十五"咸平二年八月辛亥"条，第958页。

③ 李焘：《续资治通鉴长编》卷八十六"大中祥符九年二月乙酉"条，第1972页。

④ 李焘：《续资治通鉴长编》卷七十九"大中祥符五年十月辛酉"条，第1799页。

⑤ 王称：《东都事略》卷三十二《张齐贤传》，第265页。

⑥ 田锡：《咸平集》卷二十七《进撰述文字草本》，第533页。

⑦ 范仲淹撰，李勇先、王蓉贵点校：《范文正公文集》卷十三《赠兵部尚书田公墓志铭》，《范仲淹全集》，四川大学出版社2002年版，第319页。

效法前代的政治运动。夏竦（985—1051）曾将此总结为"国家鉴三代典章，采汉唐故事，文质彬彬，不远中道。"①

当时国事无论大小，只要有条件，在做出决断之前，都要征诸典籍，以求最善。借鉴的范围也非常广阔，举凡处理政治、经济、军事、民族关系等方面的国事，统治者无不求诸历史。在此过程中，学者们常常纵横千古，但由于唐朝和五代距其较近，易于鉴戒，所以其最重视的还是近代亦即唐朝和五代的历史，可以说他们是把唐朝、五代作为正反两个标杆来学习的。通过对前朝历史经验教训的借鉴，使北宋皇朝的国家制度得以确立和完善，并日渐形成独具特色的统治体系。

（一）事无巨细，求诸典籍

北宋初年统治者由于缺乏治国经验，所以在处理国事的过程中常常如履薄冰。为了不出差错，当时大如兴师征伐，小如日常琐事，在做出决断之前，只要有条件，都要征诸典籍，以求最善。

如关于军国重事，朝廷在商议对策之时，便每每称言古事。这在太宗一朝尤其显著。端拱年间（988—989），户部郎中张洎（934—997）奏议称："北戎为患中国，自古而然，夏、商以还，桀暴滋甚。备御之术，简册具存。或度塞以鏖兵，或和亲而结好，或诱部落以分其势，或要盟誓以固其心，谋议纷纭，咸非得策。举其要略，唯练兵聚谷，分屯塞下，来则备御，去则勿追，是矣。"右拾遗直史馆王禹偁奏议称："伏以中国之病匈奴，其来久矣。臣今独引汉文帝时事，以为警戒，望留意垂览，则天下幸甚。且汉十四帝，言圣明者文、景也，言昏乱者哀、平也。然而文景之世，军臣单于最为强盛，肆行侵掠，候骑至雍，火照甘泉；哀平之时，呼韩邪单于每岁来朝，委质称臣，边烽罢警；此岂系于历数而不由于道德耶？"知制诰田锡奏疏称："昔汉时西羌犯塞，赵充国年七十矣，上使丙吉问曰：'谁可为将？'充国对曰：'无逾老臣。'以是言之，则令宰臣以下各举堪为将帅者，宿旧武臣素有闻望者亦令自举，然后陛下详择而用之。赵充国老将，尚云'百闻不如一见'。况今委

---

① 夏竦：《文庄集》卷十三《慎爵禄》，《文渊阁四库全书》第1087册，第162页。

任将帅，而每事欲从中降诏，授以方略，或赐以阵图，依从则有未合宜，专断则是违上旨，以此制胜，未见其长。"① 淳化四年（993）十一月太宗与宰相吕蒙正（944 或 946—1011）引古论边事："上谓侍臣曰：'朕自即位以来，用师讨伐，盖救民于涂炭，若好张皇夸耀，穷极威武，则天下之民几乎磨灭矣！'宰相吕蒙正对曰：'前代征辽，人不堪命。隋炀帝全军陷没，唐太宗躬率群臣运土填堑，身先士卒，终无所济。'上曰：'炀帝昏暗，诚不足语。唐太宗犹如此，何失策之甚也。且治国在乎修德耳，四夷当置之度外。朕往岁既克并、汾，观兵蓟北，方年少气锐，至桑干河，绝流而过，不由桥梁。往则奋锐居先，还乃勒兵殿后，静而思之，亦可为戒。'蒙正曰：'兵者伤人匮财，不可屡动。汉武帝及唐太宗俱英主，然用兵皆不免于悔，为后世非笑。陛下及其未有悔也，而早辩之，较二王岂不远哉。'上曰：'朕每议兴兵，皆不得已。古所谓王师如时雨，盖其义也。今亭障无事，但常修德以怀远，此则清静致治之道耶！'蒙正曰：'古者以简易治国者，享祚长久。陛下崇尚清静，实宗社无疆之休也。'"②

真宗时，孙奭因担心真宗祀汾阴扰民，而上疏谏以史事："陛下将幸汾阴，而京师民心弗宁，江、淮之众，困于调发，理须镇安而矜存之。且土木之功未息而夺攘之盗必行，北虏治兵，不远边境，虽驰单使，宁保其心！昔黄巢出自凶饥，陈胜起于徭戍。隋炀帝缘勤远略，唐高祖由是开基；晋少主智昧边防，耶律德光因之谋夏。今陛下俯从奸佞，远弃京师，罔念民疲，不虞边患，涉仍岁荐饥之地，修违经久废之祠，又安知饥民中无黄巢之剧贼乎？役徒之内无陈胜之志乎？肘腋之下无英雄之窥伺乎？区脱之间无天骄之观衅乎？陛下方祠后土，驻跸河中，若敌骑猖狂，忽及澶渊，陛下知魏咸信能坚据河桥乎？周莹居中山能摧锋却敌乎？又或渠魁侠帅，啸聚原野，劫掠州县，侵轶郊畿，行在远闻，得不惊骇！陛下虽前席问计，群臣欲借箸出奇，以臣料之，恐无及也。又窃见今之奸臣，以先帝寅畏天灾，诏停封禅，故赞陛下

---

① 李焘：《续资治通鉴长编》卷三十"端拱二年正月癸巳"条，第 666—675 页。

② 李焘：《续资治通鉴长编》卷三十四"淳化四年十一月甲寅"条，第 758—759 页。

力行东封，以为继成先志也。先帝欲北平幽朔，西取继迁，大勋未集，用付陛下，则未尝献一谋，画一策，以佐陛下继先帝之志，而乃卑辞重币，求和于契丹，蠹国縻爵，姑息于保吉，以主辱臣死为空言，以诬下罔上为己任，撰造祥瑞，假托鬼神，才毕东封，便议西幸，轻劳圣驾，虐害饥民，冀其无事往还，谓已大成勋绩。是陛下以祖宗艰难之业，为佞邪侥幸之资，臣所以长叹痛哭也！夫天神地祇，聪明正直，作善降之百祥，作不善降之百殃，安在其笾豆簠簋乎？《春秋》传曰：'国之将兴，听于民；将亡，听于神。'固非愚臣妄议也。"①

　　当时为了慎重行事，不仅大事征诸典籍，就是小如皇帝乘辇、用餐、册封乳母、皇后出灵等也要问一下是否合于典故。如太祖一次祭祀后，"还宫，将驾金辂，顾左右曰：'于典故，可乘辇否？'左右对以无害，乃乘辇。"② 太宗因为处理政务，常常不能按时用餐，金部员外郎谢泌（950—1012）请求太宗在前殿听完臣下汇报后就吃饭，然后再到便殿一一处置，太宗没有答应，并对宰相说："文王自朝至于日中昃，不遑暇食，此自有故事"③。真宗初即位，在封自己的乳母前，也要问问吕端（935—1000）等前代在这方面是如何做的："上以汉、唐封乳母为夫人、邑君故事付中书，因问吕端等曰：'斯礼可行否？如不可行则止，朕不敢以私恩紊政法也。'端等奏曰：'前代旧规，斯可行矣。或加以大国，或益之美名，事出宸衷，礼无定制。'己酉，诏封乳母齐国夫人刘氏为秦国延寿保圣夫人。"④ 真宗明德皇后崩，出灵定在景德三年（1006）十月十六日甲时，龙图阁待制陈彭年上疏反对称："伏见司天定明德皇后灵驾发引，用十月十六日甲时，陛下将以其日未明临奠。窃寻历代以至圣朝园陵之义，未有宵启九门，远赴郊野。伏望谨岩墙之戒，遏霜露之悲，申命礼官议从宜之制。或先事一日酌奠于欑宫，或既发平明奉辞于别次，虽

①　李焘：《续资治通鉴长编》卷七十四"大中祥符三年十二月癸酉"条，第1701—1702页。
②　李焘：《续资治通鉴长编》卷四"乾德元年十一月甲子"条，第109页。
③　李焘：《续资治通鉴长编》卷三十四"淳化四年十一月甲寅"条，第758页。
④　李焘：《续资治通鉴长编》卷四十一"至道三年八月乙巳"条，第876页。

屈至性，深协舆情。"真宗于是改用丙时。①

（二）全面借鉴历史

在治理国家的过程中，全面借鉴历史是北宋初期建国运动中的重要特点。当时举凡政治、经济、军事、民族关系等方面，统治者无不以史为鉴。而这种全面借鉴又体现在典章制度和治国理念两个方面。

1. 典章制度方面

政治制度。这在礼制方面尤其显著。宋立国之初即着手效法先代的典章制度，如集议百官于尚书省论立宗庙之事，兵部尚书张昭（894—972）等即博引史籍："谨按尧、舜及禹皆立五庙，盖二昭二穆与其始祖也。有商建国，改立六庙，盖昭穆之外，祀契与汤也。周立七庙，盖亲庙之外，祀太祖及文王、武王也。汉初立庙，悉不如礼。魏、晋始复七庙之制，江左相承不改，然七庙之中，犹虚太祖之室。隋文但立高、曾、祖、祢四庙而已。唐因隋制，立四亲庙，梁氏而下，不易其法，稽古之道，斯为折衷。伏请追尊高、曾四代号谥，崇建庙室。"② 后太祖又令范质（911—964）等全面借鉴历史以定典制："中原多故，百有余年，礼乐仪制，不绝如线。今幸时和岁丰，克举禋祀，报神资乎备物，卿与五使宜讲求遗逸，遵行典故，无或废坠，副朕寅恭之意焉。"③ 景德四年（1007）四月有关方面就皇后去世后，皇帝在服是否处理政务问题向真宗提出建议："历代皇后上仙，无服内不视事之文。唐德宗王皇后成服日，于延英门接见藩臣，明服内听政。望百官释服后，皇帝视事于便殿，皇帝释服后，即复常仪；其攒殡及皇帝释服日，并请不视事。"真宗从之。④ 景德（1004—1007）年间龙图阁待制陈彭年就官员是否可乘马入太庙东门这一问题，上疏称："按《汉书》高平侯魏洪坐酎宗庙骑至司马门，削爵一级。此则骑不得过庙司马门之明文也。"因此希望"自今中书、门下行事，许

---

① 李焘：《续资治通鉴长编》卷六十四"十月癸未"条，第 1430 页。

② 李焘：《续资治通鉴长编》卷一"建隆元年正月甲子"条，第 8 页。

③ 李焘：《续资治通鉴长编》卷四"乾德元年十一月甲子"条，第 108 页。

④ 李焘：《续资治通鉴长编》卷六十五"景德四年四月乙酉"条，第 1453 页。

乘马入太庙东门，自余并不得乘入。庶彰寅恭，以广孝思。"①

经济制度。景德（1004—1007）年间，丁谓（966—1037）等"取唐开元中宇文融请置劝农判官，检户口、田土伪滥。且虑别置官烦扰，而诸州长吏职当劝农，乃请少卿、监为刺史，阁门使以上知州者，并兼管内劝农使，余及通判并兼劝农事，诸路转运使、副兼本路劝农使。诏可。"② 又真宗时张咏（946—1015）在蜀地所推行的交子之法，"盖有取于唐之飞钱。"③《宋史·食货志》又称："宋货财之制，多因于唐。"④

军事制度。招募兵卒之制，"起于府卫之废。唐末士卒疲于征役，多亡命者，梁祖令诸军悉黥面为字，以识军号，是为长征之兵。方其募时，先度人材，次阅走跃，试瞻视，然后黥面，赐以缗钱、衣履而隶诸籍，国初因之"⑤。

法律制度。据《宋史·刑法志》称："宋法制因唐律、令、格、式，而随时损益则有《编敕》，一司、一路、一州、一县又别有《敕》。建隆初，诏判大理寺窦仪等上《编敕》四卷，凡一百有六条，诏与新定《刑统》三十卷并颁天下，参酌轻重为详，世称平允。"⑥

2. 治国理念方面

政治理念。太祖以唐末五代因"节镇太重，君弱臣强"而导致军阀割据混战局面为鉴，加强集权统治，一即位便采纳赵普的建议，制定了"稍夺其权，制其钱谷，收其精兵"的集权总方针，并按照这一总设计一步步地加以实施，以免刚刚建立的赵宋政权成为继五代以后的第六个短命皇朝。⑦ 太宗对此说得十分清楚，所谓："先皇帝创业垂二十年，事为之防，曲为之制，纪律已定，物有其常，谨当遵承，不敢逾越"⑧。太宗与侍臣论后宫女子时说：

① 李焘：《续资治通鉴长编》卷六十六"景德四年七月丙子"条，第1474页。
② 脱脱等：《宋史》卷一百七十三《食货志·食货上一》，第4162页。
③ 脱脱等：《宋史》卷一百八十一《食货志·食货下三》，第4403页。
④ 脱脱等：《宋史》卷一百七十九《食货志·食货下一》，第4347页。
⑤ 脱脱等：《宋史》卷一百九十三《兵志·兵七》，第4799页。
⑥ 脱脱等：《宋史》卷一百九十九《刑法志·刑法一》，第4962页。
⑦ 邵伯温撰，李剑雄、刘德权点校：《邵氏闻见录》，第2页。
⑧ 李焘：《续资治通鉴长编》卷十七"开宝九年十月乙卯"条，第382页。

"朕读《晋史》，见武帝平吴之后，溺于内宠，后宫所蓄殆数千人，深为烦费，
殊失帝王之道，朕常以此为深戒。今宫中自职掌至于粗使，不过三百人，朕
犹以此为多矣。"① 太宗在声称要行黄老之道时，亦不忘称引古事，所谓"至
如汲黯卧治淮阳，宓子贱弹琴治单父，此皆行黄、老之道也。"②

经济理念。端拱（988—989）年间，国子博士李觉上书论买进谷物时称：
"昔李悝有言曰：'籴甚贵伤民，甚贱伤农。民伤则离散，农伤则国贫。故甚
贵甚贱，其伤一也。善为国者，使民无伤而农益劝。'所谓民者，士农工商
也。晁错亦云：'欲民务农，在于贵粟，盖不可使至贱，亦不可使至贵。'"云
云。③ 咸平（998—1003）年间，三司打算让职田户依例输税，但被虞部郎中
杜镐等以故事制止，所谓："推寻故事，历代并无输税之文，乃止。"④

军事理念。雍熙（984—987）年间，太宗北伐失败后，宰相李昉等相率
上疏称引古事："汉高祖以三十万之众，困于平城，卒用奉春之言，以定和亲
之策。以至文帝，奉之弥优，外示羁縻，内深抑损，而边城晏闭，黎庶息肩，
所伤匪多，其利甚溥矣。"⑤ 太仆少卿张洎上疏言边防，亦有所谓："夫御戎
之道有三策焉，前代圣贤论之详矣"之语⑥。

法律理念。咸平（998—1003）年间秘书丞知金州陈彭年上疏称："古者
按大狱，议大刑，虽本于法律，亦辅以经义。故释之、定国之为廷尉，则无
冤人；张汤、赵禹之列九卿，乃名酷吏。"⑦

民族关系理念。咸平（998—1003）年间京西转运副使、太常博士、直史
馆朱台符上言称："臣闻'蛮夷猾夏'，《帝典》所载，商、周而下，数为边
害。其人无礼义，系之而无所用；厥土多泽卤，得之而不可居。圣王知其然
也，或振旅薄伐，势不穷极，或和亲修好，意在羁縻。历代经营，斯为良策。

---

① 李焘：《续资治通鉴长编》卷二十五"雍熙元年正月丁丑"条，第573页。
② 李焘：《续资治通鉴长编》卷三十四"淳化四年十月丙午"条，第758页。
③ 李焘：《续资治通鉴长编》卷三十"端拱二年四月"条，第678—679页。
④ 李焘：《续资治通鉴长编》卷四十五"咸平二年七月壬午"条，第956页。
⑤ 李焘：《续资治通鉴长编》卷二十七"雍熙三年六月戊戌"条，第618页。
⑥ 李焘：《续资治通鉴长编》卷三十一"淳化元年六月丙午"条，第701页。
⑦ 李焘：《续资治通鉴长编》卷四十八"咸平四年正月壬戌"条，第1047页。

至于秦筑长城而黔首叛乱，汉绝大漠而海内虚耗，逞一时之心，为万代之笑，此商鉴不远也。"① 河阳节度判官张知白上疏称："窃以古今之言事者，鲜不以防边为急务"②。大中祥符（1008—1016）年间，宰相王旦与真宗论对待少数民族时说："前代帝王，如汉光武能屈己来远人，所谓柔服也。"③

3. 重视对唐五代史的鉴戒

尽管宋初在借鉴历史方面常常纵横千古，但由于唐朝和五代距其较近，易于鉴戒，所以其最重视的还是近代亦即唐朝和五代的历史，可以说他们是把唐朝、五代作为正反两个标杆来学习的。

当然论及唐代，宋人也不乏贬词。如谢泌曾对太宗称："昔唐末有孟昭图者朝上谏疏，暮不知所在。前代如此，安得不乱！"④ 太宗曾对近臣说："唐末帝王，深处九重，民间疾苦，何尝得知！每一思之，诚可警畏。"吕蒙正答称："中书、枢密院，自来难处之地。唐末帝王，专委臣下，致多阙失，兼家族罕有保全。"太宗又称："唐末帝王，臣下少得见面，纵开延英，亦有中人在侧，何尝君臣言得一事！"⑤ 吕蒙正曾批评唐太宗远征高丽："唐太宗征高丽，亲负土，不能克其城而旋。隋炀帝伐辽，致寇盗群起。前监不远，唐太宗蹈而行之，识者所不取也。"⑥ 孙奭论唐玄宗："祸败之迹，有足为深戒者"⑦。宋真宗曾言唐朝因为朋党发展"渐不可制，遂至卑弱"⑧。

虽然北宋君臣对唐代颇有贬词，但总体上还是将其视为盛世来看待的。如张观称"尝读唐史，见贞观初始置崇文馆，命学士耆儒更直互进，听朝之隙，则引入内殿，讲论文义，商榷时政，或日昃忘倦，或宵分始罢，书诸信

---

① 李焘：《续资治通鉴长编》卷四十四"咸平二年二月癸亥"条，第931页。
② 李焘：《续资治通鉴长编》卷五十三"咸平五年十一月庚申"条，第1165页。
③ 李焘：《续资治通鉴长编》卷六十八"大中祥符元年正月壬申"条，第1520页。
④ 李焘：《续资治通鉴长编》卷三十二"淳化二年五月乙巳"条，第716页。
⑤ 李焘：《续资治通鉴长编》卷三十六"淳化五年五月戊寅"条，第787—788页。
⑥ 李焘：《续资治通鉴长编》卷五十二"咸平五年六月戊寅"条，第1137页。
⑦ 李焘：《续资治通鉴长编》卷八十一"大中祥符六年十月甲戌"条，第1850页。
⑧ 李焘：《续资治通鉴长编》卷五十六"景德元年正月辛卯"条，第1225页。

史，垂为不朽。"① 梁鼎论及考绩之法，认为三代以下，"至于唐室，此道尤精"②。孙何称："有唐贞观之风，最为称首。"③ 王旦称："唐室颠危数矣，而人归唐德者，赖祖宗仁恩浸厚也。"④ 梁颢称："臣历观史籍，唐氏之御天下也，列圣间出，人文阐耀"⑤。真宗也认为自秦汉以下，"有唐文物最盛"⑥。并对唐玄宗时期的政治充满了向往，如孙奭就曾上疏称真宗："封泰山，祀汾阴，躬谒陵寝，今又将祠太清宫。外议籍籍，以谓陛下事事慕效唐明皇"⑦。

由于宋人视唐为一大盛世，因而不免对其亦步亦趋，如张方平（1007—1091）称："唐代有天下三百年，其间治乱得失详矣，朝廷立国之纪，典刑制度因于唐者也"⑧。苏辙（1039—1112）称："今自五代以上，其文物政事之备，未有若隋唐之善者。自祖宗以来，采前世之旧，而施之于时，亦未有若隋唐之多者也。"⑨ 此尤其表现在对典章制度的继承上，如关于腊祭，乾德元年（963）六月太常博士和岘（933—988）上言："蜡者，腊之别名。圣朝以戌日为腊，而前日辛卯行蜡礼，非是。按唐贞观中，以前寅蜡百神，卯日祭社稷，辰日腊飨宗庙。开元定礼，三祭皆于腊辰，以应土德。或从贞观，或从开元，惟上所择。"有关方面"请依《开元礼》三祭同用戌腊日，从之。"⑩ 关于郊祭天地之礼："唐制每岁冬至圜丘，正月上辛祈谷，孟夏雩祀，季秋大享，凡四祭昊天上帝。亲祀，则并设皇地祇位。国朝因之，作坛于国城之南南薰门外，每岁令有司奉事于南郊。其祭皇地祇及神州地祇，亦因唐制。皇

---

① 李焘：《续资治通鉴长编》卷三十二"淳化二年二月丁巳"条，第712页。
② 李焘：《续资治通鉴长编》卷三十四"淳化四年十二月壬辰"条，第760页。
③ 李焘：《续资治通鉴长编》卷四十五"咸平二年八月辛亥"条，第958页。
④ 李焘：《续资治通鉴长编》卷八十六"大中祥符九年二月乙酉"条，第1972页。
⑤ 脱脱等：《宋史》卷二百九十六《梁颢传》，第9863页。
⑥ 李焘：《续资治通鉴长编》卷七十九"大中祥符五年十月辛酉"条，第1799页。
⑦ 李焘：《续资治通鉴长编》卷八十一"大中祥符六年十月甲戌"条，第1850页。
⑧ 张方平：《乐全集》卷二十四《请节录〈唐书〉纪传进御》，《文渊阁四库全书》第1104册，第245页。
⑨ 苏辙撰，陈宏天、高秀芳校点：《栾城集》卷二十《私试进士策问二十八首》，《苏辙集》，中华书局1990年版，第364页。
⑩ 李焘：《续资治通鉴长编》卷四"乾德元年六月丙午"条，第96页。

地祇祭以夏至，作方丘宫城北十四里。神州地祇祭以孟冬，别为坛于北郊云。"① 关于太庙礼，判太常寺和岘建议恢复被五代废除的一些唐制："案唐天宝中享太庙，礼料外，每室加常食一牙盘。五代以来，遂废其礼。今请如唐故事。"② 此议为朝廷所采纳。

对于五代，宋人也颇有肯定之语，如《旧五代史》的编纂者薛居正等称后唐庄宗："以雄图而起河、汾，以力战而平汴、洛，家仇既雪，国祚中兴，虽少康之嗣夏配天，光武之膺图受命，亦无以加也。"③ 称后唐明宗："应运以君临，能力行于王化，政皆中道，时亦小康，近代以来，亦可宗也。"④ 称后周太祖在位，"期月而弊政皆除，逾岁而群情大服，何迁之如是，盖应变以无穷也。所以鲁国凶徒，望风而散；并门遗孽，引日偷生。及鼎驾之将升，命瓦棺而薄葬，勤俭之美，终始可称，虽享国之非长，亦开基之有余矣。"⑤ 称后周世宗："顷在仄微，尤务韬晦，及天命有属，嗣守鸿业，不日破高平之阵，逾年复秦、凤之封，江北、燕南，取之如拾芥，神武雄略，乃一代之英主也。加以留心政事，朝夕不倦，摘伏辩奸，多得其理。臣下有过，必面折之，常言太祖养成二王之恶，以致君臣之义，不保其终，故帝驾驭豪杰，失则明言之，功则厚赏之，文武参用，莫不服其明而怀其恩也。所以仙去之日，远近号慕。"⑥ 有佚名之南唐遗臣在太宗时著《钓矶立谈》，"杂录南唐事迹，附以论断。"⑦ 其文称南唐烈祖李昇："初得政，尽反知训之所为。接御士大夫，曲加礼敬，躬履素朴，去浮靡而又宽刑勤理，孜孜不倦。是时方镇窥伺，事资弹压。烈祖视听不妄，指撝中节，平居自号曰政事仆射。高位重爵推与宿旧，故得上下顺从，人无异志。"因此后来虽然"吴社迁换，而国中夷然无易姓之戚，盖盛德之所移故也。"中主李璟："神彩精粹，词旨清畅。临朝之

① 李焘：《续资治通鉴长编》卷四"乾德元年八月庚辰"条，第101页。
② 李焘：《续资治通鉴长编》卷九"开宝元年十一月癸巳"条，第211页。
③ 薛居正：《旧五代史》卷三十四《唐书·庄宗纪八》，第478页。
④ 薛居正：《旧五代史》卷四十四《唐书·明宗纪十》，第611页。
⑤ 薛居正：《旧五代史》卷一百一十三《周书·太祖纪四》，第1505—1506页。
⑥ 薛居正：《旧五代史》卷一百一十九《周书·世宗纪六》，第1587页。
⑦ 永瑢等：《四库全书总目》卷六六《〈钓矶立谈〉提要》，中华书局1965年版，第585页。

际，曲尽姿制。湖南尝遣廖法正将聘，既还，语人曰：'汝未识东朝官家，其为人粹若琢玉，南岳真君恐未如也。'"荆南故臣孙光宪（896—968）所著的记录唐五代史事的《续通历》一书也称李璟："圣表闻于四邻。"①

虽然宋人对五代颇有褒语，但由于五代确实为一乱世，且宋初统治者也对各政权遗臣怀念故国的行为颇为警惕，如在太平兴国（976—984）初，就以《续通历》有所谓的不实之处而"诏毁之"②。所以宋初君臣对五代历史基本上是否定多于肯定，并且随着时代的发展，对五代的评价愈来愈苛刻。如《旧五代史》的编纂者薛居正等对五代政权虽不乏褒语，但更多的还是贬词，如其论后晋、后汉时事称："晋、汉之际，有以懋军功、勤王事、取旌旄符竹者多矣，其间有及民之惠者无几焉。"③论后汉之亡称："臣观汉之亡也，岂系于天命哉！盖委用不得其人，听断不符于理故也。"④太宗论及五代的后晋及后汉，一则称："近代以来，政理隳紊，无如晋、汉两朝。"⑤再则称："夫否极则泰来，物之常理。晋、汉兵乱，生灵凋丧殆尽。"⑥梁鼎称："五代以兵革相继，礼法陵夷"⑦。秦汴称："呜呼五代何时也？天地晦冥之时也。纲常颓替，风俗陵夷，孟子所谓上无道揆，下无法守。此时为特近之故，朝为君臣，暮为仇敌，帝统之嗣如传舍然。《无逸》所谓或四三年，或五六年，亦其实也。"⑧

由于视五代为乱世，因而宋初君臣多将其视作反面教材来学习。如雍熙二年（985），太宗批评后晋、后汉两朝法制紊乱："外则侯伯不法，恣其掊敛，内则权倖用事，货赂公行。百姓未纳王租，先遭率敛。县中官吏，岁有年常之求，镇将人员，时为乞索之局，乡胥里长，更迭往来，嗷嗷蒸民，何

① 佚名：《钓矶立谈》，《知不足斋丛书》本。

② 脱脱等：《宋史》卷四百八十三《孙光宪传》，第13956页。

③ 薛居正：《旧五代史》卷一百六《汉书·张鹏传》，第1401页。

④ 薛居正：《旧五代史》卷一百七《汉书·刘铢传》，第1416页。

⑤ 李焘：《续资治通鉴长编》卷二十六"雍熙二年八月癸巳"条，第597页。

⑥ 李焘：《续资治通鉴长编》卷三十五"淳化五年正月甲寅"条，第765页。

⑦ 李焘：《续资治通鉴长编》卷三十四"淳化四年十二月壬辰"条，第760页。

⑧ 秦汴：《五代史阙文序》，王禹偁：《五代史阙文》，第632页。

所告殛。欲望天道顺和，其可得乎！近年以来，颇革此弊，臣僚守法，兆民舒泰，虽未能还淳返朴，亦可谓之小康矣。"而臣下宋琪（917—996）等的回答称："陛下恤民求理，取鉴晋、汉，实天下幸甚。"① 端拱元年（988），太宗批评五代方镇专权："国之兴衰，视其威柄可知矣。五代承唐季丧乱之后，权在方镇，征伐不由朝廷，怙势内侮。故王室微弱，享国不久。太祖光宅天下，深救斯弊。暨朕篡位，亦徐图其事，思与卿等谨守法制，务振纲纪，以致太平。"② 端拱二年（989），太宗与臣下对后唐庄宗怠政进行批判，太宗认为勤政"即能感召和气。如后唐庄宗不恤国事，惟务畋游，动经浃旬，大伤苗稼，及还，乃降敕蠲放租赋，此甚不君也。"枢密副使张宏奏称："庄宗不独如此，尤惑于音乐，纵酒自恣，乐籍之中获典郡者数人。"太宗说："凡人君节俭为宗，仁恕为念。朕在南府时，于音律粗亦经心，今非朝会，未尝张乐。晨夕下药，常以盐汤代酒，常服浣濯之衣。而鹰犬之娱，素所不好，且多亲飞走，《真诰》所不许，朕常以为戒也。"③ 至道元年（995）十二月，太宗与臣下纵论五代乱政称："自晋、汉以来，朝廷削弱，主暗臣强，纪纲大坏，仅成邦国。朕承丧乱之后，君临大宝。即位之始，览前王令典，睹五代弊政，以其习俗既久，乃革故鼎新，别作朝廷法度。于是远近腾口，咸以为非，至于二三大臣，皆旧德耆年，亦不能无异。朕执心坚固，靡与动摇，昼夜孜孜，勤行不怠，于今二十载矣。卿等以朕今日为治如何也？虽未能上比三皇，至于寰海宴清；法令明著，四表遵朝化，百司绝奸幸，固亦无惭于前代矣。"又说："近代诚为乱世，岂有中书布政之地，天下除授，皆出堂后官之手？卖官鬻爵，习以为常，中外官吏，贤愚善恶，无所分别，时政如此，安得不乱也。"又说："当此之时，诸侯各据方面，威福由己。世宗自淮甸回，有许州百姓于驾前讼节度使向训，世宗遽械此人付向训，令自鞫问。训得之，即活沉于水。其轻蔑宪章，恣横不法也如此。今日天下，即昔时天下也，今日人民，即昔时人民也。朕自君临，未尝一日不鸡鸣而起，听四方之政，至于百

---

① 李焘：《续资治通鉴长编》卷二十六"雍熙二年八月癸巳"条，第597页。
② 李焘：《续资治通鉴长编》卷二十九"端拱元年十二月"条，第662页。
③ 李焘：《续资治通鉴长编》卷三十"端拱二年四月"条，第680页。

司庶务，虽微细者，朕亦常与询访，所以周知利害，深究安危之理，故无壅蔽凌替之事。"吕端等大臣回答称："臣等待罪庙堂，曾无裨益"。① 淳化四年（993）闰十月，太宗批评孟昶治国无方："朕尝闻孟昶在蜀日，亦躬亲国政。然于刑狱之事，优游不断，错用其心。每有大辟，罪人临刑之时，必令人侦伺其言，苟一言称屈者，即移司覆勘，至有三五年间迟留不决者，以为夏禹泣辜，窃欲效之，而不明古圣之旨。朕历览前书，必深味其理，盖大禹止能行王道，自悲不及尧、舜，致人死法，所以下车而泣。犯罪之人，苟情理难恕者，朕固不容尔。"参知政事苏易简（958—997）、赵昌言（945 或 955—1009）等回答说："臣等俱曾于江南劾官，闻李煜有国之日亦如此。每夏则与罪人张纱幨以御蚊蚋，冬则给与衾被恣其晏眠，遂至滋蔓淹延，以为矜恤。如犯大辟者，仍令术士然灯以卜之，苟数日间灯不灭者，必移司勘劾，恐其冤枉。至有冬月罪人恋其温燠，而不愿疏放者。"太宗笑称："庸暗如此，不亡何待！"② 淳化四年（993）十二月，太宗批评后周太祖以权诈治国，所谓："周太祖为人多任权诈，以胥吏之行，图帝王之位，安能享国长久。"③

　　总之，北宋初年统治者通过对前朝历史经验教训的借鉴，使国家制度得以确立和完善，并日渐形成独具特色的统治体系。如宋太祖在位期间，"事为之防，曲为之制，纪律已定，物有其常。"④ 太宗继位以后，"览前王令典，睹五代弊政，以其习俗既久，乃革故鼎新，别作朝廷法度。"⑤ 真宗继位后，"承两朝太平之基，谨守成宪。"⑥ 大体而言，太祖时期重在创业垂统，粗陈大纲，确立皇朝发展方向，太宗时期重在贯彻落实太祖的治国思想，真宗时期是继续深化与完善国家统治秩序建设，"是北宋许多制度的定型期"⑦。如田锡称："我国家丕建洪图垂二十载，先朝以神武之略荡定天下，吾皇（太

---

① 李焘：《续资治通鉴长编》卷三十八"至道元年十二月丙申"条，第 824 页。

② 李焘：《续资治通鉴长编》卷三十四"淳化四年闰十月己亥"条，第 757 页。

③ 李焘：《续资治通鉴长编》卷三十四"淳化四年十二月壬辰"条，第 759 页。

④ 李焘：《续资治通鉴长编》卷十七"开宝九年十一月乙卯"条，第 824 页。

⑤ 李焘：《续资治通鉴长编》卷三十八"至道元年十二月丙申"条，第 824 页。

⑥ 李焘：《续资治通鉴长编》卷一百四十三"庆历三年九月丙戌"条，第 3455 页。

⑦ 邓小南：《祖宗之法：北宋前期政治述略》，第 281 页。

宗）以圣文之德抚育中区。"① 真宗景德（1004—1007）改元敕书称："太祖以神武定寰中，肇基王业；太宗以睿文化天下，光阐鸿图。"② 富弼（1004—1083）称："宋有天下九十余年，太祖始革五代之弊，创立法度，太宗克绍前烈，纪纲益明，真宗承两朝太平之基，谨守成宪。"③ 脱脱等论及宋代的礼制称宋太祖"兴兵间，受周禅，收揽权纲，一以法度振起故弊。"宋太宗"尚儒雅，勤于治政，修明典章，大抵旷废举矣。"宋真宗继承二帝之基业，"仍岁增修，纤微委曲，缘情称宜，盖一时弥文之制也。"④

第三节　以宋朝为核心重构新的历史秩序

北宋前期，从维护社会稳定考虑，恢复与构建自中唐以来已经坍塌的伦理道德秩序成为迫切需要解决的问题。为此，学者们采取了一系列措施予以应对。就史学领域而言，则通过大规模的历史编纂活动，最终将历史推演为在天命主导下，在帝王统驭下，在礼乐刑罚规范与束缚下，不断地兴衰成败以至于宋的过程，从而初步完成了史学领域内的秩序重建工作。

一、 以宋朝为核心构建新的统治图谱

为了确立新兴政权的合法地位，北宋建国伊始，即以宋朝为核心着手在文化领域内重构新的统治图谱。在这方面的最初尝试是太祖时期撰修的纪传体正史《旧五代史》。之所以这样做，是因为由司马迁所开创的纪传体史书，本就是为皇朝量身定做的。在《史记》中，记载天子事迹的本纪是全书的核心，关于本纪，张守节说："本者，系其本系，故曰本；纪者，理也，统理众

---

① 田锡：《咸平集》卷二十二《私试策第一道对》，第 489 页。
② 《宋大诏令集》卷二《帝统二·改景德元年赦天下制》，第 6 页。
③ 李焘：《续资治通鉴长编》卷一百四十三"庆历三年九月丙戌"条，第 3455 页。
④ 脱脱等：《宋史》卷九十八《礼志一》，第 2411—2422 页。

事，系之年月，名之曰纪。"①《史记》将本纪作为记载帝王言行的专用文体，世家、列传等都围绕本纪展开，生动地体现了尊君抑臣的思想。此亦即学者所谓的在《史记》中"帝王以外的人物，都是以帝王为灵魂、为依归的"②。由于纪传体史书适应了后世皇朝的需要，因此自班固以后，纪传体史书成为官方正史而代不绝书，从而形成了一个自五帝以至于新兴皇朝的秩序井然的帝王正统谱系。

故宋太祖建宋后，为了使自己的皇朝成为正史正统谱系中的最新一环，很快便下诏修纂五代史。薛居正等史臣受诏后，将五代君主与臣下的资料分别纳入各朝的纪传之中，同时又设世袭列传、僭伪列传以载其他割据政权史实，设外国列传以叙周边民族。从而确立起了一个以中原政权为正统，以其他政权为僭伪，上承唐代下启宋朝的五代政治图谱。继而又修撰本朝国史，以与前史接，如真宗景德四年（1007）八月至大中祥符九年（1016）二月修撰成太祖、太宗《两朝国史》，凡百二十卷，目录一卷，帝纪六，志五十五，列传五十九。天圣五年（1027）二月至天圣八年（1030）六月，在《两朝国史》的基础上，增修真宗国史，增纪为十，志为六十，传为八十，总百五十卷，此即所谓《三朝国史》。此外自太宗朝起，又开修编年体的历朝实录。如太平兴国三年（978）正月至太平兴国五年（980）九月，修成《太祖实录》五十卷，后于淳化四年（993）四月再修而未成，至道三年（997）十一月至咸平元年（998）八月，修成《太宗实录》八十卷，咸平元年（998）九月至咸平二年（999）六月三修《太祖实录》共五十卷；大中祥符九年（1016）二月至天禧元年（1017）重修《太祖太宗实录》，乾兴元年（1022）十一月至天圣二年（1024）三月，修成《真宗实录》一百五十卷。

总之，宋初统治者通过不懈努力，在史学领域内构建起了近现代统治图谱，从而使这段历史与前代历史实现了有机衔接。同时北宋前期的统治者一直尝试着确立以自身为中心的通贯的统治谱系。这种努力集中体现在效法前

---

① （汉）司马迁撰，（宋）裴骃集解，（唐）司马贞索引，（唐）张守节正义：《史记》卷一《五帝本纪》，第1页。

② 包遵信：《跬步集》，四川人民出版社1986年版，第194页。

代所修的两大类书《太平御览》与《册府元龟》上面。

太宗时期所编纂的大型类书《太平御览》，在横的层面上，采《周易系辞》"天地之数五十有五"之说，共列天、时序、地、皇王、偏霸、皇亲、州郡、居处、封建、职官、兵、人事、逸民、宗亲、礼仪、乐、文、学、治道、刑法、释、道、仪式、服章、服用、方术、疾病、工艺、器物、杂物、舟、车、奉使、四夷、珍宝、布帛、资产、百谷、饮食、火、休征、咎征、神鬼、妖异、兽、羽族、鳞介、虫豸、木、竹、果、菜、香、药、百卉等五十五部，以类群籍，意欲包罗万象，囊括一切。之所以将天地列于诸部之前，是因天地生成于万物之前，是生成万物的母体，如《天部》开篇所谓："《三五历记》曰：'未有天地之时，混沌状如鸡子，溟涬始牙，濛鸿滋萌，岁在摄提，元气肇始。'又曰：'清轻者上为天，浊重者下为地，冲和气者为人。故天地含精，万物化生。'《河图》曰：'元气闿阳为天。'又曰：'元气无形，汹汹蒙蒙，偃者为地，伏者为天也。'《礼统》曰：'天地者，元气之所生，万物之所自焉。'"① 而将"皇王"置于天地之后，其他诸部之前，是因为帝王至圣至尊，德配天地。如《皇王部》开篇所谓："《尚书纬》曰：'帝者天号，王者人称。天有五帝以立名，人有三王以正度。天子，爵称也。皇者，煌煌也。'《洛书》曰：'皇道缺，故帝者兴。'《易坤灵图》曰：'在政不私公位，称之曰帝。'《易纬》曰：'帝者，天号也。德配天地，不私公位，称之曰帝。天子者，继天治物，改正一统，各得其宜，父天母地，以养生人，至尊之号也。大君者，君人之盛也。'"② 从而在横的层面上确立了帝王在宇宙间与天地齐辉的至高无上地位。在纵的层面上，自传说中的天皇始，按照时代顺序一直叙述到唐哀帝。宋人观念中通贯的正统谱系由此确立。

真宗时编纂的类书《册府元龟》在重构新的统治谱系方面，在《太平御览》的基础上更进一步。首先，采引范围与《太平御览》相比，要求较严。《太平御览》采引范围"'正史'之外，无论经、子、集、实录、起居注、小

---

① 李昉等撰，夏剑钦、王巽斋校点：《太平御览》(1) 卷一《天部一·元气》，河北教育出版社2000 年版，第 1 页。

② 李昉等撰，夏剑钦、王巽斋校点：《太平御览》(1) 卷一《皇王部一·叙皇王上》，第 652 页。

说、笔记、传记、论说、文集、地志、道释，以及古诗、古赋、铭、箴、杂书，尽都采用，引书近两千多种"①。而《册府元龟》则相对谨严，真宗所谓："所编事迹，盖欲垂为典法，异端小说，咸所不取，可谓尽善。"而编修官也称："近代臣僚自述扬历之事，如李德裕《文武两朝献替记》、李石《开成承诏录》、韩偓《金銮密记》之类，又有子孙追述先德叙家世，如李繁《邺侯传》、《柳氏序训》、《魏公家传》之类，或隐己之恶，或攘人之善，并多溢美，故匪信书。并僭伪诸国，各有著撰，如伪《吴录》、《孟知祥实录》之类，自矜本国，事或近诬。其上件书，并欲不取。余有《三十国春秋》、《河洛记》、《壶关录》之类，多是正史已有；《秦记》、《燕书》之类，出自伪邦；《殷芸小说》、《谈薮》之类，俱是诙谐小事；《河南志》、《邠志》、《平剡录》之类，多是故吏宾从述本府戎帅征伐之功，伤于烦碎；《西京杂记》、《明皇杂录》，事多语怪；《奉天录》尤是虚词。尽议采收，恐成芜秽。"真宗对此"并从之。"② 因此《册府元龟》"主要取经、史部书，而史部又主要采用正史、实录一类的官方文献。"③

其次，以帝王为核心专记人事。在横的层面上，共列三十一部，首列帝王，继而序以闰位、僭伪、列国君、储宫、宗室、外戚、宰辅、将帅、台省、邦计、宪官、谏净、词臣、国史、掌礼、学校、刑法、卿监、环卫、铨选、贡举、奉使、内臣、牧守、令长、宫臣、幕府、陪臣、总录、外臣等。之所以将帝王列在第一，是"因为该书的编纂者与其他正宗史家一样，认为历代帝王，全是受天之命。""既然帝王是受命于天而来治理百姓，主宰一切，故史书所载，理应以帝王为先。"④ 然后根据与帝王关系远近，在横的层面上排列出一个等级鲜明的图谱。在纵的层面上，则从远古一直叙述到五代后周，而以宋朝建立结尾，而不是如《太平御览》那样叙述到唐朝。

---

① 刘乃和：《序》，载刘乃和主编：《〈册府元龟〉新探》，第3页。

② 洪迈撰，孔凡礼点校：《容斋四笔》卷十一"册府元龟"条，《容斋随笔》，中华书局2005年版，第762—763页。

③ 王德保：《〈资治通鉴〉与〈册府元龟〉》，《南昌大学学报》2000年第3期。

④ 仓修良：《从〈册府元龟·帝王部〉看其作者的神学史观》，载刘乃和主编：《〈册府元龟〉新探》。

最后，在等级的划分方面更为细致。《太平御览》以秦、东魏、北周入皇王部，以蜀、吴、十六国、宋、齐、梁、陈、北齐入偏霸部；《册府元龟》则将秦、东魏与蜀、吴、宋、齐、梁、陈、北齐、后梁为闰位，十六国以及五代时期的十国入僭伪部。

二、将朝代兴亡归结为天命

受传统天命思想影响，学者们将朝代的兴亡归结为天命。

《旧五代史》作者在解说五代的分裂现象和各个王朝的兴亡时，就"往往从'天命'或帝王将相的个人品质中去寻找原因"①。如《旧五代史》作者多次明确指出朝代的兴亡皆出于天意，如所谓："帝王之尊，必由天命"②。后唐末帝之亡，石敬瑭所部与契丹兵"合势破之，末帝之众，似拉朽焉，斯天运使然，非人力也。"③后唐闵帝被废诛，"应顺元年，四月九日，白虹贯日，是时闵帝遇害。"④论曰："斯盖天命之难谌，土德之将谢故也。"⑤论唐末帝之死："末帝负神武之才，有人君之量，由寻戈而践阼，惭德应深；及当宁以居尊，政经未失。属天命不祐，人谋匪臧，坐俟焚如，良可悲矣！稽夫衽金甲于河壖之际，斧眺楼于梁垒之时，出没如神，何其勇也！及乎驻革辂于覃怀之日，绝羽书于汾晋之辰，涕泪沾襟，何其怯也！是知时之来也，雕虎可以生风；运之去也，应龙不免为醢。则项藉悲歌于帐下，信不虚矣。"⑥称周太祖郭威代汉称帝是"天命有归。"⑦后周建立后，司天定其运属木德，史官称："先是，丁未年夏六月，土、金、木、火四星聚于张，占者云，当有帝王兴于周者。故汉祖建国，由平阳、陕服趋洛阳以应之，及隐帝将嗣位，封周王以符其事。而帝以姬虢之胄，复继宗周，而天下之契炳然矣。昔武王以木

---

① 《旧五代史出版说明》，薛居正：《旧五代史》。
② 薛居正：《旧五代史》卷九十八《晋书·崔廷勋传》，第1318页。
③ 薛居正：《旧五代史》卷七十五《晋书·高祖纪第一》，第989页。
④ 薛居正：《旧五代史》卷一百三十九《天文志》，第1857页。
⑤ 薛居正：《旧五代史》卷四十五《唐书·闵帝纪》，第623页。
⑥ 薛居正：《旧五代史》卷四十八《唐书·末帝纪下》，第669页。
⑦ 薛居正：《旧五代史》卷一百一十三《周书·太祖纪四》，第1505页。

德王天下，宇文周亦承木德，而三朝皆以木代水，不其异乎！"① 周世宗柴荣继位是"天命有属"②。论周恭帝传位于宋："夫四序之气，寒往则暑来；五行之数，金销则火盛。故尧、舜之揖让，汉、魏之传禅，皆知其数而顺乎人也。况恭帝当纨绮之冲年，会笙镛之变响，听讴歌之所属，知命历之有在，能逊其位，不亦善乎。"③

《太平御览》对于历史上记载历代帝王神异事件的史料十分看重，"几乎达到凡有必录的地步。"④ 如关于刘邦的神异事件，书中摘引了《河图》、《龙鱼河图》、《尚书帝命验》、《尚书考灵耀》、《诗含神雾》、《春秋孔演图》、《春秋文耀钩》、《史记》、《汉书》、《楚汉春秋》、《帝王世纪》、班彪《王命论》等十二种著述的资料，可谓纤芥无遗。同时又设休征部（2 卷）、咎征部（7 卷）、神鬼部（4 卷）、妖异部（4 卷）共十七卷以记神异之事。

《册府元龟》中也到处充斥着天命意识，尤其在《帝王部》中表现得更为突出。所谓："为了麻醉人民，保持王朝的长治久安，于是利用阴阳灾异说，宣扬天命论神学史观，就成了历代统治者及其御用史家编写史书时常用的一种手法。这种天人感应的神学史观，充斥了《册府元龟》的《帝王部》，从《总序》到每一个《小序》，几乎个个都贯穿着皇权神授这一说教。"⑤

如《帝王部·总序》所谓："创业受命之主，必推本乎历数，参考乎征应，稽其行次，上承天统"⑥。《帝王部·帝系》所谓："明乎受天命，膺帝期者，盖以祖宗实有茂德，所以后世承乎发祥。"⑦《帝王部·诞圣》所谓："夫帝王之生，必有休应，岂非天命所属。历数斯在，警生灵之耳目，为天飞之

---

① 薛居正：《旧五代史》卷一百一十《周书·太祖纪第一》，第 1460—1461 页。

② 薛居正：《旧五代史》卷一百一十九《周书·世宗纪六》，第 1587 页。

③ 薛居正：《旧五代史》卷一百二十《周书·恭帝纪》，第 1597—1598 页。

④ 周生杰：《太平御览研究》，巴蜀书社 2008 年版，第 359 页。

⑤ 仓修良：《从〈册府元龟·帝王部〉看其作者的神学史观》，载刘乃和主编：《〈册府元龟〉新探》。

⑥ 王钦若等编纂，周勋初等校订：《册府元龟》（校订本）（一）卷一《帝王部·总序》，第 1 页。

⑦ 王钦若等编纂，周勋初等校订：《册府元龟》（校订本）（一）卷一《帝王部·总序》，第 2 页。

兆朕者乎?"①《帝王部·运历》所谓："及夫循五德终始之传，叶三统因革之义，颁正朔，立制度，咸推历而更王，居正而惟叙者矣。"②《帝王部·创业》所谓："天人合符，乃膺大宝"③。《帝王部·中兴》所谓："夫帝运之兴业，厚者其绪远；圣德所被泽，广者其民怀。虽复嗣世间衰，稗政相继，而瓜瓞遐胄，奋其余烈，兆庶欣戴，复主厥祀。"④《帝王部·征应》所谓："自古受命而王者，莫不有征应焉。"⑤《帝王部·符瑞》所谓："《传》曰：'麟凤五灵，王者之嘉瑞也。'夫德之休明，天降茂祉，则必百神幽赞，庶物效灵，故有非人力之所能致，而自至焉者。"⑥《帝王部·感应》所谓："《书》曰：'惟德动天。'又曰：'至诚感神。'是知为善者降祥，好谦者受福。天人相与之际，交感诉合，如律之命吕，云之从龙，未尝斯须而不应也。故古者贤圣之君，莫不通三统之要，重万灵之命。思惟往古，穷极至治，兢兢业业，罔敢暇豫。德之盛也，合于天地；诚之至也，通于幽明。神以知来，聪以知远，善行无迹，有开必先，则感而应之，乃自然之理也。"⑦ 总之，《册府元龟》的编纂者对历史上"凡是能够说明天命思想的材料，几乎有言必录。"⑧

三、重视礼乐刑罚

宋初学者非常重视礼、乐、刑罚在皇朝统治中的作用，如《旧五代史》的编纂者认为制礼作乐的作用在于"昭事天地，统和人神"，因而为历代所重

---

① 王钦若等编纂，周勋初等校订：《册府元龟》（校订本）（一）卷二《帝王部·诞圣》，第16页。

② 王钦若等编纂，周勋初等校订：《册府元龟》（校订本）（一）卷四《帝王部·运历》，第38页。

③ 王钦若等编纂，周勋初等校订：《册府元龟》（校订本）（一）卷五《帝王部·创业》，第46页。

④ 王钦若等编纂，周勋初等校订：《册府元龟》（校订本）（一）卷十二《帝王部·中兴》，第116页。

⑤ 王钦若等编纂，周勋初等校订：《册府元龟》（校订本）（一）卷二十一《帝王部·征应》，第205页。

⑥ 王钦若等编纂，周勋初等校订：《册府元龟》（校订本）（一）卷二十二《帝王部·符瑞》，第218页。

⑦ 王钦若等编纂，周勋初等校订：《册府元龟》（校订本）（一）卷二十六《帝王部·感应》，第256页。

⑧ 仓修良：《从〈册府元龟·帝王部〉看其作者的神学史观》，载刘乃和主编：《〈册府元龟〉新探》。

视，所谓："历代已来，旧章斯在。"① 《册府元龟》的编纂者论及礼称："夫
礼者，所以法天地之经，建上下之纪，教训正俗，防邪窒欲，序人伦而制邦
治者也。"② 论及乐称："《易》曰：'先王以作乐崇德，殷荐之上帝。'《传》
曰：'功成作乐'，又云'移风易俗，莫善于乐'。盖古之应期运，改正朔，
一统类，协群志，未有不正金石之声，定缀兆之容，以象乎功德，以和乎人
神者也。三五而降，因革殊制，曷尝不参考钟律，推本天理，和声而通乎政，
成文而协于雅，以共祀事，以导物情，与德音而共流，偕礼容而为盛。至于
干戚羽旄之物，铿锵鼓舞之变，损益云异，沿袭不同。若乃宣畅乎郁堙，被
饰乎宴喜，以节百事，以行八风，法象之所存，治道之所出，非可以暂废者
也。"③ 论及刑法称："夫律令者，国之衡石；刑辟者，人之衔辔。"④

　　由于宋初学者认为礼、乐、刑罚在古代统治中的地位举足轻重，因而在
重构历史秩序的过程中，利用以类相从、以时代为顺序的叙述模式，将自上
古以至于五代的礼、乐、刑罚内容进行了系统编排，从而确立起了宋皇朝观
念中的礼、乐、刑罚历史演进体系。具体而言：

　　《旧五代史》叙述典制的志只有十二卷，其中礼志、乐志、刑法志就占
五卷。

　　《太平御览》的编者在礼仪部中分设出 80 个类目即叙礼、祭礼、郊丘、
迎气、禘祫、六宗、五祀、四望、高禖、祷祈、斋戒、傩、宗庙、神主、社
稷、先农、灵星、明堂、辟雍、灵台、学校、庠序、释奠、立庙、养老、封
禅、巡狩、籍田、朝聘、宴会、上寿、贽、冠、婚姻、媒、拜、揖、鑐、贺、
丧纪、居丧、奔丧、讣告、丧服、衰冠、经带、杖屦、帾鬓、庐、重、凶门、
死、尸、复魂、含、绞紟衾冒、殓、柩、赗、赙、襚、棺、椁、横、旌灵、

---

① 薛居正：《旧五代史》卷一百四十四《乐志上》，第 1923 页。
② 王钦若等编纂，周勋初等校订：《册府元龟》（校订本）（七）卷五百六十三《掌礼部·制
礼》，第 6454 页。
③ 王钦若等编纂，周勋初等校订：《册府元龟》（校订本）（七）卷五百六十五《掌礼部·作
乐》，第 6480 页。
④ 王钦若等编纂，周勋初等校订：《册府元龟》（校订本）（七）卷六百九《刑法部·总序》，
第 7028 页。

明器、明衣、祖载、翣、绋、旐、旂、挽歌、方相、葬送、冢墓、吊、谥、讳、忌日等，用四十一卷的篇幅，以编列见于典籍的各种礼仪制度，力求将所有的礼制内容包含殆尽，用以规范人的行为。《乐部》分雅乐、律吕、历代乐、鼓吹乐、四夷乐、宴乐、女乐、优倡、淫乐、歌、舞、钟、镈于、磬、瑟、筝、筑、准、琴、笛、篪、管、龠、箫、笳、笙、竽、簧、埙、鼓、柷敔、筝虡、琵琶、羯鼓、觱篥、五弦、六弦、七弦、太一、方响、缶、铎、铙、镯、角、铜钵、壤、抚相、春牍、拍板等五十个类目，共二十二卷内容。《刑法部》分叙刑、律令、科、听讼、决狱、赃货、罪、囚、徒、徒作年数、狱、械、拲、锁、钳、象刑、诛、镮、烹、斩、枭首、弃市、考竞、杀、三族刑、杂死刑、黥、劓、膑、刖、宫割、造肉刑、除肉刑、论肉刑、髡、鞭、笞、拷掠、杖、督、流徒、除名、免官、收赎、禁锢、赦等四十六个类目，共十八卷内容。

《册府元龟·掌礼部》分总序、制礼、仪注、作乐、夷乐、讨论、奏议、谥法、希旨、缪妄等十个类目，共三十四卷。《刑法部》分总序、定律令、议谳、守法、正直、平允、平反、案鞫、深文、枉滥等十个类目，共十一卷篇幅。

通过重构，历朝历代便被推演为由天命所主导，以帝王为核心，在礼、乐、刑罚的规范与束缚下，不断地兴衰成败，永无止歇的历史。从而使史学领域内的秩序重建工作得以完成。

学者论及北宋前期史学，多不甚重视，如蒙文通认为唐的主流学术是"沿袭六代"，"徒能整齐旧事，无所创明。"他将之称为唐的"旧派"学术，认为五代宋初，主流学术仍是这样。所谓："刘昫、薛居正之撰《唐书》、《五代史》，文则四六，诗则西昆，《太平御览》、《册府元龟》、《文苑英华》之集，皆旧派也。"[①] 吴怀祺先生指出北宋前期的史学思想"缺少创新"[②]。但通过分析我们发现，北宋前期的统治者正是通过利用正统史观，使其统治的

---

①　蒙文通：《中国史学史》，第69—72页。

②　吴怀祺：《宋代史学思想史》，第5页。

合法性与合理性问题得以解决；通过借鉴前代经验教训，使国家制度得以确立和完善；通过开展历史编纂活动，使伦理道德秩序在史学领域内得以确立。故虽学者所言不虚，然而北宋前期的史学却对宋代统治的稳定有着巨大的贡献。并且从另一个角度看，这也是新兴皇朝学术思想发展变化的必经之路，因为只有全面继承传统，才有可能在传统的基础上实现突破与创新，而事实也确实如此。

第二章　问题丛生的皇朝统治

北宋建立后，统治者虽然通过采取一系列措施，使其统治得以确立，但许多深层次的问题并没能从根本上得到解决，与此同时，新的问题随着时代的发展又不断出现，凡此种种，可谓问题丛生。

第一节　紊乱的社会秩序

宋代前期，由于释、道二教蓬勃发展，社会变革持久而剧烈以及民间淫祀陋俗的普遍存在，对社会秩序的稳定构成了极大挑战。

一、释、道对儒家伦理秩序的消解

大约在两汉之际传入中国的佛教，由于其教义、制度和修行方式等都与儒家的伦理和思维方式等大相歧异，因而在其传播与发展的初期颇遭正统士人的抨击。如桓玄、何承天、范缜等都对佛教的因果报应、神不灭说和不敬王者等思想提出了相当尖锐的批评。不过这并未能阻止佛教的传播与发展，因为佛教在传播过程中，其信徒不断地进行着改造佛教教义、教规等活动，从而使其日益与中国的传统文化相契合，故而随着时代的发展，佛教在社会上的传播更加广泛。

隋唐时期，佛教通过摄取儒家的思想使自身日益实现本土化，如"当时

社会上出现了许多强调忠君、孝亲等三纲五常的佛教经典，还出现了许多以
'孝'而闻名的僧人。许多高僧硕德也佛、儒并修，强调三教合一的观点，如
名僧神清、宗密等。"从而进入了发展的繁荣时期。①

　　进入中唐以后，其势头更是俨然凌驾于儒学之上。如中唐时人沈亚之称：
"自佛行中国已来，国人为缁衣之学多，几于儒等，然其师弟子之礼传为严
专，到于今世，则儒道少衰，不能与之等矣。"② 皇甫湜称："浮屠之法，入
中国六百年，天下胥而化。其所崇奉乃公卿大夫，野益荒，人益饥，教益颓，
天下将无，而始浑然自上下安之，若性命固然也。"③ 为了维护儒家思想的主
导地位，一些有识之士遂对佛教展开了深入的批判，代表人物有韩愈和李翱
等。如韩愈在其反对唐宪宗迎佛骨的《论佛骨表》一文中称："佛者，夷狄之
一法耳。自后汉时流入中国，上古未尝有也。"又说："夫佛本夷狄之人，与
中国言语不通，衣服殊制，口不言先王之法言，身不服先王之法服，不知君
臣之义、父子之情。"对于佛骨他认为乃"枯朽之骨，凶秽之余"④。在《原
道》一文中又指出："经曰：'夷狄之有君，不如诸夏之亡。'《诗》曰：'戎
狄是膺，荆舒是惩。'今也举夷狄之法而加之先王之教之上，几何其不胥而为
夷也！"⑤ 而由于"百姓愚冥，易惑难晓"，所以对佛教奉之若狂："焚顶烧
指，百十为群，解衣散钱。自朝至暮，转相仿效，惟恐后时。老少奔波，弃
其业次。"因此"若不即加禁遏，更历诸寺，必有断臂脔身，以为供养者。伤
风败俗，传笑四方，非细事也。"⑥ 李翱称："佛法之染流于中国也，六百余
年矣。始于汉，浸淫于魏、晋、宋之间，而澜漫于梁萧氏，遵奉之以及于兹。
盖后汉氏无辨而排之者，遂使夷狄之术，行于中华，故吉凶之礼谬乱，其不
尽为戎礼也无几矣。"又说："佛法之所言者，列御寇、庄周所言详矣，其余

---

① 奚刘琴：《隋唐儒士排佛思想探微——以著名排佛文献为例》，《学习与实践》2006 年第 7 期。

② 沈亚之：《送洪逊师序》，董诰等编：《全唐文》卷七三五，中华书局 1983 年版，第 7594—
7595 页。

③ 皇甫湜：《皇甫持正文集》卷二《送孙生序》，《四部丛刊初编》本。

④ 韩愈著，屈守元、常思春主编：《论佛骨表》，《韩愈全集校注》，第 2288—2290 页。

⑤ 韩愈著，屈守元、常思春主编：《原道》，《韩愈全集校注》，第 2664 页。

⑥ 韩愈著，屈守元、常思春主编：《论佛骨表》，《韩愈全集校注》，第 2289 页。

则皆戎狄之道也。使佛生于中国，则其为作也必异于是，况驱中国之人举行其术也。"①

对于如何解决这一问题，韩愈主张一方面对其进行严厉打击："不塞不流，不止不行。人其人，火其书，庐其居"。另一方面弘扬所谓的道统："明先王之道以道之，鳏寡孤独废疾者有养也。"② 将佛骨"付之有司，投诸水火，永绝根本，断天下之疑，绝后代之惑，使天下之人，知大圣人之所作为，出于寻常万万也，岂不盛哉！"③ 李翱主张区别对待，对所谓的君子"可以理服"，对所谓的小人"可以令禁"。④

除佛教之外，道教对唐代社会生活的影响也相当大。形成于汉代的道教，在经过魏晋南北朝时期一批宗教思想家的改造之后，到唐朝时已经变得更加适应皇朝统治的需要。又因唐皇室姓李，道教徒因缘附会，造说老子为唐室之祖，故道教在唐代颇受皇帝垂青，因而也相当发达，对儒家思想的冲击也颇大。当时许多儒士纷纷著文批判道教的神仙思想和长生许诺以及各种骗局，揭露其虚妄性，尤其是进入中唐以后为数更众。如张籍有《学仙》诗云学仙者："勤劳不能成，疑虑积心肠。虚赢生疾疹，寿命多夭伤。身殁惧人见，夜埋山谷傍。求道慕灵异，不如守寻常。"⑤ 白居易有《梦仙》诗云："一朝同物化，身与粪壤并。神仙信有之，俗力非可营。苟无金骨相，不列丹台名。徒传辟谷法，虚受烧丹经。只自取勤苦，百年终不成。"⑥ 武元衡有《学仙难》诗云："玉殿笙歌汉帝愁，鸾龙俨驾望瀛洲。黄金化尽方士死，青天欲上无缘由。"⑦ 韩愈有《谢自然》诗云："木石生怪变，狐狸骋妖患。莫能尽性命，安得更长延。人生处万类，知识最为贤。奈何不自信，反欲从物迁。往

① 李翱：《去佛斋论》，董诰等编：《全唐文》卷六三六，第 6424—6425 页。
② 韩愈著，屈守元、常思春主编：《原道》，《韩愈全集校注》，第 2665 页。
③ 韩愈著，屈守元、常思春主编：《论佛骨表》，《韩愈全集校注》，第 2290 页。
④ 李翱：《去佛斋论》，董诰等编：《全唐文》卷六三六，第 6425 页。
⑤ 李冬生注：《学仙》，《张籍集注》，黄山书社 1989 年版，第 13 页。
⑥ 顾学颉校点：《白居易诗集校注》卷一《梦仙》，中华书局 1979 年版，第 14 页。
⑦ 武元衡：《学仙难》，彭定求等编：《全唐诗》卷三百十七，中华书局 1960 年版，第 3576 页。

者不可悔，孤魂抱深冤。来者犹可诫，余言岂空文。"① 又《谁氏子》诗云：
"神仙虽然有传说，知者尽知其妄矣。圣君贤相安可欺，干死穷山竟何俟。呜
呼余心诚恺弟，愿往教诲究终始。"②

　　由于儒家在形而上的理论方面存在着欠缺，并且社会对佛、道有着现实
的需求，因而虽然受到儒家有识之士的抨击，但不能影响佛、道两教的蓬勃
发展。如道教，中唐时除了国家正式承认的道人外，还有很多私度为道者，
李峤所谓："今道人私度者几数十万"③。就佛教而言，会昌四年，唐武宗灭
佛，"凡天下所毁寺四千六百余区，归俗僧尼二十六万五百人，大秦穆护、祆
僧二千余人，毁招提、兰若四万余区。收良田数千万顷，奴婢十五万人。"④
于此可见佛教势力之庞大，亦可见国家对其打击之沉重。五代后周显德二年，
周世宗再次灭佛，大毁佛寺，禁民亲无侍养而为僧尼及私自度者。当年"诸
道供到账籍，所存寺院凡二千六百九十四所，废寺院三万三百三十六，僧尼
系籍者六万一千二百人。"⑤ 历史发展到宋代，从维护皇朝统治出发，太祖、
太宗、真宗等都支持佛、道二教的发展，太祖即位之初便诏停打击佛教的行
为。建隆元年（960）二月十六日，"以庆诞，恩诏普度童行八千人"。六月，
"诏诸路寺院，经显德二年当废未毁者听存，其已毁寺所有佛像许移置存
留。"⑥ 乾德五年（967）七月诏称："禁铜以来，天下多辇佛像赴京销毁，顾
惟像教，民所瞻仰，忽从熔废，有异修崇，应诸道州府有铜像处，依旧存留，
此后不得以铜为像。"⑦ 太平兴国八年（983）十月，太宗称："浮屠氏之教有
裨政治，达者自悟渊微，愚者妄生诬谤，朕于此道，微究宗旨。"⑧ 宋白也指

　　① 韩愈著，屈守元、常思春主编：《谢自然诗》，《韩愈全集校注》，第 20 页。
　　② 韩愈著，屈守元、常思春主编：《谁氏子》，《韩愈全集校注》，第 546 页。
　　③ 欧阳修、宋祁：《新唐书》卷一百二十三《李峤传》，中华书局 1975 年版，第 4370 页。
　　④ 司马光：《资治通鉴》卷二百四十八"会昌五年八月壬午"条，中华书局 1956 年版，第
8017 页。
　　⑤ 薛居正：《旧五代史》卷一百一十五《周书·世宗纪二》，第 1531 页。
　　⑥ 中华大藏经编辑局编：《佛祖统纪》卷四十三，《中华大藏经　汉文部分》（82），第 719 页。
　　⑦ 《宋大诏令集》卷二百二十三《政事七十六·存留铜像诏》，第 860 页。
　　⑧ 李焘：《续资治通鉴长编》卷二十四"太平兴国八年十月甲申"条，第 554 页。

出太宗对于佛、道两教非常重视："释老之教，崇奉为先，名山大川，灵踪胜境，仁祠仙宇，经之营之"①。景德三年（1006）六月，真宗论及佛、道二教称："道释两门，有助世教，人或偏见，往往毁訾，假使僧、道士时有不检，安可废其教耶？"② 在统治者的支持下，佛、道二教在宋代再度昌盛起来。就佛教而论，宋初，"国家两京诸州僧尼，共六万七千四百三人，岁度千人。自后削平诸国，其籍弥广。"至天禧（1017—1021）末年，"天下僧三十九万七千六百一十五人，尼六万一千二百三十九人。"天圣三年（1025），马亮上书称："天下僧以数十万计"③。孙复（992—1057）称宋代"髡发左衽，不士不农，不工不商，为夷狄者半中国"④。

可以说，释、道在宋代相当活跃，因此也就继续对儒家文化构成严峻挑战，从而让儒家正统学者备感焦虑。

张景（970—1018）"常病浮图氏怪迂诞荒，塔庙日炽，虽服儒衣冠者，皆共宠神之，憋置六经反为外典。故因事见文，为纪传数十篇而辨析之。虽与世舛驰，而自信不跆云。"⑤

孙复指出汉魏以下，"佛老之徒，横乎中国，彼以死生、祸福、虚无、报应为事，千万其端，绐我生民，绝灭仁义以塞天下之耳，屏弃礼乐以涂天下之目。天下之人愚众贤寡，惧其死生、祸福、报应。人之若彼也，莫不争举而竞趋之。观其相与为群，纷纷扰扰，周乎天下，于是其教与儒齐驱并驾，峙而为三，吁，可怪也！且夫君臣父子夫妇，人伦之大端也，彼则去君臣之礼，绝父子之戚，灭夫妇之义，以之为国则乱矣，以之使人贼作矣。"认为："儒者不以仁义礼乐为心则已，若以为心，则得不鸣鼓而攻之乎！凡今之人与人争暑，小有所不胜则尚以为辱，矧彼以夷狄诸子之法乱我圣人之教耶，其为辱也大哉！"⑥

---

① 《宋太宗实录残本》卷八十，傅氏藏园校刊本。
② 李焘：《续资治通鉴长编》卷六十三"景德三年六月乙酉"条，第1419页。
③ 李攸：《宋朝事实》卷七《道释》，第123—124页。
④ 石介著，陈植锷点校：《徂徕石先生文集》卷五《怪说上》，中华书局1984年版，第60页。
⑤ 宋祁：《景文集》卷五十九《故大理评事张公墓志铭》，《丛书集成初编》本，第799页。
⑥ 孙复：《儒辱》，《孙明复小集》，《文渊阁四库全书》第1090册，第176—177页。

　　石介（1005—1045）认为由于佛老之道盛行，导致反常的怪事甚多。如道德礼乐被社会忽视，"而汗漫不经之教行焉，妖诞幻惑之说满焉"；孝道被遗忘，人们不祭其祖宗，却"去事夷狄之鬼"；本该用于褒崇圣贤的祀典，却被用于佛老，"老观、佛寺偏满天下"；君主遇到灾异现象都知道恐惧，并修德禳除，但对于危害性极大的佛、道，"则反不知其为怪，既不能禳除之，又崇奉焉。"时人遇到怪异之事，都知道"启咒祈祭以厌胜"，然而"其孙、其子、其父、其母，忘而祖宗，去而父母，离而常业，裂而常服，习夷教，祀夷鬼，则反不知其为怪，既不能厌胜之，又尊异焉。"进而称："甚矣，中国之多怪也！人不为怪者，几少矣。"①

　　李觏（1009—1059）指出"释老之弊酷，排者多矣。"认为佛、老二教无父无君，其罪甚大："昔孟子之辟杨墨曰：'杨氏为我，是无君也；墨氏兼爱，是无父也。'今山泽之臞，务为无求于世，呼吸服食，谓寿可长，非为我乎？浮屠之法，弃家违亲，鸟兽鱼鳖，毋得杀伐，非兼爱乎？为我是无君，兼爱是无父，无父无君，不忠不孝，况其弗及者，则罪可知矣。故韩愈曰：'释老之弊，过于杨墨'也。"针对佛老流行，李觏提出十害说："男不知耕而农夫食之，女不知蚕而织妇衣之，其害一也。男则旷，女则怨，上感阴阳，下长淫滥，其害二也。幼不为黄，长不为丁，坐逃徭役，弗给公上，其害三也。俗不患贫而患不施，不患恶而患不斋，民财以殚，国用以耗，其害四也。诱人子弟，以披以削，亲老莫养，家贫莫救，其害五也。不易之田，树艺之圃，大山泽薮，跨据略尽，其害六也。营缮之功，岁月弗已，驱我贫民，夺我农时，其害七也。材木瓦石，兼收并采，市价腾跃，民无室庐，其害八也。门堂之饬，器用之华，刻画丹漆，末作以炽，其害九也。惰农之子，避吏之猾，以佣以役，所至如归，其害十也。"②

　　释道思想对传统社会秩序的冲击，使宋代士人再度感受到了中唐士人的愤懑、忧虑与危机感。

------

① 石介著，陈植锷点校：《徂徕石先生文集》卷五《怪说上》，第60—61页。
② 李觏撰，王国轩校点：《李觏集》卷十六《富国策第五》，中华书局1981年版，第140—141页。

二、 社会变革对社会秩序的冲击

在唐中期以前，社会各阶层相对比较稳定，如门阀士族"或父子相继居相位，或累数世而屡显，或终唐之世不绝。"① "李唐一门十相者良多，至闻喜裴氏、赵郡李氏，一家皆十七人秉钧轴，何其盛也。"② 然而安史之乱后，这种等级秩序遭到严重的冲击，此后又经过唐末和五代的荡涤，到宋代时前代的贵族政治已彻底解体了。究其原因：

一是一百多年间连绵不绝的战乱，对门阀贵族政治造成了严重的冲击。如唐末农民起义，使世家大族遭到重大打击，史称黄巢入长安城后，"富家皆跣而驱，贼酋阅甲第以处，争取人妻女乱之，捕得官吏悉斩之，火庐舍不可赀，宗室侯王屠之无类矣。"③ 李焘也指出："唐末五代之乱，衣冠旧族多离去乡里，或爵命中绝，而世系无所考"④。且不说其他名族，就连唐代"蝉联珪组，世为显著"的崔、卢、李、郑等高门，在宋代也"绝无闻人"。⑤ 以至于顾炎武有所谓"氏族之乱莫甚于五代之时"之说⑥。

二是原则上不问出身的科举制的推行与完善，使大批普通士人得以进入统治阶层。宋代科举与唐代相比，一个重大区别是"彻底取消了门第限制，无论士、农、工、商，只要被认为是稍具文墨的优秀子弟，皆允许应举入仕"；同时"废除一切荐举制度的残余，最大限度地防止了考场内外的徇私舞弊活动，使'一切以程文为去留'的原则得到真正实行。"从而加剧了各阶层之间的竞争。⑦ 于是如唐朝世族高门那样，"各修其家法，务以门族相高。其

---

① 欧阳修、宋祁：《新唐书》卷七十一上《宰相世系表·宰相世系一上》，第2179页。

② 方勺撰，许沛藻、杨立扬点校：《泊宅编》卷一，中华书局1983年版，第5页。

③ 欧阳修、宋祁：《新唐书》卷二百二十五下《黄巢传》，第6458页。

④ 李焘：《续资治通鉴长编》卷一百三"天圣三年四月"条，第2380页。

⑤ 王明清：《前录》卷二"本朝族望之盛"条，《挥麈录》，上海书店出版社2001年版，第15页。

⑥ 顾炎武著，黄汝成集释：《日知录集释》卷二十三"通谱"条，上海古籍出版社1985年版，第1716页。

⑦ 何忠礼：《科举制度与宋代文化》，载《科举制度与宋代社会》，商务印书馆2006年版，第70—71页。

材子贤孙不殒其世德，或父子相继居相位，或累数世而屡显，或终唐之世不绝"的事情到这时已成为历史的陈迹。①

三是唐中期以来，社会经济活动的日渐活跃在一定程度上加速了财富在社会阶层间的流动。唐两税法实行后，即对土地兼并开始采取放任态度，由前期抑制兼并、均平占田，转变为不抑兼并、重视丈量土地而轻核实户口等。所谓："兼并者不复追正，贫弱者不复田业，姑定额取税而已"，听任民间自由买卖。所谓："田亩之在人者，不能禁其卖易。"② 土地因而由前期的国有向私有大规模地转化。并对此后的五代、北宋产生深远影响。五代至宋继承中唐以后不抑兼并的传统，"田制不立"③，遂使土地流转频繁，财富流转加速。与此同时，商业活动也日渐兴盛。在商品经济方面，宋朝自立国起就呈现出"全民经商"的势头，具体表现为"皇室日益靠近和走进市场、官僚吏员迷恋市场、禁军士卒被迫走进市场、小手工业者小商小贩以及中小商人活跃于市场的情况。"④

总此诸点，遂使宋代各阶层间的垂直流动速度加剧。当时贱不必不贵。如杜衍（978—1057）是一遗腹子，未发迹时因"继父不之容，往来孟、洛间，贫甚，佣书以自资。"⑤ 后贵为宰相。欧阳修（1007—1072）幼时，"家贫，至以荻画地学书。"⑥ 后步入仕途，官至参知政事。贵亦不必不贱。很多官员虽然贵显一时，但一离任后，其家族便湮没无闻，更有甚者很快便败落下去。真宗曾感叹说："国朝将相家，能以身名自立不坠门阀者，惟李昉、曹彬尔。"⑦ 如曾任宰相的沈伦（909—987）死后没过多久，"家破，其子孙鬻

---

①　欧阳修、宋祁：《新唐书》卷七十一上《宰相世系表·宰相世系一上》，第 2179 页。

②　马端临：《文献通考》卷三《田赋考·田赋三》，中华书局 1986 年版，第 46—48 页。

③　脱脱等：《宋史》卷一百七十四《食货志·食货二》，第 4206 页。

④　吴晓亮：《试论宋代"全民经商"及经商群体构成变化的历史价值》，《思想战线》2003 年第 2 期。

⑤　司马光撰：邓广铭、张希清点校：《涑水记闻》卷十，中华书局 1997 年版，第 184 页。

⑥　脱脱等：《宋史》卷三百一十九《欧阳修传》，第 10375 页。

⑦　李焘：《续资治通鉴长编》卷八十"大中祥符六年五月乙未"条，第 1827 页。

银器"①。死于淳化（990—994）年间以贪酷暴敛闻名的大将曹翰，"卒未三十年，子孙有乞匃于海上者矣。"② 曾任宰相的吕端死后十年，"旧第已质于人"，真宗令出内库钱五百万将其赎回，但此后过了六年，吕端的儿子吕蕃就又上表请求赐予钱财，并说"负人息钱甚多。"③

社会阶层的剧烈变动，带来了一系列新的变化。

（一）追逐利欲，不讲廉耻

由于社会阶层变动剧烈，宋代官员为了维护自身的利益，一旦步入仕途即竭力拉帮结派，广树党羽。欧阳修也曾对当时官场习气做过总结性陈述，所谓"今大臣不思国体，但树私恩。"④ 并竭力谋取经济利益。王安石（1021—1086）曾说："方今乱俗不在于佛，乃在于士大夫沉没利欲，以言相尚，不知自治而已。"⑤ 又说："故今官大者，往往交赂遗、营赀产，以负贪污之毁；官小者，贩鬻、乞丐，无所不为。"⑥ 蔡襄（1012—1067）称当时官场有"凭恃官威，因缘为奸，求取赃贿"者，又有公然经商营利者，这些人不仅不以为耻，反以为荣，"贪人非独不知羞耻，而又自号材能。世人耳目即熟，不以为怪。"⑦ 同时官员与其亲人及同僚矛盾重重。如太宗时，"人情贪竞，时态轻浮，虽骨肉之至亲，临势利而多变，同僚之内，多或不和，伺隙则至于倾危，患难则全无相救，仁义之风，荡然不复。"⑧ 普通百姓重利轻义，如江南西路洪州分宁县百姓重钱财，轻亲情："富者兼田千亩，廪实藏钱，至累岁不发，然视捐一钱，可以易死，宁死无所捐。其于施何如也？其间利害

---

① 苏辙撰，俞宗宪点校：《龙川别志》卷上，中华书局1982年版，第74页。

② 司马光撰，邓广铭、张希清点校：《涑水记闻》卷三，第41页。

③ 李焘：《续资治通鉴长编》卷七十三"大中祥符三年三月乙亥"条，第1668页。

④ 欧阳修撰，李逸安点校：《欧阳修全集》卷九十七《论江淮官吏札子》，中华书局2001年版，第1504页。

⑤ 王安石撰，李之亮笺注：《王荆公文集笺注》卷三十六《答曾子固书》，巴蜀书社2005年版，第1264页。

⑥ 王安石撰，李之亮笺注：《王荆公文集笺注》卷二《上仁宗皇帝言事书》，第40页。

⑦ 蔡襄撰，陈庆元、欧明俊、陈贻庭校注：《蔡襄全集》卷十八《废贪赃》，福建人民出版社1999年版，第428—429页。

⑧ 李焘：《续资治通鉴长编》卷四十三"咸平元年十二月"条，第925页。

不能以秭米，父子、兄弟、夫妇，相去若弈棋然。于其亲固然，于义厚薄可知也。"[①] 兄弟为财分居成为常态："近世父母死，兄弟相利以财，遂因缘不相容，必分以居。"[②]

（二）简弃礼教，风俗流靡

社会的变动导致传统礼法被持续破坏，难以承担维护社会秩序的任务。这种现象在中唐时就已非常严重，大中年间，刘蜕称他见到贡士堂上的大礼之器"笾豆破折，尊盂穿漏，生徒倦殆，不称其服，宾主向背，不习其容。"[③] 历史发展到宋代，因社会阶层的变动而对传统礼法造成的破坏尤甚。

如对于服饰，礼制原不许普通人服皂，太平兴国七年（982）朝廷迫于"近年以来，颇成逾僭"，只得允许流外官及贡举人、庶人通可服皂。端拱二年（989），"诏县镇场务诸色公人并庶人、商贾、伎术、不系官伶人，只许服皂、白衣，铁、角带，不得服紫。"但到至道元年（995），又"复许庶人服紫。"仁宗（1022—1063年在位）时"皇亲与内臣所衣紫，皆再入为黝色。"其后"士庶浸相效，言者以为奇衺之服。"嘉祐七年（1062），又"禁天下衣黑紫服者。"[④] 然而"服者犹不止"[⑤]。

在居室、器用方面，违礼的现象也很普遍。宋代规定："凡民庶家，不得施重拱、藻井及五色文采为饰，仍不得四铺飞檐。庶人舍屋，许五架，门一间两厦而已。"[⑥] 但富裕之家总是想方设法突破这种限制，竞相大兴土木。为此，朝廷多次下达禁令，如仁宗景祐三年（1036）下诏："天下士庶之家，屋宇非邸店、楼阁临街市，毋得为四铺作及斗八。非品官毋得起门屋。非宫室、

---

① 曾巩撰，陈杏珍、晁继周点校：《曾巩集》卷十七《分宁县云峰院记》，中华书局1984年版，第272页。

② 王令：《全宋文》（80）卷一七四七《烈妇倪氏传》，上海辞书出版社、安徽教育出版社2006年版，第153页。

③ 刘蜕：《江南论乡饮酒礼书》，董诰等编：《全唐文》卷七八九，第8258页。

④ 脱脱等：《宋史》卷一百五十三《舆服志·舆服五》，第3573—3576页。

⑤ 马端临：《文献通考》卷一百十三《王礼考·王礼八》，第1021页。

⑥ 脱脱等：《宋史》卷一百五十四《舆服志·舆服六》，第3600页。

寺观毋得彩绘栋宇及间朱黑漆梁柱窗牖，雕镂柱础。"①

在交通工具方面，百姓也多有违制之举，如太平兴国七年（982），翰林学士承旨李昉奏请："工商、庶人家乘檐子，或用四人、八人，请禁断，听乘车；兜子，舁不得过二人。"奏请得到了批准。景祐三年（1036）又下诏："民间毋得乘檐子，及以银骨朵、水罐引喝随行。"② 显见执行得并不彻底。

婚丧嫁娶方面，悖礼的现象也很常见。韩维（1017—1098）曾上言称："近世简弃礼教，不以为务，婚娶之法，自朝臣以及民庶，荡然无制，故风俗颓靡，犯礼者众。"③ 司马光（1019—1086）曾说："古人居丧，无敢公然食肉饮酒者。"然而在宋代士大夫"居丧食肉饮酒者无异平日，又相从宴集，靦然无愧，人亦恬不为怪。礼俗之坏，习以为常，悲夫！乃至鄙野之人，或初丧未敛，亲宾则赍酒馔往劳之，主人亦自备酒馔相与饮啜，醉饱连日，及葬亦如之。甚者初丧作乐以娱尸，及殡葬，则以乐导輀车而号泣随之。亦有乘丧即嫁取者。噫，习俗之难变，愚夫之难晓，乃至此乎！"④

（三）薄义喜争，诉讼不断

时人往往为了私利争执不断，为此不惜对簿公堂。欧阳颖咸平三年（1000）举进士，先后治万州、鄂州等七州，其中江南东路的歙州"民习律令，性喜讼，家家自为簿书，凡闻人之阴私毫发、坐起语言，日时皆记之，有讼则取以证。其视入狴牢就桎梏，犹冠带偃簪，恬如也。"⑤

当时江南西路尤以善讼著称。景德年间（1004—1007），知袁州杨侃称："袁之于江南，中郡也。地接湖湘，俗杂吴楚。壤沃而利厚，人繁而讼多。自皇宋削治吏权而责治术，天下之郡，吉称难治，而袁实次之。何者？编户之内，学讼成风；乡校之中，校律为业。故其巧伪弥甚，锥刀必争，引条指例而自

① 李焘：《续资治通鉴长编》卷一百一十九"景祐三年八月己酉"条，第2798页。
② 脱脱等：《宋史》卷一百五十三《舆服志·舆服五》，第3574—3576页。
③ 韩维：《南阳集》卷二十三《乞不汜于诸家为颍王择妃状》，《文渊阁四库全书》第1101册，第709页。
④ 朱熹撰，朱杰人、严佐之、刘永翔主编：《小学》卷七《嘉言第五中》，《朱子全书》（13），上海古籍出版社、安徽教育出版社2002年版，第442页。
⑤ 欧阳修撰，李逸安点校：《欧阳修全集》卷六十二《欧阳颖墓志铭》，第907页。

陈，许私发隐以相报，至有讼一起而百夫系狱，辞两疑而连岁不决。"① 韩琚大中祥符八年（1015）中进士，曾为虔州通判，当时虔"于江西号难治，民喜讼。"② 而对于所谓的礼义道德却了不在意。吉州与虔州，"二州之赋贡与其治讼，世以为剧"。之所以出现这种情况，李觏认为与二州之民"乘其丰富以放于逸欲"关系甚大③。曾巩称洪州分宁县"人勤生而啬施，薄义而喜争"。族人们经常坐在一起，"相讲语以法律。意向小戾，则相告讦，结党诈张，事关节以动视听。甚者画刻金木为章印，摹文书以给吏，立县庭下，变伪一日千出，虽笞扑徙死交迹，不以属心。其喜争讼，岂比他州县哉？民虽勤而习如是，渐涵入骨髓，故贤令长佐吏比肩，常病其未易治教使移也。"④ 沈括（1031—1095）称："世传江西人好讼。有一书名《邓思贤》，皆讼牒法也。其始则教以侮文；侮文不可得，则欺诬以取之；欺诬不可得，则求其罪以劫之。盖思贤，人名也，人传其术，遂以之名书。村校中往往以授生徒。"⑤

当时由于生齿日繁，而地不加增，因而导致田讼不断。如荆湖南路"有袁、吉壤接者，其民往往迁徙自占，深耕概种，率致富饶，自是好讼者亦多矣。"⑥ 福建路"土地迫陋，生籍繁夥；虽硗确之地，耕耨殆尽，亩直浸贵，故多田讼。"⑦

三、 民间淫祀陋俗对社会秩序的破坏

淫祀活动历代皆有，故北宋也不例外。检讨史籍可以发现，北宋前期民

① 杨侃：《新建郡小厅记》，（正德）《袁州府志》卷十三，载《天一阁藏明代方志选刊》，上海古籍出版社 1963 年影印本。

② 尹洙：《河南先生文集》卷十六《韩琚墓志铭》，《四部丛刊初编》本。虔州，《四部丛刊》本为"处州"，然考诸史实，处州属两浙路。又《四库全书》本及《折狱龟鉴》皆为"虔州"，故改。

③ 李觏撰，王国轩校点：《李觏集》卷二十三《虔州柏林温氏书楼记》，第 253 页。

④ 曾巩撰，陈杏珍、晁继周点校：《曾巩集》卷十七《分宁县云峰院记》，第 272 页。

⑤ 沈括撰，胡道静校注：《新校正梦溪笔谈》卷二十五《杂志二》，中华书局 1957 年版，第 252—253 页。

⑥ 脱脱等：《宋史》卷八十八《地理四》，第 2201 页。

⑦ 脱脱等：《宋史》卷八十九《地理五》，第 2210 页。

间淫祀活动甚盛。如京东西路，庆历六年（1046），张方平奏称"京东西之民，多信妖术，凡小村落，辄立神祠，蚩蚩之氓，惑于祸福，往往奔凑"①。荆湖北路的归州、峡州，"信巫鬼、重淫祀"②。福建路"其俗信鬼尚祀"③。成都府路永康军百姓，"多信鬼诬妖诞之说。"④ 江南西路的洪州，天圣元年（1023），夏竦言："窃以当州东引七闽，南控百粤，编氓右鬼，旧俗尚巫。在汉栾巴已尝翦理，爰从近岁，传习滋多，假托机祥，愚弄黎庶，剿绝性命，规取财货，皆于所居塑画魑魅，陈列幡帜，鸣击鼓角，谓之神坛。"⑤ 广南东、西路，"尚淫祀"⑥。淫祀陋俗的盛行，给北宋统治带来了相当大的消极影响。

（一）杀人祭鬼

为了向鬼神表达自己的虔诚之心，当时社会盛行杀人祭鬼之风。如雍熙二年（985）诏称岭南的应、邕、容、桂、广诸州有"杀人以祭鬼"之习。淳化元年（990），"峡州长杨县民向祚与兄向收共受富人钱十贯，俾之采生。巴峡之俗，杀人为牺牲以祀鬼，以钱募人求之，谓之采生。祚与其兄谋杀县民李祈女，割截耳鼻，断支节，以与富人。为乡民所告，抵罪。"⑦ 淳化二年（991），荆湖转运使言奏称富州向万通杀皮师胜父子七人，取五脏及首以祀魔鬼。"朝廷以其远俗，令勿问。"⑧ 天禧三年（1019）四月诏称："小民寡识，鄙俗易讹。如闻金、商等州颇有邪神之祭，或缘妖妄取害生灵，达于予闻，良用矜轸。"⑨ 康定元年（1040）十一月，知万州马元颖指出川、陕、广南、福建、荆湖、江淮等地存在着"民蓄蛇毒、蛊药，杀人祭妖神"的现象。⑩

---

① 李焘：《续资治通鉴长编》卷一百五十九"庆历六年十月甲戌"条，第 3850 页。

② 脱脱等：《宋史》卷八十八《地理四》，第 2201—2202 页。

③ 脱脱等：《宋史》卷八十九《地理五》，第 2210 页。

④ 石介著，陈植锷点校：《徂徕石先生文集》卷十九《记永康军老人说》，第 105 页。

⑤ 徐松：《宋会要辑稿》第十九册《礼二〇》"礼二〇之一一"，第 770 页。

⑥ 脱脱等：《宋史》卷九十《地理六》，第 2248 页。

⑦ 徐松：《宋会要辑稿》第一百六十五册《刑法二》"刑法二之三"，第 6497 页。

⑧ 脱脱等：《宋史》卷四百九十三《蛮夷列传一》，第 14174 页。

⑨ 徐松：《宋会要辑稿》第十九册《礼二〇》"礼二〇之一〇"，第 769 页。

⑩ 徐松：《宋会要辑稿》第一百六十五册《刑法二》"刑法二之二五"，第 6508 页。

（二）耗费资财

为了祭祀鬼神，百姓耗费了大量的资财。如宋初江浙荆湖地区有窠家神庙，百姓"竭致祀以徼福。"① 成都府路永康军百姓崇奉灌口祠，"春秋常祀，供设之盛，所用万计，则皆取编户人也。"② 北宋初，邕州"俗重祠祭，被病者不敢治疗，但益杀鸡豚，徼福于淫昏之鬼。"开宝四年（971），知邕州范旻下令禁止。③

（三）有病不医

由于迷信鬼神，百姓生病往往不是求医问药，而是乞灵鬼神。如江浙荆湖地区有百姓"有疾不饵药"，而是乞灵于鬼神④。夔州路涪陵县百姓因为崇尚鬼神，"有父母疾病，多不省视医药"⑤。岭南应、邕、容、桂、广诸州百姓"病不求医药"⑥。江南西路的洪州，"民之有病，则门施符箓，禁绝往还，斥远至亲，屏去便物。家人营药，则曰神不许服。病者欲饭，则云神未听餐。率令疫人死于饥渴。"⑦

（四）动摇皇朝统治

巫师往往妖言惑众，对国家统治构成极大威胁。如张方平论及百姓热衷淫祀，指出"蚩蚩之氓，惑于祸福，往往奔凑，相从聚散，递相蔽匿，官不得知，惟知畏神，不复惮法，浸使滋蔓，恐益成俗。汉中平元年，黄巾贼天下同日起，凡三十六万众，各有部率，由积妖而成也，晋卢循辈，乃历代常有此事"⑧。

为了改变淫祀陋俗，北宋统治者不断地发布禁令予以制止。如乾德五年

---

① 脱脱等：《宋史》卷二百八十七《王嗣宗传》，第9648页。
② 石介著，陈植锷点校：《徂徕石先生文集》卷十九《记永康军老人说》，第105页。
③ 李焘：《续资治通鉴长编》卷十二"开宝四年十月戊寅"条，第271页。
④ 脱脱等：《宋史》卷二百八十七《王嗣宗传》，第9648页。
⑤ 脱脱等：《宋史》卷八十九《地理五》，第2230页。
⑥ 徐松：《宋会要辑稿》第一百六十五册《刑法二》"刑法二之三"，第6497页。
⑦ 徐松：《宋会要辑稿》第十九册《礼二〇》"礼二〇之一一"，第770页。
⑧ 李焘：《续资治通鉴长编》卷一百五十九"庆历六年十月甲戌"条，第3850页。

（967）四月，"禁民赛神，为竞渡戏及作祭青天白衣会，吏谨捕之。"① 开宝五年（972）九月庚午，"禁西川民敛钱结社及竞渡。"② 太平兴国六年（981）四月丙戌，"禁东、西川诸州白衣巫师。"③ 淳化三年（992）十一月二十九日，诏称要严加禁断两浙诸州治病巫者，"犯者以造妖惑众论置于法。"④ 咸平元年（998）十月二十八日，"禁峡州民杀人祭鬼。"⑤ 大中祥符二年（1009）诏"禁河北诸州民弃农业，学禁咒、枪剑、桃棒之技者。"⑥ 大中祥符三年（1010）二月诏"禁荆南界杀祭稜腾神。"⑦ 大中祥符五年（1012）正月诏："访闻阊阖门内有人众目为先生，每夕身有光，能于隙窍出入无碍，是必妖妄惑众。其令开封府速擒捕，禁止之。"⑧ 天圣三年（1025）四月，淮南、江浙、荆湖发运司奏言："昨高邮军有师巫起张使者庙宇、神像，扇惑人民，知军国子博士刘龟从已行断绝，拆除一十处庙像。"景祐元年（1034）九月，广南西路转运使夏侯或奏称："潭州妖妄小民许应于街市求化，呼召鬼神，建五瘟神庙。已令毁拆，收到材木六万三千余，修天庆观讫，乞下本州止绝。"其议为朝廷采纳。⑨ 天禧三年（1019）十月，"禁兴州三泉县、剑利等州白衣师邪法。"⑩

由于淫祀行为作为一种陋俗，内生于民间社会，有着深厚的文化背景，故而官方虽然屡加禁绝，却始终难以将其消灭。为了维护皇朝的长治久安，要求学者们从文化层面妥善解决这一问题。

---

① 李焘：《续资治通鉴长编》卷八"乾德五年四月戊子"条，第194页。
② 李焘：《续资治通鉴长编》卷十三"开宝五年九月庚午"条，第289页。
③ 李焘：《续资治通鉴长编》卷二十二"太平兴国六年四月丙戌"条，第492页。
④ 徐松：《宋会要辑稿》第一百六十五册《刑法二》"刑法二之五"，第6498页。
⑤ 徐松：《宋会要辑稿》第一百六十五册《刑法二》"刑法二之六"，第6498页。
⑥ 李焘：《续资治通鉴长编》卷七十二"大中祥符二年七月辛巳"条，第1625页。
⑦ 徐松：《宋会要辑稿》第一百六十五册《刑法二》"刑法二之一〇"，第6500页。
⑧ 徐松：《宋会要辑稿》第一百六十五册《刑法二》"刑法二之一一"，第6501页。
⑨ 徐松：《宋会要辑稿》第十九册《礼二〇》"礼二〇之一二"，第770页。
⑩ 徐松：《宋会要辑稿》第一百六十五册《刑法二》"刑法二之一四"，第6502页。

第二节　天人关系的紧张

自先秦以来，由于上天一直被视为宇宙的主宰，因此历代统治者在为其统治存在的合法性与合理性寻求支持的过程中，都大肆鼓吹天人感应说，竭力使自己的统治与上天产生联系。然而历史发展到北宋前期，由于正统论所宣扬的"天命"的神圣性在上千年的历史中早已被统治者利用殆尽，因而尽管北宋统治者也依传统的正统论制造出了许多昭示宋王朝获得天命的神异之事，但其效果却相当有限。当时的学者们或秉持天人相分观念，否定天人感应说；或虽信从天人感应说，但对昭示天命的祥瑞现象持怀疑态度；或虽认可昭示天命的祥瑞现象，但对官方的宋朝德运说提出质疑，从而导致了天人关系的紧张。

一、　秉持天人相分理念

在天人感应思想风行的汉唐时期，肇端于先秦的天人相分思想也取得了长足的发展。如梅尧臣（1002—1060）论及丙吉问牛喘这一典故称："及其后世，我自我，物自物，天自天，人自人，故为乎冬，故为乎春，孰谓差忒，孰谓平均。"① 赵翼指出自汉以后，"人情意见，但觉天自天，人自人，空虚寥廓，与人无涉。"② 具体而言：

东汉时期，王充认为："夫天道，自然也，无为；如谴告人，是有为，非自然也。"③ 又说："天道自然，吉凶偶会。"④ 如水旱灾害是"天之运气，时

---

① 梅尧臣著，朱东润编年校注：《梅尧臣集编年校注》卷九《问牛喘赋》，上海古籍出版社 1980 年版，第 151 页。

② 赵翼著，王树民校证：《廿二史札记校证》卷二"汉儒言灾异"条，中华书局 1984 年版，第 40 页。

③ 王充：《论衡·遣告篇》，《诸子集成》(7)，第 143 页。

④ 王充：《论衡·商虫篇》，《诸子集成》(7)，第 162 页。

当自然","旸久自雨,雨久自旸。"① 所谓的祥瑞不但盛世会出现,就是衰乱之世也能见到,故与国之兴亡并无什么关系:"凤凰骐驎,太平之瑞也,太平之际见来至也;然亦有未太平而来至也。"②

南朝宋人范晔"常谓死者神灭,欲著《无鬼论》"。认为"天下决无佛鬼"。③ 齐梁之际的思想家范缜针对当时佛教盛行、有神论思想泛滥的情况,著《神灭论》予以驳斥,指出"神即形也,形即神也,是以形存则神存,形谢则神灭也。"④

唐代柳宗元认为"天地,大果蓏也;元气,大痈痔也;阴阳,大草木也,其乌能赏功而罚祸乎? 功者自功,祸者自祸,欲望其赏罚者大谬;呼而怨,欲望其哀且仁者,愈大谬矣。"⑤ 指出"生植与灾荒,皆天也;法制与悖乱,皆人也,二之而已。其事各行不相预,而凶丰理乱出焉,究之矣。"⑥ 并对董仲舒、司马相如、刘向、扬雄、班彪、班固等鼓吹三代受命之符的行为予以批判,认为"其言类淫巫瞽史,诳乱后代"。伟大的帝王"受命不于天,于其人;休符不于祥,于其仁。惟人之仁,匪祥于天;匪祥于天,兹惟贞符哉! 未有丧仁而久者也,未有恃祥而寿者也。"并举例称国之兴废与祥瑞无关:"商之王以桑谷昌,以雉雊大,宋之君以法星寿;郑以龙衰,鲁以麟弱,白雉亡汉,黄犀死莽,恶在其为符也?"就唐代而言,其之所以能够兴起,是由于统治者的仁德顺应了人类要生存发展的自然之势,所谓"正德受命于生人之意"。⑦ 刘禹锡认为天与人各有不同的规律与功能,各不相预。"天之道在生植,其用在强弱;人之道在法制,其用在是非。""天之所能者,生万物也;人之所能者,治万物也。……天恒执其所能以临乎下,非有预乎治乱云尔;

① 王充:《论衡·明雩篇》,《诸子集成》(7),第149—151页。
② 王充:《论衡·讲瑞篇》,《诸子集成》(7),第165页。
③ 沈约:《宋书》卷六十九《范晔传》,中华书局1974年版,第1828—1829页。
④ 姚思廉:《梁书》卷四十八《范缜传》,中华书局1973年版,第665页。
⑤ 柳宗元:《柳宗元集》卷十六《天说》,第443页。
⑥ 柳宗元:《柳宗元集》卷三十一《答刘禹锡天论书》,第817页。
⑦ 柳宗元:《柳宗元集》卷一《贞符》,第30—35页。

人恒执其所能以仰乎天，非有预乎寒暑云尔。"①

后唐时人康澄针对当时重符瑞的现象指出："安危得失，治乱兴亡，诚不系于天时，固非由于地利，童谣非祸福之本，妖祥岂隆替之源！故雏雉升鼎而桑谷生朝，不能止殷宗之盛；神马长嘶而玉龟告兆，不能延晋祚之长。"②

北宋前期，邢昺（932—1010）对传统的神学天命观在一定程度上表示赞同，如《论语·季氏》："君子有三畏：畏天命，畏大人，畏圣人之言。"何晏《论语集解》释"天命"："顺吉逆凶，天之命也。"③ 皇侃《论语义疏》释"畏天命"："谓作善降百祥，作不善降百殃，从吉逆凶，是天之命，故君子畏之，不敢逆之也。"④ 邢昺《论语正义》综合何晏《论语集解》、皇侃《论语义疏》的神学解释，将"畏天命"释为："谓作善降之百祥，作不善降之百殃。顺吉逆凶，天之命也，故君子畏之。"⑤ 但同时也在试图摆脱传统神学观的影响，因而在涉及天命方面更多强调的是天道自然。《论语·公冶长》："夫子之言性与天道，不可得而闻也。"何晏《论语集解》释"天道"："天道者，元亨日新之道"。邢昺《论语正义》释"天道者，元亨日新之道"："天本无心，岂造元亨利贞之德也。天本无心，岂造元亨利贞之名也。但圣人以人事记之，谓此自然之功，为天之四德也。……天之为道，生生相续，新新不停，故曰日新也。以其自然而然，故谓之道。"⑥《论语·子罕》："子罕言利与命与仁"。何晏《论语集解》释"命"曰："命者天之命也"。邢昺《论语正义》解释"命者天之命也"："天本无体，亦无言语之命。但人感自然而生，有贤愚、吉凶、穷通、夭寿，若天之付命遣使之然，故云天之命也。"⑦《论语·阳货》"子曰：天何言哉！四时行焉，百物生焉，天何言哉！"邢昺

---

① 卞孝萱校订，整理组点校：《刘禹锡集》卷五《天论上》，中华书局1990年版，第68—69页。

② 薛居正：《旧五代史》卷四十三《唐书·明宗纪九》，第595页。

③《论语正义》卷十六《季氏》，《十三经注疏》，第2522页。

④ 何晏集解，皇侃义疏：《论语集解义疏》卷八《季氏》，《文渊阁四库全书》第195册，第493页。

⑤《论语正义》卷十六《季氏》，《十三经注疏》，第2522页。

⑥《论语正义》卷五《公冶长》，《十三经注疏》，第2474页。

⑦《论语正义》卷九《子罕》，《十三经注疏》，第2489页。

《论语正义》释："此孔子举天亦不言而令行以为譬也。天何尝有言语哉！而四时之令递行焉，百物皆依时而生焉。天何尝有言语教命哉!"① 张景认为"气"为万物的本原，"气"的运动主导着事物的变化，自然也就没有所谓的天命："一气为万物母，至于阴阳开阖，嘘吸消长，为昼夜，为寒暑，为变化，为死生，皆一气之动也。"② 认为孔子去世后，"学《洪范》及《春秋》者，以言灾异多为能。"事实上《洪范》的内容非常平实，"夫《洪范》九畴，其始也言五行之常性，其中也言政教之常道，其末也言五福六极之常理。"认为"政教者本也，灾异者末也。"③ 范思远明确主张天人相分："天自天，人自人，天人不相与，断然以行乎大中之道，行之则有福，异之则有祸，非由感应也。"④

与天人相分观相呼应，自汉以后，历代政权对天人感应观的信从度大大降低。赵翼称："故自汉以后，无复援灾异以规时政者。间或日食求言，亦只奉行故事"⑤。北宋就是如此。如景德二年（1005）真宗试贤良方正，制策中称"天灾流行，国家代有，故水旱之作沴，虽尧汤而病诸。"⑥ 真宗曾对邢昺感叹"力田者多值灾沴"，邢昺为其讲述"民之灾患"之多，并指出此即"《传》所谓天灾流行国家代有者也。"邢昺的看法也得到了真宗的认可。⑦ 景祐年间（1034—1038）仁宗刚刚亲政，朝政因而为之一新，所谓："万机独断，躬亲大政，励精为理。投群阉之巨党，罢内降之私恩。升擢谏臣，黜退窃位。每旦听政，旧邦惟新，庭宇载清，幅员忻戴。"⑧ 然而却出现了天谴频仍的现象。这让官员们很惊奇，如叶清臣（1000—1049）称："陛下忧勤庶

① 《论语正义》卷十七《阳货》，《十三经注疏》，第2526页。
② 张景：《柳如京文集序》，吕祖谦编，齐治平点校：《宋文鉴》卷八十五，中华书局1992年版，第1212页。
③ 林之奇：《尚书全解》卷二十五《洪范》，《文渊阁四库全书》第55册，第489页。
④ 石介著，陈植锷点校：《徂徕石先生文集》卷十五《与范十三奉礼书》，第184页。
⑤ 赵翼著，王树民校证：《廿二史札记校证》卷二"汉儒言灾异"条，第40页。
⑥ 徐松：《宋会要辑稿》第一百十一册《选举一〇》"选举一〇之一二"，第4417页。
⑦ 李焘：《续资治通鉴长编》卷六十七"景德四年十一月辛巳"条，第1507页。
⑧ 李焘：《续资治通鉴长编》卷一百十五"景祐元年十二月癸未"条，第2710页。

政，方夏泰宁，而一岁之中，灾变仍见"。① 苏舜钦（1008—1049）称："始
闻惶骇疑惑，窃思自编策所纪，前代衰微丧乱之世，亦未尝有此大变。今四
圣接统，内外平宁，神人交欢，兵革偃息，固与夫衰微丧乱之世异，何灾变
之作返过之邪。"② 右司谏韩琦（1008—1075）称："伏见仍岁以来，灾异间
作，众星流陨，躔次不顺，河东地震，压覆至多，虽历代所书谴告之事，未
有如斯之大也。"③ 怎么解释这种现象呢？若说灾异与上天有关，那么上天这
样做显然是错误的，而至圣至神的天是绝对不可能出现这种错误的。合理解
释只能是灾异只是一种无关政治的自然现象，而若是一种自然现象，则可以
说上天与人世的政治活动并无甚关联。而这或许就是时人的心态，因为他们
对此颇不在意。如苏舜钦所谓："朝廷见此大异，不修阙政，以厌天戒、安民
心，默然不恤，如无事之时；谏官、御史，不闻进牍铺白灾害之端，以开上
心。"而虽有言事者，"其间岂无切中时病，而未闻朝廷举而行之，是亦收虚
言而不根实效也。"④

二、 怀疑祥瑞现象的可信度

北宋建立后，为了证明宋之得国乃天命所眷，宋朝君臣可谓煞费苦心。
但效果是否能如他们所愿，亦即能否得到社会认可，却是另一回事。因为不
仅那些为后世所认可的所谓有道的正统之君的祥瑞之说言之凿凿，就是那些
被后世普遍认为是闰位、僭伪的君主也一样不断地得到上天所降下来的休命。
如东汉末年孙坚未出生前，其家族在富春城东的冢上"数有光怪，云气五色，
上属于天，曼延数里。"⑤ 五胡十六国时期夷族领袖刘渊的母亲呼延氏在未生
他前，曾祈祷于龙门，"俄而有一大鱼，顶有二角，轩鬐跃鳞而至祭所，久之

---

① 李焘：《续资治通鉴长编》卷一百二十"景祐四年十二月壬辰"条，第 2844 页。
② 李焘：《续资治通鉴长编》卷一百二十一"宝元元年正月乙卯"条，第 2851 页。
③ 李焘：《续资治通鉴长编》卷一百二十一"宝元元年二月甲申"条，第 2863 页。
④ 李焘：《续资治通鉴长编》卷一百二十一"宝元元年正月乙卯"条，第 2852 页。
⑤ 陈寿撰，裴松之注：《三国志》卷四十六《孙坚传》注引《吴书》，中华书局 1964 年版，第
1093 页。

乃去。"当天晚上她梦见"旦所见鱼变为人，左手把一物，大如半鸡子，光景非常，授呼延氏，曰：'此是日精，服之生贵子。'"后来就生了刘渊。[①] 刘聪生时"夜有白光之异。"[②] 石勒"生时赤光满室，白气自天属于中庭，见者咸异之。"[③] 苻坚的母亲"尝游漳水，祈子于西门豹祠，其夜梦与神交，因而有孕。十二月而生坚焉。有神光自天烛其庭。背有赤文，隐起成字，曰：'草付臣又土王咸阳。'"[④]

就近代而论，为宋人视为篡弑之君且荒淫无度的后梁太祖朱全忠，居然也颇受上天垂顾。

据称朱全忠生时，"所居庐舍之上有赤气上腾"。长大后，时人刘崇之母声称："我尝见其熟寐之次，化为一赤蛇。"[⑤] 开平元年正月壬寅，"是日有庆云覆于府署之上。"二月戊申，"帝之家庙栋间有五色芝生焉，状若芙蓉，紫烟蒙护，数日不散。又，是月，家庙第一室神主上，有五色衣自然而生，识者知梁运之兴矣。"又据称唐乾符中"木星入南斗，数夕不退"，有术士边冈对此进行解读称："木星入斗，帝王之兆也。木在斗中，'朱'字也。以此观之，将来当有朱氏为君者也，天戒之矣。且木之数三，其祯也应在三纪之内乎。"武则天时期有谶辞云："首尾三鳞六十年，两角犊子自狂颠，龙蛇相斗血成川。"当时也被视为是朱全忠兴起之兆。开平元年四月，宋州刺史王皋"进赤乌一只。"此月丙辰，朱全忠达上源驿，庆云见。因而在即位诏中，朱全忠声称自己做皇帝是"神器所归，祥符合应。"称帝之后，又祥瑞数见，如所谓"宿州刺史王儒进白兔一。濮州刺史图嘉禾瑞麦以进。"荆南高季昌"进瑞橘数十颗，质状百味，倍胜常贡。且橘当冬熟，今方仲夏，时人咸异其事，因称为瑞。"是年八月"壬申，密州进嘉禾，又有合欢榆树，并图形以献。是月，隰州奏，大宁县至固镇上下二百里，今月八日，黄河清，至十月如故。"

---

① 房玄龄：《晋书》卷一百一《刘元海载记》，中华书局 1974 年版，第 2645 页。
② 房玄龄：《晋书》卷一百二《刘聪载记》，第 2657 页。
③ 房玄龄：《晋书》卷一百四《石勒载记上》，第 2707 页。
④ 房玄龄：《晋书》卷一百十三《苻坚载记上》，第 2883 页。
⑤ 薛居正：《旧五代史》卷一《梁书·太祖纪一》，第 2 页。

十一月"广南管内获白鹿，并图形来献，耳有两缺。按符瑞图，鹿寿千岁变白，耳一缺。今验此鹿耳有二缺，其兽与色皆应金行，实表嘉瑞。"①

而朱全忠的残暴荒淫在历史上是出了名的。他不仅大肆滥杀无辜，还常常奸污臣下的妻子，如他的大将敬翔的妻子刘氏为朱全忠破徐州时所得，朱全忠已爱幸之，"乃以妻翔。翔已贵，刘氏犹侍太祖，出入卧内如平时"②。大将杨崇本的妻子有美色，他便经常去奸淫杨崇本的妻子。又奸淫大臣张全义妻女。乾化二年（912），"太祖兵败蓨县，道病，还洛，幸全义会节园避暑，留旬日，全义妻女皆迫淫之"③。朱全忠不仅遍奸臣下妻女，而且还奸淫自己的儿媳。所谓"纵意声色，诸子虽在外，常征其妇入侍，帝往往乱之"。其养子朱友文"妇王氏色美，帝尤宠之"，而其亲子朱友圭的妻子"亦朝夕侍帝侧"。④ 然而就是这样一个人，居然也是甚受上帝眷顾。

据此可以得出两种推断，其一既然圣君和奸雄谁都可以得到天命，那么从符瑞上面也就无法得出新兴皇权的合法性与合理性；其二，此乃君臣造假的结果。刘知幾就持这种观点："凡祥瑞之出，非关理乱，盖主上所惑，臣下相欺，故德弥少而瑞弥多，政逾劣而祥逾盛。"并且称正是因为这个原因，汉代桓灵时期统治虽相当混乱，但其祥瑞却多于以治世闻名的文景时期，治绩相当差的曹魏和晋朝都有不少祥瑞，而统治比它们还差的五胡十六国时期的刘渊、石勒等统治者的祥瑞比他们还要多："是以桓、灵受祉，比文、景而为丰；刘、石应符，比曹、马而益倍。"当然这还可以继续进行分析，即那些无德的君主的祥瑞是造假的结果，而那些真命天子的祥瑞则是真的。但刘知幾对此并不认可，他认为所谓的祥瑞事件乃是史上千年不遇的极个别现象，是特例："夫祥瑞者，所以发挥盛德，幽赞明王。至如凤皇来仪，嘉禾入献，秦得若雉，鲁获如麕，求诸《尚书》、《春秋》，上下数千载，其可得言者，盖

---

① 薛居正：《旧五代史》卷三《梁书·太祖纪三》，第45—55页。
② 欧阳修：《新五代史》卷二十一《敬翔传》，中华书局1974年版，第209页。
③ 欧阳修：《新五代史》卷四十五《张全义传》，第490页。
④ 司马光：《资治通鉴》卷二百六十八"乾化二年闰五月丙寅"条，第8758页。

不过一二而已。"① 而若再考虑到三代是一个圣人迭出的盛世尚且如此，则三代以后的近千年间即便祥瑞出现的次数如三代时期一样多也值得怀疑，更何况是多得书不胜书！所以视祥瑞迭出乃是造假所致，当时世人长期所持有的一种心照不宣的看法。

具体到宋人，应该说大都持这种看法，这从宋真宗君臣伪造天书的过程就可以看出。宋真宗时，为了粉饰太平，掩盖社会矛盾，在佞臣王钦若（962—1025）的协助下，亲自策划了天降神书的闹剧。好大喜功的真宗视收复幽蓟为畏途，王钦若便投其所好，鼓动他东封泰山以建帝王之功。但真宗政绩平平，不具备封禅泰山的本钱，王钦若便给他出主意，要他利用天降神书的方式获得封禅泰山的资格，声称："封禅当得天瑞，希世绝伦之事，乃可为。"并认为这种事情是可以伪造的："天瑞安可必得，前代盖有以人力为之。若人主深信而崇奉焉，以明示天下，则与天瑞无异也。陛下谓《河图》、《洛书》果有此乎？圣人以神道设教耳。"真宗听后又向老儒杜镐（938—1013）咨询河图洛书之说，杜镐不知缘故，随口应道："此圣人以神道设教耳"。② 此显见无论是佞臣王钦若还是正人杜镐，都不相信有所谓的天降祥瑞之说。而真宗见臣下如此说，遂开始运作伪造祥瑞之事。于是次年正月、四月、六月，昭明天意的"天书"先后凡数降。而王钦若、丁谓、杜镐、陈彭年等为了附和真宗，"皆以经义左右附和，由是天下争言符瑞矣。"③ 其间宰相王旦等"率文武百官、诸军将校、州县官吏、蕃夷、僧道、耆寿二万四千三百七十人诣东上合门，凡五上表请封禅。"④ 于是真宗的东封西祀活动正式开始。虽然接下来真宗的造神活动搞得如火如荼，但从以上分析可以看出，对于此次造神活动，在其谋划之初，参与其中的人皆对所谓的天神即颇不以为然，而参与其中的人大多为投机取巧之徒。并且从社会反响看，也是适得其反，龙图阁待制孙奭即明确地回答真宗说："臣愚所闻，'天何言哉'，岂有书

---

① 刘知幾撰，赵吕甫校注：《书事》，《史通新校注》，重庆出版社 1990 年版，第 515 页。
② 李焘：《续资治通鉴长编》卷六十七"景德四年十一月庚辰"条，第 1506—1507 页。
③ 脱脱等：《宋史》卷四百三十一《孙奭传》，第 12802 页。
④ 李焘：《续资治通鉴长编》卷六十八"大中祥符元年四月辛卯"条，第 1530 页。

也!"并认为有识之士是会看穿这种荒谬的行为的:"将以欺上天,则上天不可欺;将以愚下民,则下民不可愚;将以惑后世,则后世必不信。腹诽窃笑,有识尽然"。①

三、 质疑北宋官方火德说

在宋人以正统思想文饰政治的同时,前代的正统之争也在宋初得到了延续。关于正统的论争,检讨史册,实始于汉代,司马光所谓:"汉兴,学者始推五德生、胜,以秦为闰位,在木火之间,霸而不王,于是正闰之论兴矣。"②历史上比较激烈的正统论争发生在北魏太和年间和唐代天宝年间。北魏太和年间,孝文帝在推行汉化的过程中,为了将自己的政权纳入华夏正统谱系之中,曾下诏要求臣下对北魏的德运问题进行讨论。唐代天宝年间玄宗曾就唐的德运一事,集公卿议可否。北宋建立后,对皇朝合法性的探讨,或者说对正统问题的探讨仍然是思想界的一大热点。

宋人视唐为盛世,五代为乱世,如梁颢称其"历观史籍,唐氏之御天下也,列圣间出,人文阐耀"③。梁鼎称"五代以兵革相继,礼法陵夷"④。认为唐代真正获得了正统资格,北宋皇朝若想论证其存在的合理性、合法性,必须上继唐统,对此,真宗称:"若此言者多矣。"⑤ 但朝廷始终未加改易。究其原因主要有三:其一,以宋为火德是宋初朝廷集议并得到宋太祖认可的。当时定宋为火德,将宋定位为后周皇朝的继承者,一个重要原因是为了安抚忠于后周的政治势力,是含有深意的,故朝廷轻易不愿变更。时代久远之后又成为朝廷故事,而宋是一个重祖宗传统的皇朝,所以变易起来就更难了,故真宗称"国初徇群议为火德,今岂敢骤改邪?"⑥ 其二,定宋为火德后,宋

---

① 李焘:《续资治通鉴长编》卷七十四"大中祥符三年十二月癸酉"条,第1699—1702页。
② 司马光:《资治通鉴》卷六十九"黄初二年三月臣光曰"条,第2186页。
③ 脱脱等:《宋史》卷二百九十六《梁颢传》,第9863页。
④ 李焘:《续资治通鉴长编》卷三十四"淳化四年十二月壬辰"条,第760页。
⑤ 徐松:《宋会要辑稿》第五十三册《运历一》"运历一之一",第2128页。
⑥ 徐松:《宋会要辑稿》第五十三册《运历一》"运历一之一",第2128页。

人围绕火德说做了很多文饰北宋统治的事情，如雍熙元年（984）官员论及宋朝的德运，称宋自立国起"祀火帝为感生，于今二十五年，圆邱展礼，已经六祭。"① 若改易德运，就要对这些礼仪进行调整，这势必会产生一系列麻烦；其三，自后唐至后晋已经形成了沿前代德运推演本朝德运的传统，"晋承唐后，是为金德。汉氏承晋，实当水行。周祖即位之初，有司定为木德。"② 而越代远继，无有所本。

学者要求上继唐统，朝廷却坚持旧说，由此就产生了激烈的正统论争。雍熙元年（984）四月甲辰，布衣赵垂庆诣匦上书倡金德之说，太宗将其事下尚书省，令集百官商议。右散骑常侍徐铉（917—992）等认为仍应以火德为宋德。大中祥符三年（1010），开封府功曹参军张君房上言称说金德未被采纳。嗣后大中祥符六年（1013）年成书的《册府元龟》对官方确定的火德进行再次确认。天禧四年（1020），光禄寺丞谢绛又提出土德说，大理寺丞董行父再倡金德说，但皆为朝廷所驳。

（一）以五代正统与否论立论

赵垂庆率先以此立论。认为无论承认五代正统地位与否，宋都当为金德。因为若不承认五代的正统地位，则宋朝"当越五代上承唐统为金德"，若承认其正统地位，以梁上继唐，传后唐，"至国朝亦合为金德。"徐铉等认为朱梁篡唐，不当为正统，后唐庄宗由于早编入唐皇室籍中，因此便是皇室后人，所以后来庄宗即位，即是"中兴唐祚，重新土运。"继而相继兴起的后晋、后汉、后周由于都是在天下之中建立统治，自然也属正统皇朝，即"奄宅中区，合该正统"。由于后晋以金兴，后汉以水兴，后周以木兴，因而继起的宋朝自然是以火兴："天造皇宋，运膺火德。"③ 就五代正统问题而言，释赞宁（919—1001）则认为包括朱梁在内，五代皆为正统："果梁革唐命，二李、

① 徐松：《宋会要辑稿》第五十三册《运历一》"运历一之一"，第2128页。参见脱脱等：《宋史》卷七十《律历志》，第1597页。
② 王钦若等编纂，周勋初等校订：《册府元龟》（校订本）（一）卷一《帝王部·总序》，第2页。
③ 徐松：《宋会要辑稿》第五十三册《运历一》"运历一之一"，第2128页。

王、杨皆与天子抗衡。诸殿远望者，得非余割据群雄偏霸者乎?”① 再如释赞宁在论及五代以降对寺院管僧人员的称号，即以五代及宋为正统，以其他政权为偏霸、僭伪之国：“唐穆宗元和元年闰正月，以龙兴寺僧惟英充翰林待诏兼两街僧统。英通结中外，假卜筮惑人，故有是命。寻以非宜罢之。自尔朱梁、后唐、晋、汉、周，泊今大宋，皆用录而无统矣。偏霸诸道，或有私署，如吴越以令，因为僧统，后则继有避僭差也，寻降称僧正。其僭伪诸国皆自号僧录焉。”② 张君房赞同徐铉等的后梁不入正统的观点：“自唐室下衰，土德陵圮，朱梁氏强称金统，而庄宗旋复旧邦，则朱梁氏不入正统明矣。”但他同时也不认可后晋为正统继后唐为金德的看法，因为当时还有“李昪建国于江南”，而后晋、后汉、后周三朝七主，仅存在了二十四年，“行运之间，阴隐而难赜”。③《册府元龟》编纂者赞同徐铉等的官方主张，认为“朱梁建国，如秦之暴，虽宅中夏，不当正位。同光缵服，再承绝绪。晋承唐后，是为金德。汉氏承晋，实当水行。周祖即位之初，有司定为木德。”最后总结称北宋“以炎灵受命，赤精应谶，乘火德而王，混一区夏，宅土中而临万国，得天统之正序矣。”④ 谢绛持张君房观点反对徐铉等的官方主张，承认后梁不入正统，后唐庄宗为中兴唐室，但却不认可后三代为正统，因为后唐亡后，尚有“李昪建国于江左而唐祚未绝”，因而“是三代者亦不得正其统矣”，此在史上也有先例的，如秦朝就是因为国祚短促、统治残暴而不入正统，“考诸五代之际，亦是类矣。”因此“国家诚能下黜五代，绍唐之土德，以继圣祖，亦犹汉之黜秦，兴周之火德以继尧者也。夫五行定位，土德居中，国家飞运于宋，作京于汴，诚万国之中区矣。”朝廷为此予以合议，认为谢绛所述“以圣祖得瑞，宜承土德，且引汉承尧绪为火德之比，虽班彪叙汉祖之兴有五，其一曰帝尧之苗裔，及序承正统，乃越秦而继周，非用尧之行。今国家或用土德，

① 释赞宁撰，范祥雍点校：《宋高僧传》卷二十一《唐唐凤翔府宁师传》，中华书局 1987 年版，第 556 页。

② 释赞宁：《大宋僧史略》卷中《沙门都统》，《续修四库全书》第 1286 册，第 677 页。

③ 脱脱等：《宋史》卷七十《律历志》，第 1597—1598 页。

④ 王钦若等编纂，周勋初等校订：《册府元龟》（校订本）（一）卷一《帝王部·总序》，第 2 页。

即当越唐上承于隋，弥以非顺，失其五德传袭之序。"①

（二）以符瑞论正统

赵垂庆以符瑞证其金德之说，声称："禅代以来，符瑞狎至，羽毛之类多色白者，皆金德之应"。徐铉等以天下太平驳之，指出自从"国初便祀火帝为感生，于今二十五年，圆邱展礼，已经六祭。年谷丰登，干戈偃戢。必若圣统未合天心，焉有太平得如今日？岂可辄因献议，便从改易。"②张君房则举出大量符瑞以证金德之说，首先，宋太祖是在庚申年禅周，"夫庚者，金也，申亦金位，纳音是木，盖周氏称木，为二金所胜之象也。"其次，宋太宗登极之后，"诏开金明池于金方之上，此谁启之？乃天之灵符也。"最后，真宗"履极当强圉之岁，握符在作噩之春，适宋道之隆兴，得金天之正气。臣试以瑞应言之，则当年丹徒贡白鹿，姑苏进白龟，条支之雀来，颍川之雉至；臣又闻当封禅之时，鲁郊贡白兔，郓上得金龟，皆金符之至验也。"谢绛以符瑞证其土德之说："《传》曰：'土为群物主，故曰后土。'《洪范》曰：'土爰稼穑，稼穑作甘。'方今四海给足，嘉生蕃衍，迩年京师甘露下，泰山醴泉涌，作甘之兆，斯亦见矣。矧灵木异卉，资生于土，千品万类，不可胜道，非土德之验乎？臣又闻之，太祖生于洛邑，而胞络惟黄；鸿图既建，五纬聚于奎娄，而镇星是主。及陛下升中之次，日抱黄珥；朝祀于太清宫，有星曰含誉，其色黄而润泽。斯皆凝命有表，盛德攸属，天意人事响效之大者，则土德之符在矣。"董行父以符瑞证其金德之说，认为"圣祖先降于癸酉，太祖受禅于庚申，陛下即位于丁酉，天书下降于戊申。庚，金也，申、酉皆金也，天之体也。"③

（三）正统可否越代传承

赵垂庆主张宋朝"当越五代上承唐统为金德"。徐铉等不赞成此说，因为

① 脱脱等：《宋史》卷七十《律历志》，第1598—1600页。
② 徐松：《宋会要辑稿》第五十三册《运历一》"运历一之一"，第2128页。参见脱脱等：《宋史》卷七十《律历志》，第1597页。
③ 脱脱等：《宋史》卷七十《律历志》，第1598—1600页。

"五代运迁，皆亲承授，质文相次，间不容发，岂可越数姓之上，继百年之运"。如唐代曾有人主张远继汉统，最终被否决："按《唐书》，天宝九载崔昌献议曰：'魏、晋至周、隋，皆不得为正统。'欲唐远继汉统，立周、汉子孙为王者后，备三恪之礼。是时，朝议是非相半，集贤学士卫包扶同李林甫，遂行其事，林甫卒后，复以魏、周、隋后为三恪，崔昌、卫包并皆远贬，此又前载甚明"。议定的结果是仍按旧制。①

董行父以三统、五运说推演北宋上继唐朝的理论，认为"黄帝兼三材而统天下，天统得而天下治。"尧、舜、周亦皆为天统，"汉继周为人统，唐续汉为地统，斯三统相传之道也。"同时根据五行相生的理论，"汉为火德，火以生土，唐为土德。"进而指出"五行因三微成著，五运与三统兼行。"认为宋真宗"绍天统，受天命，心与天通，道与天广，固当应天明统，绍唐正德，显黄帝之嫡绪，彰圣益之丕烈。……陛下绍唐、汉之运，继黄帝之后，三世变通，应天之统，正金之德，斯又顺也。"② 朝廷合议认为"董行父请越五代绍唐为金德，若其度越累世，上承百代之统，则晋、汉洎周，咸帝中夏，太祖实受终于周室而陟于元后，岂可弗遵传纪之序，续于遐邈之统？三圣临御六十余载，登封告成，昭姓纪号，率循火行之运，以辉炎灵之曜。兹事体大，非容轻议，矧雍熙中徐铉等议之详矣。"③

就北宋前期围绕北宋德运问题展开的论争看，虽然各方皆言之凿凿，但都难成定论。如就五代的正统问题而言，普遍认为后梁不得入正统，后唐当为正统。至于其他政权，有认为南唐为正统者，有认为后晋、后汉、后周为正统者，观点并不一致，但观其论述，不过是仁者见仁、智者见智而已。就符瑞问题而言，都认为其体现着皇朝的德运，但在具体论述中所用例证却五花八门，人言言殊。就正统是否可以越代传承问题而言，官方坚持朝代之间亲相承受的观点，但学者普遍认可汉越秦而继周的观点也是事实。

---

① 徐松：《宋会要辑稿》第五十三册《运历一》"运历一之一"，第 2128 页。
② 徐松：《宋会要辑稿》第五十三册《运历一》"运历一之二、三"，第 2128—2129 页。
③ 脱脱等：《宋史》卷七十《律历志》，第 1600 页。

显然到了宋代，天人之间的关系已变得相当尴尬。天命已无法用来印证新兴皇朝的合法性与合理性。因而重新调整天人之间的关系，已成为思想家们所必须解决的重要课题。

第三节　统治危机的化解与滋生

宋立国后，经过多方努力，许多困扰前朝的问题大都得到妥善解决，如自中唐以来百多年间困扰朝廷的方镇跋扈问题就得到彻底解决。宋太宗曾在与近臣论及对将帅的统驭时指出："前代武臣，难为防制，苟欲移徙，必先发兵备御，然后降诏。若恩泽姑息，稍似未徧，则四方藩镇，如群犬交吠。周世宗时，安审琦自襄阳来朝，喜不自胜，亲幸其第。今且无此事也。"① 苏洵（1009—1066）也说："虽其地在万里外，方数千里，拥兵百万，而天子一呼于殿陛间，三尺竖子驰传捧诏，召而归之京师，则解印趋走，惟恐不及。"② 然而尽管宋代君臣已解决了许多前代遗留问题，但与此同时，新的问题又接踵而至，并逐渐发展成为新的统治危机。

一、　社会局势动荡不安

由于阶级压迫沉重，故北宋自立国起即民变、兵变不断，发展到庆历年间（1041—1048），更是盗贼纵横，天下骚动不已。

庆历三年（1043）五月，沂州军卒王伦（？—1043）等反叛，他们"杀却忠佐朱进，打劫沂、密、海、杨、泗、楚等州，邀呼官吏，公取器甲，横行淮海，如履无人。"③ 后虽很快败亡，"然而驱杀军民，焚烧城市，疮痍涂

---

① 李焘：《续资治通鉴长编》卷三十二"淳化二年正月"条，第710页。
② 苏洵著，曾枣庄、金成礼笺注：《嘉祐集笺注》卷一《审势》，上海古籍出版社1993年版，第3页。
③ 欧阳修撰，李逸安点校：《欧阳修全集》卷九十八《论沂州军贼王伦事宜札子》，第1508页。

炭，毒遍生灵。"① 造成的后果非常严重。八月，陕西张海（？—1043）、郭
貌山等反叛，群行剽劫，"惊扰州县，杀伤吏民，恣凶残之威，泄愤怒之气，
巡检、县尉不敢向前。遂从京师遣兵，仍令中使监督。尚犹迁延日月，倔强
山林，以至白昼公行，平入州县，开发府库，劫取货财，散募凶徒，啸聚渐
众。陕西、西京、唐、汝、均、房、金、商、襄、邓，相去凡千余里，大被
劫掠，杀人放火，所在疮痍。贼一经过，六亲不能相保，人民恐惧，道路艰
难。"② 其给社会造成的危害"更甚王伦"③。

当王伦、张海等横行之时，许多地方也盗贼纵横，如富弼指出："如襄、
邓、唐、汝、光、随、均、房、金、商、安、郢等十余州，尽是盗贼见今往
来之处"④。余靖称："陕西、京西、京东、淮南、荆湖等路，各有群贼，大
者数百人，小者三五十人，剽劫州县，恣行杀伐，官吏罢软，望风畏惧。如
张海等辈，日肆猖狂，逐处州军为备者，唯能乞师以自防援。"⑤ 欧阳修称：
"京东、淮南、江南、陕西、京西五六路，二三十州军，数千里内杀人放火，
肆意横行，入州入县，如入无人之境。"又说："今盗贼一年多如一年，一火
强如一火"。⑥ 王伦之乱虽平定，但乱局并未结束："今建昌军一火四百人，
桂阳监一火七十人，草贼一火百人，其余池州、解州、邓州、南京等处，各
有强贼不少，皆建旗鸣鼓，白日入城。官吏逢迎，饮食宴乐。"⑦

庆历五年（1045），富弼称自己察访京东一路，发现"甚有凶险之徒，始
初读书，即欲应举，洎至长立，所学不成，虽然稍能文词，又多不近举业，
仕进无路，心常怏怏。读史传，粗知兴亡，以至讨寻兵书，习学武艺。因兹

---

①　欧阳修撰，李逸安点校：《欧阳修全集》卷一百《论京西贼事札子》，第1537页。
②　富弼：《上仁宗乞选任转运守令以除盗贼》，赵汝愚编，北京大学中国中古史研究中心校点整
理：《宋朝诸臣奏议》卷一百四十四，上海古籍出版社1999年版，第1629页。
③　欧阳修撰，李逸安点校：《欧阳修全集》卷一百《论京西贼事札子》，第1537页。
④　富弼：《上仁宗乞选任转运守令以除盗贼》，赵汝愚编，北京大学中国中古史研究中心校点整
理：《宋朝诸臣奏议》卷一百四十四，第1629页。
⑤　余靖：《上仁宗论御盗之策莫先安民》，赵汝愚编，北京大学中国中古史研究中心校点整理：
《宋朝诸臣奏议》卷一百四十四，第1634页。
⑥　欧阳修撰，李逸安点校：《欧阳修全集》卷一百《再论置兵御贼札子》，第1538—1539页。
⑦　欧阳修撰，李逸安点校：《欧阳修全集》卷一百《论盗贼事宜札子》，第1540页。

张大胸胆，遂生权谋，每遇灾祥，便有切议。自以所图甚大，蔑视州县，既不应举，又不别营进身。所临之官，无由肯见，往往晦名诡姓，潜迹遁形。唯是凶徒密相结扇，或遇饥岁，必有切发。臣恐此辈一作，卒难剪除，纵无成谋，亦能始祸。似此辈类，的实甚多，散在民间，但未发耳。"① 当年十一月，三班借职宋康济"亲捕齐州贼十三人"②。

庆历七年（1047）十一月，"贝州宣毅卒王则据城反。"八年闰正月，"贝州平"。③

当时少数民族地区也不断发生反叛之事。如庆历三年（1043）九月，"桂阳监蛮猺内寇"④。发展到庆历四年，已成大乱之势，如"常宁一县，殆无平民，大小之盗，一二百火。"⑤ 后直到庆历七年（1047）十一月方才平定。庆历四年正月，广西环州蛮区希范"率众五百破环州，劫州印，焚其积聚，以环州为武成军；又破带溪寨，下镇宁州及普义寨，有众一千五百。"⑥ 庆历五年三月叛乱方被平息。

而尤其骇人听闻的是有官员试图发动宫廷叛乱。庆历八年闰正月辛酉"是夕，崇政殿亲从官颜秀、郭逵、王胜、孙利等四人谋为变，杀军校，劫兵仗，登延和殿屋，入至禁中，焚宫帘，斫伤内人臂。其三人为宿卫兵所诛，王胜走匿宫城北楼，经日乃得，而捕者即支分之，卒不知其所谋。"⑦

庆历之际的乱局，令统治者忧心不已。如富弼认为若不对盗贼问题予以有效应对，任由其发展，天下必将大乱："秦末、隋末、唐末皆由此而乱。"

---

① 富弼：《上仁宗乞采访京东狂谋之士》，赵汝愚编，北京大学中国中古史研究中心校点整理：《宋朝诸臣奏议》卷一百四十四，第 1634 页。

② 李焘：《续资治通鉴长编》卷一百五十七"庆历五年十一月丁未"，第 3809 页。

③ 脱脱等《宋史》卷十一《仁宗三》，第 224 页。

④ 李焘：《续资治通鉴长编》卷一百四十三"庆历三年九月乙丑"，第 3430 页。

⑤ 欧阳修撰，李逸安点校：《欧阳修全集》卷一百五《再论湖南蛮贼宜早招降札子》，中华书局 2001 年版，第 1599 页。

⑥ 李焘：《续资治通鉴长编》卷一百四十六"庆历四年二月壬寅"，第 3541 页。

⑦ 李焘：《续资治通鉴长编》卷一百六十二"庆历八年正月辛酉"，第 3908—3909 页。

并称自己为此"夙夜思念，实为寒心。"① 余靖也认为，若不能妥善解决导致百姓贫困为盗的问题，"则黄巾、赤眉之患可忧矣！"②

二、 财政状况持续恶化

宋初官员数量只有数千人，由于统治者推行文治，士人入仕是科举、恩荫、胥吏出职、纳粟输缗等数途并举，因此官员数量膨胀得非常快。仁宗时包拯（999—1062）称："景德、祥符中，文武官总九千七百八十五员。今内外官属总一万七千三百余员，其未受差遣京官、使臣及守选人不在数内，较之先朝，才四十余年，已逾一倍多矣。"论及吏员，"今天下州、郡三百二十，县一千二百五十，而一州一县所任之职，素有定额，大率用吏不过五六千员，则有余矣。今乃三倍其多，而又三岁一开贡举，每放榜仅千人，复又台寺之小吏、府监之杂工，荫序之官、进纳之辈，总而计之，又不止于三倍。是食禄者日增，力田者日耗，则国计民力，安得不窘乏哉？"③ 此外还有大量有空衔候实缺者，如宝元元年（1038）宋祁（998—1061）上疏称当时的情况是"一位未缺，十人竞逐。纡朱满路，袭紫成林。州县之地不广于前，而陛下官五倍于旧。"④ 庆历八年（1048），张方平称："景祐中京朝官不及二千员，今二千八百员。臣判流内铨，取责在铨选人，毕竟不知数目，大约三员守一阙，略计万余人。十年之间，所增官数如此"⑤。在官员数量大增的同时，军队数量也呈现恶性膨胀状况。开宝时期总兵力37.8万，至道时期总兵力66.6万，天禧时期总兵力91.2万，庆历时期总兵力125.9万。军费开支也由太祖时的

---

① 富弼：《上仁宗乞诸道置兵以备寇盗》，赵汝愚编，北京大学中国中古史研究中心校点整理：《宋朝诸臣奏议》卷一百四十四，第1633页。

② 余靖：《上仁宗论御盗之策莫先安民》，赵汝愚编，北京大学中国中古史研究中心校点整理：《宋朝诸臣奏议》卷一百四十四，第1634页。

③ 李焘：《续资治通鉴长编》卷一百六十七"皇祐元年十二月戊子"条，第4026—4027页。

④ 宋祁：《景文集》卷二十六《上三冗三费疏》，第336页。

⑤ 李焘：《续资治通鉴长编》卷一百六十三"庆历八年二月甲寅"条，第3924页。

513.1 万贯增加到 3257.4 万贯。① 军队数量的增加给国家开支带来沉重的负担。蔡襄曾说："臣约一岁总计，天下之入不过缗钱六千余万，而养兵之费约及五千。是天下六分之物，五分养兵，一分给郊庙之奉，国家之费，国何得不穷？民何得不困？"②

为了支付"耗于上"的冗兵和"耗于下"的冗吏巨额的官俸和军饷，再加上皇室的挥霍，使北宋财政承受着沉重的负担。因此还是在立国之初，北宋统治者便几乎全盘继承了五代时期的苛捐杂税："国家承五季之弊，祖宗创业之初，日不暇给，未及大为经制，故其所以取于民者，比之前代已为过厚"③。而此后为了解决更加庞大的财政开支，统治者对百姓更是加紧压榨，如景德中，天下财赋等岁入四千七百二十万七千匹贯硕两，在京岁入一千八百三十九万二千匹贯硕两。庆历八年（1048），天下财赋等岁入一万三百五十九万六千四百匹贯硕两，在京岁入一千八百五十九万六千五百匹贯硕两。对此包拯指出："天下税籍，有常数矣，今则岁入倍多者，何也？盖祖宗之世，所输之税，只纳本色，自后用度日广，沿纳并从折变，重率暴敛，日甚一日，何穷之有！天下田土财用，比之曩时，虚耗渐以不逮，岂于今而能倍之乎？非天降地出，但诛求于民无纪极尔。"④ 蔡襄称国家为应对西夏战事，"于是不时之敛作焉，无名之赋兴焉，言利之臣出焉，缘奸之利起焉。"并举例称"只如陕西榷盐，江南议铁，增添酒课，采取铜苗，移东就西，指无为有。"⑤程颐（1033—1107）称："今国家财用，常多不足，不足则责于三司，三司责诸路转运。转运何所出？诛剥于民尔。或四方有事，则多非时配卒，毒害尤

---

①　马玉臣、杨高凡：《"易进难退"的兵制与北宋前期之冗兵》，《烟台大学学报》2003 年第 2 期。

②　蔡襄撰，陈庆元、欧明俊、陈贻庭校注：《蔡襄全集》卷十八《强兵》，第 430 页。

③　朱熹撰，朱杰人、严佐之、刘永翔等主编：《晦庵先生朱文公文集》卷十二《己酉拟上封事》，《朱子全书》（20），第 625—626 页。

④　李焘：《续资治通鉴长编》卷一百六十七"皇祐元年十二月戊子"条，第 4027 页。

⑤　蔡襄撰，陈庆元、欧明俊、陈贻庭校注：《蔡襄全集》卷二十二《论财用札子》，第 493 页。

深。"① 朱熹曾对宋代的赋税政策做过总体评价："古者刻剥之法本朝皆备"②。赵翼也说宋朝统治者是"恩逮于百官者惟恐其不足,财取于万民者不留其有余。"③

　　蔡襄曾论及庆历年间赋敛情况称："配取相仍,蠹伤滋甚。供军之物,制作多门;任土之求,有无不一。金谷之职,转迁靡常;管库之司,给纳是利。前符未至,后条已行,郡县承风,急于星火。虐者先期集事,曲施酷毒之威;贪者与吏通谋,力恣诛求之害。以欺罔穷愚为智,有作者苟得而必行;以攘夺豪富为公,当权者避嫌而不主。破家流离之苦,十室九空;呼天苦诉之词,万人一口。"④ 当时京畿及陕西等军政要地的百姓所受负担尤其沉重。京畿因为军政中心,不免重征百姓。张方平称："今所谓租税之法,更徭之制,而王畿最重,品色尤烦。力耕时获,无水旱虫螟之害,田赋适办,铢收毫聚,累以岁月。生业甫立,驱就一役,随复破散,故甸内之民,鲜有盈室者。"⑤ 西北三路因宋夏关系紧张而驻重兵以守,也给当地人民造成极大危害。欧阳修称宋夏战争期间四五十万士卒驻守陕西,"坐而仰食,然关西之地物不加多,关东所有莫能运致",所以这实际上是"四五十万之人,惟取足于西人而已"。⑥

　　虽然为解决财政问题统治者无所不用其极,然而宋代的财政问题在太宗末年和真宗初年就已开始显现出来。如至道三年(997)王禹偁奏疏中称宋在统一南方及北汉等诸割据政权后,"土地财赋可谓广矣",然而却出现了"国用转急"的现象。⑦ 因此宋代统治传至真宗,"食货之议,日盛一日。"⑧ 这种窘境发展到仁宗时更甚。仁宗宝元(1038—1042)年间,宋祁曾称："今左藏

---

① 程颐:《河南程氏文集》卷五《上仁宗皇帝书》,《二程集》,中华书局1981年版,第511页。
② 朱熹撰,朱杰人、严佐之、刘永翔主编:《朱子语类》卷一百十《论兵》,《朱子全书》(18),第3550页。
③ 赵翼著,王树民校证:《廿二史札记校证》卷二十五"宋制禄之厚"条,第534页。
④ 蔡襄撰,陈庆元、欧明俊、陈贻庭校注:《蔡襄全集》卷二十二《论财用札子》,第493页。
⑤ 张方平:《乐全集》卷十四《畿赋》,第117页。
⑥ 欧阳修撰,李逸安点校:《欧阳修全集》卷四十五《通进司上书》,第639页。
⑦ 李焘:《续资治通鉴长编》卷四十二"至道三年十二月甲寅"条,第897页。
⑧ 脱脱等:《宋史》卷一百七十三《食货志·食货上一》,第4156页。

无积年之镪，太仓乏三岁之储。"① 张方平称自庆历二年（1042）到庆历五年（1045），由于三司"经用不赡"，朝廷不得不拿出所积贮之钱物来贴补："每年常将内藏银绢近三百万缗，供助三司经费，仍复调发诸路钱物应副，方始得足。"②

三、 军事力量屡弱不堪

宋代军事力量自立国起，即呈膨胀之势："开宝之籍总三十七万八千，而禁军马步十九万三千；至道之籍总六十六万六千，而禁军马步三十五万八千；天禧之籍总九十一万二千，而禁军马步四十三万二千；庆历之籍总一百二十五万九千，而禁军马步八十二万六千。"③ 但始终未能真正解决辽、西夏等政权的军事威胁。

太平兴国四年（979），太宗灭北汉后，欲乘胜收复燕云，遂于六月中旬挥师北上，六月下旬进抵幽州，却屡攻不下，继而在高梁河被辽军大败："宋主仅以身免，至涿州，窃乘驴车遁去。"④ 是役后，辽军不断南侵。宋军疲于应付。雍熙三年（986）正月，太宗以辽幼主当国，太后柄政，认为有机可乘，遂兵分三路向辽发起进攻：曹彬（931—999）出雄州，田重进出飞狐，潘美（925—991）、杨业（？—986）出雁门。总兵力三十万，但未设主帅，由太宗本人居后方节制。潘美下寰、朔、云、应等州，田重进下飞狐，进克灵邱、蔚州等山后要地，曹彬的东路军深入涿州时，与辽主力相遇，因粮运不继，五月，"大败于歧沟关"。中西两路被迫后撤，为辽军追击，损失惨重，西路军名将杨业与辽军相遇，"苦战力尽，为所禽，守节而死。"⑤ 史称此役雍熙北征，嗣后宋人再不敢北向。

而辽却趁机掌握了主动权，转守为攻，雍熙三年（986）、端拱元年

---

① 宋祁：《景文集》卷二十六《上三冗三费疏》，第335页。
② 李焘：《续资治通鉴长编》卷一百六十一"庆历七年十二月庚午"条，第3895—3896页。
③ 《宋史》卷一百八十七《禁军上》，第4576页。
④ 脱脱等：《辽史》卷九《景宗纪》，中华书局1974年版，第102页。
⑤ 脱脱等：《宋史》卷五《太宗纪二》，第78页。

（988）、端拱二年、至道元年（995）、咸平二年（999）、咸平四年、咸平六年多次攻宋。景德元年（1004）闰九月，辽圣宗及萧太后率二十万大军攻宋，直趋澶州，威胁东京，丞相寇准力请宋真宗亲征，十一月真宗亲征澶州，以示督战。取得小胜之后，即与辽签订和议，宋每年送给辽"绢二十万匹，银一十万两。"① 双方各守疆界，互不侵犯，是为"澶渊之盟"。对此当时就有大臣指出此属"城下之盟"，是宋的耻辱："城下之盟，虽春秋时小国犹耻之，今以万乘之贵而为澶渊之举，是盟于城下也，其何耻如之！"真宗"愀然不能答。"②

　　北部局势暂时稳定后，西北地区的党项族又给宋造成了极大的威胁。宝元元年（1038），原来臣属于宋的党项首领元昊（1003—1048）正式称帝，号大夏。由此引发历时七年的宋夏战争，宋朝"师惟不出，出则丧败，寇惟不来，来必得志。"③ 连续在三川口、好水川、定川大败于西夏，锐气大挫。只好于庆历四年（1044）与夏议和，夏如约对宋"称臣，奉正朔"。宋册封元昊为夏国主，承认其现有领土，并"岁赐银、绮、绢、茶二十五万五千"。然而"元昊帝其国中自若也"。④

　　而当宋军力被西夏牵制在西北之际，辽国君臣又趁火打劫，庆历二年（1042）三月辽遣大臣萧英、刘六符来为辽兴宗致书宋仁宗，要求宋归还周世宗北征时夺回的关南地："先是，西兵久不决，六符以中国为怯且厌兵，因教其主聚兵幽、涿，声言欲入寇。而六符及英先以书来求关南十县。"⑤

　　面对辽的威胁与无理索要，宋人深感手足无措，欧阳修所谓："当今所最阙者，不过曰无兵也，无将也，无财用也，无御敌之策也，无可任之臣也。"⑥ 在辽的威胁之下，经过双方反复斗争，当年九月，双方在澶渊之盟的基础上，再定盟约。辽放弃对关南十县的要求，宋则"别纳金帛之仪，

---

① 庄绰：《鸡肋编》卷中，中华书局1983年版，第45页。
② 李焘：《续资治通鉴长编》卷六十二"景德二年二月"，第1389页。
③ 李焘：《续资治通鉴长编》卷一百三十三"庆历元年八月乙巳"，第3170页。
④ 脱脱等：《宋史》卷四百八十五《夏国上》，第13999页。
⑤ 《续资治通鉴长编》卷一百三十五"庆历二年三月己巳"，第3230页。
⑥ 《续资治通鉴长编》卷一百三十六"庆历二年五月甲寅"，第3251页。

用代赋税之物，每年增绢一十万匹，银一十万两。"并迫使宋朝在誓书中用"纳"字，以示辽之强。① 富弼为之哀叹："今则西戎已叛，屡丧边兵，北虏愈强，且增岁币。"② 关南地之争，辽兵不血刃坐获二十万之利，对宋而言，既是莫大的耻辱，更是再一次将严峻的国家安全问题摆在了北宋君臣的面前。

后叶适论及这段历史时指出："天下之弱势，历数古人之为国，无甚于本朝者。真宗之末，仁宗之初，契丹守和约者三十八年，赵德明亦三十年，文恬武嬉，舞蹈太平，不见其为弱也。及元昊始叛，章得象之徒，毅然愤其小丑，欲剪灭之，立论必于不赦。既而屡出屡败，潼关以西，人无固志，而契丹遂聚兵境上以邀索周世宗故地，使富弼重为解之，然后乃已。于是形势大屈，而天下皆悟其为弱证矣。"③

从以上分析可以看出，北宋立国之后，虽然实现了稳定，但天下并未因此太平，而是在大体安定的局面下问题丛生，这些问题既有文化层面上的，亦有政治层面上的；既有内部的，亦有外部的；既有需要长期关注的，亦有要求尽速解决的。所有这些都要求思想界予以妥善应对。

---

① 《续资治通鉴长编》卷一百三十七"庆历二年九月乙丑"，第3294页。

② 富弼：《上仁宗乞选任转运守令以除盗贼》，赵汝愚编，北京大学中国中古史研究中心校点整理：《宋朝诸臣奏议》卷一百四十四，第1630页。

③ 叶适撰，刘公纯、王孝鱼、李哲夫点校：《水心别集》卷十四《纪纲三》，《叶适集》，中华书局1961年版，第814—815页。

第三章　学术变革诸要素的培育

北宋建立后，在各种新旧矛盾随着时代的发展日渐累积的同时，由于其采取了一系列的重文措施，因而使士风逐渐发生了重大变化。士大夫由五代宋初的不关心国事转变为心忧天下，国家此期对经学与史学的研究采取一种有限开放姿态，同时此期学术研究活动已步入正规，由此学术变革的条件也在不知不觉间悄然形成。

第一节　北宋前期的重文之策及士风之变

唐末五代，由于武人当国，文人颇受排斥，因此五代时期士大夫对参与国事的兴趣甚低。及至宋初，这种颓废的士风仍没有发生大的改变。然而此后由于北宋统治者强力推行重文政策，一批胸怀修身、齐家、治国、平天下的远大人生抱负、充满社会责任感的士子在真、仁之际开始成长起来，士风因而大变。

一、　五代士大夫对国事的冷淡

唐末五代，武人当国，文人颇受轻视和排斥。刘敞（1019—1068）所谓：

"五代之乱，儒术废绝。"① 如朱全忠称："书生辈好顺口玩人"②。后唐明宗时，秦王李从荣还因为重用文人，而招致大祸。当时李从荣因喜与文士高辇等交往而招致大将康知训等人的不满："时干戈之后，武夫用事，睹从荣所为，皆不悦。"康知训等于是密谋说："秦王好文，交游者多词客，此子若一旦南面，则我等转死沟壑，不如早图之。"结果李从荣"未几及祸，高辇弃市"。③ 后汉太祖刘知远及后汉权臣史弘肇、王章、杨邠等都非常轻视文臣。如刘知远称："朝廷大事不可谋及书生，懦怯误人。"④ 史弘肇称："安朝廷，定祸乱，直须长枪大剑，至如毛锥子，焉足用哉！"⑤ 杨邠称："为国家者，但得帑藏丰盈，甲兵强盛，至于文章礼乐，并是虚事，何足介意也。"⑥ 王章称："此等若与一把算子，未知颠倒，何益于事！"⑦

当国者不仅轻视文人，而且还对他们横加诛戮。如朱全忠出去游玩时，随口戏称柳木宜为车毂，有数名游客听了顺口附和，他便大骂道："书生辈好顺口玩人，皆此类也！车毂须用夹榆，柳木岂可为之！"遂命属下将附和者全部杀死。⑧ 立国后，仅因左散骑常侍孙隲、右谏议大夫张衍、兵部侍郎张儁等朝见他时"累刻方至"，让他等得不耐烦，即命将此诸人"格杀于前墀"。⑨ 后唐时宁江军节度使西方邺"所为多不中法度，判官谭善达数以谏邺，邺怒，遣人告善达受人金，下狱。善达素刚，辞益不逊，遂死于狱中。"⑩ 后唐安州节度使高行珪性贪鄙，副使范延策谏之，高行珪遂诬奏范延策阴谋作乱，结果范延策"父子俱戮于汴"⑪。后晋平卢军节度使房知温在任上"多纵左右排

---

① 刘敞：《公是集》卷三十六《王沂公祠堂记》，《丛书集成初编》本，第 430 页。
② 司马光：《资治通鉴》卷二百六十五"天祐二年六月戊子"条，第 8644 页。
③ 薛居正：《旧五代史》卷五十一《唐书·李从荣传》，第 695 页。
④ 司马光：《资治通鉴》卷二百八十九"乾祐三年十一月甲子"条，第 9431 页。
⑤ 薛居正：《旧五代史》卷一百七《汉书·史弘肇传》，第 1406 页。
⑥ 薛居正：《旧五代史》卷一百七《汉书·杨邠传》，第 1408 页。
⑦ 薛居正：《旧五代史》卷一百七《汉书·王章传》，第 1410 页。
⑧ 司马光：《资治通鉴》卷二百六十五"天祐二年六月戊子"条，第 8644 页。
⑨ 薛居正：《旧五代史》卷二十四《梁书·孙隲传》，第 324 页。
⑩ 薛居正：《旧五代史》卷六十一《唐书·西方邺传》，第 824 页。
⑪ 薛居正：《旧五代史》卷六十五《唐书·高行珪传》，第 867 页。

辱宾僚"①。后汉相州节度使王继弘因为判官张易每见其行不法事"必切言之",遂"因事诬奏杀之,寻又害观察推官张制。"② 后晋彰义节度使张彦泽为政苛暴,其掌书记张式屡加劝谏,使张彦泽恼羞成怒,抓到张式后,"剖心、决口、断手足而斩之。"③ 对于文人在五代的遭遇,赵翼在进行系统的考察后,感慨地说:"士之生于是时者,絷手绊足,动触罗网,不知何以全生也。"④

由于无法施展自己的才能,心灰意冷之下,许多士人或在五代政权中苟且偷生,所谓:"儒官高贵尽偷安"⑤。如后唐宰相马胤孙以"三不开",亦即以"不开口以论议,不开印以行事,不开门以延士大夫"知名于世⑥。后晋高祖石敬瑭准备起事前曾征求河东观察判官薛融的意见,薛融答称:"融本儒生,只曾读三五卷书,至丁军旅之事,进退存亡之机,末之学也。"⑦ 石敬瑭称帝后,曾以用兵事问宰相冯道,冯道称:"陛下历试诸艰,创成大业,神武睿略,为天下所知,讨伐不庭,须从独断。臣本自书生,为陛下在中书,守历代成规,不敢有一毫之失也。臣在明宗朝,曾以戎事问臣,臣亦以斯言答之。"⑧ 后汉隐帝时窦贞固为相,当时杨邠、史弘肇、王章等权臣"树党恣横,专权凌上",窦贞固"但端庄自持,不能规救",坐视事态日渐恶化。⑨

或隐居不仕。当时士大夫间有"贵不如贱,富不如贫,智不如愚,仕不如闲"之语⑩。后唐明宗时的大理少卿康澄曾经把"贤士藏匿"为"时病"之一⑪。薛居正等也认为当时贤士多避匿不出,所谓:"时中原多难,文章之

---

① 薛居正:《旧五代史》卷九十一《晋书·房知温传》,第 1196 页。

② 薛居正:《旧五代史》卷一百二十五《周书·王继弘传》,第 1643 页。

③ 欧阳修:《新五代史》卷五十二《张彦泽传》,第 598 页。

④ 赵翼著,王树民校证:《廿二史札记校证》卷二十二"五代幕僚之祸"条,第 476 页。

⑤ 陶岳:《五代史补》卷三《冯道修夫子庙》,《文渊阁四库全书》第 407 册,第 662 页。

⑥ 欧阳修:《新五代史》卷五十五《马胤孙传》,第 629 页。

⑦ 薛居正:《旧五代史》卷九十三《晋书·薛融传》,第 1233 页。

⑧ 薛居正:《旧五代史》卷一百二十六《周书·冯道传》,第 1659 页。

⑨ 脱脱等:《宋史》卷二百六十二《窦贞固传》,第 9059 页。

⑩ 赵令畤撰,孔凡礼点校:《侯鲭录》卷八"唐末五季士大夫言暴政"条,中华书局 2002 年版,第 195 页。

⑪ 欧阳修:《新五代史》卷六《唐明宗本纪》,第 66—67 页。

士，缩影窜迹不自显。"① 如尹玉羽曾在后唐任光禄少卿，但很快又"退归秦中，以林泉诗酒自乐，自号自然先生。宰臣张延朗手书而召，高卧不从。"② 名士陈抟，身负经世之才，然"厌五代之乱，入武当山，学神仙导养之术"，后又隐于华山，屡召不起。③ 晁公武在讲到禅学五宗的兴盛时也称："尝考其世，皆出唐末五代兵戈极乱之际。意者乱世聪明贤豪之士无所施其能，故愤世嫉邪，长往不返，而其名言至行，譬犹联珠叠璧，虽山渊之高深，终不能掩覆其光彩，而必辉润于外也。"④

或避乱南迁。脱脱等所谓："唐末五代乱，衣冠旧族多离去乡里"⑤。如吴国在徐知诰主政时，特设延宾亭以待避乱而来之士人，延至南唐，统治者也很重视招揽四方才俊，于是"四方豪杰与京都士族往往避地江湖，李氏能招携安辑之故。当时人物之盛，不减唐日。"⑥ 王审知在闽地称帝后，也有相当多的中原人士投奔，脱脱等谓："梁时强藩多僭位称帝，太祖据有全闽，……中州名士避地来闽，若韩偓、李洵数十辈"⑦。南汉也有很多北来士人，史称南汉主刘岩为了加强自己的统治，"多延中国士人置于幕府，出为刺史，刺史无武人。"⑧

二、宋初重文之策

宋初世风与五代相比并无多大差异，当时许多士人对这个新政权相当冷漠，将之视为后梁以来的第六个政权，而抱着不合作的态度，如陈抟（？—989）、种放、魏野（961—1020）、林逋（968—1028）辈，皆一代高士而隐居

---

① 薛居正：《旧五代史》卷二十四《梁书·孙隲传》，第 324 页。
② 薛居正：《旧五代史》卷九十三《晋书·尹玉羽传》，第 1236 页。
③ 魏泰撰，李裕民点校：《东轩笔录》卷一，中华书局 1983 年版，第 2 页。
④ 马端临：《文献通考》卷二百二十七《经籍考·经籍五十四》，第 1821 页。
⑤ 脱脱等：《宋史》卷二百六十二《刘烨传》，第 9075 页。
⑥ 苏颂著，王同策等点校：《苏魏公文集》卷五十五《李常墓志铭》，中华书局 1988 年版，第 841 页。
⑦ 吴任臣撰，徐敏霞、周莹点校：《十国春秋》卷九十五《黄滔列传》，中华书局 1983 年版，第 1373 页。
⑧ 司马光：《资治通鉴》卷二百六十八"乾化元年五月甲辰"条，第 8742 页。

不仕。又据苏辙讲："苏氏自唐始家于眉，阅五季皆不出仕。盖非独苏氏也，凡眉之士大夫，修身于家，为政于乡，皆莫肯仕者。天禧中，孙君堪始以进士举，未显而亡，士犹安其故，莫利进取。"① 而进入新政权的人多或追逐名利之徒名明哲保身，鲜有忠诚可言。窦仪（914—967）"开宝中为翰林学士，时赵普专政，帝患之，欲闻其过。一日，召仪语及普所为多不法，且誉仪早负才望之意。仪盛言普开国勋臣，公忠亮直，社稷之镇。帝不悦，仪归，言于诸弟，张酒引满，语其故曰：'我必不能作宰相，然亦不诣朱崖，吾门可保矣。'"② 张齐贤自警诗云："慎言浑不畏，忍事又何妨。国法须遵守，人非莫举扬。无私仍克己，直道更和光。此个如端的，天应降吉祥。"③ 毕士安（938—1005）"仕宦无赫赫之誉，但力自规检。"④ 李昉身为宰相，"属北戎入寇，不忧边思职，但赋诗饮酒并置女乐等事。"⑤ 钱若水（960—1003）也认为太宗时大臣"未尝有秉节高迈，不贪名势，能全进退之道以感动人主"的人⑥。

虽然宋初世风颇为颓废，自太祖起便开始持续推行重文政策，如太祖"兴起学校，搜访隐沦，广延儒雅之徒，乐趣俎豆之事，明王圣帝靡不葺其祠宇，名山大川靡不奉其禋祀"⑦。于是到了真、仁时期世风便慢慢发生了转变。

（一）持续褒崇先圣，使以圣人之徒自居的文士对这个王朝心生好感

宋太祖登基不久，即扩修国子监中的文宣王庙，重塑和绘制先圣、先贤、先儒之像。并再临幸文宣王庙且与群臣撰文赞颂先圣先贤。他还下诏定孔庙的规格："用一品礼，立十六戟于文宣王庙门。"⑧ 太宗继位后，亦临幸文宣

---

① 苏辙撰，陈宏天、高秀芳校点：《栾城集》卷二十五《苏涣墓表》，《苏辙集》，第414页。

② 江少虞：《宋朝事实类苑》卷十一"窦尚书"条，上海古籍出版社1981年版，第129—130页。

③ 吴处厚撰，李裕民点校：《青箱杂记》卷二，第17—18页。

④ 脱脱等：《宋史》卷二百八十一《毕士安传》，第9521页。

⑤ 李焘：《续资治通鉴长编》卷二十九"端拱元年正月庚辰"条，第647页。

⑥ 李焘：《续资治通鉴长编》卷四十一"至道三年六月甲辰"条，第868页。

⑦ 徐松：《宋会要辑稿》第二十五册《礼二九》"礼二九之三"，第1065页。《太常因革礼》"祠宇"为"祠宫"，"靡不奉其禋祀"为"无不奉其禋祀"。（欧阳修等编：《太常因革礼》卷八十九《太祖谥议》，《丛书集成初编》本，第444页。）

⑧ 李焘：《续资治通鉴长编》卷三"建隆三年六月辛卯"条，第68页。

王庙，礼敬先圣，太平兴国三年（978）十月，太宗又命孔子第四十五世孙孔延世袭封文宣公，免除其家赋税。所谓："司农寺丞孔宜知星子县回，献所为文，上召见，问以孔氏世嗣，擢右赞善大夫，袭封文宣公。辛酉，诏免袭封文宣公家租税。先是，历代以圣人之后不预庸调，周显德中，遣使均田，遂抑为编户。至是，孔氏诉于州，州以闻，上特命免之。"① 大中祥符元年（1008），真宗至曲阜祭祀孔子，对孔子大加褒扬。所谓："十一月戊午朔，上服靴袍诣文宣王庙酌献。庙内外设黄麾仗，孔氏家属陪列。有司定仪止肃揖，上特再拜。又幸叔梁纥堂。命刑部尚书温仲舒等分奠七十二子、先儒暨叔梁纥、颜氏，上制赞刻石庙中。复幸孔林，以树木拥道，降舆乘马，至文宣王墓奠拜，诏加谥曰玄圣文宣王，祝文进署，仍修葺祠宇，给近便十户奉茔墓。又诏留亲奠祭器。翌日，又遣吏部尚书张齐贤等以太牢致祭，赐其家钱三十万、帛三百匹。以四十六世孙、同学究出身圣佑为奉礼郎，近属授官及赐出身者六人。又追封叔梁纥为鲁国公、颜氏为鲁国太夫人、伯鱼母并官氏为郓国太夫人。"② 大中祥符五年（1012），又改谥孔子为"至圣文宣王"③，诏各州城置孔子庙。次年朝廷又封孔子弟子颜回等七十二人为公侯，又改曲阜为仙源县，特令孔子四十四代孙孔勖知县事。仁宗时对孔子也颇为尊崇。皇祐三年（1051），仁宗下诏重申仙源县世代均由孔氏子孙知县事，所谓："兖州仙源县，自国朝以来，以孔氏子孙知县事，使奉承庙祀。近岁废而不行，非所以尊先圣也。自今宜复以孔氏子孙知县事。"④ 至和二年（1055），因有官员认为"祖谥不可加后嗣"，因诏改孔子后封号"文宣公"为"衍圣公"⑤。

（二）大力推行科举考试，给文士们实现人生抱负提供了机会

宋代继续推行科举制，为了保证真正能选拔到优秀人才，又采取了一系列措施对科举制加以完善，如禁"公荐"，对特殊身份的考生实行"别头

① 李焘：《续资治通鉴长编》卷十九"太平兴国三年十月庚申"条，第435页。
② 李焘：《续资治通鉴长编》卷七十"大中祥符元年十一月戊午"条，第1574页。
③ 李焘：《续资治通鉴长编》卷七十九"大中祥符五年十二月壬申"条，第1808页。
④ 李焘：《续资治通鉴长编》卷一百七十"皇祐三年七月丙辰"条，第4096页。
⑤ 李焘：《续资治通鉴长编》卷一百七十九"至和二年三月丙子"条，第4324页。

试"、"锁厅试",对知贡举官员实行"锁宿制",对考生卷子实行"封弥"和"誊录"之法。对于参加科举考试者所需条件的限制相当宽松,一般人只要稍通文墨,不论家庭出身高低、贫富,都可投牒自进,甚至此前被排斥在科考之外的工商杂类,只要有奇行异能、卓然不群之处都可以参加,并扩大取士名额。太宗至真宗二朝的四十余年间共取进士诸科近一万多人。通过科举考试进入仕途的官员,尤其是进士出身的官员不仅初授官职从优,且升迁迅捷。太宗时,"三五名以前,皆出贰郡符,迁擢荣速。陈尧叟王曾初中第,即登朝领太史之职,赐以朱韨。尔后状元登第者,不十余年皆望柄用。"① 仁宗时"其甲第之三人凡三十有九,其后不至于公卿者,五人而已。"② 因此进士备受时人推崇,据称当时"每殿廷胪传第一,则公卿以下,无不耸观。虽至尊亦注视焉。自崇政殿出东华门,传呼甚宠。观者拥塞通衢,人肩摩不可过。锦鞯绣毂,角逐争先,至有登屋而下瞰者。庶士倾羡,欢动都邑。"尹洙(1001 或 1002—1047)论及状元及第的荣崇称:"状元登第,虽将兵数十万,恢复幽蓟,逐强蕃于穷漠,凯歌劳还,献捷太庙,其荣亦不可及也。"③

(三)重用文人治国

由于宋初君主认为文士治国优于武人,因而有意识地把国家的重要事务都交付给文人处理,于是到了真、仁时期,文人便实实在在地掌握了国家的政权,成了国家事务的决策者与执行者。早在太宗末年,柳开就说当时的政局"上自中书门下为宰相,下至县邑为簿尉,其间台省郡府公卿大夫,悉见奇能异行,各竞为文武中俊臣,皆上之所取贡举人也。"④ 而到了仁宗时期,士大夫阶层更是全面掌握了国家的统治权,蔡襄所谓:"今世用人,大率以文辞进。大臣,文士也;近侍之臣,文士也;钱谷之司,文士也;边防大师,

---

① 潘永因编,刘卓英点校:《宋稗类钞》卷二《科名》,书目文献出版社 1985 年版,第 117 页。
② 脱脱等:《宋史》卷一百五十五《选举志·选举一》,第 3616 页。
③ 潘永因编,刘卓英点校:《宋稗类钞》卷二《科名》,第 117 页。
④ 柳开:《河东先生集》卷八《与郑景宗书》。

文士也；天下转运使，文士也；知州郡，文士也。虽有武臣，盖仅有之。"①

三、　宋初士风之变

正是由于北宋统治者持续的重文政策，把士大夫阶层作为国家所依靠的核心力量来看待，极大地提高了士大夫阶层参与皇朝统治的积极性，于是胸怀修身、齐家、治国、平天下的远大人生抱负、充满社会责任感的士子接踵而出，他们或在朝，或在野，皆关心时政，心忧天下。如田锡"幼聪悟，好读书属文。"居官"慕魏征、李绛之为人，以尽规献替为己任。"② 王禹偁"世为农家，九岁能文"，为官"遇事敢言，喜臧否人物，以直躬行道为己任。"③ 范仲淹更是自小便有大志。据称："范文正公微时，尝诣灵祠求祷，曰：'他时得位相乎？'不许。复祷之曰：'不然，愿为良医。'亦不许。既而叹曰：'夫不能利泽生民，非大丈夫平生之志。'他日，有人谓公曰：'大丈夫之志于相，理则当然。良医之技，君何愿焉？无乃失于卑耶？'公曰：'嗟乎，岂为是哉。古人有云：'常善救人，故无弃人；常善救物，故无弃物。'且大丈夫之于学也，固欲遇神圣之君，得行其道。思天下匹夫匹妇有不被其泽者，若己推而内之沟中。能及小大生民者，固惟相为然。既不可得矣，夫能行救人利物之心者，莫如良医。果能为良医也，上以疗君亲之疾，下以救贫民之厄，中以保身长年。在下而能及小大生民者，舍夫良医，则未之有也。'"④ 范仲淹曾作《灵乌赋》言志称："宁鸣而死，不默而生。"⑤ 步入仕途后，"每感激论天下事，奋不顾身"⑥。其间因为触怒朝廷，曾多次遭贬，如天圣七年（1029），范仲淹因上疏反对章献太后操纵朝廷大权而被贬。明道二年（1033），因上疏反对仁宗废除郭后被贬。景祐三年（1036），因弹劾宰相吕夷

---

① 蔡襄撰，陈庆元、欧明俊、陈贻庭校注：《蔡襄全集》卷十八《任材》，第432页。
② 脱脱等：《宋史》卷二百九十三《田锡传》，第9787—9792页。
③ 脱脱等：《宋史》卷二百九十三《王禹偁传》，第9793—9799页。
④ 吴曾：《能改斋漫录》卷十三《文正公愿为良医》，上海古籍出版社1979年版，第381页。
⑤ 王应麟著，翁元圻等注，栾保群、田松青、吕宗力校点：《困学纪闻》卷十七《评文》，上海古籍出版社2008年版，第1862页。
⑥ 脱脱等：《宋史》卷三百一十四《范仲淹传》，第10268页。

简，指斥时政，再度被贬出朝廷。然范仲淹却浑不以为意。胡瑗（993—1059）"十三通五经，既以圣贤自期许。"① 石介"笃学有志尚，乐善疾恶，喜声名，遇事奋然敢为。"② 李觏曾讲述他年轻时的经历说："觏，邑外草莱之民也，落魄不肖。生年二十三，身不被一命之宠，家不藏担石之谷。鸡鸣而起，诵孔子、孟轲群圣人之言，纂成文章，以康国济民为意。余力读孙、吴书，学耕战法，以备朝廷犬马驱使。肤寒热，腹饥渴，颠倒而不变。"③ 唐介（1010—1069）"为人简伉，以敢言见惮。"④ 侯官人陈襄与其同里陈烈、郑穆、周希孟等为友，"气古行高，以天下之重为己任"⑤。欧阳修"为人天性刚劲，而器度恢廓宏大，中心坦然，未尝有所屑屑于事。事不轻发，而义有可为，则虽祸患在前，直往不顾。以此或至困逐，及复振起，终莫能掩。"⑥

后世论及这一时期的开风气者，范仲淹、欧阳修等都受到了高度评价。如对于范仲淹，朱熹称："本朝惟范文正公振作士大夫之功为多"，又说"祖宗以来，名相如李文靖、王文正诸公，只恁地善，亦不得。至范文正公时，便大厉名节，振作士气，故振作士大夫之功为多。"⑦《宋史》编撰者也称自此以后，"中外缙绅知以名节相高，廉耻相尚，尽去五季之陋矣。"⑧ 对于欧阳修，苏轼（1037—1101）称："宋兴七十余年，民不知兵，富而教之，至天圣、景祐极矣，而斯文终有愧于古。士亦因陋守旧，论卑气弱。"自欧阳修出后，"天下争自濯磨，以通经学古为高，以救时行道为贤，以犯颜纳说为忠。长育成就，至嘉祐末，号称多士。欧阳子之功为多。"⑨ 陈傅良、朱熹等还对

---

① 黄宗羲辑，全祖望订补，冯云濠、王梓材校正：《宋元学案》卷一《安定学案》，第27页。

② 脱脱等：《宋史》卷四百三十二《石介传》，第12833页。

③ 李觏撰，王国轩校点：《李觏集》卷二十七《上孙寺丞书》，第296页。

④ 脱脱等：《宋史》卷三百一十六《唐介传》，第10330页。

⑤ 黄宗羲辑，全祖望订补，冯云濠、王梓材校正：《宋元学案》卷五《古灵四先生学案》，第121页。

⑥ 欧阳发等述：《先公事迹》，欧阳修撰，李逸安点校：《欧阳修全集》附录二，第2626页。

⑦ 朱熹撰，朱杰人、严佐之、刘永翔主编：《朱子语类》卷一百二十九《本朝三·自国初至熙宁人物》，《朱子全书》（18），第4022页。

⑧ 脱脱等：《宋史》卷四百四十六《忠义传·忠义一》，第13149页。

⑨ 苏轼撰，孔凡礼点校：《苏轼文集》卷十《六一居士集叙》，第316页。

这一时期世风之变做过总体评价。如陈傅良称："宋兴，士大夫之学，亡虑三变：起建隆至天圣明道间，一洗五季之陋，知向方矣，而守故蹈常之习未化，范子始与其徒抗之以名节，天下靡然从之，人人耻无以自见也；欧阳子出，而议论文章，粹然尔雅，轶乎魏晋之上；久而周子出，又落其华，一本于六艺，学者经术遂庶几于三代，何其盛哉。"① 朱熹称："自范文正以来，已有好议论，如山东有孙明复，徂徕有石守道，湖州有胡安定，到后来遂有周子、程子、张子出。故程子平生不敢忘此数公，依旧尊他。"②《宋史·忠义传序》称："士大夫忠义之气，至于五季，变化殆尽。……真仁之世，田锡、王禹偁、范仲淹、欧阳修、唐介诸贤，以直言谠论倡于朝，于是中外缙绅知以名节相高，廉耻相尚，尽去五季之陋矣。"③

第二节　北宋前期对学术研究的禁与开

北宋初期从维护皇朝统治考虑，对学术研究有禁有开。具体而言，由于阴阳五行之术有可能让心怀叵测之人用以蛊惑人心，兵学涉及国家安全，因此统治者严禁民间对此予以研究。就史学而言，由于其对国家的长治久安关系甚大，因此北宋统治者鼓励学者研究前代史，但是对于现当代史，由于其中涉及很多皇朝禁忌，因此学者在研究此段历史时禁区甚多，往往难以成篇。对于经学研究，统治者所采取的态度是不限制该领域内新思想萌动但也不鼓励对这方面做过多的研究。这也就是说，如果学者无意功名，那么就可以自由地探讨经学领域内的诸问题。总之，虽然宋初的学术研究禁区甚多，但对经学和史学而言，在一定领域内、在一定条件下，相对来说还是可以自由地探讨的，这就为学术变革准备了学术的因素。

---

① 陈傅良：《止斋集》卷三十九《温州淹补学田记》，第 809 页。
② 朱熹撰，朱杰人、严佐之、刘永翔主编：《朱子语类》卷一百二十九《本朝三·自国初至熙宁人物》，《朱子全书》(18)，第 4026 页。
③ 脱脱等：《宋史》卷四百四十六《忠义传·忠义一》，第 13149 页。

一、 禁止民间从事阴阳五行及兵学研究

在对待民间的阴阳五行及兵学研究方面，宋初统治者既继承了前代的律令，又在此基础上有所发展。如《唐律》规定"诸玄象器物，天文，图书，谶书，兵书，七曜历，《太乙雷公式》，私家不得有，违者徒二年。（私习天文者亦同）"①，同时又规定："诸造祆书及祆言者，绞。（造，谓自造休咎及鬼神之言，妄说吉凶，涉于不顺者。）传用以惑众者，亦如之；（传，谓传言。用，谓用书。）其不满众者，流三千里。言理无害者，杖一百。即私有祆书，虽不行用，徒二年；言理无害者，杖六十。"② 五代后周广顺三年九月五日敕文规定："今后所有玄象器物、天文、图书、谶书、七曜历、《太一》、《雷公式》，私家不得有及衷私传习，如有者，并须禁毁。其司天监、翰林院人员并不得将前件图书等，于外边令人看览，……违者，并准法科罪。"③ 这三条规定都被成书于太祖时期的《宋刑统》所收载，并付诸实施。如开宝八年（975）一名叫宋惟忠的人，因"私习天文，妖言利害"，被弃市。④ 太宗时下诏："自今除二宅及《易》筮外，其天文、相术、六壬、遁甲、三命及它阴阳书，限诏到一月送官。"⑤ 并下诏："禁天文卜相等书，私习者斩。"⑥ 景德元年（1004）春，真宗下诏"图纬、推步之书，旧章所禁，私习尚多，其申严之。自今民间应有天象器物、谶候禁书，并令首纳，所在焚毁，匿而不言者论以死，募告者赏钱十万，星算伎术人并送阙下。"⑦ 天圣五年（1027）三月，仁宗下诏禁民间妄谈灾祥，所谓："街市小术之人，妄谈天道灾祥，动惑人民，令开封府密切捉捕，严行止绝。"⑧

① 长孙无忌等撰：《唐律疏议》卷九，中华书局 1983 年版，第 196 页。
② 长孙无忌等撰：《唐律疏议》卷十八，第 345 页。
③ 窦仪撰，薛梅卿点校：《宋刑统》卷九，法律出版社 1999 年版，第 175—176 页。
④ 李焘：《续资治通鉴长编》卷十六"开宝八年九月乙酉"条，第 346 页。
⑤ 李焘：《续资治通鉴长编》卷十八"太平兴国二年十月丙子"条，第 414 页。
⑥ 脱脱等：《宋史》卷四《太宗纪二》，第 57 页。
⑦ 李焘：《续资治通鉴长编》卷五十六"景德元年正月辛丑"条，第 1226—1227 页。
⑧ 徐松：《宋会要辑稿》第七十五册《职官三一》"职官三一之二"，第 3002 页。

真宗时人许洞（约976—约1017）感到"《孙子兵法》奥而精，学者难于晓用，李筌《太白阴符经》论心术则秘而不言，谈阴阳又散而不备。乃演孙、李之要，而撮天时人事之变，备举其占。凡六壬、遁甲、星辰、日月、风云、气候、风角、鸟情，以及宣文设奠，医药之用，人马相法，莫不具载"，著成《虎钤经》20卷，有"兵权谋、兵形势、阴阳诸类，凡七百余篇。"于景德二年（1005）进献朝廷。① 然景德三年（1006），真宗下诏说："天文兵法，私习有刑，著在律文，用防奸伪。"② 对于官方研究星占学的职官、学生，统治者也严加约束。如景德元年（1004）正月诏："司天监、翰林天文院职官学生诸色人，自今不得出入臣庶家课算休咎、传写细行星历及诸般阴阳文字，如违并当严断。许人陈告，厚与酬奖，其学生已下，令三人为一保，互相觉察，同犯有保，连坐之。保内陈告，亦与酬奖。"③ 天圣五年（1027），仁宗又禁司天监官员与外人接触。诏称："司天监近日多有闲人、僧道于监中出入止宿，私习乾象"，因此"令开封府密切捉捕，严行止绝。"④

二、 鼓励探究前代历史

由于皇权的干预，使当时的近现代史研究中许多涉及国家敏感问题的史实难以如实记载，因而国史的撰述常被史官视为畏途。如范杲曾上言："家世史官，愿秉直笔成国朝大典"，太宗因此任命他为史馆修撰，然后来太宗召他重修太祖实录时，他竟因此忧郁而死，所谓："初，太宗以太祖朝典策未备，乃议召杲。杲闻命喜甚，以为将加优擢，晨夜趋进。至宋州，遇朗州通判钱熙，杲问以'朝议将任仆何官？'熙言：'重修《太祖实录》尔。'杲默然久之。感疾，至京师，旬月卒。"⑤ 淳化五年（994）七月，诏令礼部侍郎宋白与翰林学士张洎同修国史，而此前李至（947—1001）和张佖已辞而不就：

---

① 永瑢等：《四库全书总目》卷九十九《〈虎钤经〉提要》，第838页。
② 《宋大诏令集》卷一百九十九《政事五十二·禁天文兵书诏》，第734页。
③ 徐松：《宋会要辑稿》第七十五册《职官三一》"职官三一之一"，第3001页。
④ 徐松：《宋会要辑稿》第七十五册《职官三一》"职官三一之二"，第3002页。
⑤ 脱脱等：《宋史》卷二百四十九《范杲传》，第8798—8799页。

"先是李至以目疾辞史职，张泊亦以早事伪邦，不能通知本朝故实辞，乃诏礼部侍郎宋白与张泊同修国史。"① 三个月后张泊等献上所修的《太祖纪》一卷，但嗣后张泊就被迁官调离，不再参与修史。而宋白（936—1012）独领史职，竟数年不成。且张泊等所上的那卷《太祖纪》也不被列于史馆。所谓："翰林学士张泊等献重修《太祖纪》一卷，以朱墨杂书。凡躬承圣问及史官采摭之事，即朱以别之。史未及成，泊迁参知政事，宋白独领史职。历数岁，史卒不就，泊等所上《太祖纪》，亦不列于史馆云。"② 而王禹偁因见太祖时期史实多因忌讳而不入史书，担心日久零落散失，淳化（990—994）年间因作《箧中记》以志之。其《箧中记叙》所谓："太祖神圣文武，旷世无伦，自受命之后，功德日新，皆禹偁所闻见。今为史臣，多有讳忌而不书，又上近取实录入禁中，亲笔削之。禹偁恐岁月浸久，遗落不传，因编次十余事。"③ 李焘还称王禹偁曾因预修《太祖实录》而获咎，所谓："刑部郎中、知制诰王禹偁预修《太祖实录》，或言禹偁以私意轻重其间，（咸平元年十二月）甲寅，落职知黄州。"④ 凡此种种，显见研究国史乃当时学界的禁区。

虽然宋廷对国史的撰述相当忌讳，但从鉴戒方面考虑，对前朝史的研究还是相当支持的。

首先，官方对史书的修撰与整理。宋朝建立后，从国家现实需要出发，先后修撰了《唐会要》、《五代会要》、《旧五代史》、《太平御览》、《册府元龟》等典籍。唐德宗时，苏冕撰《会要》四十卷，记唐高祖至唐代宗九朝事，唐宣宗时，又诏崔铉等撰《续会要》四十卷，记唐德宗至唐宣宗大中六年七朝事。宋朝建立后，监修国史王溥（922—982）采宣宗以后至唐末世迹，与苏冕、崔铉等书合编成一百卷，建隆二年（961）正月奏上，宋太祖"诏藏史馆，赐物有差。"⑤ 乾德元年（963）七月甲寅，监修国史王溥又"上新修梁、

①　李焘：《续资治通鉴长编》卷三十六"淳化五年六月乙亥"条，第790页。
②　李焘：《续资治通鉴长编》卷三十六"淳化五年十月丙午"条，第800页。
③　晁公武著，孙猛校证：《郡斋读书志校证》卷六，上海古籍出版社1990年版，第226页。
④　李焘：《续资治通鉴长编》卷四十三"咸平元年十二月"条，第923页。
⑤　李焘：《续资治通鉴长编》卷二"建隆二年正月甲子"条，第39页。

后唐、晋、汉、周《五代会要》三十卷。"① 开宝六年四月，"诏修《五代史》"。开宝七年闰十月，"薛居正等上新编《五代史》，赐器币有差。"② 太平兴国二年三月，太宗诏"翰林学士李昉、扈蒙，知制诰李穆，太子詹事汤悦，太子率更令徐铉，太子中允张洎，左补阙李克勤，左拾遗宋白，太子中舍陈鄂，光禄寺丞徐用宾，太府寺丞吴淑，国子监丞舒雅，少府监丞李文仲、阮思道等，同以群书类集之，分门编为千卷。先是，帝阅前代类书，门目纷杂，失其伦次，遂诏修此书，以前代《修文御览》、《艺文类聚》、《文思博要》及诸书，参详条次，分定门目。八年十二月书成。诏曰：'史馆新纂《太平总类》，包罗万象，总括群书，纪历代之兴亡，自我朝之编纂，用垂永世，可改名为《太平御览》。"③ 景德二年（1005）九月，真宗"令资政殿学士王钦若、知制诰杨亿修历代君臣事迹"④。至大中祥符六年（1013）八月，"枢密使王钦若等上新编修君臣事迹一千卷，上亲制序，赐名《册府元龟》，编修官并加赏赉。"⑤

同时，宋廷又有针对性地对前代正史进行校订。淳化五年（994）七月，太宗"诏选官分校《史记》，前、后《汉书》，崇文院检讨兼秘阁校理杜镐，秘阁校理舒雅、吴淑，直秘阁潘慎修校《史记》，朱昂再校；直昭文馆陈充、史馆检讨阮思道、直昭文馆尹少连、直史馆赵况、直集贤院赵安仁、直史馆孙何校前、后《汉书》。既毕，遣内侍裴愈赍本就杭州镂板。"咸平（998—1003）年间，"真宗谓宰臣曰：'太宗崇尚文史，而三史版本如闻当时校勘未精，当再刊正。'乃命直史馆陈尧佐、周起，直集贤院孙仅、丁逊复校《史记》。寻而尧佐出知寿州，起任三司判官，又以直集贤院任随领之。"⑥

---

① 李焘：《续资治通鉴长编》卷二"乾德元年七月甲寅"条，第97页。
② 脱脱等：《宋史》卷三《太祖纪三》，第40—42页。
③ 李昉等撰，夏剑钦、王巽斋校点：《太平御览·引》，《太平御览》。参见张秀春：《试论〈太平御览〉的成书年代》，《烟台师范学院学报》2002年第4期。
④ 李焘：《续资治通鉴长编》卷六十一"景德二年九月丁卯"条，第1367页。
⑤ 李焘：《续资治通鉴长编》卷八十一"大中祥符六年八月壬申"条，第1845页。
⑥ 徐松：《宋会要辑稿》第五十五册《崇儒四》"崇儒四之一"，第2230页。原文"阮思道"之"阮"作"院"，"孙何"之"何"缺，据《玉海》卷四三改、补。

其次，褒奖私撰前代史著的学者。如乾德元年（963）十月，吏部尚书张昭上新撰的《名臣事迹》五卷，被"诏藏史馆。"① 太平兴国五年（980）乡贡进士长沙孟瑜因著《野史》三十卷而被授以固始县主簿之职。所谓："八月甲戌以孟瑜为固始主簿，瑜，长沙人，尝著《野史》三十卷，石熙载言于上，而有是命。"② 雍熙三年（986）三馆编修乐史（930—1007）献所著《贡举事》、《登科记》等著作，"太宗嘉其勤，迁著作郎、直史馆。"③ 户部郎中知陕州张去华（938—1006）献《大政要录》三十篇，"上览而嘉之，玺书褒美，赐帛五十段，因留不遣。"④ 端拱元年（988），殿中侍御史龚颖献所编《历代年纪》，"优诏褒之。"⑤ 淳化二年（991）翰林学士承旨苏易简上所著《续翰林志》二卷，"上嘉之，赐诗二章"⑥。淳化五年（994）四月，诏取已故知制诰赵邻几（921—979）的《补会昌以后日历》二十六卷、《六帝年略》一卷、《史氏懋官志》五卷等书，"诏赐其家钱十万。"⑦ 天圣元年（1023），龙图直学士冯元等上刘颜所著《辅弼名对》四十卷，仁宗曰："颜书可采，其录本备览观。仍除官奖之。"⑧

三、 经学领域内的开新

宋初经学依然沿袭了唐代的传统，笃守汉儒的古义，把先儒的学术作士子修习的内容："国家以王弼、韩康伯之《易》，《左氏》、《公羊》、《谷梁》，杜预、何休、范宁之《春秋》，毛苌、郑康成之《诗》，孔安国之《尚书》，镂版藏于太学，颁于天下。又每岁礼闱设科取士，执为准的，多士较艺之际，

①　李焘：《续资治通鉴长编》卷四"乾德元年十月癸未"条，第107页。
②　王应麟：《玉海》卷四七"治平十国志"条，第886页。
③　脱脱等：《宋史》卷三百六《乐黄目》，第10111页。
④　王应麟：《玉海》卷五八"雍熙大政要录"条，第1112页。
⑤　李焘：《续资治通鉴长编》卷二十九"端拱元年正月庚辰"条，第647页。
⑥　李焘：《续资治通鉴长编》卷三十二"淳化二年十月辛巳"条，第724页。
⑦　李焘：《续资治通鉴长编》卷三十五"淳化五年四月丙戌"条，第779页。
⑧　王应麟：《玉海》卷六一"天圣辅弼名对"条，第1168页。

一有违戾于注说者，即皆驳放而斥逐之。"① 如景德二年（1005），真宗亲试举人，当时考生李迪（971—1047）与贾边"皆有声场屋，及礼部奏名，而两人皆不与。考官取其文观之，迪赋落韵；边论'当仁不让于师'，以'师'为'众'，与注疏异。特奏，令就御试。参知政事王旦议：'落韵者，失于不详审耳；舍注疏而立异，不可辄许，恐士子从今放荡无所准的。'遂取迪而黜边。"马端临曾对此做过一个总评，所谓："当时朝论大率如此。"② 因此陆游说："唐及国初，学者不敢议孔安国、郑康成，况圣人乎！"王应麟说："自汉儒至于庆历间，谈经者守训故而不凿。"③ 皮锡瑞也认为宋初经学的特征是"笃守古义，无取新奇；各承师传，不凭胸臆；犹汉、唐注疏之遗也。"④

虽然宋初经学笃守汉儒古义，但相对于汉唐而言，北宋毕竟是一个新时代，这就不可避免地会对经书提出新的要求，变化也因此产生。

咸平年间，真宗诏诸儒校定群经义疏，其中《论语正义》（十卷）为邢昺所校定，该著乃因南北朝人皇侃的《论语义疏》刊定而成，而皇侃的《论语义疏》乃本曹魏时人何晏的《论语集解》，并博采众家之说撰成，这就使邢昺的《论语正义》不可避免地带有义理特色。因为"汉儒说经，本重名物制度。但作为玄学家的何晏，却是善谈名理，其所为《论语集解》，既集汉魏诸家之注，又颇为之改易，已非汉儒之本来面目。皇疏发明何注，邢疏本于皇疏，又剪其枝蔓，傅以义理，自然与汉儒说经，相去悬绝。"⑤ 如《论语·公冶长》："夫子之言性与天道，不可得而闻也已矣。"《论语集解》释为："性者，人之所受以生也。天道者，元亨日新之道。深微，故不可得而闻也。"《论语正义》在阐发"性者，人之所受以生也"之义时，便颇为敷陈义理："云'性者，人之所受以生也'者，《中庸》云：'天命之谓性。'注云'天命，谓天所命生人者也。是谓性命。木神则仁，金神则义，火神则礼，水神

---

① 孙复：《寄范天章书二》，《孙明复小集》，第 171 页。

② 马端临：《文献通考》卷三十《选举考·选举三》，第 286 页。

③ 王应麟著，翁元圻等注，栾保群、田松青、吕宗力校点：《困学纪闻》卷八《经说》，第 1094—1095 页。

④ 皮锡瑞：《经学历史》，中华书局 2004 年版，第 220 页。

⑤ 石训等著：《北宋哲学史》（上卷），河南人民出版社 1987 年版，第 46 页。

则信，土神则知。《孝经说》曰："性者，天之质命，人所禀受度也。"'言人感自然而生，有贤愚吉凶，或仁或义，若天之付命遣使之然，其实自然天性，故云：'性者，人之所受以生也。'"① 此显见宋初的经学已经开始发生缓慢的变化，四库馆臣见微知著，指出邢昺的《论语正义》在北宋学术转换过程中的微妙地位："今观其书，大抵翦皇氏之枝蔓而稍傅以义理，汉学宋学，兹其转关。"②

柳开治学不守先儒传注，勇于质疑，张景称其"凡诵经籍，不从讲学，不由疏义，悉晓其大旨。注解之流，多为其指摘，是从百家之说。"③ 柳开在其《补亡先生传》中也自称要对经书亡逸者予以补正："凡传有义者，即据而作之；无之者，复已出辞义焉。"据柳开讲，他曾遇学者讲解《虞书·尧典》"日中星鸟，以正仲春"一语时唯诵传、疏，不解为何测定仲春之候，不观东方青龙春星，反观南方朱雀夏星的缘故。柳开遂为之解说曰："夫岁周其序，春居其始，四星各复其方。圣人南面而坐，以观天下，故春之时，朱鸟之星当其前，故云'观之以正仲春'矣。"据说听者为之叹服。而对柳开而言，像这样的解释"不可遍纪"。甚者因不满先儒对经书的传解笺注多未起到穷其义理的作用，而有别注群经的想法，常说："吾他日终悉别为注解矣。"柳开尤其对郑玄所笺的《诗》感到不满，他说："吾见玄之为心，务以异其毛公也，徒欲强己一时之名，非能通先师之旨。且《诗》之立言，不执其体，几与《易》象同奥，若玄之是笺，皆可削去之耳。"因对何晏的《论语集解》不满，又有重注《论语》的想法，但碍于其所崇敬的韩愈曾注之，担心与韩愈的观点有违，一直犹豫不决："又以《论语集解》阙注者过半，曰：'古之人何若是？吾闻韩文公昔重注之，今吾不得见，吾将下笔，又虑与韩犯，使吾有斯艰也，天乎哉！'"④

王禹偁对经文提出质疑。如他撰《明夷九三爻象论》，探讨了《明夷·九

---

① 《论语正义》卷五《公冶长》，《十三经注疏》，第 2474 页。
② 永瑢等：《四库全书总目》卷三五《论语正义提要》，第 291 页。
③ 柳开：《河东先生集》卷十六《柳公行状》。
④ 柳开：《河东先生集》卷二《补亡先生传》。

三》爻辞、象辞的涵义。《明夷·九三》爻辞："明夷于南狩，得其大首，不可疾贞。"象辞："南狩之志，乃大得也。"王禹偁认为《明夷》是文王之卦，《明夷·九三》爻、象辞意谓当文王之时，周已具备灭商的实力，但文王恪守臣道，一直隐忍不发。而王弼释"不可疾贞"："既诛其主，将正其民。民之迷也，其日固已久矣。化宜以渐，不可速正"。其意以为纣被诛后，将要教化其民，由于其民受迷惑甚久，教化应该用渐进的方式进行，不可过于迅速。王禹偁认为根据《尚书·泰誓》记载，文王未尝伐纣，自然也就无诛其主之说，而武王继父之志，初亦未伐纣，自然也没有诛纣，因此诛纣之说是不可取的："文王未尝伐纣，安得言'既诛其主'邪？武王继父之志，观兵而退，此'不可疾贞'之义明矣。"并且根据《尚书·武成》及伪孔传记载显示，周灭商后，周王对商人的教化活动推行得相当迅速，"安可谓'民迷既久，化宜以渐'哉？"因而批评王弼"何其误也！"而孔颖达遵从王弼之说，"从而疏之，殊不知《明夷》之卦，用晦之世也。"①

认为《洪范》陈"五福"之序，以"富"、"寿"为先，"好德"排在"康宁"之下，是值得商榷的。在王禹偁看来德是最重要的，因为对国家来说，德关乎国运，对个人而言，德关乎个人的成败："国有德则昌，失则亡；人有德则立，失则丧。为国者、为人者可不务乎？"人若无德，则寿、富、康宁、考终皆不能称为"福"："老而不死为贼，淫人之富为殃，闻道而不学谓之大病，见危而不死谓之偷生，此四者又何福之云乎？"因此主张以"好德"为五福之首："德为先矣，苟先乎德，则使人举目动趾蔑不资乎好德，而寿、富、康宁、考终列之于后可矣。"②

张景在景德三年（1006）著《洪范论》七篇③，在其著作中对汉儒深致不满："仲尼没，微言绝，学者殊途异轨，各骋知辩。历春秋，逮战国秦汉之世，天地日月星辰多灾变而兴妖，是故学《洪范》及《春秋》者，以言灾异

① 王禹偁：《小畜外集》卷九《明夷九三爻象论》。
② 王禹偁：《小畜外集》卷九《五福先后论》。
③ 郑涵：《张景学术思想述评》，载邓广铭、程应镠主编：《宋史研究论文集》（中华文史论丛增刊），上海古籍出版社1982年版。

多为能。班固述《五行志》，何休注《公羊春秋》，几灾异之起，又以时事配之，多非其义，皆失圣人之意。"① 又着重评论伪孔传："孔氏之于《书》，研精覃思，博考经籍，采摭群言，以立训传。其失者皆采摭之误。"② 伪孔传以天命释《洪范》"向用五福，威用六极"，认为"天"以"五福"、"六极"为手段劝导、威沮人："言天所以乡劝人用五福，所以威沮人用六极。"③ 张景则认为以"五福"、"六极"为手段劝导、威沮人的是"王者"："向者，向而归之谓；威者，威以畏之谓。王者用五福，则民向之而归其治焉；王者用六极，则民威之而畏其乱焉。"④ 张景对"五福"、"六极"的解释也与伪孔传大不相同。《尚书·洪范》称"五福：一曰寿，二曰富，三曰康宁，四曰攸好德，五曰考终命；六极：一曰凶短折，二曰疾，三曰忧，四曰贫，五曰恶，六曰弱。"伪孔传释"五福"之"寿"为"百二十年"，"富"为"财丰备"，"康宁"为"无疾病"，"攸好德"为"所好者德福之道"，"考终命"为"各成其短长之命，以自终不横夭"；释"六极"之"凶短折"为"动不遇吉，短未六十，折未三十，言辛苦。""疾"为"常抱疾苦"，"忧"为"多所忧"，"贫"为"困于财"，"恶"为"丑陋"，"弱"为"尫劣"。孔颖达根据"疏不破注"原则疏解"五福"、"六极"："'五福'者，谓人蒙福祐有五事也。一曰寿：年得长也；二曰富，家丰财货也；三曰康宁，无疾病也；四曰攸好德，性所好者美德也；五曰考终命，成终长短之命，不横夭也。'六极'谓穷极恶事有六。一曰凶短折，遇凶而横夭性命也；二曰疾，常抱疾痛；三曰忧，常多忧；四曰贫，困乏于财；五曰恶，貌状丑陋；六曰弱，志力尫劣也。"⑤。张景释"五福"："民舒泰则各尽其'寿'，乐业则各得其'富'，无疾忧所以'康宁'，知礼逊所以'攸好德'，不死于征战，不陷于刑戮，所以'考终命'。"释"六极"："民死于征战而陷于刑戮，所以'凶短折'；阴阳不

---

① 林之奇：《尚书全解》卷二十五《洪范》，《文渊阁四库全书》第55册，第489页。
② 林之奇：《尚书全解》卷二十五《洪范》，《文渊阁四库全书》第55册，第477页。
③《尚书正义》卷十二《周书·洪范》，《十三经注疏》，第188页。
④ 林之奇：《尚书全解》卷二十四《洪范》，《文渊阁四库全书》第55册，第456页。
⑤《尚书正义》卷十二《周书·洪范》，《十三经注疏》，第193页。

调，所以'疾'；多失其所而'忧'；食货人之重，敛繁所以'贫'；礼义废，政教失，所以'恶'而'弱'也。"①

箕子叙《洪范》："鲧陻洪水，汩陈其五行。帝乃震怒，不畀洪范九畴，彝伦攸斁。鲧则殛死，禹乃嗣兴，天乃锡禹洪范九畴，彝伦攸叙。"②刘歆、班固、伪孔传皆认为上天赐予禹《洪范》。但廖偁认为《洪范》出于人而非天："《洪范》皆人事之常，而前古之达道也。前古之达道，皆出于圣人者也。伏羲而前，偁不可得而知也；伏羲而下，至于尧、舜，观其事，未有不法天行道，以理天下，使皇王之德，被于兆人，而足以仪法千古。则《洪范》者，固前贤之所启也，岂得在禹方受之于天哉?"认为刘歆、班固、伪孔传之所以有错误的认识，是由于对箕子所言的"天锡"之意有误读，不知"天道"之意："安国、刘歆、班固所以云者，诚惑于箕子所谓'天锡'故也，是亦不知天道之说也。"认为能否得到"天道"，在于人能否顺道："夫凡所谓天道，诚亦在于人耳。顺于天，乃天道之与也；不顺于天，乃天道之不与也。"能否蹈德："偁以为《洪范》者，出于前圣之心也；而后之为君者，苟能务蹈圣德，未有不受《洪范》于天者也。自三五已降，有道者皆受于天，所以然者，天下之达道，天之常道也，行之，则受之于天矣。"③

总之，国家虽不主张学者治经自创新说，但在新的时代背景下，经学领域内的开新活动也已渐渐展开。

第三节　宋代学术研究步入正规

北宋初期，在国家的引导下，文化建设取得了长足的进展，官私藏书日渐丰富、完备，从事学术研究的学者的生活大都能够得到保障，研究目的明确而且相对集中，三个方面的因素会聚在一起，就意味着宋代学术研究开始

---

① 林之奇：《尚书全解》卷二十五《洪范》，《文渊阁四库全书》第 55 册，第 495 页。
② 《尚书正义》卷十二《周书·洪范》，《十三经注疏》，第 187 页。
③ 廖偁：《洪范论》，吕祖谦编，齐治平点校：《宋文鉴》卷九十四，第 1325—1326 页。

步入正规，自然也标志着宋代学术研究的人才因素初步形成。

一、官私藏书丰富、完备

宋初刚离战乱，图书匮乏。如洪迈称："国初承五季乱离之后，所在书籍印板至少，宜其焚炀荡析，了无孑遗。"① 国家图书机构三馆所聚之书"仅才万卷。"② 民间书籍更为稀缺。景德二年（1005），国子监祭酒邢昺称："臣少从师业儒时，经具有疏者百无一二，盖力不能传写。"③ 向敏中（949—1020）称民间"国初惟张昭家有三史。"④ 苏轼撰文称："余犹及见老儒先生，自言其少时，欲求《史记》、《汉书》而不可得，幸而得之，皆手自书，日夜诵读，唯恐不及。"⑤ 嗣后，随着国家对图书的大力搜求，及雕版印刷的兴盛，渐使书籍丰富起来。

宋初在搜求图书方面不遗余力。具体而言，其途有三：其一，从后周继承而来。马端临称"建隆初，三馆有书万二千余卷"即是。其二，从所平诸国搜集而来。当时所平诸国除了南汉降前纵火焚烧府库而使图书付之一炬外，从其他诸国或多或少都搜罗到了一些。如乾德元年（963）"平荆南，尽收其图书以实三馆。三年平蜀，遣右拾遗孙逢吉往收其图籍，凡得书万三千卷。"开宝八年（975）平南唐后，次年春太祖令太子洗马吕龟祥"就金陵籍其国图书，得二万余卷，悉送史馆。"太平兴国三年（978），"两浙钱俶归朝，又收其书籍。"⑥ 其三，从民间搜罗而来。自宋立国起至仁宗时期，朝廷多次下诏购求亡书。如乾德四年（966）闰八月"诏求亡书。凡吏民有以书籍来献者，令史馆视其篇目，馆中所无则收之。献书人送学士院试问吏理，堪任职官，具以名闻。"⑦ 太平兴国九年（984）诏："令三馆以开元四部书目阅馆中所阙

---

① 洪迈撰，孔凡礼点校：《容斋五笔》卷七"国初文籍"条，《容斋随笔》，第 908 页。
② 马端临：《文献通考》卷一百七十四《经籍考·经籍一》，第 1509 页。
③ 脱脱等：《宋史》卷四百三十一《邢昺传》，第 12798 页。
④ 李焘：《续资治通鉴长编》卷七十四"大中祥符三年十一月壬辰"条，第 1694 页。
⑤ 苏轼撰，孔凡礼点校：《苏轼文集》卷十一《李氏山房藏书记》，第 359 页。
⑥ 马端临：《文献通考》卷一百七十四《经籍考·经籍一》，第 1508 页。
⑦ 李焘：《续资治通鉴长编》卷七"乾德四年闰八月"条，第 178 页。

者，具列其名，诏中外购募"①。咸平四年（1001），真宗下诏称当时"购求虽至，验开元之旧目，亡逸尚多，庶坠简以毕臻，更出金而示赏，式广献书之路，且开与进之门。"②天圣五年（1027），仁宗说："三馆书校开元所失甚众，宜加求募。"③为了鼓励百姓献书，朝廷根据所献图书的数量及质量，对献书者给予相应的奖励："小则偿以金帛，大则授之以官。"④如太宗时规定凡献三馆所缺书在三百卷以上者将量才录用，不及三百卷者，则奖以金帛。不愿献的，朝廷借本缮写后归还。真宗时又明确规定凡献三馆所缺书籍，每纳一卷，赏钱一千，超过三百卷的量才录用。由于朝廷的号召与鼓励，"自是四方书籍往往间出。"其著者如乾德四年（966），"下诏购募亡书。三礼涉弼、三传彭干、学究朱载等皆诣阙献书，合千二百二十八卷。"⑤至道元年（995）六月命内品、监秘阁三馆书籍裴愈使江南两浙诸州寻访图书，"凡得古书六十余卷，名画四十五轴，古琴九，王羲之、贝灵该、怀素等墨迹共八本。"⑥

在搜罗图书的同时，官方又利用雕版印刷术大力刊刻经史著作。当时刻书有官刻、私刻与坊刻三种形式，以官刻为主。当时朝廷的许多机构如国子监、崇文院、秘书监、礼仪局、司天监等都能刻书，而以国子监为主。如景德四年（1007）将崇文院所校定《切韵》，"依九经例颁行"⑦。大中祥符年六年（1013）学士陈彭年、校理吴锐直、集贤院邱雍上所校定《玉篇》三十卷，"请镂板，诏两制详定，改更之字。"⑧咸平六年（1003）命将崇文院所校《道德经》及《释文》一卷，"送国子监刊板。"景德二年（1005）二月，

---

　①　马端临：《文献通考》卷一百七十四《经籍考·经籍一》，第1508页。

　②　徐松：《宋会要辑稿》第五十五册《崇儒四》"崇儒四之一七"，第2238页。

　③　徐松：《宋会要辑稿》第七十册《职官一八》"职官一八之五二"，第2780页。

　④　程俱撰，张富祥校证：《麟台故事辑本》卷二《储藏》，《麟台故事校证》，中华书局2004年版，第40页。

　⑤　马端临：《文献通考》卷一百七十四《经籍考·经籍一》，第1508页。

　⑥　程俱撰，张富祥校证：《麟台故事辑本》卷二《储藏》，《麟台故事校证》，第40页。

　⑦　王应麟：《玉海》卷四五"景德校定切韵"条，第847页。

　⑧　王应麟：《玉海》卷四五"祥符新闻定玉篇"条，第841页。

国子监直讲孙奭请求将郭象所注《庄子》"依《道德经》例，差官校定雕印。"真宗"诏可。"① 天圣（1023—1032）中，"监三馆书籍刘崇超上言：'李善《文选》援引该赡，典故分明，欲集国子监官校定净本，送三馆雕印。'从之。天圣七年十一月，板成"②。地方上路府州军都可刊刻书籍。如淳化（990—994）年间就曾将所校前三史《史记》、《前汉书》、《后汉书》，"遣内侍裴愈赍本就杭州镂板。"③

　　宋初的崇文活动，使宋人得书变得相对容易。景德二年（1005）夏，宋真宗幸国子监阅库书，向祭酒邢昺询问经版的数量，邢昺答称："国初不及四千，今十余万，经、传、正义皆具。臣少从师业儒时，经具有疏者百无一二，盖力不能传写。今板本大备，士庶家皆有之，斯乃儒者逢辰之幸也。"④ 大中祥符三年（1010）十一月，真宗与资政殿大学士向敏中谈及书籍，对向敏中说："今学者易得书籍。"向敏中感慨地说："国初惟张昭家有三史。太祖克定四方，太宗崇尚儒学，继以陛下稽古好文，今三史、《三国志》、《晋书》皆镂版，士大夫不劳力而家有旧典，此实千龄之盛也。"⑤

　　当时在文化领域内尤其值得称道的是官私藏书的日渐丰盈。宋代官方藏书主要集中在三馆及秘阁等皇家图书馆中。宋初统治者非常注重对从唐五代继承过来的馆阁亦即皇家图书馆的建设。所谓的"馆"，是指唐五代以来的弘文馆、史馆、集贤院等三馆。弘文馆因"犯宣祖庙讳"于建隆中改名为昭文馆。⑥ 太平兴国二年（977），太宗以三馆简陋，不足以蓄天下图书，待天下贤俊，因建新三馆，并命名为崇文院，所谓："诏有司度左升龙门东北车府地为三馆，命内侍督工徒晨夜兼作。其栋宇之制，皆帝所亲授。自举役，车驾凡再临幸。三年二月丙辰朔成，有司奏功毕，乃下诏曰'国家幸新崇构，大集群书，宜锡嘉名，以光策府。其三馆新修书院，宜为崇文院。'又诏敞园

---

① 徐松：《宋会要辑稿》第五十五册《崇儒四》"崇儒四之三"，第2231页。
② 徐松：《宋会要辑稿》第五十五册《崇儒四》"崇儒四之四"，第2232页。
③ 徐松：《宋会要辑稿》第五十五册《崇儒四》"崇儒四之一"，第2230页。
④ 脱脱等：《宋史》卷四百三十一《邢昺传》，第12798页。
⑤ 李焘：《续资治通鉴长编》卷七十四"大中祥符三年十一月壬辰"条，第1694页。
⑥ 江少虞：《宋朝事实类苑》卷二十九"三馆"条，第367页。

苑、植花木、引沟水以溉之，西序启便门以备临幸。"① 端拱元年（988）五月，太宗又"诏就崇文院中堂建秘阁"②。此后因火灾等原因三馆、秘阁屡有修缮。

作为国家图书机构，宋代的馆阁之中贮藏了大量搜求来的图书，欧阳修称："国家悉聚天下之书，上自文籍之初，六经、传记、百家之说，翰林、子墨之文章，下至医卜、禁咒、神仙、黄老、浮屠、异域之言，靡所不有，号为书林。"③ 当时所得图书主要藏于三馆之中，如太平兴国三年（978）三馆建成之后，"尽迁西馆之书，分为两廊贮焉。以东廊为昭文书库，南廊为集贤书库，西廊分经史子集四部为史馆书库。凡六库，书籍正副本仅八万卷。"④由于"当时凡吏民所献上的书，大都藏于史馆。"所以三馆之中又以史馆藏书为多。⑤ 秘阁中存放的则是从三馆中拣选出的精品图书，如秘阁建成后，"择三馆真本书籍万余卷及内出古画墨迹藏其中。凡史馆，先贮天文、占候、谶纬、方术书五千一十二卷，图画百四十轴，尽付秘阁。有晋王羲之、献之、庾亮、萧子云、唐太宗、元宗、颜真卿、欧阳询、柳公权、怀素、怀仁墨迹，顾恺之画维摩洁像，韩干马、薛稷鹤、戴嵩牛及近代东丹王李赞华千角鹿、西川黄鹰、白兔，亦一时之妙也。"⑥ 国家图书为国家馆阁人员研究学问提供了方便。

中央机构除了馆阁之外，国子监等机构也藏有大量图书。国子监是中央官府中主要的藏书机构之一，为了教学和出版图书的需要收藏了大量图书，建有规模甚大的书库。国子监所藏图书以供生徒学习用的经部、史部书籍为主，另外也收藏御制、御集。中书门下的附属机构舍人院也藏有一定数量的图书。此外御史台及其他中央机构也藏有一定数量的图书，这种机构藏书，

---

① 徐松：《宋会要辑稿》第七十册《职官一八》"职官一八之五〇"，第2779页。

② 徐松：《宋会要辑稿》第七十册《职官一八》"职官一八之四七"，第2778页。

③ 欧阳修撰，李逸安点校：《欧阳修全集》卷九十五《上执政谢馆职启》，第1446页。

④ 徐松：《宋会要辑稿》第七十册《职官一八》"职官一八之五〇"，第2779页。

⑤ 倪士毅：《北宋馆阁制度述略》，邓广铭，郦家驹等主编：《宋史研究论文集》，河南人民出版社1984年版，第205页。

⑥ 徐松：《宋会要辑稿》第七十册《职官一八》"职官一八之四七"，第2778页。

类似于现在的机关资料室。①

当时地方政府也颇有藏书，书籍来源有三。其一，官府旧有书籍。如成都府藏有五代时所刻的石经《易》、《诗》、《书》、《春秋》、《周礼》、《礼记》等。② 其二，朝廷颁布诏敕及赐书。当时州府军监县皆设有敕书楼，收藏朝廷诏敕。如淳化三年（992）六月诏令："自今诸道州、府、军、监、县等，应前后所受诏敕，并藏于敕书楼，咸著于籍，受代日交以相付。"③ 朝廷还常颁赐九经给地方政府。如淳化（990—994）年间对新附诸郡赐书："诏以《九经》赐荆楚、湖湘、江、吴、杭、越、闽中、岭外诸郡。"明州将所获赐书，"饰广厦以藏之，名曰九经堂。"④ 其三，一些府州官主动扩充藏书。"为了扩大地方官府藏书，宋代各级地方行政长官一般都比较注意收集图书，除了向朝廷请求赐予外，还通过购买、向民间广泛收集的办法积聚图书。"⑤

民间的藏书活动也相当兴盛。

当时官宦之家藏书甚盛。张昭"藏书数万卷"⑥。王溥"好聚书，至万余卷"⑦。李宗谔"藏书万卷"⑧。宋白"聚书数万卷"⑨。宋初人郭延泽（？—1004）"聚图籍万余卷，手自刊校。"⑩ 宋初人祠部员外郎王希逸"聚书万余卷"⑪。左卫上将军王汉忠（948—1002）"聚书万卷"⑫。钱惟治（949—1014）"家聚法帖图书万余卷，多异本"。钱惟演（962—1034）"家储文籍侔秘府"⑬。吴元扆（962—1011）"始父廷祚，厚重寡言，齐家有法，好儒学，

---

① 傅璇琮、谢灼华主编：《中国藏书通史》，宁波出版社2001年版，第309—310页。
② 嘉庆《眉山属志》卷十四，清嘉庆五年刻本。
③ 徐松：《宋会要辑稿》第一百八十八册《方域四》"方域四之一一"，第7376页。
④ 李阅：《修九经堂记》，袁桷：《延祐四明志》卷八，《文渊阁四库全书》第491册，第490页。
⑤ 傅璇琮、谢灼华主编：《中国藏书通史》，第347页。
⑥ 脱脱等：《宋史》卷二百六十三《张昭传》，第9091页。
⑦ 脱脱等：《宋史》卷二百四十九《王溥传》，第8802页。
⑧ 脱脱等：《宋史》卷二百六十五《李宗谔传》，第9142页。
⑨ 脱脱等：《宋史》卷四百三十九《宋白传》，第13000页。
⑩ 脱脱等：《宋史》卷二百七十一《郭延泽传》，第9298页。
⑪ 脱脱等：《宋史》卷二百六十八《王显传》，第9233页。
⑫ 曾巩：《隆平集》卷十八《王汉忠传》，《文渊阁四库全书》第371册，第177页。
⑬ 吴任臣撰，徐敏霞、周莹点校：《十国春秋》卷八十三《钱惟演列传》，第1214—1215页。

聚书数千卷。至元衮聚书至数万卷"①。李行简（965？—1036）"聚书万卷"②。周起（975—1033）"家藏书至万余卷"③。枢密使杨崇勋（976—1045）"家有藏书，积万余卷"④。范雍（979—1046）"藏书仅万卷"⑤。李仲偃（982—1058）"平生藏书万余卷，皆亲加校正，多手抄者，日置斋中，阅古今治乱。"⑥彭乘（985—1049）"聚书万余卷，皆手自刊校，蜀中所传书，多出于乘。"⑦宋绶（991—1040）"家藏书二万卷"⑧。吴伸（992—1064）"藏书逾万帙"⑨。太子宾客掌禹锡（992—1068）"藏书万余卷，犹患不足，月购岁阅，志不少怠"⑩。张君房"蓄书万卷"⑪。袁抗"喜藏书，至万卷，江西士大夫家鲜及也。"⑫王贽（993—1069）"聚书万余卷"⑬。知河中府李淑（1003—1059）藏书"不减三万卷"⑭。知临江军范端（1008—1060）"聚书万余卷"⑮。王质（1001—1045）"不治生业，惟蓄书仅万卷"⑯。

宋宗室仁宗时人赵叔充"藏书至万卷"⑰。赵元杰（971—1003）"建楼贮

①　王稱：《东都事略》卷二十五《吴元衮传》，第 200 页。

②　曾巩：《隆平集》卷十四《李行简传》，第 136 页。

③　脱脱等：《宋史》卷二百八十八《周起传》，第 9673 页。

④　宋祁：《景文集》卷六十一《杨崇勋行状》，第 828 页。

⑤　范仲淹撰，李勇先、王蓉贵点校：《范文正公文集》卷十四《范雍墓志铭》，《范仲淹全集》，第 351 页。

⑥　胡宿：《文恭集》卷三十七《李仲偃墓志铭》，《文渊阁四库全书》第 1088 册，第 946 页。

⑦　脱脱等：《宋史》卷二百九十八《彭乘传》，第 9900 页。

⑧　王稱：《东都事略》卷五十上《宋绶传》，第 448 页。

⑨　金君卿：《金氏文集》卷下《吴伸墓志铭》，《文渊阁四库全书》第 1095 册，第 394 页。

⑩　苏颂著，王同策等点校：《苏魏公文集》卷五十七《掌禹锡墓志铭》，第 869 页。

⑪　王得臣：《麈史》卷中《贤德》，《丛书集成初编》本，第 20 页。

⑫　脱脱等：《宋史》卷三百一《袁抗传》，第 10002 页。

⑬　张方平：《乐全集》卷三十九《王贽墓志铭》，第 464 页。

⑭　陆游：《渭南文集》卷二十八《跋京本家语》，《陆游集》，中华书局 1976 年版，第 2249 页。

⑮　曾巩撰，陈杏珍、晁继周点校：《曾巩集》卷四十三《范端墓志铭》，第 588 页。

⑯　范仲淹撰，李勇先、王蓉贵点校：《范文正公文集》卷十四《王质墓志铭》，《范仲淹全集》，第 339 页。

⑰　脱脱等：《宋史》卷二百四十四《赵廷美传》，第 8672 页。

书二万卷"①。赵宗颜（1008—1055）"藏书数万卷"②。

考其来源有三：一是赐书。如宋绶与其父宋皋"同在馆阁，每赐书必得二本。"③ 张洎南唐时得后主李煜"赐书万余卷。"④ 二是赠书。宋绶外祖杨徽之富于藏书，"绶幼聪警，额有奇骨，为外祖杨徽之所器爱。徽之无子，家藏书悉与绶。"⑤ 宰相毕士安所藏古书为宋绶得到。故洪迈称"宋宣献家兼有毕文简、杨文庄二家之书，其富盖有王府不及者。"⑥ 三是自抄自购。苏颂（1020—1101）称宋敏求（1019—1079）家的书，"多文庄（杨徽之）、宣献（宋绶）手泽与四朝赐札，藏秘唯谨，或缮写别本，以备出入。"⑦ 王贽"好书画，能鉴赏古之名笔，多购得之"⑧。荆南秘书监，入宋后为黄州刺史的孙光宪"聚书数千卷，或自手写。"⑨ 给事中李行简所藏书"多其自录，人谓之书楼。"⑩

普通百姓藏书多集中于民间书院。书院的书或来自私人购求，如陈衮在东佳书院，"为书楼堂庑数十间，聚书数千卷。"⑪ 胡仲尧在华林书院"筑室百区，聚书五千卷。子弟及远方之士从学者数千人，岁时讨论，讲习无绝。"⑫ 曹诚扩建应天府书院，"聚书千余卷"⑬。咸平二年（999）潭州太守李允则（953—1028）"询问黄发，尽获故书"，以实岳麓书院。⑭ 孙复建泰山书院，"乃于泰

---

① 脱脱等：《宋史》卷二百四十五《赵元杰传》，第8701页。

② 欧阳修撰，李逸安点校：《欧阳修全集》卷三十七《赵宗颜墓志铭》，第541页。

③ 程俱撰，张富祥校证：《麟台故事辑本》卷三《选任》，《麟台故事校证》，第121页。

④ 脱脱等：《宋史》卷二百六十七《张洎传》，第9209页。

⑤ 脱脱等：《宋史》卷二百九十一《宋绶传》，第9732页。

⑥ 洪迈撰，孔凡礼点校：《容斋续笔》卷十五"书籍之厄"条，《容斋随笔》，第406页。

⑦ 苏颂著，王同策等点校：《苏魏公文集》卷五十一《宋敏求神道碑》，第776页。

⑧ 张方平：《乐全集》卷三十九《王贽墓志铭》，第464页。

⑨ 脱脱等：《宋史》卷四百八十三《孙光宪传》，第13956页。

⑩ 曾巩：《隆平集》卷十四《李行简传》，第136页。

⑪ 徐锴：《陈氏书堂记》，董诰等编：《全唐文》卷八九〇，第9279页。

⑫ 徐铉：《骑省集》卷二十八《洪州华山胡氏书堂记》，《文渊阁四库全书》第1085册，第215页。

⑬ 李焘：《续资治通鉴长编》卷七十一"大中祥符二年二月庚戌"条，第1597页。

⑭ 王禹偁：《王黄州小畜集》卷十七《潭州岳麓山书院记》。

山之阳起学舍，构堂，聚先圣之书满屋"①。荣州崇德杨处士（？—1055）"筑室百楹，哀辑古今书史万卷。"② 或朝廷赐予。咸平四年（1001）六月丁卯，"诏诸路郡县有学校聚徒讲诵之所，赐九经书一部。"③ 如岳麓、白鹿、嵩阳等书院，朝廷"各赐以书籍。"④ 具体而论，太平兴国三年（978）江州知州周述代白鹿洞书院向朝廷"请赐《九经》书肄习，诏从其请，仍驿送之。"⑤ 至道二年（996）七月甲辰，赐嵩阳书院"院额，及印本《九经》书疏。祥符三年四月癸亥赐太室书院九经。"⑥ 岳麓书院也多次得到赐书。咸平四年（1001），地方官王允则"请下国子监赐诸经、释文、义疏、《史记》、《唐韵》"，真宗"从之"。⑦ 大中祥符八年（1015），宋真宗诏见山长周式于便殿，"拜国子学主簿，使归教授，诏赐书院名，增赐中秘书。"⑧

二、 官私藏书之处学者荟萃

北宋三馆在唐制的基础上设置了一系列的馆职："凡昭文馆、史馆、集贤院三馆事务总为崇文院。宋朝从唐制，昭文馆、集贤殿置大学士，史馆有监修国史，皆宰相兼领。昭文、集贤又置学士、直学士，史馆、集贤置修撰，史馆有直馆、检讨，集贤有直院、校理，崇文院有检讨、校书，皆以他官领之。初，昭文、集贤学士，史馆修撰，取最上一员判馆院事，今亦以他官分判。"⑨ 秘阁职名则有直秘阁、秘阁校理、判秘阁事、秘阁检讨等。

北宋馆阁取人有三个来源："进士高科，一路也；大臣荐举，一路也；岁

① 石介著，陈植锷点校：《徂徕石先生文集》卷十九《泰山书院记》，第223页。
② 文同：《丹渊集》卷三十八《荣州杨处士墓志铭》，《文渊阁四库全书》第1096册，第784页。
③ 徐松：《宋会要辑稿》第五十四册《崇儒二》"崇儒二之二"，第2188页。
④ 曾巩：《隆平集》卷一《学舍》，第12页。
⑤ 王应麟：《玉海》卷一六七"白鹿洞书院"条，第3074页。
⑥ 王应麟：《玉海》卷一六七"嵩阳书院"条，第3075页。
⑦ 王应麟：《玉海》卷一六七"岳麓书院"条，第3074页。
⑧ 马端临：《文献通考》卷四十六《学校考·学校七》，第431页。
⑨ 徐松：《宋会要辑稿》第七十册《职官一八》"职官一八之五〇"，第2779页。

月畴劳，一路也。"① 所取之人多为一时才俊，被范仲淹称为"天下英才"②，被欧阳修称为"聪明俊乂之臣"③，被曾巩（1019—1083）称为"当世聪明魁垒之材"④，被秦观（1049—1100）称为"天下之妙选"⑤。

另外，宋廷在培养馆阁人才的同时，又特许一些少年才俊入馆读书，入馆方式："或上书自陈，或美妙被选，或宰执子弟。"⑥ 上书自陈者，如咸平二年（999）六月十二日，"秘书省正字邵焕于秘阁读书，从焕自请也。"⑦ 被选读书者，如雍熙元年（984），时年十一岁的杨亿被诏送阙下试诗赋，授秘书省正字，令"读书秘阁"⑧。景德二年（1005），时年十四岁的晏殊（991或993—1055）以才被"擢为秘书省正字。赐袍笏，令阅书于秘阁。"十五岁的宋绶"召试中书，真宗奇其文，特迁大理评事，听于秘阁读书，同校勘天下图经。"⑨ 宰执子弟，如天圣四年（1026），"枢密副使张士逊请其子大理评事友直为校勘，上曰：'馆职所以待英俊，可以恩请乎？'止令于馆阁读书"⑩。

这些人入馆阁之后，待遇相当好："职业简清，宠光优握。米盐细务，不至于耳目"⑪。因而可以从容地在这书册之府做学问。如秘阁建成后，秘书监李至曾在诗中多次谈到在馆阁读书的便利，如《再献五章奉资一笑》其四云："而今秘阁古难如，何含梁元十万余。无本尽从三馆借，有签重遣八分书。芸香欲辟鱼心盆，汗简犹嫌吏手疏。号作蓬山应不错，只缘清净似仙居。"《至

---

① 欧阳修撰，李逸安点校：《欧阳修全集》卷一百一十四《又论馆阁取士札子》，第 1728 页。
② 李焘：《续资治通鉴长编》卷一百四十三"庆历三年九月乙丑"条，第 3435 页。
③ 欧阳修撰，李逸安点校：《欧阳修全集》卷九十五《上执政谢馆职启》，第 1446 页。
④ 曾巩撰，陈杏珍、晁继周点校：《曾巩集》卷五十《文馆》，第 675 页。
⑤ 秦观撰，徐培均笺注：《淮海集笺注》卷十五《官制上》，上海古籍出版社 1994 年版，第581 页。
⑥ 程俱撰，张富祥校证：《麟台故事辑本》卷三《选任》，《麟台故事校证》，第 121 页。
⑦ 徐松：《宋会要辑稿》第一百二十册《选举三三》"选举三三之二"，第 4756 页。
⑧ 脱脱等：《宋史》卷三百五《杨亿传》，第 10079—10080 页。
⑨ 程俱撰，张富祥校证：《麟台故事辑本》卷三《选任》，《麟台故事校证》，第 121 页。
⑩ 程俱撰，张富祥校证：《麟台故事辑本》卷三《选任》，《麟台故事校证》，第 121 页。
⑪ 孔武仲：《清江三孔集》卷十二《谢校书陈学士启》，《文渊阁四库全书》第 1345 册，第317 页。

启伏以摇落九秋》云："晓趋蓬阁暮还家，坐览图书见海涯。"① 《夏日直秘阁》云："蓬阁清虚称野情，华阳巾稳葛衣轻。垂帘不见喧嚣事，尽日唯闻禽鸟声。小桧影中铺砚席，矮槐阴下着茶挡。却愁穷巷晚归去，尘土满街冲热行。"②

当时的私家藏书者往往利用藏书之便从事学术研究。孙光宪"孜孜雠校，老而不废。好著撰，自号葆光子，所著《荆台集》三十卷，《巩湖编玩》三卷，《笔庸集》三卷，《橘斋集》二卷，《北梦琐言》三十卷，《蚕书》二卷。又撰《续通历》"③。王溥"好学，手不释卷，尝集苏冕《会要》及崔铉《续会要》，补其阙漏，为百卷，曰《唐会要》。又采朱梁至周为三十卷，曰《五代会要》。有集二十卷。"王贻孙对于其父王溥之书，"遍览之。"因精通礼仪，"太祖尝问赵普拜礼何以男子跪而妇人否，普问礼官，不能对。贻孙曰：'古诗云"长跪问故夫"，是妇人亦跪也。唐太后朝妇人始拜而不跪。'普问所出，对云：'大和中，有幽州从事张建章著《渤海国记》备言其事。'普大称赏之。端拱中，右仆射李昉求郡省百官集议旧仪，贻孙具以对，事见《礼志》，时论许其谙练云"。④ 张洎"博涉经史，多知典故。"⑤ 宋白"尝类故事千余门，号《建章集》。唐贤编集遗落者，白多缀缀之。"⑥ 郭延泽"好学，博通典籍"⑦。宋绶及宋敏求父子也利用家中藏书学习文化知识，宋绶的母亲利用家中藏书，"每躬自训教"宋绶。宋敏求对于家藏三万卷书，"皆略诵习"。⑧ 宋绶著有《文馆》、《记事》、《外制》、《禁林》甲乙、《秘殿》、《遗札》等七集。宋敏求"敏于记问，文章置重，训词诰命皆有程范。朝廷典故，

① 李至：《再献五章奉资一笑》，载傅璇琮等主编：《全宋诗》（1）卷五十二，北京大学出版社1991年版，第557页。
② 李至：《夏日值秘阁》，载傅璇琮等主编：《全宋诗》（1）卷五十三，第569页。
③ 脱脱等：《宋史》卷四百八十三《孙光宪传》，第13956页。
④ 脱脱等：《宋史》卷二百四十九《王溥传》，第8801—8802页。
⑤ 脱脱等：《宋史》卷二百六十七《张洎传》，第9213页。
⑥ 脱脱等：《宋史》卷四百三十九《宋白传》，第13000页。
⑦ 脱脱等：《宋史》卷二百七十一《郭延泽传》，第9298页。
⑧ 脱脱等：《宋史》卷二百九十一《宋绶传》、《宋敏求传》，第9732—9737页。

士大夫疑议，多就取正而后决。"著有《书闱前后集》、《西垣制辞》、《文集》、《东京志》、《河南志》、《长安志》、《三川官下录》、《春明退朝录》、《韵类次宗室谱》，补撰唐武、宣、懿、僖、昭、哀《六世实录》。① 王希逸"好学，尤熟唐史"。② 刘式（948—997）去世，"有书数千卷以遗后"，其妻陈氏以遗书教诸子，称"是墨庄也，安事陇亩。"③ 吴元扆"读《左氏春秋》，尤通内典，精笔札"④。晁说之论及藏书，自称"家五世于兹"⑤。据此上推五世，其祖为晁迥（951—1034）。晁迥，累官工部尚书、礼部尚书、集贤殿学士，勤于藏书。自此起，其家既守藏书以研读。钱惟治"生平慕皮、陆为诗，有集十卷，又有宝子垂绶连环诗，世多称之。书迹恒为人藏弄。"⑥ 钱惟演"丁书无所不读"，著《典懿集》三十卷，又著《金坡遗事》、《飞白书叙录》、《逢辰录》、《奉藩书事》若干卷。⑦ 掌禹锡"读书无所择，经史之外，至于五行、星历、占筮、地理、百家之说，世有传者，无不钻凿推求，略习皆通。""尝谓审讨书传最为乐事。一有会意，如得奇货。人知其如此，故求怪僻难知之事以穷其学之深浅，公皆推本其自出以示之；有未见者，累日录究，至忘寝食，必得而后已。故当时士大夫多以博洽推之。"参与撰述《皇祐方域图志》、删修《地里新书》、重纂《类篇》、补注《神农本草经》。其著述藏于家者有"《文集》二十卷，《晋阳刀笔》六卷、《郡国手鉴》一卷、《周易杂解》十卷。"⑧ 吴伸"惟嗜经史"，对于藏书"多自雠对，虽年逾耳顺，手不释卷。"⑨ 范雍"著《明道集》三十卷，《后集》十卷；《弥纶集》十卷。虽高

---

① 王称：《东都事略》卷五十七《宋绶、宋敏求传》，第449页。参见脱脱等：《宋史》卷二百四《艺文志》，第5149页。厉鹗：《宋诗纪事》卷九《宋绶》、卷十四《宋敏求》，上海古籍出版社1983年版，第215、373页。

② 脱脱等：《宋史》卷二百六十八《王显传》，第9233页。

③ 叶昌炽：《藏书纪事诗》卷一，燕山出版社2008年版，第6页。

④ 王称：《东都事略》卷二十五《吴元扆传》，第200页。

⑤ 洪迈撰，孔凡礼点校：《容斋续笔》卷十五"书籍之厄"条，《容斋随笔》，第406页。

⑥ 吴任臣撰，徐敏霞、周莹点校：《十国春秋》卷八十三《钱惟治列传》，第1214页。

⑦ 吴任臣撰，徐敏霞、周莹点校：《十国春秋》卷八十三《钱惟演列传》，第1214—1215页。

⑧ 苏颂著，王同策等点校：《苏魏公文集》卷五十七《掌禹锡墓志铭》，第869—870页。

⑨ 金君卿：《金氏文集》卷下《吴伸墓志铭》，第394—395页。

年贵位，而造次不忘于学。"①

与此同时，许多私家藏书还向社会开放。如李昉"所藏既富，而且辟学馆以延学士大夫，不待见主人，而下马直入读书，供牢饩以给其日力，与众共利之。"② 宋敏求居汴京春明坊，仁宗时，"士大夫喜读书者多居其侧，以便于借置故也。当时春明宅子比他处僦值常高一倍。"③ 刘恕（1032—1078）为学，"求书不远数百里，身就之读且抄，殆忘寝食。"宋敏求"知亳州，家多书，恕枉道借览。"宋敏求"日具馔为主人礼。恕曰：'此非吾所为来也，殊废吾事。'悉去之。独闭阁，昼夜口诵手抄，留旬日，尽其书而去，目为之翳。"④ 欧阳修也曾写信向宋敏求借书，所谓："尝托裴如晦致恳，欲告借少书籍，承不为难。今先欲借《九国史》，或逐时得三两国亦善，庶不久滞也。先假《通录》，谨先归纳。"⑤ 令狐揆，"安陆名儒也，与二宋同时"，喜著书，经常入城至张君房之第"就阅。或假辍以归。"⑥

当时有许多学者奔走于民间书院。史称"五代学校不修，学者多各从其师。"⑦ 宋自立国起直到庆历四年（1044）诏天下州县兴学，这种状况始终没有出现大的改变，中央官学仅一国子监，而地方更无官学可言，即便是国子监亦是徒有虚名。北宋国子监于建隆二年（961）开始聚生徒讲学，当时定额不过七十人，专门招收七品以上官员的子弟，但不少是有学籍却不去听讲的挂名学生。如庆历（1041—1048）年间天章阁侍讲王洙言："国子监每科场诏下，许品官子役然试艺，给牒充广文、太学、律学三馆学生，多致千余。就试试已，则生徒散归，讲官倚席，但为游寓之所，殊无肄习之法。居常听讲

---

①　范仲淹撰，李勇先、王蓉贵点校：《范文正公文集》卷十四《范雍墓志铭》，《范仲淹全集》，第351—352页。

②　洪迈撰，孔凡礼点校：《容斋续笔》卷十五"书籍之厄"条，《容斋随笔》，第406页。

③　朱弁撰，孔凡礼点校：《曲洧旧闻》卷四"世畜书以宋次道为善本"条，中华书局2002年版，第141页。

④　脱脱等：《宋史》卷四百四十四《刘恕传》，第13119页。

⑤　欧阳修撰，李逸安点校：《欧阳修全集》卷一百四十八《与宋龙图》，第2440页。

⑥　王得臣：《麈史》卷中《贤德》，第20—21页。

⑦　曾巩：《隆平集》卷一《学舍》，第12页。

者，一二十人尔。"① 刘敞论及地方教育，称宋立国七十年，"天下得养老长幼，无兵革之忧，庶且富矣。然未有能兴起庠序，致教化之隆者也。自齐鲁之间，弦诵阙然，况其外乎。"② 然而由于宋代诸君皆推重文士，又兼国家承平日久，社会经济日渐发达，因而民间私学大为流行。吕祖谦称："国初斯民，新脱五季锋镝之厄，学者尚寡，海内向平，文风日起，儒老往往依山林，即闲旷以讲授，大率多至数十百人。"③ 马端临指出："是时未有州县之学，先有乡党之学。盖州县之学有司奉诏旨所建也，故或作或辍，不免具文。乡党之学，贤士大夫留意斯文者所建也，故前规后随，皆务兴起。"④ 这些私学有从前代继承过来的，如东佳书院乃南唐陈衮所建，华林书院为南唐胡铠所建。在这些书院中尤以白鹿洞、嵩阳、岳麓、石鼓、应天等书院为著。具体而言：

嵩阳书院："在登封县太室山南麓，五代周时建。初名太室书院，宋至道初赐九经子史，景祐二年更名嵩阳。"⑤

石鼓书院："唐元和间，衡州李宽所建，国初赐额。"

岳麓书院：五代时即有书院，北宋开宝（968—976）中"郡守朱洞首度基创宇，以待四方学者，李允则来为州请于朝，乞以书藏。方是时，山长周式以行义著。（大中祥符）八年诏见便殿，拜国子学主簿，使归教授，诏赐书院名，增赐中秘书。"

应天府书院：应天府楚丘人戚同文于五代后期于其乡聚徒讲学，真宗大中祥符二年（1009），应大府民曹诚，"即楚丘戚同文旧居，造舍百五一间，聚书数千卷，博延生徒，讲习甚盛，府奏其事，诏赐额曰'应天府书院'。"

白鹿洞书院："南唐升元中，白鹿洞建学馆，以李道为洞主，掌其教授"，"太平兴国二年，知江州周述言庐山白鹿洞，学徒常数千百人。"

---

① 脱脱等：《宋史》卷一百五十七《选举志·选举三》，第3659页。
② 刘敞：《公是集》卷三十六《王沂公祠堂记》，第430—431页。
③ 王应麟：《玉海》卷一六七"嵩阳书院"条，第3075页。
④ 马端临：《文献通考》卷四十六《学校考·学校七》，第431页。
⑤ 《大清一统志》卷一百六十二，《文渊阁四库全书》第477册，第268页。

此即马端临所说的宋兴之初的白鹿洞书院、石鼓书院、应天府书院、岳麓书院等"天下四书院。"① 王应麟所说的宋朝四大书院："嵩阳、岳麓、睢阳及白鹿洞"②。吕中所说宋初五大书院："国家肇造之初，为书院者有五，曰嵩阳书院，曰石鼓书院，曰岳麓书院，曰应天府书院，曰白鹿书院。"③

在前代书院的带动下，北宋新建的书院则更多。马端临所谓"前规后随，皆务兴起。后来所至，书院尤多。而其田土之锡，教养之规，往往过于州县学，盖皆欲仿四书院云。"④ 如开宝二年（969），淳化邑人刘玉建光禄书院；太平兴国四年（979），江西新建县邑人邓晏建秀溪书院，邑人邓武建香溪书院；至道（995—997）年间，江西安义县人洪文抚创雷塘书院；太宗时侍郎乐史在江西乐安建慈竹书院；太平兴国（976—984）年间黄中理在江西分宁建樱桃书院和芝台书院；景德（1004—1007）年间知州王仲达在广东英德建涵晖书院；大中祥符（1008—1016）年间湖南巴陵乡人建汨罗书院；天禧（1017—1021）年间浙江新昌县邑人石待旦建鼓山书院，湖南湘阴邑人邓咸建笙竹书院；天圣二年（1024）江苏金坛处士侯遗建茅山书院；景祐四年（1037）山东泰安孙复建泰山书院等。⑤ 由于书院中汇聚了相当数量的图书，这就为任教、求学于书院的学者从事学术研究提供了方便。

三、学者研究方向明确

当时学者研究皆以经国理民为务，但官私学者又各具特色。国家馆阁官员所从事的学术研究活动大体有二：

（一）整理编纂图书

就馆阁整理编纂图书而言，"总的说来，北宋前期是馆阁图书收藏、整

---

① 马端临：《文献通考》卷四十六《学校考·学校七》，第431页。
② 王应麟：《玉海》卷一六七"嵩阳书院"条，第3075页。
③ 刘时举：《续宋编年资治通鉴》卷十，中华书局1985年版，第124页。
④ 马端临：《文献通考》卷四十六《学校考·学校七》，第431页。
⑤ 李兵：《书院与科举关系研究》，华东师范大学出版社2005年版，第35—36页。

理、编纂工作最活跃，成果也最丰富的一个阶段。"①

1. 编修目录

乾德六年（968），撰成"《史馆新定书目》四卷"②，载有皇祐（1049—1054）年间史馆所藏书目的《史馆新定书目》，所谓："《史馆新定书目》，不知作者。载皇祐史馆所藏书，其目分经、史、子、集四部，总一万四千四百九卷。"③ 咸平三年（1000）撰成《馆阁图籍目录》，所谓："咸平元年十一月，以三馆、秘阁书籍，岁久不治，诏朱昂、杜镐与刘承珪整比，著为目录。二年闰三月甲午，诏三馆写四部书来上，当置禁中以便观览。三年二月丙午，昂以司封郎中加吏部，镐以校理为直秘阁，赐金紫。昂等受诏编《馆阁图籍目录》，至是奏御，故奖之。"④ 景祐（1034—1038）初校定真宗藏书书目，所谓："景祐初元，诏群儒即书府尽启先帝所藏校定条目，翰林学士王尧臣、史馆检讨王洙、馆阁校勘欧阳修等，咸被其选。讨论撰次，其伪滥者删去之，遗缺者补缉之。摘其重复，刊其讹舛，集其书之总数，凡三万六百六十九卷。以类分门，为目成六十七卷。"⑤

2. 校勘图书

（1）校定经书。咸平（998—1003）年间直秘阁杜镐、秘阁校理舒雅等参与了"重校定《周礼》、《仪礼》、《公羊》、《谷梁传》、《孝经》、《论语》、《尔雅》七经疏义"的活动⑥。景德四年（1007）十一月戊寅，"崇文院上校定《切韵》五卷，依九经例颁行。祥符元年六月五日，改为《大宋重修广韵》。"⑦ 大中祥符六年（1013）九月，"学士陈彭年、校理吴锐、直集贤院邱雍上《准诏新校定玉篇》三十卷，请镂板，诏两制详定，改更之字。"⑧

---

① 李更：《宋代馆阁校勘研究》，凤凰出版社 2006 年版，第 57 页。

② 王应麟：《玉海》卷五十二"嘉祐编定书籍昭文馆书"条，第 996 页。

③ 章如愚：《群书考索》卷十九，《文渊阁四库全书》第 936 册，第 255 页。

④ 王应麟：《玉海》卷五十二"咸平馆阁图籍目录"条，第 994 页。

⑤ 江少虞：《宋朝事实类苑》卷三十一"藏书之府十一"条，第 394 页。

⑥ 程俱撰，张富祥校证：《麟台故事辑本》卷二《修纂》，《麟台故事校证》，第 52 页。

⑦ 王应麟：《玉海》卷四五"景德校定切韵"条，第 847 页。

⑧ 王应麟：《玉海》卷四五"祥符新闻定玉篇"条，第 841 页。

（2）校定史书。淳化五年（994）七月，太宗"诏选官分校《史记》，前、后《汉书》，崇文院检讨兼秘阁校理杜镐，秘阁校理舒雅、吴淑，直秘阁潘慎修校《史记》，朱昂再校；直昭文馆陈充、史馆检讨阮思道、直昭文馆尹少连、直史馆赵况、直集贤院赵安仁、直史馆孙何校前、后《汉书》。既毕，遣内侍裴愈赍本就杭州镂板。"咸平（998—1003）年间，"真宗谓宰臣曰：'太宗崇尚文史，而三史版本如闻当时校勘未精，当再刊正。'乃命直史馆陈尧佐、周起，直集贤院孙仅、丁逊复校《史记》。寻而尧佐出知寿州，起任三司判官，又以直集贤院任随领之。"①

（3）校定子书。咸平六年（1003）四月，"诏选官校勘《道德经》，命崇文院检讨直秘阁杜镐、秘阁校理戚纶、直史馆刘锴同校勘。其年六月毕，并《释文》一卷，送国子监刊板。"景德二年（1005）二月，国子监直讲孙奭言："《庄子》注本，前后甚多，率皆一曲之才，妄窜奇说，唯郭象所注特会庄生之旨，亦请依《道德经》例，差官校定雕印。"真宗"诏可。仍命奭与龙图阁待制杜镐等同校定刻板。"② 景祐三年（1036），仁宗"御崇政殿观三馆、秘阁新校两库子集书，凡万二千余卷。赐校勘官并管勾使臣、写书吏器币有差。"③

（4）校定集部书。景德四年（1007）八月，真宗"诏三馆秘阁直馆校理分校《文苑英华》，李善《文选》摹印颁行。《文苑英华》以前所编次未精，遂令文臣择古贤文章重加编录，芟繁补阙，换易之卷数如旧。又令工部侍郎张秉、给事中薛映、龙图阁待制戚纶、陈彭年校之。李善《文选》校勘毕，先令刻板，又命官覆勘，未几，宫城火，二书皆烬。至天圣中，监三馆书籍刘崇超上言'李善《文选》援引该赡，典故分明，欲集国子监官校定净本，送三馆雕印。'从之。天圣七年十一月，板成，又命直讲黄鉴、公孙觉校

---

① 徐松：《宋会要辑稿》第五十五册《崇儒四》"崇儒四之一"，第2230页。原文"阮思道"之"阮"作"院"，"孙何"之"何"缺，据《玉海》卷四三改、补。

② 徐松：《宋会要辑稿》第五十五册《崇儒四》"崇儒四之二、三"，第2231页。

③ 程俱撰，张富祥校证：《麟台故事辑本》卷二《修纂》，《麟台故事校证》，第73页。

对焉。"①

3. 编纂图书

太平兴国七年（982）至雍熙三年（986）编纂《文苑英华》的过程中，秘书丞杨砺，著作佐郎吴淑、吕文仲、胡汀，著作佐郎直史馆戴贻庆等都曾参与其中。② 咸平（998—1003）年间编修《续通典》，秘阁校理舒雅、直集贤院李维等"为编修官"，直秘阁事杜镐"为检讨官"。景德（1004—1007）至大中祥符（1008—1016）年间编修《册府元龟》，太仆少卿直秘阁钱惟演、都官郎中直秘阁龙图阁待制杜镐、驾部员外郎直秘阁刁衎、户部员外郎直集贤院李维、右正言秘阁校理龙图阁待制戚纶、太常博士直史馆王希逸、秘书丞直史馆陈彭年、秘书丞直史馆姜屿、著作佐郎直史馆陈越、秘书丞陈从易、秘阁校理刘筠、直史馆查道、直集贤院夏竦皆参与"编修"。③ 大中祥符（1008—1016）至天禧（1017—1021）年间编真宗御集："大中祥符四年九月，兼秘书监向敏中、判昭文馆晁迥、判史馆杨亿、判集贤院李维上言，请圣集御制藏于馆阁。于是内出杂文篇什付敏中等，各以类分，其继作即续附入。又有《静居集》、《法音前集》、《玉宸集》、《读经史》、《清景殿诗》、《乐府集》、《正说》等，天禧初命龙图阁待制李虚己总编为一百二十卷。五年四月，以新集《御制文颂歌诗》十五卷藏于秘阁，从秘书监向敏中之请也。"④

（二）探讨经史中的微言大义，以服务于国家政治需要

馆阁人士作为国家的智囊人员及辅相的后备人员，肩负着为朝廷提供咨询及为日后治理国家积蓄才能的重任，因此他们不仅要整理图书，还要认真从中学习安邦定国之术。故范仲淹称："国家开文馆，延天下英才，使之直秘庭，览群书，以待顾问，以养器业，为大用之备。"⑤ 文彦博（1006—1097）

① 徐松：《宋会要辑稿》第五十五册《崇儒四》"崇儒四之三、四"，第2231—2232页。
② 程俱撰，张富祥校证：《麟台故事辑本》卷二《修纂》，《麟台故事校证》，第47页。
③ 程俱撰，张富祥校证：《麟台故事辑本》卷二《修纂》，《麟台故事校证》，第51—54页。
④ 程俱撰，张富祥校证：《麟台故事残本》卷二中《书籍》，《麟台故事校证》，第264—265页。
⑤ 李焘：《续资治通鉴长编》卷一百四十三"庆历三年九月丁卯"条，第3434—3435页。

云："前朝选试文学之士，即置于馆阁育材之地，渐进用之。杂学士、待制皆主侍从，备顾问议论，以裨时政"①。程俱所谓："祖宗时，有大典礼政事讲究因革，则三馆之士必令预议。"② 同时随时准备出任要职。范仲淹所谓："我朝崇尚馆殿，目为清华，辅相之材，多由此选。"③ 欧阳修所谓："自祖宗以来，所用两府大臣多矣，其间名臣贤相出于馆阁者，十常八九也。"④

馆阁人员对文献的整理研究，不仅为宋代学术活动的开展打下了坚实的基础，也使馆阁人员的学术水平得到了相当大的提高。欧阳修所谓："因其校雠，得以考阅，使知天地事物，古今治乱，九州四海幽荒隐怪之说，无所不通"⑤。同时由于他们肩负着为国家提供谋略并出任要员治理国家的重任，使他们在从事学术活动的同时，又对国家现实相当关注，这就使他们有意识地注意使自己的学术活动与国家盛衰相联系，从而具有极强的用世特征。

私家学者所从事的研究工作大致也包括两个方面，其一，整理文献典籍。如宋初人郭延泽"聚图籍万余卷，手自刊校。"⑥ 彭乘"聚书万余卷，皆手自刊校，蜀中所传书，多出于乘。"⑦ 宋绶"博学，喜藏异书，皆手自校雠。常谓：'校书如扫尘，一面扫，一面生。故有一书每三四校，犹有脱谬。"⑧ 宋敏求"退朝则与子侄审酬订正，故其收藏最号精密。平生无他嗜好，惟沈酣简牍以为娱乐，虽甚寒暑，未尝释卷。"⑨ 其二，学习文化知识。如宋绶"博通经史百家，文章为一时所尚。"⑩ 宋敏求"早与仲弟都官君敏修文章学问，

① 李焘：《续资治通鉴长编》卷三百七十二"元祐元年三月壬申"条，第9004页。

② 程俱撰，张富祥校证：《麟台故事辑本》卷三《选任》，《麟台故事校证》，第144页。

③ 范仲淹撰，李勇先、王蓉贵点校：《范文正公文集》卷九《奏上时务书》，《范仲淹全集》，第202页。

④ 欧阳修撰，李逸安点校：《欧阳修全集》卷一百一十四《又论馆阁取士札子》，第1728页。

⑤ 欧阳修撰，李逸安点校：《欧阳修全集》卷九十五《上执政谢馆职启》，第1446页。

⑥ 脱脱等：《宋史》卷二百七十一《郭延泽传》，第9298页。

⑦ 脱脱等：《宋史》卷二百九十八《彭乘传》，第9900页。

⑧ 沈括撰，胡道静校注：《新校正梦溪笔谈》卷二十五《杂志二》，第261页。

⑨ 苏颂著，王同策等点校：《苏魏公文集》卷五十一《宋敏求神道碑》，第776页。

⑩ 脱脱等：《宋史》卷二百九十一《宋绶传》，第9732页。

互相开发，子侄辈悉能奉循世范。"①

　　民间书院的学者普遍重视通经致用，以研习、传授经书中的"道"为务。如胡瑗成年后，"以经术教授吴中"，后被范仲淹聘为苏州教授。②孙复"四举而不得一官，筑居泰山之阳，聚徒著书。"在泰山书院"以其道授弟子，既授之弟子，亦将传之于书，将使其书大行，其道大耀。"③陈襄等所谓的四先生即是在乡校成名："陈襄字述古，福州侯官人。少孤，能自立，出游乡校，与陈烈、周希孟、郑穆为友。时学者沉溺于雕琢之文，所谓知天尽性之说，皆指为迂阔而莫之讲。四人者始相与倡道于海滨，闻者皆笑以惊，守之不为变，卒从而化，谓之四先生。"④王樵"淄州淄川人，居县北梓桐山。博通群书，不治章句，尤善考《易》，与贾同、李冠齐名，学者多从之。"⑤李觏"俊辨能文，举茂才异等不中。亲老，以教授自资，学者常数十百人。"⑥

　　总之，随着宋代对文教的重视，宋初颓废的士风渐渐发生变化，到真仁之时，士大夫已开始普遍关注国家大事。就国家对思想领域的态度而言，是有禁有开，如对于阴阳五行及兵学是明令禁止民间从事的，对于近现史的研究也设置了重重障碍，但是对于前代史却是相当鼓励。对于经学，则是不限制该领域内新思想的萌动但也不鼓励。当时随着时代的发展，北宋的学术研究也开始步入正规。总之随着各种矛盾的发展和士大夫阶层的不断成长，到了真仁之际，学术领域内发生重大变革的诸要素已经具备，所缺乏的只是促成变革的机缘而已。

---

　　① 苏颂著，王同策等点校：《苏魏公文集》卷五十一《宋敏求神道碑》，第776页。
　　② 黄宗羲辑，全祖望订补，冯云濠、王梓材校正：《宋元学案》卷一《安定学案》，第27页。
　　③ 石介著，陈植锷点校：《徂徕石先生文集》卷十九《泰山书院记》，第223页。
　　④ 脱脱等：《宋史》卷三百二十一《陈襄传》，第10419页。
　　⑤ 脱脱等：《宋史》卷四百五十八《王樵传》，第13439页。
　　⑥ 脱脱等：《宋史》卷四百三十三《李觏传》，第12839页。

第四章　庆历之际的史学新变

前面已经论及，宋朝建立之后，源自中唐的各种矛盾继续发展，同时新的危机随着时代的发展不断涌现，所有这些都要求思想界予以应和。而在各种矛盾交错发展的过程中，促成学术发生变革的诸要素也渐渐发展起来，真仁之际，学术领域内发生重大变革的条件已经具备，所缺乏的只是促成变革的机缘而已。于是当历史发展到庆历（1041—1048）之际，随着统治危机爆发而引起士大夫阶层要求革新政治的思潮的出现，学术领域内的变动也随之展开，史学变革遂乘势而起。

第一节　新春秋学的兴起

唐代自安史之乱后，由于政治、经济以及思想领域都出现许多新的变化，遂促成一些有识之士试图通过重新解读先秦元典著作复兴儒学，以适应新的形势需要："大历时，助、匡、质以《春秋》，施士匄以《诗》，仲子陵、袁彝、韦彤、韦茝以《礼》，蔡广成以《易》，强蒙以《论语》，皆自名其学"①。这种新的学术变动，对当时社会影响甚大："于是人自为学，独重大

---

① 欧阳修、宋祁：《新唐书》卷二百《啖助传》，第 5707 页。

义，视训诂章句若土梗。"① 如杜佑自称："佑少尝读书，而性且蒙固，不达术数之艺，不好章句之学。"② 中唐啖助学派的新春秋学就是在这样的背景下出现的。

一、 中唐啖助学派的新春秋学

啖助学派核心人物为啖助、赵匡及陆淳等，啖助与赵匡为朋友关系，据称两人只在大历五年（780）见过一次面，然此次会面，两人"深话经意，事多响合"，可谓志同道合。③ 陆淳则"以故润州丹阳县主簿臣啖助为严师，以故洋州刺史臣赵匡为益友。"④ 此学派治学的特点是不本三传，自创新义："啖助在唐，名治《春秋》，摭讪三家，不本所承，自用名学，凭私臆决，尊之曰：'孔子意也'，赵、陆从而唱之，遂显于时。"⑤

（一）义以时立，服务当世

中唐时期，皇权萎缩，藩镇跋扈，导致战乱不休，社会动荡不安。为了维护皇权，啖助学派大倡《春秋》尊王之义。啖助认为春秋之时，"周德虽衰，天命未改"，因此，"夫子伤主威不行，下同列国，首王正以大一统，先王人以黜诸侯，不言战以示莫敌，称天王以表无二尊，唯王为大，邈矣崇高"。⑥ 赵匡认为《春秋》的宗旨"在尊王室、正陵僭、举三纲、提五常，彰善瘅恶，不失纤芥，如斯而已"⑦。陆淳释"王"之名位例曰"王者无上，故加'天'字，言如天也。"⑧ 从尊王的立场出发，啖助学派反对诸侯卿大夫的篡弑及僭越，声称："废置诸侯，王者之事，人臣专之，罪莫大焉。"⑨ "曹伯

---

① 蒙文通：《中国史学史》，第 69 页。
② 杜佑撰，王文锦等点校：《自序》，《通典》。
③ 陆淳：《春秋集传纂例》卷一《修传终始记第八》，《文渊阁四库全书》第 146 册，第 390 页。
④ 吕温：《吕衡州文集》卷四《代国子陆博士进集注春秋表》，《丛书集成初编》本，第 38 页。
⑤ 欧阳修、宋祁：《新唐书》卷二百《啖助传》，第 5708 页。
⑥ 陆淳：《春秋集传纂例》卷一《春秋宗旨议第一》，第 380 页。
⑦ 陆淳：《春秋集传纂例》卷一《赵氏损益义第五》，第 383 页。
⑧ 陆淳：《春秋集传纂例》卷八《名位例第三十二》，第 495 页。
⑨ 陆淳：《春秋集传微旨》卷中，第 571 页。

之篡，罪莫大焉。"①《左传》序吴、越之君皆称王，啖助认为："此乃本国臣民之伪号，不可施于正传，故皆改为吴子、楚子。"② 在揭示《春秋》尊王之义的同时，啖助学派又认为《春秋》对君主的言行也提出要求，即所谓的"正君则"③。如郑大夫祭仲逐其君，《春秋》书"郑伯突出奔蔡"。对于祭仲逐其君却不被书于经，啖助认为这是孔子为了突出君主之恶，以警戒之："逐君之臣，其罪易知也。君而见逐，其恶甚矣。圣人之教，在乎端本清源。故凡诸侯之奔，皆不书所逐之臣，而以自奔为名，所以警乎人君也。"④ 针对春秋时期的弑君问题，啖助认为弑君原因不同，《春秋》的书法也不同。如果不是因为君主无道而被公子臣下所篡弑，如卫州吁弑其君完，宋督弑其君与夷等，"必书名，志罪也。"如果君主无道被大臣所弑，则书其国，所谓："称国以弑，目大臣也"。而之所以不书大臣之名，是因为君主无道，"言举国皆欲杀之也。"像晋君主州蒲、莒君主完、吴君主僚、薛君主比等被弑，《春秋》书其国，原因即在此。如果君主是为国人所弑，《春秋》就书"人"，这一方面是表示君主是被国人所弑："称人，以弑自贱人也"；另一方面意在显示君主之恶："君不善，国人皆欲杀之。"像宋君主杵臼等被弑书"人"，原因即在此。如蔡侯申那样的君主本无过恶而被国人所弑，则称"盗"，用以显示"非君之恶也。"并进而总结称："据此，君有道则大臣称名，卑者称盗；君无道则大臣称国，卑者称人。其理例昭然，不足疑也。"⑤ 啖助学派也不赞成臣子盲目忠于君主，陆淳指出："夫人臣之义，可则竭节而进，否则奉身而退"⑥，"非辅弼之臣，居于淫乱之邦，不能去位而行强谏，乃是取死之道，故君子不贵也。"⑦ 强调民本思想，重视民生问题。啖助认为："观民以定赋，量赋以制用，于是经之以文，董之以武，使文足以经纶，武足以御寇，故静

① 陆淳：《春秋集传微旨》卷下，第 581 页。
② 陆淳：《春秋集传纂例》卷一《啖子取舍三传义例第六》，第 388 页。
③ 陆淳：《春秋集传纂例》卷七《奔逃例第二十八》，第 485 页。
④ 陆淳：《春秋集传微旨》卷上，第 546 页。
⑤ 陆淳：《春秋集传纂例》卷七《弑例第二十六》，第 478—479 页。
⑥ 陆淳：《春秋集传微旨》卷中，第 558 页。
⑦ 陆淳：《春秋集传微旨》卷中，第 575 页。

而自保，则为礼乐之邦；动而救乱，则为仁义之师"，反之则是"危亡之道"。① 就劳役而言，"凡兴作必书，重民力也。观其时而是非昭矣"②。赵匡针对《春秋》宣公十五年秋书"初税亩"，成公元年三月书"作丘甲"，哀公十二年春书"用田赋"，指出因为赋税事涉国之治乱，故孔子将之书于《春秋》："赋税者，国之所以治乱也，故志之。民，国之本也，取之甚，则流亡，国必危矣，故君子慎之。"③ 宣扬改革。如赵匡在论及《春秋》凡改革之事必书的原因时指出，"法者以保邦也，中才守之久而有敝，况淫君邪臣从而坏之哉？故革而上者比于治，革而下者比于乱，察其所革而兴亡兆矣。"④

（二）折中三传，断以己意

关于《春秋》之旨，三传学者各执己见，杜预认为在于恢复周公的遗制，何休认为在于由周之文治归于鲁之质实，范宁认为在于借东周之史劝善惩恶，以恢复世道。而啖助则借鉴《公羊》学派的质文递变之说，认为《春秋》的宗旨是"救时之弊，革礼之薄"。其实质就是要按照夏、商、周三统循环的理论，效法夏政，变周流于形式的礼乐制度而从夏的忠诚以救其弊："参用二帝三王之法，以夏为本，不全守周典理"。啖助变周从夏观的提出，使他在摆脱三传束缚的同时，也获得了批驳三传的资格，因而对三传不免大加挞伐，他批评杜预之言"陋"，批评何休的观点是"悖礼诬圣，反经毁传，训人以逆，罪莫大焉。"批评范宁之说"粗陈梗概，殊无深指。"

啖助的理论虽有为春秋学研究另辟新路之功，但不足之处也相当明显。首先啖助虽持尊周观念，但他的变周从夏说，却在事实上给人以黜周的印象；其次，啖助将《春秋》之旨定义为从夏之政，可能限制学者的思路，不利于对经义的发挥。有鉴于此，赵匡遂借鉴《谷梁》学派《春秋》因史制经，以明王道的观点，否定了啖助的变周从夏观，但同时又继承与发展了啖助"以

---

① 陆淳：《春秋集传纂例》卷六《军旅例第十九》，第 470 页。
② 陆淳：《春秋集传纂例》卷六《兴作例第二十二》，第 472 页。
③ 陆淳：《春秋集传纂例》卷六《赋税例第二十一》，第 471 页。
④ 陆淳：《春秋集传纂例》卷六《改革例第二十三》，第 473 页。

权辅正"、"从宜救乱，因时黜陟"的主张，即对于违背礼制的行为以礼讥之。① 礼制所不及的"非常之事"，则由孔子"裁之圣心，以定褒贬"②，此较之于啖助的主张，更进了一步，极大地拓宽了学者解经的自由度。正因如此，陆淳对赵匡的观点深表赞同，认为《春秋》之褒贬或"宪章周典"，或"表之于圣心，酌乎皇极。"③

在新学术理念的指导下，啖助学派治经反对抱残守缺，各执一端，主张会通三传，通盘考察，决定去取。啖助声称："予所注经传，若旧注理通，则依而书之"④。具体而言，"三传叙事及义理同者，但举《左氏》，则不复举《公》、《谷》；其《公》、《谷》同者，则但举《公羊》；又《公》、《谷》理义虽同，而《谷梁》文独备者，则唯举《谷梁》。"⑤ 如果"小有不安，则随文改易。若理不尽者，则演而通之；理不通者，则全削而别注。其未详者，则据旧说而已。"⑥ 故赵匡谓之曰："啖先生集三传之善以说《春秋》，其所未尽，则申己意。"⑦

啖助学派尊经排传又折中三传、变专门为通学的治学理路，使春秋学摆脱了汉唐以来传统训诂章句之学的束缚，从而对春秋学的发展产生了深远的影响。故陈振孙指出："汉儒以来，言《春秋》者，惟宗三传；三传之外，能卓然有见于千载之后者，自啖氏始，不可没也。"⑧ 皮锡瑞更明确指出，"淳本啖助、赵匡之说，杂采三传，以意去取，合为一书，变专门为通学，是《春秋》经学一大变，宋儒治《春秋》者，皆此一派。"⑨

（三）深化《春秋》褒贬之旨

《春秋》三传尤其是《公》、《谷》二传重以褒贬解经，但在啖助学派看

---

① 陆淳：《春秋集传纂例》卷一《春秋宗旨议第一》，第379—380页。
② 陆淳：《春秋集传纂例》卷一《赵氏损益义第五》，第383页。
③ 陆淳：《春秋集传微旨》卷上，《文渊阁四库全书》第146册，第538页。
④ 陆淳：《春秋集传纂例》卷一《啖氏集注义例第四》，第382页。
⑤ 陆淳：《春秋集传纂例》卷一《啖子取舍三传义例第六》，第387页。
⑥ 陆淳：《春秋集传纂例》卷一《啖氏集注义例第四》，第382页。
⑦ 陆淳：《春秋集传纂例》卷一《赵氏损益第五》，第382页。
⑧ 陈振孙：《直斋书录解题》卷三，上海古籍出版社1987年版，第57页。
⑨ 皮锡瑞：《经学通论》四《春秋》之《论啖赵陆不守家法未尝无扶微学之功宋儒治〈春秋〉者皆此一派》，中华书局1954年版，第59页。

来，三传做得远远不够，赵匡所谓："观夫三家之说，其弘意大指，多未之知，褒贬差品，所中无几。故王崩不书者三，王葬不书者七。嗣王即位，桓、文之霸，皆无义说。盟会侵伐，岂无褒贬？亦莫之论。略举数事，触类皆尔。"①显见在啖助学派看来，《春秋》三传漏略的可褒贬之处甚多。同时又认为《春秋》的褒贬之意中，讥贬之意为盛。陆淳所谓："春秋时为恶者多，贬者则众，其理易见。"②如对于盟会侵伐，三传或褒或贬，或不置褒贬。然在啖助学派从尊王的角度出发，一则曰："观春秋之盟，有以见王政不行而天下无贤侯也。"③再则曰："《春秋》纪师无曲直之异，一其非也，不一之则祸乱之门辟矣。"④

　　总之，经过啖助学派的改造，使春秋学面貌为之一新，其学遂显于时。当时追随啖助学派者颇众。啖助弟子除其子啖异及陆淳外，又有卢庇，卢庇又有弟子窦群。陆淳弟子则有吕温、柳宗元、韩泰、韩晔、凌准、李景俭等。此外，治新春秋学者又有施士匄、卢仝、刘轲等。施士匄撰《春秋传》，文宗评其书为"穿凿之学，徒为异同。"⑤显见是书与传统的春秋学著作颇相异趣。卢仝探求《春秋》大义，不借助三传，直接从经文入手，撰《春秋摘微》四卷。韩愈赞其"《春秋》三传束高阁，独抱遗经究终始。"⑥代宗至文宗年间人刘轲认为当时学者治《春秋》有专守一传、缺乏融通，舍经习传、本末倒置之弊病，所谓："轲尝病先儒各固所习，互相矛盾，学者准裁无所。岂先圣后经以辟后生者邪，抑守文持论败溃失据者之过邪？次又病今之学者，涉流而迷源，舍经以习传，摭直言而不知其所以言。此所谓去经纬而从组绘者矣。"因拆衷三传，撰《三传指要》，所谓："会三家必当之言，列于经下，撰成十五卷，目之曰《三传指要》"。⑦

---

①　陆淳：《春秋集传纂例》卷一《赵氏损益义第五》，第 383 页。

②　陆淳：《春秋集传纂例》卷八《都论褒异》，第 504 页。

③　陆淳：《春秋集传纂例》卷四《盟会例第十六》，第 432 页。

④　陆淳：《春秋集传纂例》卷五《用兵例第十七》，第 443 页。

⑤　欧阳修、宋祁：《新唐书》卷二百《啖助传》，第 5707 页。

⑥　韩愈著，屈守元、常思春主编：《寄卢全》，《韩愈全集校注》，第 540 页。

⑦　刘轲：《全唐文》卷七四二《三传指要序》，第 7678 页。

二、 中唐儒学新变影响下的史学新变

中唐儒学领域的新变，促成了文学领域内反对骈俪，崇尚文以载道的古文运动的兴起，名家辈出，所谓："思想学术之壁垒一新，则文学不能安于骈俪之旧，而古文之说倡。"当时"凡以古文名者，莫不与异儒共声气。"① 如一些学者与以啖助为代表的新春秋学派"或是师弟关系、友人关系，或是亲属关系，有着密切的联系"②。如萧颖士客留濮阳期间，赵匡曾对其"执弟子礼。"③ 柳冕与陆淳曾"同修郊祀仪注"④。柳宗元在陆淳晚年向陆淳"执弟子礼"⑤，时间短暂，然在此之前，柳宗元便已私淑陆淳，与陆淳的门人吕温等交往甚密。柳宗元又与韩愈关系密切，韩愈称："同官尽才俊，偏善柳与刘。"所谓"柳"，即是指柳宗元。⑥ 柳宗元称："儒者韩退之与余善"⑦。柳宗元与李翱、皇甫湜也有交往。李翱与韩愈、柳宗元等共同切磋学问，所谓："初翱与韩愈、柳宗元、刘禹锡为文会之交"云云⑧。皇甫湜称赞柳宗元："肆意文章，秋涛瑞锦。吹回虫滥，王风凛凛。"⑨

这些古文名家不仅与新儒学关系密切，同时一些古文名家又曾任史官之职，或家世史官，如萧颖士天宝初为补秘书正字，后为集贤校理，后以史官韦述之荐，被召诣史馆待制，因不为李林甫所喜，很快免官。柳冕历右补阙、史馆修撰。沈既济被召拜左拾遗、史馆修撰。李翱元和初，转国子博士、史馆修撰。韩愈元和八年，拜比部郎中，史馆修撰。这使这些古文名家自觉地

---

① 蒙文通：《中国史学史》，第 70 页。

② ［日］卢崎哲彦：《关于中唐的新〈春秋〉学派》，《中国文哲研究通讯》（台北）1990 年第 2 期。

③ 欧阳修、宋祁：《新唐书》卷二百二《萧颖士传》，第 5768 页。

④ 刘昫：《旧唐书》卷一百四十九《柳冕传》，第 4032 页。

⑤ 柳宗元：《柳宗元集》卷三十一《答元饶州论春秋书》，第 819 页。

⑥ 韩愈著，屈守元、常思春主编：《赴江陵途中寄赠王二十补阙李十一拾遗李二十六员外翰林三学士》，《韩愈全集校注》，第 221 页。

⑦ 柳宗元：《柳宗元集》卷二十五《送僧浩初序》，第 673 页。

⑧ 释赞宁撰，范祥雍点校：《宋高僧传》卷十七《唐朗州药山惟俨传》，第 424 页。

⑨ 皇甫湜：《皇甫持正文集》卷六《祭柳子厚文》。

将文以载道的思想用之于史学领域，用新儒学思想来指导史学研究。

应该说还是在开元时期萧颖士就已提出效法《春秋》治史的主张。开元二十九年萧颖士撰《赠韦司业书》一文，认为司马迁、班固以纪传体著史，"其文复而杂，其体漫而疏，事同举措，言殊卷帙，首末不足以振纲维，支条适足以助繁乱"，因此欲依《春秋》编年体例，著《历代通典》，"综三传之能事，标一字以举凡"，从而复兴《春秋》的"圣明之笔"、"褒贬之文"。① 并将其付诸实践，所谓："起汉元年讫隋义宁编年，依《春秋》义类为传百篇。"② 然而萧颖士的主张却长期未能得到学者的应和，直到中唐新春秋学兴起之后，效法《春秋》治史才发展成为一股潮流。

如柳冕认为史家应继承《春秋》凡例褒贬的"圣人之法"，以传承圣人之道。③ 沈既济认为著史要坚持《春秋》的褒贬义例，所谓："正名所以尊王室，书法所以观后嗣"④。韩愈隐然以继承《春秋》遗志为务，欲"作唐之一经，垂之于无穷。诛奸谀于既死，发潜德之幽光"⑤。此显见韩愈不仅有师法《春秋》褒贬善恶之志，且有效法《春秋》以编年著史之心。韩愈的弟子皇甫湜、李翱在主张效法《春秋》褒贬善恶之旨的同时，对以编年之体著史提出了异议。皇甫湜认为："合圣人之经者，以心不以迹。得良史之体者，在适不在同。编年纪传，系于时之所宜，才之所长者耳，何常之有？"同时认为司马迁的本纪即采编年之体，之所以本纪之外又作传，是"将以包核事迹，参贯话言，纤悉百代之务，成就一家之说。"而编年纪事缺点甚多，如"束于次第，牵于混并，必举其大纲而简叙事，是以多阙载、多逸文。"为弥补不足，只好于编年之外，辅以他书，正因如此，自汉以来，史家大都采纪传著史，因而认为"今之作者苟能遵纪传之体制，同《春秋》之是非，文敌迁、固，直如南、董，亦无上矣。"⑥ 李翱明确提出欲师《春秋》之意，以纪传体著

① 萧颖士：《赠韦司业书》，董诰等编：《全唐文》卷三二三，第 3278 页。

② 欧阳修、宋祁：《新唐书》卷二百二《萧颖士传》，第 5768 页。

③ 柳冕：《答孟判官论宇文生评史官书》，董诰等编：《全唐文》卷五二七，第 5356 页。

④ 欧阳修、宋祁：《新唐书》卷一百三十二《沈既济传》，第 4539 页。

⑤ 韩愈著，屈守元、常思春主编：《答崔立之书》，《韩愈全集校注》，第 1263 页。

⑥ 皇甫湜：《皇甫持正文集》卷二《编年纪传论》。

史。所谓："欲笔削国史，成不刊之书，用仲尼褒贬之心，取天下公是公非以为本。"又说"韩退之所谓：'诛奸谀于既死，发潜德之幽光。'是翱心也。"①

当时一些学者不仅提出了效法《春秋》的主张，而且还将这种理念付诸实施。如沈既济撰《建中实录》十卷，起大历十四年德宗即位，尽德宗建中二年十月沈既济罢史官之日。自作五例："所以异于常者，举终必见始；善恶必评；月必举朔；史官虽卑，出入必书；太子曰薨。自谓辞虽不足而书法无隐云。"② 赵璘称沈既济撰《建中实录》，"体裁精简，虽宋、韩、范、裴亦不能过，自此之后，无有比者。"③ 韩愈撰《顺宗实录》五卷，元和十年献上。进书表称："削去常事，著其系于政者，比之旧录，十益六七。忠良贤佞，莫不备书；苟关于时，无所不录。"④ 是书"初，韩愈撰《顺宗实录》，说禁中事颇切直，内官恶之，往往于上前言其不实，累朝有诏改修。"⑤ 对此学者指出："韩愈作《顺宗实录》，秉笔一仍其作唐一经之豪勇，犹能以意褒贬人主，志不少假。"⑥ 元和七年，陈鸿（一作陈鸿修）撰《大统纪》三十卷，编纂原则是"正统年代，随甲子纪年，书事条贯兴废，举王制之大纲，天地变裂，星辰错行，兴帝之理，亡后之乱，毕书之，通讽谕、明劝戒也。"⑦ 大和四年，路隋、韦处厚等撰成《宪宗实录》，"内永贞元年九月书河阳三城节度使元韶卒，不载其事迹，隋等立议曰：'凡功臣不足以垂后，而善恶不足以为诫者，虽富贵人，第书其卒而已。'"⑧

总之，受时代潮流的影响，史学在中唐已出现新变，然而后来由于战乱频仍，皇朝权威日渐丧失，这种新变不仅没能得到发扬光大，反而又随着整

① 李翱：《答皇甫湜书》，载董诰等编：《全唐文》卷六三五，第6410—6411页。
② 马端临：《文献通考》卷一九四《经籍考·经籍二十一》，第1642页。
③ 赵璘撰：《因话录》卷二，上海古籍出版社1979年版，第81页。
④ 韩愈著，屈守元、常思春主编：《〈进顺宗皇帝实录〉表状》，《韩愈全集校注》，第2075页。
⑤ 刘昫：《旧唐书》卷一百五十九《路随传》，第4192页。
⑥ 秦蓁：《韩愈修史——以〈答刘秀才论史书〉为中心》，《史林》2003年第2期。
⑦ 陈鸿：《全唐文》卷六一二《大统纪序》，第6179页。
⑧ 王钦若等编纂，周勋初等校订：《册府元龟》（校订本）（七）卷五五四《国史部·采撰》，第6384页。

个学术思潮的衰落而消沉下去。直到庆历（1041—1048）之际，发端于中唐的新儒学再度复兴，史学的变革遂乘势而起。

三、 庆历之际疑经惑传思潮下新春秋学的复兴

庆历（1041—1048）之际，北宋长期酝酿的各种矛盾终于激化。外而与西夏的战争连绵不断，内而兵变、民变此起彼伏。为了挽救危机，一批心忧国事、不满现状、要求变革的官员走上了政治舞台的中心，他们针对时势纷纷发表意见。在此过程中，他们不仅就事论事，对一些具体的国是提出看法，同时还对宋朝的统治政策进行反思和批判，推而广之，又对与治国关系密切的学术思想展开了深入的探讨，试图通过对文化思想的探研，从而最终解决困扰宋皇朝统治的一系列难题，由此学术领域内开始出现重大变动。

由于经学在古代被视为治国的理论依据而备受历代学者重视，因而重大变化最先在经学领域内出现。在新的形势下，学者们突破原来知识体系的限制，纷纷发表自己的见解，于是兴起于中唐的新儒学再度复苏，从而中国历史也迎来了继魏晋之后的又一次思想解放浪潮，在此潮流之中，新春秋学也再度复兴。

庆历（1041—1048）之际的学术新变是从范仲淹、孙复、石介、胡瑗、欧阳修等的疑经惑传开始的，范仲淹"病注说之乱六经，六经之未明。"① 孙复批评诸经注疏："复至愚至暗之人，不知国家以王、韩、左氏、公羊、谷梁、杜、何、范、毛、郑、孔数子之说，咸能尽于圣人之经耶；又不知国家以古今诸儒服道穷经者，皆不能出于数子之说耶。若以数子之说咸能尽于圣人之经，则数子之说不能尽于圣人之经者多矣；若以古今诸儒服道穷经皆不能出于数子之说，则古今诸儒服道穷经可出于数子之说者亦甚深矣。"② 石介称诸经传疏，"是非相扰，黑白相渝，学者茫然慌忽，如盲者求诸幽室之中，恶睹夫道之所适从也。"③ 胡瑗对传疏的看法虽不易见，但从他讲《易》时对经文

---

① 孙复：《寄范天章书二》，《孙明复小集》，第 171 页。
② 孙复：《寄范天章书二》，《孙明复小集》，第 171 页。
③ 石介：《徂徕石先生文集》卷十五《上孙少傅书》，第 173 页。

置疑，且不皆以传疏为准看，显然是既疑经又惑传。如他于《大畜》上九爻辞"何天之衢"说"何"字为羡文："且经文有'何'字，推寻其义，殊无所适，盖传写者因象辞有之故遂加之也。"① 于《遯卦》六二爻辞"执之用黄牛之革"，说"然此句上'之革'二字乃羡文也。革之初有巩用黄牛之革，故此误有之也，推求无义可通，注谓革者固也，此臆为之说尔。"② 欧阳修也是既疑经又惑传。如于经他怀疑《周礼》设官之众："六官之属略见于经者五万余人，而里闾县鄙之长，军师卒伍之徒不与焉。王畿千里之地，为田几井？容民几家？王官王族之国邑几数？民之贡赋几何？而又容五万人者于其间，其人耕而赋乎？如其不耕而赋则何以给之？夫为治者故若是之烦乎？"③ 于传他怀疑《易传》，认为不仅《系辞》非圣人所作："《文言》、《说卦》而下，皆非圣人之作。"④ 批评《诗经》的毛、郑之说："其说炽辞辨固已广博，然不合于经者亦不为少，或失于疏略，或失于谬妄。"⑤

　　由于他们在当时皆名声甚著，因而由他们所倡导的这种新风，很快便发展成时代潮流。司马光称受这种潮流的影响，"新进后生，未知臧否，口传耳剽，翕然成风。至有读《易》未识卦、爻，已谓《十翼》非孔子之言；读《礼》未知篇数，已谓《周官》为战国之书；读《诗》未尽《周南》、《召南》，已谓毛、郑为章句之学；读《春秋》未知十二公，已谓三传可束之高阁。循守注疏者，谓之腐儒；穿凿臆说者，谓之精义。"⑥ 南宋的陆游后来追述说："唐及国初，学者不敢议孔安国、郑康成，况圣人乎！自庆历后，诸儒发明经旨，非前人所及，然排《系辞》，毁《周礼》，疑《孟子》，讥《书》之《胤征》、《顾命》，黜《诗》之《序》。不难于议经，况传注乎！"⑦

---

① 胡瑗：《周易口义》卷五，《文渊阁四库全书》第 8 册，第 300 页。
② 胡瑗：《周易口义》卷六，《文渊阁四库全书》第 8 册，第 324 页。
③ 欧阳修撰，李逸安点校：《欧阳修全集》卷四十八《问进士策三首》，第 674 页。
④ 欧阳修撰，李逸安点校：《欧阳修全集》卷七十八《易童子问》，第 1119 页。
⑤ 欧阳修撰，李逸安点校：《欧阳修全集》卷六十一《诗解统序》，第 884 页。
⑥ 司马光：《温国文正司马公文集》卷四十五《论风俗札子》，《四部丛刊初编》本。
⑦ 王应麟著，翁元圻等注，栾保群、田松青、吕宗力校点：《困学纪闻》卷八《经说》，第 1095 页。

在庆历（1041—1048）之际学风转变的过程中，与史学密切相关的春秋学的变革也颇引人注目。究其原因，乃在于春秋学是与现实政治联系最为密切的学说，而学术在变动之初往往与现实政治密切相关，因而当现实政治发生重大变化之时，学术领域内的春秋学也最容易乘时而动。由于自中唐以来，无论是政治、经济亦或是社会生活都发生了重大变革，因而春秋学便在庆历（1041—1048）之际显现出了极其明显的变动。

庆历（1041—1048）之际，撰述《春秋》者有王沿（？—1044）、孙复、胡瑗、周尧卿（995—1045）、贾昌朝（998—1065）等数家。其中贾昌朝成名甚早，天禧元年（1017）已步入仕途，先后任国子监说书及崇政殿说书，景祐元年（1034）十二月撰成《春秋要论》十卷，从老儒判国子监孙奭称其"讲说有师法"，可知其论著不出传统窠臼。① 而其他诸家则皆颇出新意。如王沿"集三传之说，删为一书"，自以董仲舒等"先儒犹为未尽者，复以己意笺之。"② 胡瑗著有《春秋要义》三十卷，《春秋口义》五卷，或曰二十卷，又有《春秋辨要》一书，惜三书皆不传，学者旁求推考，认为其治春秋学"基本上是继承了唐代啖、赵、陆三家的传统"③。周尧卿"为学不专于传注，问辨思索，以通为期。"其学《春秋》，"由左氏记之详，得经之所以书者，至《三传》之异同，均有所不取。曰：'圣人之意岂二致耶？'"撰《春秋说》三十卷。④ 不过，虽然当时论说《春秋》者甚众，而于时代有开风气之功者则非孙复莫属。

孙复与范仲淹渊源甚深，其自称游于范仲淹之"墙藩者有年矣"⑤，因而深受范仲淹的影响。就经学而言，范仲淹推崇六经而贬抑传注，具体到春秋学，范仲淹认为《春秋》中蕴含着圣人的微言大义："褒贬大举，赏罚尽在"。而对《三传》深致不满："游、夏既无补于前，公、谷盖有失于后。虽

---

① 脱脱等：《宋史》卷二百八十五《贾昌朝传》，第9614页。

② 朱彝尊著，汪嘉玲等点校：《经义考》（5）卷一百七十九"王氏沿《春秋集传》"条，"中央"研究院中国文哲研究所筹备处（台北）1997年版，第762页。

③ 赵伯雄：《春秋学史》，山东教育出版社2004年版，第425页。

④ 脱脱等：《宋史》卷四百三十二《周尧卿传》，第12847页。

⑤ 孙复：《寄范天章书二》，《孙明复小集》，第171页。

丘明之《传》，颇多冰释，而素王之言，尚或天远"①。受其影响，孙复认为治国要想求得所谓的舜禹文武之道，就必须去研读"六经"原典著作，具体到《春秋》，孙复称："专守左氏、公羊、谷梁、杜预、何休、范宁之说而求于《春秋》，吾未见其能尽于《春秋》者也。"因此提出重注"六经"的主张，认为只有这样，才能使"六经""廓然莹然，如揭日月于上，而学者庶乎得其门而入也。"②进而又将自己的想法付诸实践，于景祐二年（1035）至庆历二年（1042）撰写《春秋尊王发微》一书，以阐发《春秋》之奥义。孙复又有《春秋总论》三卷，已佚。

就孙复《春秋尊王发微》而言，王应麟评价说："《尊王发微》十二篇，大约本于陆淳而增新意。"李滢称："今观其发明之义例，原本《三传》，折衷于啖、赵、陆诸家，而断以古先哲王正经常法"。③

孙复的春秋学思想在啖助学派的影响下继续向前推进，具体而论：

（一）弘扬《春秋》尊王之旨，维护北宋皇朝统治

为了维护北宋皇朝的稳定与发展，避免再度出现唐末五代藩镇跋扈、皇权衰落的局面，孙复极重对《春秋》尊王思想的阐发。如前所述，啖助学派是把尊王思想作为春秋学的一个重要方面予以研究的，在啖助学派看来，尊王是《春秋》的重要内容，但并非全部。如啖助认为《春秋》的宗旨是"救时之弊，革礼之薄"，赵匡指出《春秋》的宗旨"在尊王室、正陵僭、举三纲、提五常，彰善瘅恶，不失纤芥，如斯而已"。④而孙复则是把《春秋》的尊王思想作为核心命题加以剖析，故名其书曰《春秋尊王发微》。在孙复看来孔子之所以作《春秋》，是有感于周道断绝，天下无王，以至于礼崩乐坏，混乱不已。为拨乱反正，尊王思想贯穿《春秋》始终。如《春秋》开篇书隐公"元年春王正月"，孙复指出《春秋》虽始于鲁隐公元年，但非因鲁隐公

---

① 范仲淹：《范文正公文集》卷八《说春秋序》，《范仲淹全集》，第189页。

② 孙复：《寄范天章书二》，《孙明复小集》，第171—172页。

③ 朱彝尊著，汪嘉玲等点校：《经义考》（5）卷一百七十九"孙氏复《春秋尊王发微》"条，第767—768页。

④ 陆淳：《春秋集传纂例》卷一，第379—383页。

而作，而是因无王而作。他说："《春秋》自隐公而始者，天下无复有王也。"
"夫欲治其末者必先端其本，严其终者必先正其始。元年书王所以端本也，正
月所以正始也，其本既端，其始既正，然后以大中之法从而诛赏之。故曰
'元年春王正月'也"①。《春秋》绝笔于鲁哀公十四年春西狩获麟，孙复认为
是由于孔子哀伤圣道之绝的缘故："孔子伤圣王不作，圣道遂绝，非伤麟之见
获也。"② 具体则通过对春秋时期诸侯、大夫、陪臣行为的褒贬来达到其尊王
的目的。如隐公二年十二月经"郑人伐卫"条，孙复解称："夫礼乐征伐者，
天下国家之大经也。天子尸之，非诸侯可得专也。诸侯专之犹曰不可，况大
夫乎！吾观隐桓之际，诸侯无小大皆专而行之；宣成而下，大夫无内外皆专
而行之，其无王也甚矣。故孔子从而录之，正以王法，凡侵、伐、围、入、
取、灭，皆诛罪也。"③ 僖公二十八年经"夏四月己巳，晋侯、齐师、宋师、
秦师及楚人战于城濮，楚师败绩"条，孙复的解释是"晋文始见于经，孔子
遽书爵者，与其攘外患救中国之功不旋踵而建也。昔者齐威既殁，楚人复张，
猖狂不道，欲宗诸侯。自城濮之败，不犯中国者十五年，文公之功伟矣，故
《春秋》与之。"④

　　孙复的尊王思想与啖助学派的另一个不同之处，在于孙复强调了臣忠于
君的绝对性与无条件性，前已论及。就尊王而言，啖助学派在高扬《春秋》
尊王之义的同时，也要求君主行君道，否则就要受到批评。然而孙复却认为
臣尊君是无条件的，君主虽无道，臣下也不能行篡弑之事，故《春秋》于篡
弑之事皆诛绝之。如他释《春秋》鲁隐公四年"卫州吁弑其君完"称："州
吁不氏，未命也。《易》曰：'履霜坚冰，阴始凝也。驯致其道，至坚冰也。'
又曰：'积善之家必有余庆，积不善之家必有余殃。'臣弑其君，子弑其父，
非一朝一夕之故，其所由来者渐矣。由辨之不早辨也，斯圣人教人君御臣子
防微杜渐之深戒也。盖以臣子之恶始于微而积于渐，久而不已，遂成于弑逆

---

① 孙复：《春秋尊王发微》卷一，第3页。
② 孙复：《春秋尊王发微》卷十二，第124页。
③ 孙复：《春秋尊王发微》卷一，第6页。
④ 孙复：《春秋尊王发微》卷五，第55—56页。

之祸，如履霜而至于坚冰也。若辨之不早，则鲜不及矣。故春秋之世，臣弑其君者有之，子弑其父者有之，弟弑其兄者有之，妇弑其夫者有之，是时纪纲既绝，荡然莫禁。孔子惧万世之下乱臣贼子交轨乎天下也，故以圣王之法从而诛之。其诛之也，罪恶有三：大夫弑君则称名氏以诛之。谓大夫体国，不能竭力尽能辅其不逮，包藏祸心，以肆其恶，故称名氏以诛之。此年卫州吁弑其君完、庄八年齐无知弑其君诸儿、宣十年陈夏征舒弑其君平国之类是也；微者弑君则称人以诛之。微者谓非大夫名氏不登于史策，故称人以诛之。文十六年宋人弑其君杵臼、十八年齐人弑其君商人、襄三十一年莒人弑其君密州之类是也；众弑君则称国以诛之。众谓上下乖离，奸宄并作，肆祸者非一，言举国之人可诛也。故称国以诛之。文十八年莒弑其君庶其、成十八年晋弑其君州蒲、定十三年薛弑其君比之类是也。"①

（二）弃传从经，标新立异

孙复的春秋学思想在啖助学派的影响下继续向前推进，啖助学派主张会通三传，已让学者耳目一新，孙复则主张"弃传从经"②，即舍弃传注，直接通过对《春秋》经文的研读而阐发孔子的微言大义，观点更为鲜明激进。如鲁昭公二十五年，鲁昭公与三桓交恶而出奔齐，后居于郓。二十九年十月，郓民溃散叛昭公，昭公遂出奔晋之乾侯，以至于死。自三十年起直到三十二年昭公去世，《春秋》每年皆书"春王正月，公在乾侯。"对此，《春秋》三传及注疏皆不认为孔子有归罪臣下之意。如《左传》认为这是孔子意在明示昭公之过错，所谓："不先书郓与乾侯，非公，且征过也。"杜预进而指出这是由于鲁昭公内而为民所溃叛，外而为齐、晋所卑，其过甚大，故每岁书其所在以明其过。所谓："内外弃之，非复过误所当掩塞，故每岁书公所在。"《谷梁传》认为这是因为鲁国不容昭公，而乾侯容纳昭公，故书之。所谓："中国不存公，存公故也。"何休为《公羊传》作注，认为这是孔子怜悯鲁昭公郓溃之后，"无尺土之居，远在乾侯，故以存君书，明臣子当忧纳之。"陆

---

① 孙复：《春秋尊王发微》卷一，第8页。
② 永瑢等：《四库全书总目》卷二六《〈春秋〉类序》，第210页。

淳也不认为有贬斥臣子之意，所谓："此时郓溃，公无所容，寄在乾侯，既非其地不得书'居'，故每岁首皆书所在也。"① 而孙复论及此事，则舍弃传疏，断以己意，另出新解，认为这是孔子意在谴责鲁之臣子驱逐君主之过："明公为强臣所逐不见纳于内，终颠殒于外。故自是岁首孔子皆录公之所在责鲁臣子。"② 鲁宣公十六年夏，东周宣榭发生火灾。《春秋》书"夏，成周宣榭火。"对此条经文，《公羊传》认为宣榭是宣宫之榭，是乐器所藏之处，孔子书宣榭之灾，意在"新周"。《谷梁传》解释了孔子书"宣榭"的原因，所谓："以乐器之所藏目之也"。《左传》解释了孔子书"火"的原因，所谓："人火之也。凡火，人火曰火，天火曰灾。"总之，三传皆不认为此语有哀伤周宣王之意。然孙复却不本三传，自出新义，认为"宣榭"是指"宣王之榭"，由此展开论述，指出宣王为周中兴之主，嗣后诸王皆庸暗龌龊，不能以王道振兴周朝，故孔子因其灾而伤之："伤圣王之烈既不可得而见，圣王之迹又从而灾之也。"③ 显见孙复虽声称自己于《春秋》是"弃传从经"，事实上却是孙复根据时代需要而"多断于己意"，从而使春秋学研究真正摆脱了传疏的束缚而焕发出勃勃生机。故牟润孙论及此，认为孙复此举"别开说经之新途径，其影响所及者，不仅春秋之学或经学而已。"④

当然，由于春秋时期的历史主要靠三传来传承，因此不明三传便无法了解春秋时事，故孙复虽高扬弃传从经的旗帜，事实上却无法真正摆脱三传的影响。将《春秋尊王发微》与三传对读，可发现该书实际上就是以三传为基础撰述而成的。这方面的例子可谓俯拾皆是。如鲁桓公十八年，鲁桓公与齐襄公相会于泺，桓公夫人文姜随行，两君相会时，齐襄公与文姜私通，其事为鲁桓公发觉，齐襄公遂设计害死鲁桓公。鲁桓公死后，其子庄公继位，鲁庄公元年三月，其母文姜奔齐。《春秋》经纪其事称庄公元年"三月，夫人孙于齐。"对此《左传》认为《春秋》以文姜有杀夫之罪，庄公宜按照礼制绝

---

① 陆淳：《春秋集传纂例》卷二《公即位例第十》，第393页。
② 孙复：《春秋尊王发微》卷十，第112页。
③ 孙复：《春秋尊王发微》卷七，第76页。
④ 牟润孙：《两宋春秋学之主流》，《注史斋丛稿》，第141页。

不与夫人文姜为亲，所谓："不称姜氏，绝不为亲，礼也。"《谷梁传》认为对文姜称夫人而不言姓氏，意在贬斥文姜，所谓："不言姓氏，贬之也。"孙复兼采《左传》、《谷梁》之说而阐发之："夫人文姜不言姜氏，贬之也。"认为"文姜之恶甚矣，臣子虽不可讨，王法其可不诛乎？故孔子去姜氏以贬之，正王法也。"① 在释《春秋》庄公二十四年经"戎侵曹，曹羁出奔陈，赤归于曹。郭公"条时，孙复又参酌三传，所谓："杜预谓羁曹世子，赤曹僖公者，以桓十一年'宋人执郑祭仲，突归于郑，郑忽出奔卫'其文相类尔。案《史记·曹世家》及《年表》，僖公名夷。至如《公羊》、《谷梁》言赤，郭公名者，理亦不安。窃谓去圣既远，后人传授，文有脱漏尔，故其义难了。"② 故《四库》馆臣认为其虽"名为弃传从经，所弃者特《左氏》事迹，《公羊》、《谷梁》月、日例耳。"③ 而有学者对《春秋尊王发微》进行深入探讨后，又进一步指出该书"常以《谷梁传》中日月时例解经"④。

（三）推阐讥贬，少可多否

关于《春秋》的褒贬之旨，啖助学派已认为是讥贬之意甚盛，及至孙复从尊王的角度出发，"以为凡经所书，皆变古乱常则书之。故曰：'《春秋》无褒'"⑤。因而在阐发《春秋》之微言大义之时更是多贬少褒。如隐公在位十一年，《春秋》记事共65条，孙复贬之者共41条。《四库》馆臣认为这是师法《公羊》、《谷梁》所谓："其推阐讥贬，少可多否。实阴本《公羊》、《谷梁》法，犹诛邓析用竹刑也。"⑥ 然公羊、谷梁皆不若孙复贬抑之甚，牟润孙认为这是因为"孙氏既一切以尊王为中心，故凡书于《春秋》者，皆为恶事，即皆孔子所贬。褒之之事盖寡矣。"⑦

总之，在北宋皇朝统治面临内忧外患之际，孙复以"尊王"为重心，对

① 孙复：《春秋尊王发微》卷三，第26页。
② 孙复：《春秋尊王发微》卷三，第37页。
③ 永瑢等：《四库全书总目》卷二六《〈春秋〉类序》，第210页。
④ 刘越峰：《孙复〈春秋〉学思想探源》，《南京师大学报》2008年第6期。
⑤ 王得臣：《麈史》卷中《经义》，第31页。
⑥ 永瑢等：《四库全书总目》卷二六《〈春秋〉类序》，第210页。
⑦ 牟润孙：《两宋春秋学之主流》，《注史斋丛稿》，第143页。

春秋学进行深入研究，力求服务于当世，这自然会引起以经世为主流治学思想的学界的关注；其"弃经从传"的研究方法使他得以摆脱传统传注的束缚，在相当大程度上实现了对《春秋》的自由解读，这无疑为春秋学乃至其他学术的研究开辟出了一条新的路径，因而对学者富有极强的启发意义；最后其"《春秋》无褒"的观点则对当时学者的传统春秋学思想起着振聋发聩的颠覆性作用。

故而孙复的春秋学一出即受到学者的推崇，张方平一则赞孙复："旧学孙明复，《春秋》助发微"①；再则赞孙复："节行高介，经术精深。"② 欧阳修认为孙复治春秋学，"不惑传注，不为曲说以乱经。其言简易，明于诸侯大夫功罪，以考时之盛衰，而推见王道之治乱，得于经之本义为多。"③ 孙复的春秋学不仅受到张方平与欧阳修的赞扬，李濤更进一步指出孙复的《春秋尊王发微》一书，"宋人自欧阳永叔而下，多盛称之"④。其学同时又为许多学者所宗奉，所谓："学者多宗之。"⑤ 程颐曾描述孙复任教国子监讲学的盛况："孙殿丞复说《春秋》，初讲旬日间，来者莫知其数，堂上不容，然后谢之，立听户外者甚众，当时《春秋》之学为之一盛，至今数十年传为美事。"⑥

在孙复的倡导下，学者们纷纷对《春秋》传疏提出质疑，力求突破《春秋》传注的束缚。

如其弟子石介认为《春秋》"特见圣人之作褒贬。"由于旨义深远，即使是孔子弟子中的七十名高弟也不能尽知，三传的作者"亦不能尽得圣人之意。"汉唐大儒"虽探讨甚勤，终亦不能至《春秋》之蕴。"⑦ 不仅如此，由于三传学者议论纷纭，还严重影响了学者对经文的理解。所谓："是非相扰，

① 张方平：《乐全集》卷一《宋屯田归湖南》，第 11 页。

② 张方平：《乐全集》卷三十《荐举孙复》，第 330 页。

③ 欧阳修撰，李逸安点校：《欧阳修全集》卷三十《孙复墓志铭》，第 458 页

④ 朱彝尊著，汪嘉玲等点校：《经义考》（5）卷一百七十九"孙氏复《春秋尊王发微》"条，第 768 页。

⑤ 王得臣：《麈史》卷中《经义》，第 31 页。

⑥ 程颢、程颐：《河南程氏文集》卷七《回礼部取问状》，《二程集》，第 568 页。

⑦ 石介著，陈植锷点校：《徂徕石先生文集》卷十四《与张洞进士书》，第 164 页。

黑白相渝，学者茫然慌忽，如盲者求诸幽室之中，恶睹夫道之所适从也。"①
石介撰有《春秋说》。孙复弟子张洞所著文被石介评为"出三家之异同而独会
于经。"②

　　贾昌朝的春秋学思想在庆历（1041—1048）年间也发生了变化，如庆历
四年（1044）三月，仁宗问辅臣三传异同之说，贾昌朝称"《左氏》多记事，
《公》、《谷》专解经，皆以尊王室，明赏罚，然考之有得失。"③

　　欧阳修景祐四年（1037）撰《春秋论上》、《春秋论中》、《春秋论下》及
《春秋惑问》等文章，发表自己对《春秋》的看法。他认为"《春秋》，谨一
言而信万世者也。"故三传有与《春秋》不同之处，要相信《春秋》而非三
传，在他看来，三传看似有助于理解经书，实则为理解《春秋》设置了不少
障碍："经不待传而通者十七八，因传而惑者十五六。"④ 故而从"惟是之求"
的原则出发，欧阳修声称："经之所书，予所信也；经所不言，予不知也。"⑤

　　张方平批评《公羊》、《谷梁》说："夫二子之说《春秋》，信长于诚劝，
然与圣人之用心为异。"⑥

　　朱寀著《春秋指归》十二卷，于啖助之学颇有发挥。如庆历三年
（1043）张方平、杨察、贾昌朝等上札子举荐朱寀充馆阁职名，称赞该书"辨
析三传疑义，辞旨精通，有裨儒林之说。"⑦ 范仲淹称其于啖助学派思想有开
拓弘扬之功："寀《春秋》之学，为士林所称。有唐陆淳，始传此义。学者以
为《春秋》之道久隐，而近乃出焉；寀苦心探赜，多所发挥"⑧。

　　李尧俞庆历（1041—1048）中"辨三传诸家得失及采陈岳《折衷》"，撰

---

　① 石介：《徂徕石先生文集》卷十五《上孙少傅书》，第 173 页。
　② 石介：《徂徕石先生文集》卷十四《与张洞进士书》，第 164 页。
　③ 朱彝尊著，汪嘉玲等点校：《经义考》(5) 卷一百七十九"《春秋节解》"条，第 764 页。
　④ 欧阳修撰，李逸安点校：《欧阳修全集》卷十八《春秋或问》，第 311 页。
　⑤ 欧阳修撰，李逸安点校：《欧阳修全集》卷十八《春秋论上》，第 306 页。
　⑥ 张方平：《乐全集》卷十六《赵鞅论》，第 131 页。
　⑦ 张方平：《乐全集》卷三十《举朱寀充馆阁职名》，第 328 页。
　⑧ 范仲淹撰，李勇先、王蓉贵点校：《范文正公文集》卷二十《进故朱寀所撰春秋文字及乞推
恩与弟实状》，《范仲淹全集》，第 452—453 页。

成《春秋集议略论》三十卷。①

刘敞也持尊经抑传的主张，他认为"《春秋》之作，贬诸侯明王道以救衰世者也。"② 批评《左传》"一之于仲尼则得之，一之于左氏则失之。"③ 认为"《春秋》之书，要在无传而自通，非曲经以合传也"④。"传者，出于经者也，而传非经之本也。今传与经违，是本末反矣，安得哉？明于此者，可以无惑于《春秋》矣。"⑤ 此说显与孙复同，然孙复持此说著《春秋尊王发微》，"几于尽废三传"。而刘敞撰有《春秋》五书，则是"不尽从传，亦不尽废传。"⑥ 显见是对孙复思想有继承亦有发展。

王哲至和（1054—1056）中"撰《春秋通义》十二卷，据三传注疏及啖、赵之学。其说通者，附经文之下；阙者，用己意释之。"此外又撰《春秋异义》十二卷，《皇纲论》五卷二十三篇。⑦

另外如宋祁、孙甫（998—1057）、尹洙等，其传世的文献中虽不见其有疑经惑传的言论，然皆对《春秋》有深入的研究。宋祁称："《春秋》者，天下之正法也。"⑧"宣父之志，因史成法。"⑨ 孙甫初入仕途，与杜衍语即"必引经以对"，其《唐史论断序》述说著史之由，"春秋"二字凡十一见。⑩ 尹洙"博学有识度，尤深于《春秋》"⑪。

当时在新学风的鼓荡下，源自中唐的古文运动再次复兴，孙甫、尹洙、欧阳修等又多预此流，修习古文。史称孙甫："少好学，日诵数千言，慕孙何

---

① 朱彝尊著，汪嘉玲等点校：《经义考》（5）卷一百七十九"李氏尧俞《春秋集议略论》"条，第764页。

② 刘敞：《春秋权衡》卷十四，《文渊阁四库全书》第147册，第319页。

③ 刘敞：《公是集》卷三十五《送江邻幾序》，第418页。

④ 刘敞：《春秋权衡》卷十，第279页。

⑤ 刘敞：《春秋权衡》卷七，第254页。

⑥ 永瑢等：《四库全书总目》卷二六《〈春秋传〉提要》，第215页。

⑦ 朱彝尊著，汪嘉玲等点校：《经义考》（5）卷一百七十九"《皇纲论》"条，第776页。

⑧ 宋祁：《宋景文公笔记》卷中，《全宋笔记》第1编第5册，大象出版社2003年版，第56页。

⑨ 宋祁：《景文集》卷三《志在春秋赋》，第30页。

⑩ 脱脱等：《宋史》卷二百九十五《孙甫传》，第9838页。

⑪ 脱脱等：《宋史》卷二百九十五《尹洙传》，第9838页。

为古文章。"① 尹洙则从穆修学古文，所谓："宋初，柳开始为古文，洙与穆修复振起之。"② 欧阳修科举及第后，"从尹洙游，为古文。"③ 刘敞"至年十五乃更习为古文"④，"为文尤赡敏"⑤。吕夏卿（1018—1070）⑥"文则善于叙事"⑦。这其中，如尹洙、欧阳修不仅参与这项运动，而且还是这项运动的倡导者与领军人物。于是唐代韩愈等古文名家遂成为他们切磋的对象、学习的榜样，尤其是韩愈，更是被孙复尊之"为知道，不杂于异端"，欧阳修"尊之为文宗"，石介"列之于道统"，以至于钱钟书称："韩昌黎之在北宋，可谓千秋万岁，名不寂寞者矣。"⑧ 在此过程中，唐代古文名家的治史主张自然也就进入了他们的视野，如刘敞还对"退之不为史"深表遗憾⑨。同时，这些学者关系也相当密切。如欧阳修视宋祁为前辈，所谓："宋公于我前辈"⑩。宋祁称赞欧阳修："志局沈正，学术淹该；棲迟怀宝，不诡所遇；措辞温雅，有汉唐余风。"⑪ 孙甫、尹洙、欧阳修三人私交甚笃，尹洙自称与孙甫"别久，未尝一日不来思。"⑫ 欧阳修称尹洙是孙甫"平生所善者也。"⑬ 曾巩称尹洙与孙甫"素善"⑭。孙甫与欧阳修为同年进士，嘉祐二年（1057），孙甫去世后，欧阳修甚为惋惜，所谓："某将入贡院时，之翰疾已甚，比出，遂不见。遽失斯人，为恨何胜！"⑮ 后又于嘉祐五年（1060）为孙甫作墓志铭，所

① 脱脱等：《宋史》卷二百九十五《孙甫传》，第 9838 页。
② 脱脱等：《宋史》卷二百九十五《尹洙传》，第 9838 页。
③ 脱脱等：《宋史》卷三百一十九《欧阳修传》，第 10375 页。
④ 刘攽：《彭城集》卷三十五《刘敞行状》，《文渊阁四库全书》第 1096 册，第 339 页。
⑤ 脱脱等：《宋史》卷三百一十九《刘敞传》，第 10387 页。
⑥ 陈光崇：《吕夏卿事录》，《史学史研究》1985 年第 4 期。
⑦ 苏颂：《苏魏公文集》卷六十六《吕舍人文集序》，第 1013 页。
⑧ 钱钟书：《谈艺录（补订本）》，中华书局 1984 年版，第 62 页。
⑨ 刘敞：《公是集》卷九《观永叔五代史》，第 92 页。
⑩ 欧阳发等述：《先公事迹》，欧阳修撰，李逸安点校：《欧阳修全集》附录二，第 2629 页。
⑪ 宋祁：《景文集》卷三十《授知制诰举欧阳修自代状》，第 384 页。
⑫ 尹洙：《河南先生文集》卷十《与邓州孙之翰司谏书》。
⑬ 欧阳修撰，李逸安点校：《欧阳修全集》卷三十三《孙甫墓志铭》，第 494 页。
⑭ 曾巩：《隆平集》卷一四《孙甫传》，第 137 页。
⑮ 欧阳修撰，李逸安点校：《欧阳修全集》卷一百五十一《与王发运》，第 2491 页。

谓:"某为之翰家遣仆坐门下要志铭,所以两日不能至局。"① 欧阳修称尹洙是自己的"平生之旧"②。尹洙称欧阳修为"知己"③。刘敞、黄庭坚（1045—1105）称他是"文忠公门人也。"④ 欧阳修则称刘敞为"友人"⑤。刘敞对欧阳修称"爱公",所谓:"爱公犹爱屋上乌,何况公家手种菊"⑥。

总之,由于欧阳修等即深明《春秋》之义,又皆好古文,且彼此声气相通,因而如同唐代韩愈等那样,庆历（1041—1048）之际,孙甫、尹洙、欧阳修等学者也开始不约而同地将文以载道的思想用之于史学领域,纷纷主张以经学思想尤其以新春秋学思想为指导治史,从而使北宋史学思想的面貌为之一新。

第二节　三足鼎立的资治思想

庆历（1041—1048）之际,受经学新变的影响,推行王道,追踪二帝三王成为时代潮流,在此过程中,学者们对王道的内涵展开了深入的探讨。汉唐故事受到一些笃信王道的学者的抨击,显现出其重要性在宋代政治生活中有所下降。宋代祖宗故事被推至崇高地位,对统治者施政有着重要影响。

一、推崇王道

受经学新变的影响,学者们普遍推崇二帝三王之道。如石介称:"且人之言圣人者,必曰尧、舜;人之称治世者,必曰夏、商、周。"⑦ 如仁宗"思复

① 欧阳修撰,李逸安点校:《欧阳修全集》卷一百四十八《与刘侍读》,第2424页。
② 欧阳修撰,李逸安点校:《欧阳修全集》卷四十九《祭尹师鲁文》,第694页。
③ 尹洙:《河南先生文集》卷九《答谏官欧阳舍人论城水洛书一首》。
④ 黄庭坚撰,刘琳、李勇先、王蓉贵校点:《跋刘敞侍读帖》,《黄庭坚全集》,四川大学出版社2001年版,第1603页。
⑤ 欧阳修撰,李逸安点校:《欧阳修全集》卷一百三十四《前汉二器铭》,第2087页。
⑥ 刘敞:《公是集》卷十八《和永叔十二韵》,第207页。
⑦ 石介著,陈植锷点校:《徂徕石先生文集》卷十八《三朝圣政录序》,第210页。

虞、夏、商、周之治道于圣世也。"① 欧阳修高扬先王之道，所谓："六经万世之法"②。"六经者，先王之治具，而后世之取法也。"③ 认为"尧、舜、禹、汤、文、武之道，百王之取法也。"④ "凡为天下国家者，其善治之迹虽不同，而其文章、制度、礼乐、刑政未尝不法三代"⑤。因此学者欲明道就必须学习六经："君子之于学也务为道，为道必求知古，知古明道，而后履之以身，施之于事，而又见于文章而发之，以信后世。其道，周公、孔子、孟轲之徒常履而行之者是也；其文章，则六经所载至今而取信者是也。"⑥ 余靖推崇五帝："古之为君，因民而治，故唐虞以上无变易。逮夏后之继统也，自以德衰，不及二帝，又知夫时将醨矣，必示之以制度"云云，又称："然则五帝之德淳，三王之俗薄"云云。⑦ 并赞成世人认为今不如古的看法："世称今人不如古，宜哉！"⑧ 同时又指出只要"知其王道，亦三代之可追。"⑨ 张方平称："当今之世，而君必谈尧舜，臣必称禹稷"⑩。刘敞称"故善畏天者莫如成汤，为国家若成汤可也。"⑪ "呜呼，行文王之政者，天下必治矣。"⑫

　　关于如何效法先王之道，学者们有不同看法。石介主张恢复三代时期实行的君臣之礼、什一之制、井田之制、男女之职、封建之制、后妃之数、阉寺之制等。他指出周秦而下乱世纷纷的原因在于变乱三代时所立的古制，后世若欲摆脱败乱继踵的局面，就需效法三代，反归本始："夫古圣人为之制，所以治天下也，垂万世也，而不可易，易则乱矣。后世不能由之，而又易之

---

①　孙复：《寄范天章书二》，《孙明复小集》，第 171 页。
②　欧阳修撰，李逸安点校：《欧阳修全集》卷四十八《问进士策四首》，第 680 页。
③　欧阳修撰，李逸安点校：《欧阳修全集》卷四十八《问进士策三首》，第 673 页。
④　欧阳修撰，李逸安点校：《欧阳修全集》卷四十一《帝王世次图序》，第 592 页。
⑤　欧阳修撰，李逸安点校：《欧阳修全集》卷四十八《问进士策四首》，第 679 页。
⑥　欧阳修撰，李逸安点校：《欧阳修全集》卷六十七《与张秀才棐第二书》，第 978 页。
⑦　余靖：《武溪集》卷四《三统论》，《文渊阁四库全书》第 1089 册，第 39 页。
⑧　余靖：《武溪集》卷五《同游渤溪石室记》，第 46 页。
⑨　余靖：《武溪集》卷十二《判词》，第 115 页。
⑩　张方平：《乐全集》卷二十四《请节录〈唐书〉纪传进御》，第 244—245 页。
⑪　刘敞：《公是集》卷三十九《畏天命论》，第 464 页。
⑫　刘敞：《公是集》卷三十九《仕者世禄论》，第 465 页。

以非制，有不乱乎？夫乱如是，何为则乱可止也？曰："不反其始，其乱不止。'"① 就汉朝而言，石介认为汉兴之初，若能推行周政，则天下必将大治。有人认为汉时与三代之时所处时代不同，因此尽行三代之道是不现实的："或曰时有浇淳，道有升降，当汉之时，固不同三代之时也，尽行三王之道，可乎？"石介认为时代不同，世风、治道也有不同，但这并非意味着后世的世风不如前世的淳厚，今天的治道不如古代的兴盛。时之浇淳、道之升降，与时代的变迁无关，关键在于圣人，圣人出则治道兴盛，圣人亡则治道衰降："时有浇淳，非谓后之时不淳于昔之时也；道有升降，非谓今之道皆降乎古之道也。夫时在治乱，道在圣人，非在先后耳。桀、纣兴则民性暴，汤、武兴则民性善，汤之时固在桀之后，武之时固纣之后，而汤、武之时，岂有不淳于桀、纣之时，其道亦已降乎？其民亦已难教乎？时治则淳，时乱则浇，非时有浇淳也。圣人存则道从而隆，圣人亡则道从而降，非道有升降也。"②

张宜"言三代制度出于经者，不啻如眼见。乃不说魏晋时事，不知有格律诗赋也。"刘敞称"然解观其意，非周公仲尼之制，虽出于天子，犹以为大不可。"③

欧阳修不赞成机械模仿三代，在欧阳修看来，六经中有些制度是值得推敲的。如他从两个角度对《周礼》所记载的官制予以质疑：其一，设官似太众。所谓"夫内设公卿、大夫、士，下至府史、胥徒，以相副贰；外分九服、建五等、差尊卑以相统理，此《周礼》之大略也。而六官之属略见于经者五万余人，而里闾县鄙之长、军师卒伍之徒不与焉。王畿千里之地，为田几井，容民几家？王官、王族之国邑几数？民之贡赋几何？而又容五万人者于其间，其人耕而赋乎？如其不耕而赋，则何以给之？夫为治者，故若是之烦乎？此其一可疑者也。"其二，秦制为历代所继承。秦建官不依古制，为历代所知，然而自汉起皆因循秦制而不改，有复古的不是推行不下去，就是招致祸乱："秦既诽古，尽去古制。自汉以后，帝王称号，官府制度，皆袭秦故，以至于

① 石介著，陈植锷点校：《徂徕石先生文集》卷五《原乱》，第66页。
② 石介著，陈植锷点校：《徂徕石先生文集》卷十《汉论下》，第114页。
③ 刘敞：《公是集》卷三十四《张氏杂义序》，第411—412页。

今虽有因有革，然大抵皆秦制也。未尝有意于《周礼》者，岂其体大而难行乎，其果不可行乎？夫立法垂制，将以遗后也，使难行而万世莫能行，与不可行等尔。然则反秦制之不若也，脱有行者，亦莫能兴，或因以取乱，王莽后周是也，则其不可用决矣。此又可疑也。"①

关于井田制，孟子认为是仁政的基础："仁政必自经界始"。但欧阳修认为此制自周衰至宋代，三代的许多制度都得到了效法，唯有此制长期废而不行，但也不影响推行仁政。王莽倒是效法过此制，却招致大乱："盖三代井田之法也。自周衰迄今，田制废而不复者千有余岁。凡为天下国家者，其善治之迹虽不同，而其文章、制度、礼乐、刑政未尝不法三代，而于井田之制独废而不取，岂其不可用乎，岂惮其难而不为乎？然亦不害其为治也。仁政果始于经界乎？不可用与难为者，果万世之通法乎？王莽尝依古制更名民田矣，而天下之人愁苦怨叛，卒共起而亡之。莽之恶加于人者虽非一，而更田之制，当时民特为不便也。"进而发问说："孟子，世之所师也。岂其泥于古而不通于后世乎？岂其所谓迂阔者乎？"② 因此欧阳修认为儒者对经籍要学会批判地继承："儒者之于礼乐，不徒诵其文，必能通其用；不独学于古，必可施于今。"③

李觏也反对机械复古，他论及当时学者的复古倾向称："学者大抵雷同，古之所是则谓之是，古之所非则谓之非，诘其所以是非之状，或不能知。古人之言，岂一端而已矣？"④ 并指出盲目复古，其弊甚大，所谓："世俗之说者，必曰复古，古未易复也。商鞅之除井田，非道也，而民从之，各自便也。王莽之更王田，近古也，而民怨之，夺其有也。孔子曰：愚而好自用，贱而好自专。生乎今之世，反古之道，如此者，灾及其身者也。"⑤

刘敞也不赞成机械复古，他论及礼制称："国家承历代之弊，亦杂用汉唐

---

① 欧阳修撰，李逸安点校：《欧阳修全集》卷四十八《问进士策三首》，第674页。
② 欧阳修撰，李逸安点校：《欧阳修全集》卷四十八《问进士策四首》，第679页。
③ 欧阳修撰，李逸安点校：《欧阳修全集》卷四十八《武成王庙问进士策二首》，第673页。
④ 李觏撰，王国轩校点：《李觏集》卷二十九《原文》，第326页。
⑤ 李觏撰，王国轩校点：《李觏集》卷三十四《常语下》，第376页。

礼，不纯出于周，此所谓损益可知者也。"①

在欧阳修看来，六经中与世事关系密切的是礼乐文化："《书》载上古，《春秋》纪事，《诗》以微言感刺，《易》道隐而深矣，其切于世者《礼》与《乐》也。"② 因为"礼义，治人之大法；廉耻，立人之大节。盖不廉，则无所不取；不耻，则无所不为。人而如此，则祸乱败亡，亦无所不至，况为大臣而无所不取不为，则天下其有不乱，国家其有不亡者乎！"③ 三代之所以大治即职此之故："夫礼以治民，而乐以和之，德义仁恩，长养涵泽，此三代之所以深于民者也。"④ 因此认为礼乐是"治民之具"，"苟不由焉，则赏不足劝善，刑不足禁非，而政不成。"⑤ 又说："道德仁义，所以为治"⑥。认为君主"德"的有无，直接关系国家的兴衰与皇位的巩固与否，"有德则兴，无德则绝"⑦。而这种礼乐文化或者说"道"应该落实在百姓的日用之间，所谓："孔子之后，惟孟轲最知道，然其言不过于教人树桑麻，畜鸡豚，以谓养生送死为王道之本。"⑧ 其具体表现是"仁义礼乐达于学，孝慈友悌达于家，居有教养之渐，进有爵禄之劝"⑨。他还对王道盛世作了畅想，所谓："问于其俗而婚丧饮食皆中礼节，入于其里而长幼相孝慈于其家，行于其郊而少者扶其羸老、壮者代其负荷于道路"⑩。

刘敞认为"王者之道"，在于推行无为之治："圣人之治天下，结之不以恩惠，威之不以刑罚，不为而治者，民自治也"⑪，"善为政者，使人自养，

---

① 刘敞：《公是集》卷三十四《张氏杂义序》，第411—412页。
② 欧阳修撰，李逸安点校：《欧阳修全集》卷四十八《问进士策三首》，第673页。
③ 欧阳修：《新五代史》卷五十四《杂传》，第611页。
④ 欧阳修撰，李逸安点校：《欧阳修全集》卷四十八《问进士策三首》，第675页。
⑤ 欧阳修撰，李逸安点校：《欧阳修全集》卷四十八《武成王庙问进士策二首》，第673页。
⑥ 欧阳修：《新五代史》卷四十六《王建立传》，第514页。
⑦ 欧阳修、宋祁：《新唐书》卷一《高祖本纪》，第20页。
⑧ 欧阳修撰，李逸安点校：《欧阳修全集》卷六十七《与张秀才棐第二书》，第979页。
⑨ 欧阳修撰，李逸安点校：《欧阳修全集》卷四十四《送张唐民归青州序》，第627页。
⑩ 欧阳修撰，李逸安点校：《欧阳修全集》卷三十九《吉州学记》，第573页。
⑪ 刘敞：《公是弟子记》，《丛书集成初编》本，第9页。

而非养人也，使人自治，而非治人也。"① 反对以公、廉之名而求利："天子之有天下，犹诸侯之有国，诸侯之有国，犹大夫之有家，大夫之有家，犹庶人之有室，大者治大，小者治小云尔，非异物也。利之天下，则谓之公，利之家，则谓之私，利之国，则谓之廉，利之室，则谓之贪，是亦不知类也。"② 主张以德服四夷。他称孔子之书"楚子使椒来聘"，是承认"荆楚"已成为"中国"："能自藩饰以礼乐者，则谓之中国；不能自藩饰以礼乐，上慢下暴者，则外之中国。内外之别，不在远近，而在贤不肖，苟贤矣，虽居四海，谓之中国可也；苟不肖矣，虽处河洛，谓非中国可也。"③ 此意自是德服四夷而不必以武力征服之方可称为"中国"。刘敞针对时人认为在西夏、契丹的威胁下，讲"王道"是"睢盱拳曲，空言少实，不可图进取之益。"指出"宋受命之说"，实际上就是"还成康之俗，俨典谟之篇，包弓偃革，无得逾焉。"④

李觏也推崇三代的礼制，所谓："夫礼，人道之准，世教之主也。圣人之所以治天下国家，修身正心，无他，一于礼而已矣。"认为只有推行礼才能得天下太平，所谓："饮食既得，衣服既备，宫室既成，器皿既利，夫妇既正，父子既亲，长幼既分，君臣既辨，上下既列，师友既立，宾客既交，死丧既厚，祭祀既修，而天下大和矣。"然而礼之实行不过是顺从人的欲望而已，所谓："夫礼之初，顺人之性欲而为之节文者也。"⑤ 之所以如此，是因为"人非利不生"，"欲者人之情"，因此只要以"礼"而言利欲，那就无所不可，反之就是违反人情，所谓："不贪不淫而曰不可言，无乃贼人之生，反人之情"。并称《孟子》虽有"何必曰利"之语，然而"其书数称汤武将以七十里、百里而王天下，利岂小哉？"而孔子则是"七十，所欲不逾矩，非无欲也。于《诗》则道男女之时，容貌之美，悲感念望，以见一国之风，其顺人

① 刘敞：《公是集》卷四十六《为政》，第553页。
② 刘敞：《公是弟子记》，第11页。
③ 刘敞：《春秋意林》卷上，《文渊阁四库全书》第147册，第514—515页。
④ 刘敞：《公是集》卷四十八《谕客》，第580—581页。
⑤ 李觏撰，王国轩校点：《李觏集》卷二《礼论第一》，第5—7页。

也至矣。"① 在他看来，三代之政就是统治者顺从众人的欲望，因势利导而实现的："商因于夏，周因于商，损之益之，未尝与众忤也。周公之制，诸侯因旧国而大之，百姓因旧田而广之，天下得不和乎哉？"② 因而对学者们以义利为标准区分王霸的观点予以否定，并重新以功业之异为标准区分王霸："或问：自汉迄唐，孰王孰霸？曰：天子也，安得霸哉？皇帝王霸者，其人之号，非其道之目也。……所谓王道，则有之矣，安天下也。所谓霸道，则有之矣，尊京师也。非粹与驳之谓也。"③ 进而提出治国之实必本之财用的主张："愚窃观儒者之论，鲜不贵义而贱利，其言非道德教化则不出诸口矣。然《洪范》八政，'一曰食，二曰货'。孔子曰：'足食，足兵，民信之矣。'是则治国之实，必本于财用。盖城郭宫室，非财不完；羞服车马，非财不具；百官群吏，非财不养；军旅征戍，非财不给；郊社宗庙，非财不事；兄弟婚媾，非财不亲；诸侯四夷朝觐聘问，非财不接；矜寡孤独，凶荒札瘥，非财不恤。礼以是举，政以是成，爱以是立，威以是行。舍是而克为治者，未之有也。是故贤圣之君，经济之士，必先富其国焉。"④ 又所谓："生民之道食为大，有国者未始不闻此论也。"⑤ 显然在李觏看来，追求利益乃是天经地义之事，而礼义所要做的不是禁绝利欲而是对之进行规范与引导而已。

二、取鉴汉唐

庆历（1041—1048）之际，宋兴已近百年，在许多方面都取得了相当大的成就，因而一些学者认为宋代已经超越了汉唐。如孙复称宋自太祖至于仁宗，已历四世八十余年，"四圣承承，庞鸿赫奕，逾唐而跨汉者远矣"⑥。石介认为太祖、太宗、真宗三朝兴致太平，"可谓跨唐而逾汉，驾商、周而登虞、

① 李觏撰，王国轩校点：《李觏集》卷二十九《原文》，第 326 页。
② 李觏撰，王国轩校点：《李觏集》卷三十四《常语下》，第 376 页。
③ 李觏撰，王国轩校点：《李觏集》卷三十四《常语下》，第 372 页。
④ 李觏撰，王国轩校点：《李觏集》卷十六《富国策第一》，第 133 页。
⑤ 李觏撰，王国轩校点：《李觏集》卷十九《平土书》，第 183 页。
⑥ 孙复：《寄范天章书二》，《孙明复小集》，第 171 页。

夏者也。"又说："臣观太祖武皇帝之神武、太宗文皇帝之睿圣、真宗章圣皇帝之仁孝，岂复让于尧、舜乎？观建隆、开宝之平定，兴国、雍熙之乐康，至道、咸平之醇醲，岂复羡于夏、商、周乎？"① 因此不免卑视汉唐，如石介所谓："周、秦而下，乱世纷纷"②。对于后世盛称的汉唐，石介颇不以为然，对于汉朝，他认为"王道其驳于汉乎？"③ 对于唐朝，他称"唐十八帝，惟武德、贞观、开元、元和百数十年，礼乐征伐自天子出。女后乱之于前，奸臣坏之于中，宦官覆之于后。颠倒崎危，绵绵延延，乍倾乍安，若续若绝，仅能至于三百年，何足言之。"认为有唐一代是"龌龊十八帝、局促三百年"④。又说："可惜唐家三百载，声明文物愧宗周。"⑤ 李觏论及汉唐，一则称："或曰：议者以三代之后，汉唐为胜，如之何可比隆于古昔也？曰：汉唐其卑矣！"再则称："汉、唐之盛，犹不足观，汉、唐之衰，万世之鉴也。"⑥

欧阳修虽然对三代之治充满向往，但并不排斥汉唐。他认为："《诗》、《书》之所美，莫大于尧、舜、三代，其后世之盛者，莫盛乎汉与唐。"⑦ 又"自三代之后，有天下莫盛汉、唐。"因此其自然有值得借鉴之处，故其在《问进士策》中发问道："汉、唐之治，视三代何如？其民田之制、税赋之差又何如？其可施于今者又何如？"⑧ 并且三代以后历代皇朝许多制度源自秦朝，与三代之制颇异："秦既诽古，尽去古制。自汉以后，帝王称号，官府制度，皆袭秦故，以至于今虽有因有革，然大抵皆秦制也。"⑨ 这也就意味着对三代以后的历史有不得不借鉴之势。并且就是乱世，也有值得借鉴之处。如欧阳修认为宋立国已八十年，然而"财不足用于上而下已弊，兵不足威于外而敢

① 石介著，陈植锷点校：《徂徕石先生文集》卷十八《三朝圣政录序》，第209—210页。

② 石介著，陈植锷点校：《徂徕石先生文集》卷五《原乱》，第64页。

③ 石介著，陈植锷点校：《徂徕石先生文集》卷十《汉论上》，第111页。

④ 石介著，陈植锷点校：《徂徕石先生文集》卷十八《唐鉴序》，第212页。

⑤ 石介著，陈植锷点校：《徂徕石先生文集》卷四《文中子二首》，第56页。

⑥ 李觏撰，王国轩校点：《李觏集》卷二《礼论第七》，第21—23页。

⑦ 欧阳修撰，李逸安点校：《欧阳修全集》卷六十八《代杨推官泪上吕相公求见书》，第986页。

⑧ 欧阳修撰，李逸安点校：《欧阳修全集》卷四十八《问进士策四首》，第679页。

⑨ 欧阳修撰，李逸安点校：《欧阳修全集》卷四十八《问进士策三首》，第674页。

骄于内，制度不可为万世法而日益丛杂，一切苟且，不异五代之时"①。并且欧阳修还认为"君子之学，不穷远以为能"②，只要能把关系国计民生的问题讲清楚就行。所以欧阳修非常重视秦汉以下的历史。他作的数篇《问进士策》，便含蓄地表达了他对三代之治的贬抑及对汉唐之治的向往。如在质疑《周礼》、井田制的同时，又发问道："汉、唐之治，视三代何如？其民田之制、税赋之差又何如？其可施于今者又何如？"认为唐太宗是"自秦以来，治世之主几乎三代者"③。又说："唐自太宗致治之盛，几乎三代之隆"④。又"唐开元之治盛矣，至于天宝而溢焉。"⑤ 由他主持编纂的《新唐书》的《志》与《表》，内容丰富、充实，最得学者好评。因此，叶适称："欧阳氏《策问》，为三代礼乐井田而发者五，似若叹先王之道不得行于后世者。其言则虽以三代为是，而其意则不以汉唐为非；岂特不以为非，而直谓唐太宗之治能几乎三王，则三代固不必论矣；故其制度纪纲，仪物名数，皆以唐为是而详著之。以余观太宗之治，曾不能望齐桓之十一也，而何三王之可几哉！然则欧阳氏之学，非能陋汉唐而复三代，盖助汉唐而黜三代者也。"⑥ 欧阳修"于《五代史》，尤所留心，褒贬善恶，为法精密，发论必以'呜呼'，曰'此乱世之书也。'其论曰：'昔孔子作《春秋》，因乱世而立治法；余述《本纪》，以治法而正乱君。'此其志也。"⑦

孙甫认为唐太宗"功德法制与三代圣王并，后帝英明不逮，又或不能守其法，仍有荒纵很忌庸懦之君，故治少而乱多。然有天下三百年，由贞观功德之远也。"⑧ 唐太宗"以武功定天下，即位之后，行王道，致太平，推诚人

① 欧阳修撰，李逸安点校：《欧阳修全集》卷六十《本论上》，第 863 页。
② 欧阳修撰，李逸安点校：《欧阳修全集》卷四十一《帝王世次图序》，第 591 页。
③ 欧阳修撰，李逸安点校：《欧阳修全集》卷四十八《问进士策四首》，第 679—680 页。
④ 欧阳修撰，李逸安点校：《欧阳修全集》卷一百四十一《唐元次山铭》，第 2261 页。
⑤ 欧阳修撰，李逸安点校：《欧阳修全集》卷一百三十九《唐开元圣像碑》，第 2225 页。
⑥ 叶适：《习学记言序目》卷五十《策问》，中华书局 1977 年版，第 753 页。
⑦ 欧阳发等述：《先公事迹》，欧阳修撰，李逸安点校：《欧阳修全集》附录二，第 2628 页。
⑧ 孙甫：《唐史论断》卷首《唐史论断序》，《学海类编》本。

心，几致刑措。纲纪号令，与古治同。"① 声称其所做的九十二首史论，"观者无忽，不止唐之安危，常为世鉴矣。"②

张方平认为效法圣王的想法是不现实的，此一则圣王以百数，各有治道，令后世无所选择；二则去宋甚远，留传下来的治道简略，无所效法。因而主张取法历世三百年距宋最近的唐代，此一则唐代可资借鉴的资料相当详备，再则宋代的典制都是从唐朝继承下来的："荀子曰：'圣王有百，吾孰法焉？'欲观圣王之迹，则于其粲然者矣。禹、汤有传政而不若周之察也，非无善政也，久故也。传者久，则论略；近，则论详。当今之世，而君必谈尧舜，臣必称禹稷，是拘儒迂生之谈，非适时济用者也。伏以唐代有天下三百年，其间治乱得失详矣。朝廷立国之纪、典刑制度因于唐者也，故观今之政，唐氏最近。臣以不敏，忝职谏司，思有以荐乙夜之亲程，广观文之典学，欲乞今后节略《唐书》纪传中事迹，今可施行有益治道者，间录一两条上进，伏乞万机之暇，特赐开览，善者可以为准的，恶者可以为鉴戒，兹亦贾谊、晁错借秦以喻汉意也。"③ 疏上后，仁宗"悦从之。后遇事有当言，即取其类者以进，三五日不入，仁宗辄问其故。枢密使杜祁公衍闻之曰：'此所谓陈古以刺今，诗人讽谏之旨矣。'"④ 刘敞认为"夫前车者后车之所望也，古事者今事之所鉴也。仲尼删《书》，于尧、舜、大禹，皆称'曰若稽古'，傅说戒高宗亦曰'事不师古，以克永世，匪说攸闻。'"建议仁宗"考前世盛衰治乱之迹，近代安危存亡之机。"⑤ 仁宗对唐代的历史深感兴趣，但《旧唐书》满足不了他的要求，所谓："以谓商、周以来，为国长久，惟汉与唐，不幸接乎五代，衰世之士气力卑弱，言浅意陋，不足以起其文。而使明贤臣隽功伟烈，与夫昏虐贼乱祸根罪首，皆不足暴其善恶，以动人耳目。诚不可以垂劝戒，示久远，甚可叹也。"⑥ 于是就有了重新撰述《新唐书》的诏令，《新唐书》

---

① 孙甫：《唐史论断》卷上《追尊祖宗自称天皇后称天后》。

② 孙甫：《唐史论断》卷首《唐史论断序》。

③ 张方平：《乐全集》卷二四《请节录〈唐书〉纪传进御》，第244—245页。

④ 王巩：《张方平行状》，张方平：《乐全集》附录，第520页。

⑤ 刘敞：《公是集》卷三十一《上仁宗论辨邪正》，第372页。

⑥ 欧阳修撰，李逸安点校：《欧阳修全集》卷九十一《进新修唐书表》，第1341页。

修成后，刘敞代仁宗所做的敕词称："古之为国者，法后王，为其近于己，制度文物可观故也。唐有天下且三百年，明君贤臣相与经营扶持之，其盛德显功、美政善谋固已多矣，而史官非其人，记述失序，使兴坏成败之迹，晦而不章，朕甚恨之。肆择廷臣笔削旧书，勒成一家，具官欧阳修、宋祁创立统纪，裁成大体，范镇、王畴、宋敏求等网罗遗逸，厥协异同。凡十有七年，大典乃立，闳富精核，度越诸子矣。校雠有功，朕将据古鉴今，以立时治，为朕得法，其劳不可忘也。皆增秩一等，布其书于天下，使学者咸观焉。"①

宋祁称："明鉴所以照景，前事所以知今。"②"前辙之覆，来者为诚。""《诗》取商鉴，周仁始基；刑诚秦失，汉章有宜；率自先王之道，咸成后事之师。则车不徒喻，诚亦有为。"③

三、 效法祖宗

宋自太宗起即开始推崇前朝法度，如太宗即位诏称对太祖时期的纪律制度，"谨当遵承，不敢逾越"④。太宗曾对宰相说："今四方无虞，与卿等谨守祖宗经制，最为急务。"⑤真宗即位制书称："先朝庶政，尽有成规，务在遵行，不敢失坠"⑥。宰相王旦"以谓宋兴三世，祖宗之法具在，故其为相，务行故事，慎所改作。"⑦仁宗即位诏自己称："夙侍圣颜，备承宝训，凡百机务，尽有成规，谨当奉行，不敢失坠。"⑧

庆历（1041—1048）之际，祖宗故事进一步受到推崇。明道二年（1033），庞籍（988—1063）奏称："实欲朝廷凡百政令，率由旧章"⑨。石介

---

① 陈振孙：《直斋书录解题》卷四"正史类"，第103页。
② 宋祁：《宋景文公笔记》卷中，《全宋笔记》第1编第5册，大象出版社2003年版，第60页。
③ 宋祁：《景文集》卷四《诚覆车赋》，第46—47页。
④ 李焘：《续资治通鉴长编》卷十七"开宝九年十月乙卯"条，第382页。
⑤ 李焘：《续资治通鉴长编》卷一百十四"景祐元年二月乙未"条，第2665页。
⑥ 李焘：《续资治通鉴长编》卷四十一"至道三年四月乙未"条，第863页。
⑦ 欧阳修撰，李逸安点校：《欧阳修全集》卷二十二《王旦神道碑铭》，第346页。
⑧ 李攸：《宋朝事实》卷二《登极赦》，第21页。
⑨ 黄淮、杨士奇编：《历代名臣奏议》卷六十九《法祖》，上海古籍出版社1989年版，第950页。

认为太祖、太宗、真宗三朝兴致太平，建议仁宗"当法建隆、开宝、兴国、雍熙、至道、咸平之政，以阜万民，以继太平，以丕于三圣之光，以树乎万世之基。"① 韩琦对此深表赞同："夫监之无怼者，先王之成宪也；前之不忘者，后事之元龟也。"对于太祖以至真宗三朝之政要"以继以承，时用光大。"② 仁宗也认为："稽之先民，孰若稽之往训。"③

当时但凡政令的推行，往往都要以祖宗故事为依据，如欧阳修称庆历新政期间，范仲淹、富弼屡建举官之议，"然亦不是自出意见，皆先检祖宗故事"，请仁宗择而行之，"所以元降敕文，首引国书为言是也。"又说："臣检详元降举官敕意，亦是于国书检用祖宗所行之法。"④ 甚者以祖宗故事来指责君主，如明道二年（1033）仁宗废郭皇后，富弼批评仁宗："自太祖、太宗、真宗抚国凡七十年，未尝有此。陛下为人子孙，不能遵祖考之训，而遂有废后之事。治家而尚不以道，奈天下何！"⑤ 段少连上疏批评仁宗："祖宗已来，未尝有废后之事。《诗》云：'无念尔祖，聿修厥德'，斯大不可者二也。"⑥

总之，庆历（1041—1048）之际统治者非常注重史学的资治功能，在施政过程中，往往引经据典，既重视经学的理论指导，又注意借鉴汉唐的经验教训，同时又高举法祖的旗帜。如范仲淹《答手诏条陈十事》，开篇即纵论历代兴衰："历代之政，久皆有弊。弊而不改，祸乱必生。"而能够妥善解决这一问题的只有尧舜等圣君："惟尧舜能通其变，使民不倦。"进而引出《易经》的通变理论："《易》曰：'穷则变，变则通，通则久。'此言天下之理有所穷塞，则思变通之道。既能变通，则成长久之业。"声称针对当时内忧外患

① 石介著，陈植锷点校：《徂徕石先生文集》卷十八《三朝圣政录序》，第 210 页。
② 韩琦：《安阳集》卷二十二《三朝圣政录序》，《文渊阁四库全书》第 1089 册，第 336 页。
③ 王应麟：《玉海》卷五六"庆历三朝训鉴图"条，第 1068 页。
④ 欧阳修撰，李逸安点校：《欧阳修全集》卷一百七《论两制以上罢举转运使副省府推判官等状》，第 1624—1625 页。
⑤ 黄淮、杨士奇编：《历代名臣奏议》卷七十四《内治》，第 1015 页。
⑥ 黄淮、杨士奇编：《历代名臣奏议》卷七十四《内治》，第 1017 页。

的局面，自己要"约前代帝王之道，求今朝祖宗之烈，采其可行者条奏。"①
希望仁宗能力行条奏之事，扭转被动局面。然后广引尧舜三代之事、汉唐故
事以及祖宗故事以敷衍其文。而庆历四年（1044）二月二十三日，仁宗御崇
政殿西合（一作迎阳合）"宣天章阁侍讲曾公亮讲《毛诗》，王洙读《祖宗圣
政录》，侍读丁度读《前汉书》，数刻而退。"② 更为生动地体现了庆历之际统
治者的鉴戒思想。

第三节　新意迭出的正统论

　　庆历（1041—1048）之际，受时代要求、学术新风的影响，学者们重新
审视传统正统观，从而发现许多问题。首先，时代要求富有新意的正统观出
现。如前所述，尽管北宋立国后，依照传统正统史观制造出许多昭示其获得
天命的神异之事，但由于传统正统论所宣扬的"天命"圣性，在上千年的历
史中早已被统治者消耗殆尽，故其效果相当有限。当时的学者们或秉持天人
相分观念，否定天人感应说；或虽信从天人感应说，但对昭示天命的祥瑞现
象持怀疑态度；或虽认可昭示天命的祥瑞现象，但对官方的宋朝德运说提出
质疑，从而导致了天人关系的紧张。而此时"国防危机加深，社会矛盾日增，
因而更需要以正统论来维系人心"③。而要想使宋的正统性真正得到社会的承
认，就必须对传统正统论加以改造。其次，前代的正统观颇多可议之处，需
要加以剖判。尹洙就指出唐朝在修撰南北朝史书时，由于唐初修五代史的史
官"多齐陈之人，或其勋烈之后，是以各夸本国，并列正史"，所谓："列东
魏、后梁并篡为帝号，北齐、陈氏各有图书，逆顺不分，称谓纷揉。"尹洙认
为这样做是"失之一时，误及千古，至使乱臣贼子谓方面可据，位号可窃，

---

　　① 范仲淹撰，李勇先、王蓉贵点校：《范文正公政府奏议》卷上《答手诏条陈十事》，《范仲淹
全集》，第523—524页。

　　② 王应麟：《玉海》卷四九"庆历读祖宗圣政录"条，第928页。

　　③ 陶懋炳：《司马光史论探微》，湖南师范大学出版社1989年版，第69页。

为下莫得而诛，后世莫得而贬。不其惑哉，不其惑哉！"因而有必要予以辨析。① 欧阳修指出三代以正朔、后世以建元昭示正统，由于尧舜三代天下为一，故其正统不待论说而明，"然而后世僭乱假窃者多，则名号纷杂，不知所从，于是正闰真伪之论作，而是非多失其中焉。"因此"靡有定说。"② 最后，学者的史学撰述活动也需要正确的正统观指导。欧阳修认为由于不明正统之义，宋代前期在史事的记述方面颇为混乱。如就五代而言，先是太祖时命薛居正等撰梁、唐、晋、汉、周史事为《五代史》，显见是将梁视为正统，继而太宗命李昉等编次前世年号，李昉等却"以梁为伪。梁为伪，则史不宜为帝纪，而亦无曰五代者，于理不安。"仁宗时"司天所用崇天，承后唐，书天祐至十九年，而尽黜梁所建号。援之于古，惟张轨不用东晋太兴而虚称建兴，非可以为后世法。盖后唐务恶梁，而欲黜之，历家不识古义，但用有司之传，遂不复改。至于昉等，初非著书，第采次前世名号，以备有司之求，因旧之失，不专是正，乃与史官戾不相合，皆非是。"③ 总此诸点原因，庆历（1041—1048）之际正统之论再次大兴。在此过程中，欧阳修以春秋学思想为指导，摒弃传统正统论的神学主张，以大一统与居正立论，提出正统绝续说，从而使正统观为之一新。

欧阳修论正统的文章有《正统论七首》，即《原正统论》、《明正统论》《秦论》、《魏论》、《东晋论》、《后魏论》、《梁论》等；《正统后论》二篇、《或问》一篇、《魏梁解》一篇、《正统辨》二篇；《正统论三首》即《序论》、《正统论上》、《正统论下》等。这些文章的时间顺序据丁朝佐所做校勘记称是《正统论七首》在前，《正统论三首》在后，其他文章介于前后之间。所谓："考《正统论》，初有《原正统》、《明正统》、《秦》、《魏》、《东晋》、《后魏》、《梁论》凡七篇。又有《正统后论》二篇，《或问》一篇，《魏梁解》一篇，《正统辨》二篇。当编定《居士集》时，删《原正统》等论为上、

---

① 尹洙：《河南先生文集》卷三《河南府请解投贽南北正统论一首》。
② 欧阳修撰，李逸安点校：《欧阳修全集》卷十六《正统论序》，第266页。
③ 欧阳修撰，李逸安点校：《欧阳修全集》卷十六《正统论序》，第265—266页。

下篇，而继以《或问》、《魏梁解》。余篇虽削去而传于世。今附《外集》。"①
《居士外集》卷九题名《正统论七首》下又注称"此七论公后删为三篇，已
载《居士集》第十六卷，今所载盖初本也。"指出《正统论七首》是《居士
集》卷十六《正统论三首》的初稿②。然《正统论三首》下注"康定元
年"③。《居士外集目录》卷九《正统论七首》下也注"康定元年"④。据此一
些学者认为《正统论三首》为康定元年（1040）作品。实际上《居士集目
录》卷十六《正统论三首》下所注的"康定元年"当属误书。首先，周必
大、丁朝佐等的校勘记已指出《正统论七首》与《正统论三首》并非同时所
作，前者早于后者，并且明确指出后者为欧阳修晚年所删定；其次，若《正
统论三首》撰成于康定元年（1040），由于该文为欧阳修的定稿，则学者选编
文粹时就应该以此为准，然庆历四年（1044）京师所刊刻的《宋文粹》采入
的却是《正统论七首》，显见在庆历四年（1044）以前《正统论三首》还没
有撰成。如周必大等校勘记所谓："庆历四年，京师刊《宋文粹》十五卷。皆
一时名公之古文，《正统论》七篇在焉，盖公初本也。《外集》此卷，则公所
自改者。至《居士集》十七卷，方为定本。今并存之，使学者有考焉。"⑤ 最
后，苏轼至和二年（1055）撰《正统论》就欧阳修与章望之的正统之争发表
意见，其所论之文仍为《正统论七首》，可知直到此时《正统论三首》还没
有出现。综上所述，欧阳修所撰诸论正统文章的年代次序应该是康定元年
（1040）撰《正统论七首》，《正统后论》、《或问》、《魏梁解》、《正统辨》等
为嗣后在与学者展开论辩时所作。晚年编定《居士集》时，将《正统论七
首》删为《正统论》上、下篇，并作《序论》一篇，又以《或问》、《魏梁
解》为补充而成定稿。与此同时对《正统论七首》也有所修正，但变动不大，
基本上可作为庆历（1041—1048）之际的思想来研究。本节即重点探讨欧阳

---

① 欧阳修：《居士集》卷十六，《欧阳文忠公文集》，《四部丛刊初编》本。

② 欧阳修：《居士外集》卷九，《欧阳文忠公文集》，《四部丛刊初编》本。

③ 欧阳修：《居士集目录》，《欧阳文忠公文集》。

④ 欧阳修：《居士外集目录》，《欧阳文忠公文集》。

⑤ 欧阳修：《居士外集》卷九，《欧阳文忠公文集》。

修《正统论七首》的正统思想。

一、 传统神学观的坚持与扬弃

论及正统，宋庠（996—1066）、尹洙、张方平、释契嵩（1007—1072）等都称说天命，显现出浓厚的传统学术特色。如宋庠撰《纪年通谱》，"以五德相承，晋亡之后，元魏继之，黜宋齐梁陈北齐朱梁，皆如诸国称卒，或以朱梁比秦居木火之间，及比王莽补无王之际。"① 尹洙称："天地有常位，运历有常数，社稷有常主，民人有常奉。故夫王者位配于天地，数协于运历，主其社稷，庇其民人，示天下无如之尊也，无二其称也。"② 张方平称："夫帝王之作也，必膺箓受图，改正易号，定制度以大一统，推历数以叙五运，所以应天休命与民更始。"并利用五德相承之说排出西晋以降至于唐的正统谱系，即西晋、元魏、北周、隋、唐："唐以土承隋，隋以火继周，周以木变魏，魏以水而绍金。"③ 释契嵩认为古人"德合天道而天命属之，德臻人道而人命安之。《春秋》先春而次王，此圣人显王者之尊天命也。以正次王，此圣人明文王法天而合乎天道也。故得天命者谓之正统也。"④

欧阳修对天命说持批评态度，在他看来，"五德之说，非圣人之言"⑤。后世三统五德说的流行，是由于孔子之后王道不明而导致异学杂说泛滥所致，是"昧者之论"："汉兴，诸儒既不明《春秋》正统之旨，又习秦世不经之说，乃欲尊汉而黜秦，无所据依，遂为三统五运之论，诋秦为闰而黜之。夫汉所以有天下者，以至公大义而起也。而说者直曰以火德当天统而已。甚者，至引蛇龙之妖，以为左验。至于王莽、魏、晋，直用五行相胜而已。故曰昧者之论也。"⑥ 欧阳修还对作为帝王得正统的征应而史不绝书的龙、龟、凤凰、

---

① 刘元高编：《通鉴议论》，载《三刘家集》，《文渊阁四库全书》第 1345 册，第 547 页。

② 尹洙：《河南先生文集》卷三《河南府请解投赟南北正统论一首》。

③ 张方平：《乐全集》卷十七《南北正闰论》，第 140—141 页。

④ 释契嵩：《镡津文集》卷五《说命》，《四部丛刊三编》本。

⑤ 欧阳修撰，李逸安点校：《欧阳修全集》卷十六《秦论》，第 280 页。

⑥ 欧阳修撰，李逸安点校：《欧阳修全集》卷十六《原正统论》，第 275—277 页。

麟、驺虞等所谓的"王者之嘉瑞"进行系统批判："自秦汉以来，学者多言祥瑞，虽有善辩之士，不能祛其惑也！"就龙而言，欧阳修认为它的出现不能视为祥瑞："龙之为物也，以不见为神，以升云行天为得志。今偃然暴露其形，是不神也；不上于天而下见于水中，是失职也。然其一何多欤，可以为妖矣！"就凤凰而言，欧阳修指出舜在政成民悦之时，令夔作乐以庆祝，鸟兽闻之皆鼓舞，当此之时，恰有凤凰来到，"舜之史因并记以为美，后世因以凤来为有道之应。其后凤凰数至，或出于庸君缪政之时，或出于危亡大乱之际，是果为瑞哉？"就麟而言，欧阳修认为鲁哀公出猎获之，孔子记其事，其意在讥其穷山竭泽索取无厌，至于不识之兽皆搜索而获之。"圣人已没，而异端之说兴，乃以麟为王者之瑞，而附以符命、谶纬诡怪之言。凤尝出于舜，以为瑞，犹有说也，及其后出于乱世，则可以知其非瑞矣。若麟者，前有治世如尧、舜、禹、汤、文、武、周公之世，未尝一出，其一出而当乱世，然则孰知其为瑞哉？"就龟而言，欧阳修称龟本出于污泥川泽之中，不可胜数，因其甲适合占卜，故为卜官所贵。"而戴氏《礼》以其在宫沼为王者难致之瑞，《戴礼》杂出于诸家，其失亦以多矣！"就驺虞而言，欧阳修声称不知其为何物，又引贾谊之言以证："贾谊以谓驺者，文王之囿；虞，虞官也。当谊之时，其说如此，然则以之为兽者，其出于近世之说乎？"[①]

欧阳修认为正统之说始于《春秋》："正统之说肇于谁乎？始于《春秋》之作也。"欧阳修认为尧舜三代之时，由于正统地位甚为明确，没有辨析的必要，故而君子不论。及周室东迁，王室衰微，吴徐并僭，天下三王，这使周的正统地位受到挑战。于是为了明乎正统之在周，孔子遂作《春秋》，在这部著作中，"自平王以下，常以推尊周室，明正统之所在。故书王以加正月而绳诸侯。王人虽微，必加于上，诸侯虽大，不与专封，以天加王，而别吴、楚。刺讥褒贬，一以周法。凡其用意，无不在于尊周。"[②] 不过，欧阳修也指出

---

①　欧阳修：《新五代史》卷六十三《前蜀世家》，第794—796页。景祐初欧阳修为馆阁校勘期间，不仅预修《崇文总目》，其间他与尹洙还同撰《十国志》。故其《新五代史》卷六十三所发议论当成于景祐年间。

②　欧阳修撰，李逸安点校：《欧阳修全集》卷十六《原正统论》，第276页。

《春秋》虽以明正统为主旨，但由于当时人们对正统问题并无异议，所以孔孟也就没有明确地论说正统："孔孟之时，未尝有其说"①。也正因此，使后世学者误解孔子之旨："而后之学者不晓其旨，遂曰黜周而王鲁。或曰起鲁隐之不正，或曰起让国之贤君，泥其说于私鲁。殊不知圣人之意在于尊周，以周之正而统诸侯也。"② 而如果孔孟复出于秦汉之后，由于此期关于正统问题聚讼纷纭，使人不知所从。当此之时，孔孟一定会加以辨析以止其纷争。也就是说对于秦汉以下的正统问题有不得不辨之势，正因如此，欧阳修称他才对正统问题加以阐述："使孔孟不复出则已，其出而见之，其不为之辨而止其纷纷乎？此余之不得已也。"③

二、　新正统评判标准的设定

宋代以前，学者们论及正统虽多称说天命，但同时也有学者将人事作为评判朝代正统与否的重要依据。如东晋时习凿齿以道德与功业为评判朝代正统与否的标准，对陈寿《三国志》尊魏而黜吴、蜀的主张提出批评："若以魏有代王之德，则其道不足。有静乱之功，则孙、刘鼎立。道不足则不可谓制当年，当年不制于魏，则魏未曾为天下之主。王道不足于曹，则曹未始为一日之王矣。"进而提出尊汉黜魏的观点："以晋承汉，功实显然，正名当事，情体亦厌"。④ 唐代皇甫湜在探讨正统问题时，对于华夏政权，采用政治评价标准评判，认为只要是能统一天下，甚至在三国分立情况下，只要有一国强大也勉强可以称得上是受命之王："舜传之尧，禹传之舜，以德辉者也；桀放于汤，受杀于武，以时合者也；秦灭二周兼六国，以力成者也；汉革秦社稷，以义取者也。故自尧以降，或以德、或以时、或以力、或以义，承授如贯，终始可明。虽殊厥迹，皆得其正。以及魏取于汉，晋得于魏，史策既载彰明，可知百王既通行异代无异辞矣。"对于胡汉分立时期的东晋与北魏，他反对那

---

①　欧阳修撰，李逸安点校：《欧阳修全集》卷十六《或问》，第 274 页。

②　欧阳修撰，李逸安点校：《欧阳修全集》卷十六《原正统论》，第 276 页。

③　欧阳修撰，李逸安点校：《欧阳修全集》卷十六《或问》，第 274 页。

④　房玄龄：《晋书》卷八十二《习凿齿传》，中华书局 1974 年版，第 2155—2157 页。

些尊魏而闰晋的主张："往之著书者有帝元，今之为录者皆闰晋"现象。主张利用统绪的承继与道德评价标准，也就是儒家所标榜的"礼义"来评判正统与否，如他一则贬斥北魏出自夷狄于统绪无所授受："惠帝无道，群胡乱华，晋之南迁，实曰元帝，与夫祖乙之圮耿，盘庚之徙亳，厉王之居彘，平王之避戎，其事同，其义一矣。而拓跋氏种实匈奴，来自幽代，袭有先王之桑梓，目为中国之位号，谓之灭耶，晋实未改；谓之禅耶，已无所传。"再则贬斥北魏没有礼义："所以为中国者，以礼义也。所谓夷狄者，无礼义也。岂系于地哉！杞用夷礼，杞即夷矣。子居九夷，夷不陋矣。沐纣之化，商士为顽人矣。因戎之迁，伊川为陆浑矣。非系于地也。晋之南渡，人物攸归，礼乐咸在，风流善政，史实存焉。魏氏恣其强暴，虐此中夏，斩伐之地，鸡犬无余。驱士女为肉篱，委之戕杀；指衣冠为刍狗，逞其屠刈。种落繁炽，历年滋多，此而帝之，则天下之士有蹈海而死，天下之人有登山而饿，忍食其粟而立于朝哉！至于孝文始用夏变夷，而易姓更法，将无及矣。"从而得出他的正统谱系，即尧、舜、夏、商、周、秦、汉、魏、晋、宋、齐、梁、北周、隋、唐。①

庆历之际，学者们在探讨朝代正统与否时，也多重人事。如尹洙虽称说天命，但在他看来，能否予某政权以正统的名号，或者说一个王朝是否得到天命，不是看神异祥瑞，而是要看该王朝能否统一天下。尹洙不赞成以宗室身份偏安一方的政权为正统："昔蜀先主以宗室之胄据有全蜀，为魏所灭，遂黜其帝。"而元魏平定江陵，在尹洙看来标志着旧时代的结束和新的大一统时代的到来，因而以魏为正统："统而言之，平定南土，方为正统。"而受魏禅代的北周因为"齐为其虏，梁为其臣，隋承其运，"开创大一统的局面，因而"非帝而何？"② 自然更应为正统。

不过尹洙在推演正统谱系的过程中，并没能严格按照他的评价标准来判定正统与否。如他为了论证正统的连续性，在否定蜀的正统地位的同时，又

① 皇甫湜：《皇甫持正文集》卷二《东晋元魏帝正闰论》。
② 尹洙：《河南先生文集》卷三《河南府请解投赟南北正统论一首》。

以东晋为正统。而事实上正如张方平所言，东晋播迁江佐，"遗中服之雅俗，据吴人之旧土"，以藩臣而偏立称帝，与在王畿范围内迁移的商盘庚之迁亳、周平王之都洛不可同日而语："且夫商盘庚之迁亳，周平王之都洛，不出王畿之内，如归别馆之中，兆庶实从，不失旧物；比夫身居藩翰，观望本朝，进不扶危，退而正号，非同论也。"而是如同太伯奔吴不得称姬，刘备兴于巴蜀不得称汉一样，不能称为晋："至如太伯之奔勾吴，不得谓之姬矣；昭烈之兴巴蜀，岂可以为汉哉？"并且其继承者更是日渐衰落："齐梁之后，风教荡然，危弱相承，礼刑不立。五代四姓，浸微以灭，上无所授，下无所归，虽欲正之，人谁适从？"因此认为东晋不当与正统。① 欧阳修论及东晋也持与张方平相同的看法："若乃国已灭矣，以宗室子自立于一方，卒不能复天下于一，则晋之琅邪，与夫后汉之刘备、五代汉之刘崇何异？备与崇未尝为正统，则东晋可知焉尔。"②

就东晋与元魏的正统与否而言，张方平认为应当根据统治政权是否居于先王之土及所成就的功业为据来评判，因而尊魏而黜晋。就元魏而言，张方平认为魏据有中土，"奋起于云方，奄居神县"，"居先王之位，宅先王之国，子先王之人矣。"且功业较晋为盛："魏氏先实漠北，控弓朔、代，南平燕赵，遂通秦凉。出令作法，变风迁俗，天地有奉，生人有庇"。又"魏之霸业，肇自皇始，典法明著；成于太和，内无强臣，孰与苏桓之逼？间有中主，未若宋齐之季，虽末世尔朱之变，而建康三易姓矣。"因此元魏就如同《诗》、《书》所载的兴自夷狄的禹与周文王一样，都是得天命而兴的："则是夏禹之出东夷，文王之祚西羌，爰集大命，以抚方夏。《诗》、《书》所载，谓之何哉？"③

虽然张方平以所居地域及功业为标准进元魏为正统，然南北分立之时，就地域而言，不惟元魏据有所谓的先王之土，刘聪、苻坚等政权都曾据有先王之土："谓之中国，则刘聪僭据，乃陶唐之冀方；苻秦所都，实宗周之咸

---

① 张方平：《乐全集》卷十七《南北正闰论》，第140—141 页。
② 欧阳修撰，李逸安点校：《欧阳修全集》卷十六《东晋论》，第283 页。
③ 张方平：《乐全集》卷十七《南北正闰论》，第140—141 页。

镐。若其审定王居之次，推考生胜之法，偏闰相承，夫何足尚？"① 就功业而言，前秦在苻坚统治时期，其强盛并不逊于元魏："苻坚之时，自晋而外，天下莫不为秦，休兵革，兴学校，庶几刑政之方。不幸未几而败乱。其后强者曰魏，自江而北，天下皆为魏矣。幸而传数世而后乱。以是而言，魏者才优于苻坚而已。"② 所以以元魏居于所谓的先王之地，建有强盛的功业来定魏为正统也是经不起推敲的。

释契嵩以得天命者为正统，但却以功德作为评判帝王是否得天命的标准："昔者民厄洪水，天下病之，禹以勤劳援天下于既溺，功德合乎天而天命归之，故谓正统也。夏之末也，民不胜其虐，天下苦之，以汤至仁而天命归之，故为人统也。殷之末也，如夏文王以至德怀民，故命将归而武王承之，故为天统也。秦也、隋也，而人苦其敝，汉、唐始以宽仁；振五季伪乱也，昔宋以神武平，故天命皆归焉。"而昭示帝王获得天命的依据是百姓拥戴，天下太平："人心归其德，而五行七政顺其时者也。此舜、禹、汤、武之所以享天下也。《泰誓》曰'天视自我民视，天听自我民听。'此所以明天命也。"反对以图谶、符瑞、五行相胜作为帝王获得天命的证据："五胜则几乎厌胜也，符瑞则几乎神奇也。魏季南北杂然称制而互谓自得天命也，而以兵相凌，四海之内毙民如弃芥。"③

欧阳修则以《春秋》为理论依据明确提出了评判正统与否的新标准，即政治标准"一统"与道德标准"居正"："《传》曰：'君子大居正'，又曰：'王者大一统'。正者，所以正天下之不正也；统者，所以合天下之不一也。"④

就尧、舜以下的历史而言，欧阳修认为尧、舜、夏、商、周既拥有正义又一统天下，因而其正统无可辩驳，"是以君子不论也"⑤。从秦的历史看，

---

① 张方平：《乐全集》卷十七《南北正闰论》，第 141 页。
② 欧阳修撰，李逸安点校：《欧阳修全集》卷十六《后魏论》，第 284 页。
③ 释契嵩：《镡津文集》卷五《说命》。
④ 欧阳修撰，李逸安点校：《欧阳修全集》卷十六《原正统论》，第 275—277 页。
⑤ 欧阳修撰，李逸安点校：《欧阳修全集》卷十六《原正统论》，第 275 页。

虽然其在德行方面稍有不足，但其兴与尧舜三代并无不同，尽管秦始皇暴虐无道，但他毕竟只是秦这一统绪中的一个君主，就如同桀纣无道而不能废夏商的统绪一样，"则始皇未可废秦也"①。汉代既取代暴秦又一统天下，与正统之义相合。王莽通过阴谋诡计得汉，虽一统天下，却得国不"正"，因而不能视为正统，"论者曰伪，宜也。"② 曹魏，从其兴起过程看，就如同汉之取秦、秦之取周，虽未统一，但"居得其正"，这就如同说"天下当正于吾而一"，因此"斯谓之正统可矣（东周魏五代）"③。西晋虽然德行不足，然而从政治层面上毕竟统一了天下，因而勉强可以称得上正统："直以其受魏之禅而合天下于一，推较其迹，可以曰正而统尔"。而东晋之立，元帝不过以晋之宗室子的身份称帝，并非嗣君继世，且自立一方不能一统天下，所以不能许以正统。④ 北魏不入正统，原因在于魏虽有功，但德不足。另外魏兴于夷狄，只知争胜而已："当魏之兴也，刘渊以匈奴，慕容以鲜卑，苻生以氐，弋仲以羌，赫连、秃发、石勒、季龙之徒，皆四裔之雄。其力不足者弱，有余者强"。并且北魏没能统一天下，"不过为东晋比也。"⑤ 就后梁而言，"夫梁之取唐，无异魏、晋之取也。魏、晋得为正，而梁亦正矣。而独曰伪何哉？以有后唐故也。彼后唐者，初与梁为世仇。及唐之灭，欲借唐为名，托大义以窥天下，则不得不指梁为伪，而为唐讨贼也。而晋汉承之，遂因而不改。故曰因人之论也。"⑥ "朱梁，四代之所黜也。今进而正之"⑦。

三、 正统传承的时间特征

持传统正统观者，普遍认为三统五德的运行是永无止歇的。如宋初徐铉等论及五代至宋的五德流转，认为"五代运迁，皆亲承授，质文相次，间不

---

① 欧阳修撰，李逸安点校：《欧阳修全集》卷十六《秦论》，第281页。
② 欧阳修撰，李逸安点校：《欧阳修全集》卷十六《原正统论》，第276页。
③ 欧阳修撰，李逸安点校：《欧阳修全集》卷十六《明正统论》，第278页。
④ 欧阳修撰，李逸安点校：《欧阳修全集》卷十六《东晋论》，第283页。
⑤ 欧阳修撰，李逸安点校：《欧阳修全集》卷十六《后魏论》，第284页。
⑥ 欧阳修撰，李逸安点校：《欧阳修全集》卷十六《原正统论》，第277页。
⑦ 欧阳修撰，李逸安点校：《欧阳修全集》卷十六《明正统论》，第280页。

容发"①。但官方所排出的正统谱系显然与这种思想不相契合。如《册府元龟》所排出的正统谱系依次为太昊、炎帝、黄帝、帝挚、颛顼、帝喾、尧、舜、夏、商、周、汉、魏、晋、元魏、北周、隋、唐、后唐、后晋、后汉、后周。而以秦、蜀、吴、宋、南齐、梁、东魏、北齐及五代之梁为闰位，这也就意味着五德在这些朝代出现了断绝。宋庠撰《纪年通谱》，以元魏承晋，以秦居木火之间，王莽补无王之际，黜宋、齐、梁、陈、北齐、朱梁，显见就是官方正统观的翻版。张方平也取闰位说："昔汉祖之正号也，去姬氏之灭几六十年，闰霸秦而继周，著为火德，识者以为得天统。魏氏之推历也，去愍怀之亡亦六十年，舍四僭而踵晋，定为水行，议者以为当正位。推晋而上，至于伏羲氏出震而土天下也，帝王之大统明矣。"②

显然宋庠和张方平都沿袭了旧说，而尹洙则试图解决这一问题。在尹洙看来五运的更选并不因为天下分裂陷于停滞，而是始终不停地在流转，就东晋、宋、齐、梁等王朝而言，由于它们是正统王朝西晋的继承者，故正统之运也为他们所继承，因此在没有其他政权能够一统天下的情况下，这些朝代就是正统之运的承担者，直到梁为西魏所灭，东南之运方绝："自晋室不纲，五胡猾夏，元帝艰难否运，奄有东南，景命未融，不失旧物。迄于恭帝，百有四年，宋祖有代德而受外禅，复六十年而禅齐，齐二十六年而禅梁，梁五十年为侯景所纂，梁元帝攘夷狄而纂旧位，迁都江陵，三年为西魏所灭，则东南之运绝矣。"尹洙认为正统之运在西魏平江陵之年转入魏、周、隋、唐序列："推而言之，则东南承袭之运至江陵陷没当传于魏，魏传周，周传隋，隋传唐，为得其实。"③ 由此列出了东晋至唐的正统谱系为东晋、宋、齐、梁、魏、北周、隋、唐。在此序列之外的政权如东魏、后梁、北齐、陈等皆不得予帝号，显见是对官方正统谱系的完善与补充。但正如张方平、欧阳修等所言，元魏如同蜀汉一样，是以宗室子的身份偏安一隅，并非汉与晋的合法继承者，故尹洙以东晋承西晋正统之运，是难成定论的。

① 徐松：《宋会要辑稿》第五十三册《运历一》"运历一之一"，第 4490 页。
② 张方平：《乐全集》卷十七《南北正闰论》，第 141 页。
③ 尹洙：《河南先生文集》卷三《河南府请解投赟南北正统论一首》。

与尹洙等认为正统传承间不容发不同，欧阳修则跳出了传统的窠臼，提出了正统绝续说。欧阳修指出："凡为正统之论者，皆欲相承而不绝"。但在欧阳修看来，正统至重："夫正与统之为名，甚尊而重也。"并非是每一个朝代都能得到的："夫所谓正统者，万世大公之器也，有得之者，有不得之者。"具体而言，若某一政权即居正又一统者，自然就是正统；虽未能一统，但居正，并且有一天下之志，这样也可称为正统；始虽不得其正，但最终一统天下，而为天下之君，这也可以称为正统；天下大乱，其上无君，群雄并争，各称尊号，互不统属，最终大且强者统一天下，则其也可称为正统。而如果"不幸而两立不能相兼，考其迹则皆正，较其义则均焉，则正统者将安与乎？其或终始不得其正，又不能合天下于一，则可谓之正统乎？不可也。然则有不幸而丁其时，则正统有时而绝也。"而由于秦汉以下，丧乱不已，是以绝统现象屡有发生："自秦、汉而下，丧乱相寻。其兴废之迹，治乱之本，或不由至公大义而起，或由焉而功不克就，是以正统屡绝，而得之者少也。"而不明其理者，当正统断绝之时，为了保持正统的连续性，遂强行将正统假人，结果导致曲而不通："至其断而不接，则猥以假人而续之，是以其论曲而不通也。"①

据此，欧阳修对自远古以至于五代的正统问题进行了剖析，最终提出自己的有绝有续的正统谱系，即尧、舜、夏、商、周、秦、汉、曹魏、西晋、隋、唐、五代。此谱系与《册府元龟》的正统谱系相比，多了秦与后梁，少了北魏、北周，在一定程度上颠覆了官方的正统谱系。

总之，通过以上分析可以看出，庆历（1041—1048）之际，受时代新风的影响，尹洙、张方平等学者的正统观较之北宋前期都有一定的发展，但因受制于传统观念的影响，都不如欧阳修的正统观新颖。具体而言，与尹洙等的正统观相比，欧阳修的新正统观优点有三：其一，以再次受到社会普遍认同的原典经学为依据，刊落传统正统观中的神学内容，从而在使正统观走向理性的同时，也否定了许多以符瑞立国的政权的正统诉求。其二，与尹洙等

---

① 欧阳修撰，李逸安点校：《欧阳修全集》卷十六《明正统论》，第 278—279 页。

将东晋、宋、齐、梁、魏、北周等割据政权及异族政权纳入正统谱系，在客观造成尊崇割据政权及异族政权的事实不同，欧阳修根据正统绝续观列出的正统谱系，将秦列入正统谱系，显现了他对大一统的推崇，将元魏排挤出正统谱系，则解决了官方正统谱系中华夷混杂的问题，保持了正统谱系的纯正性，显得甚是端严。不仅如此，这一谱系还在一定程度上否定了与宋并立的契丹与西夏存在的合理性与合法性。故何焯指出："正统有时而绝欧公千古特出之见。"① 其三，以道德理性及政治理性为评价标准，尤其是以政治理性即强调以大一统为标准，判定正统与否，这样"通过强调历史的实际结果"②，使宋朝统治的合理性与合法性变得不言自明。与尹洙、张方平等的评价标准相比，也更具可操作性。因而欧阳修的正统观一出，使传统的正统观的面貌为之一新，正统论争因而大盛。故学者称："欧阳修首撰《正统论》，为古今一大文字"③。

第四节　新春秋学影响下的历史编纂思想

庆历（1041—1048）之际，随着学术领域内疑经惑传思潮的兴起，意欲以新的经学思想来重新整齐史学，力求更好地发挥史学的教化功能的史学思潮也随之兴起，由此带动了史学撰述活动的兴盛。

一、学者对《春秋》编纂义例的探研

谈到经学对历史编纂的指导，不是自古就有的。如先秦时期就无所谓经学指导史学，因为在那个时期可说有史学而无经学。此期的学术，应该皆出于史官，如班固就指出："古之王者世有史官，君举必书，所以慎言行，昭法

---

① 何焯：《义门读书记》卷三十八《欧阳文忠公文上》，中华书局 1987 年版，第 682 页。
② 向燕南：《引领历史向善——方孝孺的正统论及其史学影响》，《齐鲁学刊》2004 年第 1 期。
③ 饶宗颐：《中国史学上之正统论》，第 39 页。

式也。左史记言，右史记事，事为《春秋》，言为《尚书》，帝王靡不同之。"① 春秋战国时期，虽然有所谓经学之称，如《庄子·天运》称"丘治《诗》、《书》、《礼》、《乐》、《春秋》六经"及"夫六经，先王之陈迹也"之语②，但这并非后世意义上的经，因此学者指出在先秦时期是有史学而无经学，是史先于经的时期。

进入汉代，尤其是武帝时期推行独尊儒术政策后，经书的地位大大提高，但初期经学对史学编纂的指导意义并不明显，如司马迁的《史记》便不依傍经书立言。陈登原称："《论语·子张》篇：'其身正，不令而行；其身不正，虽令不行。'《史记·李广传》：'传曰："其身正，不令而行；其身不正，虽令不行。'《梁世家》褚先生补：'不通经术，不知古今之大体。'《汉书·冀奉传》：'陈成败以示贤者，故名曰经。贤者见经，则知人道之务，《诗》、《书》、《易》、《礼》、《乐》、《春秋》是也。'登原案：史迁引及《论语》，而乃冠以传曰；少孙言通经术，以为即知古今；冀章则谓经陈成败而具人道，此殆汉儒之六经皆史论矣。"③ 但随着时代发展，以六经尤其以《春秋》为指导撰写历史渐成时代的主流，司马迁的《史记》反映出来的史学思想由于与经旨不符，遂招致学者的非难。扬雄就批评司马迁之论赞"不与圣人同，是非颇谬于经。"④ 班彪说司马迁"论术学，则崇黄老而薄《五经》；序货殖，则轻仁义而羞贫穷；道游侠，则贱守节而贵俗功：此其大敝伤道，所以遇极刑之咎也。"⑤ 班固称司马迁"论大道则先黄老而后六经，序游侠则退处士而进奸雄，述货殖则崇利势而羞贱贫"⑥。隋人魏澹称："司马迁创立纪传以来，述者非一，人无善恶，皆为立论。计在身行迹，具在正书，事既无奇，不足惩劝。"⑦ 唐人萧颖士称："仲尼作《春秋》，为百王不易法，而司马迁作本

① 班固：《汉书》卷三十《艺文志》，第1715页。
② 陈鼓应：《庄子今注今译》，中华书局1983年版，第389页。
③ 陈登原：《国史旧闻》（1）卷十五《广六经皆史论》，中华书局2000年版，第415—416页。
④ 班固：《汉书》卷八十七下《扬雄传下》，第3580页。
⑤ 范晔：《后汉书》卷四十上《班彪传》，第1325页。
⑥ 班固：《汉书》卷六十二《司马迁传》，第2738页。
⑦ 魏征：《隋书》卷五十八《魏澹列传》，第1419页。

纪、书、表、世家、列传，叙事依违，失褒贬体，不足以训"①。

班固认为自己思考历史就是在经学思想的指导下进行的，如他称自己撰《汉书》就是"旁贯《五经》，上下洽通。"② 而最有代表性的则是荀悦的《汉纪》，在《序言》中，荀悦明确提出其撰述该书的第一个宗旨就是要"达道义"③，亦即要以儒家的伦理纲常为指归，用荀悦自己的话说就是"仁义之大体在于三纲六纪"、"施之当时则为道德，垂之后世则为典经"。④

然而进入魏晋以下，由于儒学的衰落，六经对史学编纂的指导意义大为减弱，史家著史不过是敷陈史事而已，因此史家大都热衷于炫耀文笔的生动，如范晔对诸甥侄称："赞自是吾文之杰思，殆无一字空设，奇变不穷，同合异体，乃自不知所以称之。此书行，故应有赏音者。"⑤ 所以隋人王通有"古之史也辩道，今之史也耀文"之语⑥。其下者更是文辞鄙秽繁杂，如隋人王劭以长于史学著称于世，然史称其"既撰《齐书》，兼修隋典，好诡怪之说，尚委巷之谈，文词鄙秽，体统繁杂。直愧南、董，才无迁、固，徒烦翰墨，不足观采。"⑦ 殆至唐代，史家著史仍重叙述而不重褒贬，刘知幾就认为："夫史之称美者，以叙事为先。"⑧ "良史以实录直笔为贵。"⑨ 所以虽然武则天代唐以女主称帝不合礼制，但吴兢撰唐国史，"为《则天本纪》，次高宗下。"⑩ 而宋初薛居正等所撰的《旧五代史》仍是敷陈史事而已，亦即王辟之所谓："先后无序，美恶失实，殊无足取。"⑪《四库》馆臣所谓："文体平弱，不免叙次

---

① 欧阳修、宋祁：《新唐书》卷二百二《萧颖士传》，第5768页。
② 班固：《汉书》卷一百下《叙传下》，第4235页。
③ 荀悦：《汉纪序》，《两汉纪》（上）。
④ 荀悦：《汉纪》卷二十五《成帝纪二》，第437页。
⑤ 沈约：《宋书》卷六十九《范晔传》，第1831页。
⑥ 王通：《中说》卷三《事君篇》，《文渊阁四库全书》第696册，第538页。
⑦ 魏征：《隋书》卷六十九《袁充传》，第1613页。
⑧ 刘知幾撰，赵吕甫校注：《叙事》，《史通新校注》，第391页。
⑨ 刘知幾撰，赵吕甫校注：《惑经》，《史通新校注》，第827页。
⑩ 欧阳修、宋祁：《新唐书》卷一百三十二《沈既济传》，第4538页。
⑪ 王辟之：《渑水燕谈录》卷六"文儒"条，中华书局1981年版，第70页。

烦冗之病。"① 赵翼所谓："《薛史》专重叙事。"②

中唐时期，在春秋学变革思潮的影响下，史学领域虽曾掀起了以《春秋》的经义为指导来撰写历史的史学思潮，但由于种种原因，中唐的这股史学思想很快便沉寂下去。

因此蒙文通在论及此段历史时，称六朝史学皆是"徒能整齐旧事，无所创明。"而在唐初以至于庆历（1041—1048）以前的主流史学皆"沿袭六代"。③

北宋建立后，统治者也颇有意于以史褒贬，如开宝六年（973）诏修《五代史》的诏书中就说："将使垂楷模于百代，必正褒贬于一时。"④ 但由于缺乏指导思想，因而并未能得到具体贯彻。太宗时，胡旦"尝谓三代之后，独汉得正统，因四百年行事立褒贬以拟《春秋》。"⑤ 其书凡百卷，问答一卷，淳化五年（994）欲献于朝廷，但由于其时学风守旧，不喜新说，因此太宗对该书并不感兴趣，说："褒贬出于胸臆，岂得容易流传？"大中祥符三年（1010），"谢泌又为言，敕襄州给纸写。"⑥ 但此后终真宗一朝，再无下文。结果这部著作直到天圣二年（1024）才被朝廷采纳。然而到了庆历（1041—1048）之际，随着学术变革的深入，尤其是春秋学的兴起，一度勃兴于中唐的史学思潮遂再度兴起。

当时学者们折衷三传、深探经旨，对《春秋》的编纂义例展开了深入探讨，在此过程中，《春秋》惩恶劝善的思想观念、属辞比事的编撰原则以及寓意褒贬的修辞手法受到了学者们的高度重视。

（一）推崇《春秋》惩恶劝善的思想观念

欧阳修论及孔子修《春秋》的动机称："孔子患旧史是非错乱而善恶不

---

① 永瑢等：《四库全书总目》卷四十六《〈旧五代史〉提要》，第411页。
② 赵翼著，王树民校证：《廿二史札记校证》卷二十一"薛居正五代史"条，第451页。
③ 蒙文通：《中国史学史》，第69页。
④ 《宋大诏令集》卷一百五十《政事三·修五代史诏》，第555页。
⑤ 李焘：《续资治通鉴长编》卷一百二"仁宗天圣二年二月辛酉条"，第2350页。
⑥ 王应麟：《玉海》卷四一"汉春秋"条，第765页。

明，所以修《春秋》"。在编纂鲁史的过程中，孔子通过利用所谓的"《春秋》之法"来达到其拨乱反正、善恶分明的目的，所谓"《春秋》之法，使为恶者不得幸免，疑似者有所辨明，所谓是非之公也。"① 具体而言就是正名定分、求情责实："正名以定分，求情而责实，别是非，明善恶，此《春秋》之所以作也。"② 而所谓的"名分"、"情实"，实际上体现的就是所谓的"王道"所宣扬的以维护封建等级秩序为目的的纲常伦理道德观念，故欧阳修进而指出《春秋》实际上贯彻的是"王道"精神，即"《春秋》以王道治人之法也"③。在欧阳修看来，正是因为孔子以所谓的"王道"观念规范鲁史，从而使《春秋》成为万世信奉的准则，因此对孔子以所谓的"王道"治史甚为推崇，将其作为自己治史的指导原则，即"吾用春秋之法，师其意不袭其文"④。

孙甫认为"《春秋》记乱世之事，以褒贬代王者之赏罚。时之为恶者众，率辩其心迹而贬之，使恶名不朽，为君者、为臣者见为恶之效，安得不惧而防之！此戒之之道也。其间有善事焉，明其心迹而褒之，使光辉于世，此又所以为劝也。"⑤ 进而指出自孔子之后的治史者欲"谨戒劝之道"撰述史事，不师"《春秋》之意，何以为法？"⑥

尹洙则针对唐朝在修撰南北朝史书时，史官"列东魏、后梁并篡为帝号，北齐、陈氏各有图书，逆顺不分，称谓纷揉"的现象提出批评，指出"周之吴楚，太伯、鬻熊之后也。怙恃其众，僭号称王。仲尼修《春秋》而夷狄之。圣人之旨，垂戒于方来，所以乱臣贼子惧也。"而唐初史官不按照《春秋》所确立的原则而是根据自己的意愿撰述历史的行为是"失之一时，误及千古，至使乱臣贼子谓方面可据，位号可窃，为下莫得而诛，后世莫得而贬。不其

---

① 欧阳修撰，李逸安点校：《欧阳修全集》卷十八《春秋论下》，第308—309页。
② 欧阳修撰，李逸安点校：《欧阳修全集》卷十八《春秋论中》，第307页。
③ 欧阳修撰，李逸安点校：《欧阳修全集》卷十八《春秋论下》，第309页。
④ 朱熹：《朱子考欧阳文忠公事迹》，欧阳修撰，李逸安点校：《欧阳修全集》附录二，第2644页。
⑤ 孙甫：《唐史论断》卷首《唐史论断序》。
⑥ 孙甫：《唐史论断》卷首《唐史论断序》。

惑哉，不其惑哉！"①

（二）认同《春秋》属辞比事的编撰原则

学者们对《春秋》常事不书的史料取舍原则以及编年纪事编撰体例颇为赞同。

1. 常事不书的史料取舍原则

《春秋》"常事不书"义法的揭示始自《公羊传》，后得到《春秋》学者的广泛认同。庆历（1041—1048）之际学者也屡屡论及此例。

孙复在其《春秋尊王发微》中便屡屡以"常事不书"这一《春秋》义法解读《春秋》经文。如《春秋》经"（桓公）元年春王正月公即位"，孙复指出，即位是常事，但由于桓公属弑隐公而自立，非天子之命，已属非常之事，故书之，所谓"即位常事书者，威弑隐自立，非天子命也。"《春秋》经"（桓公）四年春正月公狩于郎"。孙复称天子诸侯四时狩猎属常事，然所以书者，是由于桓公狩猎不以时的缘故，"常事书者，周之正月夏之十一月也，四时之田用孟月，正月公狩于郎，不时也。"②

刘敞对《春秋》"常事不书"的原则也别有会心。如《春秋》经僖公五年书曰："五年春，晋侯杀其世子申生。"《左传》于僖公五年春增书僖公观朔一事："五年春王正月辛亥朔，日南至。公既视朔，遂登观台以望，而书，礼也。凡分、至、启、闭，必书云物，为备故也。"之所以传书而经不书，刘敞认为这与春秋"常事不书"的原则有关。他说："然则旧史盖记公之书云物矣，传所言凡是解旧史者也。仲尼修《春秋》而去之，以谓常事不足书也。以是观焉，'常事不书'于三传为通。"③《春秋》经隐公三年书曰："冬十有二月，齐侯、郑伯盟于石门。"关于《春秋》书此次盟会的原因，刘敞认为此事属非常之事："何以书盟会之事？告则书盟会之事。曷为告则书？常事不书，非常则书。盟会于春秋常也，于王者非常也。"④

① 尹洙：《河南先生文集》卷三《河南府请解投赘南北正统论一首》。
② 孙复：《春秋尊王发微》卷二，第14—17页。
③ 刘敞：《春秋权衡》卷四，第206页。
④ 刘敞：《刘氏春秋传》卷一，《文渊阁四库全书》第147册，第368页。

2. 编年体的史书编撰体例

孙甫极为推崇《春秋》编年纪事的体例，认为《春秋》用编年体立法，"故目其事而断之，明治乱之本，所目之事或一句，或数句，国之典制罔不明，人之善恶罔不辨。"故与纪传体相比，纪传体"则不若编年体正而文简也。"①

（三）重视《春秋》褒善贬恶的修辞手法

学者们对《春秋》的修辞手法进行了深入探讨，从而获得了一系列真知灼见。

1. 推崇《春秋》以例行褒贬之法

关于《春秋》之例，自三传时便已为学者所总结，如《左传》所概括的"五十凡"，《公羊传》所总结的"外逆女不书"等，《谷梁传》所归纳的"日月时例"等。嗣后，《春秋》义例之学成为春秋学的一个重要方面，而为后世学者所继承。庆历（1041—1048）之际的学者对《春秋》义例之学也颇为重视，如宋祁所说："只字论褒，与山龙而并贵；一言示贬，将斧钺以同施；莫不昭列异同，谨敷名器。"② 刘敞也称："《春秋》之义，以一字为褒贬。"③ 为此学者们对《春秋》推行褒贬之旨的义例进行了深入探讨。

孙复认为《春秋》凡书"盟"、"会"皆为贬义，隐公元年经"公及邾仪父盟于蔑"条，孙复称"凡书盟者，皆恶之也。……春秋之法，恶甚者日，其次者时，非独盟也，以类而求，二百四十二年诸侯罪恶轻重之迹，焕然可得而见矣。"隐公二年经"公会戎于潜"条，孙复称："圣王不作，明堂失位，要荒之人，与诸侯抗，故公会戎于潜，诸侯非有天子之事，不得出会诸侯，况会戎者！凡书会者，皆恶之也。"④ 欧阳修认为孔子以"荆"、"子"称吴楚，意在通过抑黜吴楚的僭乱行为而戒惧后世："周室之季，吴楚可谓强矣，而仲尼修《春秋》，书荆以狄之，虽其屡进，不过子爵，所以抑黜僭乱而

---

① 孙甫：《唐史论断》卷首《唐史论断序》。
② 宋祁：《景文集》卷三《志在春秋赋》，第26页。
③ 刘敞：《春秋权衡》卷四，第204页。
④ 孙复：《春秋尊王发微》卷一，第3—5页。

使后世知惧。"① 并进而指出 "《春秋》,谨一言而信万世者也。"② 前已论及,《春秋》自鲁昭公出奔晋之乾侯后,每年皆书"春王正月,公在乾侯。"对此,唐代学者沈既济认为这体现了孔子的尊君思想:"君在,虽失位,不敢废也。"③ 孙甫继承并发展了沈既济的观点,认为这体现了"春秋之法",进而认为如果将这一书法贯彻到史著中去,可以起到"正帝统而黜僭号"的作用。④

2. 重视《春秋》的直笔书法

欧阳修等通过对《春秋》中据事直书的书法进行探讨,认为孔子这样做是意在伸其褒贬善恶之志。

春秋时期,鲁桓公弑鲁隐公而自立,鲁宣公弑子赤而自立,郑厉公逐世子忽而自立,卫公孙剽逐其君衎而自立,对于这四人,孔子在《春秋》中"皆不绝其为君",欧阳修认为这体现着"《春秋》之志"。他说:"圣人之于《春秋》用意深,故能劝戒切,为言信,然后善恶明。夫欲著其罪于后世,在乎不没其实。其实尝为君矣,书其为君;其实篡也,书其篡。各传其实而使后世信之,则四君之罪,不可得而掩耳。使为君者不得掩其恶,则人之为恶者,庶乎其息矣。是谓用意深而劝戒切,为言信而善恶明也。"进而指出:"《春秋》之于大恶之君不诛绝之者,不害其褒善贬恶之旨也。惟不没其实以著其罪,而信乎后世,与其为君而不得掩其恶,以息人之为恶"。⑤ 又称:"昔者孔子作《春秋》而乱臣贼子惧,其于弑君篡国之主,皆不黜绝之,岂以其盗而有之者,莫大之罪也,不没其实,所以著其大恶而不隐欤?自司马迁、班固皆作《高后纪》,吕氏虽非篡汉,而盗执其国政,遂不敢没其实,岂其得圣人之意欤?抑亦偶合于《春秋》之法也。唐之旧史因之,列武后于本纪,盖其所从来远矣。"⑥ "史者,国家之典法也。自君臣善恶功过,与其百事之废置,可以垂劝戒、示后世者,

① 欧阳修撰,李逸安点校:《欧阳修全集》卷一百二十四《伪史类》,第1887页。
② 欧阳修撰,李逸安点校:《欧阳修全集》卷十八《春秋或问》,第311页。
③ 欧阳修、宋祁:《新唐书》卷一百三十二《沈既济传》,第4539页。
④ 孙甫:《唐史论断》卷上《不称武后年名》。
⑤ 欧阳修撰,李逸安点校:《欧阳修全集》卷十七《魏梁解》,第298—299页。
⑥ 欧阳修、宋祁:《新唐书》卷四《中宗本纪》,第113页。

皆得直书而不隐。故自前世有国者，莫不以史职为重。"①

刘敞对《春秋》的"书法不隐"有深入的研究。刘敞认为古者史官"以直为职"，孔子对此非常欣赏，如"董狐书赵盾弑君以示于朝，仲尼谓之良史，以其书法不隐。"② 孔子也继承了这种传统："凡议《春秋》者必曰'乱臣贼子惧'，乱臣贼子惧者，以其书法不隐而善恶明也。"③ 如《春秋》宣公十一年十月，"楚人杀陈夏征舒。"《谷梁传》称："此入而杀也，其不言入，何也？外征舒于陈也。"刘敞认为《谷梁传》的解释是错误的："言楚人杀者，乃明征舒有罪尔。且先言入后言杀，可谓内征舒于陈乎？夫《春秋》纪事之书也，先杀而后入，皆其实录矣，岂纷纷然更易古事以便私意哉！"④ 进而指出，就古代史官而言，是"不讳国恶"的⑤，孔子从尊尊、亲亲的角度出发，则时有所讳，但这种讳只是体现在言辞的使用上，其于史实并不歪曲，如《春秋》庄公"八年春王正月，师次于郎，以俟陈人、蔡人。"《公羊传》以谓这是"托不得已也。"刘敞认为这种解释不正确："仲尼岂为不实无状以迷人哉！观圣人讳国恶者有之矣，亦不从而为之辞而已，夫从而为之辞者，此小人之事也，何以辱《春秋》！"⑥

3. 欣赏《春秋》辞简旨明的文字表述风格

尹洙和欧阳修都极为推崇《春秋》文辞的简约，如欧阳修说："初，孔子大修六经之文，独于《春秋》，欲以礼法绳诸侯，故其辞尤谨约而义微隐。"⑦ "《春秋》辞有异同，尤谨严而简约，所以别嫌明微，慎重而取信，其于是非善恶难明之际，圣人所尽心也。"⑧ 又称"圣言简且直"⑨，又"《春秋》二百年，

---

① 欧阳修撰，李逸安点校：《欧阳修全集》卷一百一十一《论史馆日历状》，第1687页。

② 刘敞：《春秋权衡》卷三，第202页。

③ 刘敞：《春秋权衡》卷六，第232页。

④ 刘敞：《春秋权衡》卷十六，第350页。

⑤ 刘敞：《春秋权衡》卷三，第202页。

⑥ 刘敞：《春秋权衡》卷十，第279页。

⑦ 欧阳修撰，李逸安点校：《欧阳修全集》卷一百二十四《春秋类》，第1883页。

⑧ 欧阳修撰，李逸安点校：《欧阳修全集》卷十八《春秋论中》，第307页。

⑨ 欧阳修撰，李逸安点校：《欧阳修全集》卷一《送黎生下第还蜀》，第21页。

文约义甚夷。一从圣人没，学者自为师。峥嵘众家说，平地生崄巇。相沿益迁怪，各斗出新奇。尔来千余岁，举世不知迷。"① 认为"简而有法"四字，"在孔子六经惟《春秋》可当之，其他经非孔子自作文章，故虽有法而不简也。"②

二、 庆历之际的历史编纂思想

当时在时代新风的激荡下，庆历（1041—1048）之际学者们掀起了撰述历史的热潮，其中尤以唐五代历史的撰述最为引人注目。由于唐代立国数百年，人事政治可采者甚多，且与宋代最近，故自宋立国以后，一直将唐代视为效法的对象，如张方平称："唐代有天下三百年，其间治乱得失详矣，朝廷立国之纪，典刑制度因于唐者也。"③ 苏辙称："今自五代以上，其文物政事之备，未有若隋唐之善者。自祖宗以来，采前世之旧，而施之于时，亦未有若隋唐之多者也。"④ 因而宋人对唐代历史甚感兴趣，宋仁宗就颇喜读唐史。当时侍臣三五日不给他提供唐代史事，"仁宗辄问其故"⑤。至于五代，由于其是唐代历史的延续，要想全面了解唐代的兴衰，就必须了解五代的历史；同时宋朝又直接乘之以兴，所以宋立国以后，历朝君臣在探讨时政得失之时，动辄以五代为鉴，对这一段历史也非常重视。因此宋立国后，学者关于唐及五代的撰述一直不绝于世。

及至庆历（1041—1048）之际，学者们在新学术思想影响下，普遍对记载这段历史的史籍产生了极大的不满。如关于《旧唐书》，当时的大臣们认为该书"纪次无法，详略失中，文采不明，事实零落。"仁宗"以谓商周以来，为国长久，惟汉与唐，不幸接乎五代，衰世之士气力卑弱，言浅意陋，不足以起其文。而使明贤臣隽功伟烈，与夫昏虐贼乱祸根罪首，皆不足暴其善恶，

---

① 欧阳修撰，李逸安点校：《欧阳修全集》卷四《获麟赠姚辟先辈》，第 65 页。

② 欧阳修撰，李逸安点校：《欧阳修全集》卷七十二《论尹师鲁墓志》，第 1045 页。

③ 张方平：《乐全集》卷二十四《请节录〈唐书〉纪传进御》，第 245 页。

④ 苏辙撰，陈宏天、高秀芳校点：《栾城集》卷二十《私试进士策问二十八首》，《苏辙集》，第 364 页。

⑤ 王巩：《乐全集》附录《张方平行状》，第 520 页。

以动人耳目。诚不可以垂劝戒，示久远，甚可叹也。"① 孙甫指出"《唐书》繁冗遗略，多失体法"，治乱之迹，杂而不显，因而难以"彰明正德功德法制之本，一代兴衰之由也。"传世的《实录》叙事虽多，但"治乱之本，亦未之明"②。关于五代的历史，陈师锡追述欧阳修著《新五代史》之因时指出，宋代"史官秉笔之士，或文采不足以耀无穷，道学不足以继述作，使五十有余年间废兴存亡之迹，奸臣贼子之罪，忠臣义士之节，不传于后世，来者无所考焉。"③ 宋庠同时对《旧唐书》、《旧五代史》提出批评："刘昫《唐书》及范质（当作薛居正）《五代史》并是近代修纂。虽粗成卷帙，而实多漏略，义例无次，首末相违。案唐自武宗以还，实录皆阙。详昫等辑缀之日，因旧史，存体统，续后事者，不无丛脞。至于序篇赞论，褒贬大方，订之前世，讫无可采。其五代帝纪，则殆是全写实录，别传则更同铭志。比于唐史，抑又甚焉。"因此他还是布衣平民之时，"伏膺简册，窃观二史，未尝不废书结欷。"④

同时，值得注意的是，当时的优秀学者多曾身任弘文馆、史馆、集贤院及秘阁之职，如王沿、王尧臣（1003—1058）、张方平、王畴（？—约1064）、刘敞等曾任直集贤院，尹洙、欧阳修、范镇（1008—1089）、宋敏求等曾任馆阁校勘，宋庠、宋祁等曾任直史馆，孙甫曾任秘阁校理，余靖曾任集贤校理，李淑曾任馆阁校勘、史馆修撰等职，孙冲曾任集贤院学士，吕夏卿曾任《唐书》编修官。而宋代的馆阁是国家的图书机构，其中贮藏了大量图书，欧阳修所谓："国家悉聚天下之书，上自文籍之初，六经、传记、百家之说，翰林、子墨之文章，下至医卜、禁祝、神仙、黄老、浮图、异域之言，靡所不有，号为书林。"⑤ 其中，唐及五代的文献甚为齐全，宋祁所谓："秘府所藏唐家纪传、诏令及偏记、小说之类，名种尚多。五代实录，诸国僭伪之篇，往往完具。"⑥ 这就为他们撰述此期的历史提供了条件，因而都主张重

---

① 欧阳修撰，李逸安点校：《欧阳修全集》卷九十一《进新修唐书表》，第1340—1341页。

② 孙甫：《唐史论断》卷首《唐史论断序》。

③ 陈师锡：《全宋文》（93）卷二〇三一《五代史记序》，第261页。

④ 宋庠：《全宋文》（20）卷四二九《乞修定唐书及五代史札子》，第407页。

⑤ 欧阳修撰，李逸安点校：《欧阳修全集》卷九十五《上执政谢馆职启》，第1446页。

⑥ 宋庠：《全宋文》（20）卷四二九《乞修定唐书及五代史札子》，第407页。

新撰述唐及五代的历史，并将之付诸实施。

明道二年（1033），宋庠上书请求朝廷让他以及他的弟弟直史馆宋祁、史馆修撰李淑等三人，"同将《唐书》及《五代史》别加撰著"①。庆历四年（1044）贾昌朝"建议修《唐书》。"② 次年五月，仁宗正式下令"翰林学士、兼龙图阁学士、判集贤院王尧臣，翰林学士、史馆修撰张方平，侍读学士、兼龙图阁学士、判史馆修撰余靖，并同刊修《唐书》。"③ 嘉祐五年（1060）七月"翰林学士欧阳修等上所修《唐书》二百五十卷。"④ 在编修《唐书》期间，吕夏卿成《唐书直笔》四卷。景祐三年（1036）七月，以工部郎中王轸"上所撰《五朝春秋》二十五卷"，特擢其直秘阁。⑤ 右谏议大夫集贤院学士孙冲"上所撰《五代纪》七十七卷"⑥。景祐（1034—1038）年间欧阳修与尹洙商讨撰写《新五代史》，如其于景祐四年（1037）给尹洙写信称："开正以来，始似无事，治旧史。前岁所作《十国志》，盖是进本，务要卷多。今若便为正史，尽宜删削，存其大要"云云⑦，尹洙后没与欧阳修合撰《新五代史》，而是独自撰成了《五代春秋》二卷。大约在皇祐五年（1053）年前《新五代史》书成，是年欧阳修给梅尧臣信中称："闲中不曾作文字，只整顿了《五代史》，成七十四卷。"⑧ 宝元二年（1039）十一月，"直集贤院王皞上《唐余录》六十卷"⑨。孙甫于康定元年（1040）修《唐史记》，"至皇祐四年草具"⑩。此期王沿撰"《唐志》二十一卷"⑪，梅尧臣又"奏其所撰《唐载》

① 宋庠：《全宋文》（20）卷四二九《乞修定唐书及五代史札子》，第407页。
② 宋敏求：《春明退朝录》卷下，中华书局1980年版，第44页。
③ 李焘：《续资治通鉴长编》卷一百五十五"仁宗庆历五年五月己未"条，第3770—3771页。
④ 李焘：《续资治通鉴长编》卷一百九十二"仁宗嘉祐五年七月戊戌"条，第4635页。
⑤ 李焘：《续资治通鉴长编》卷一百一十九"仁宗景祐三年七月丁亥"条，第2796页。
⑥ 李焘：《续资治通鉴长编》卷一百一十九"仁宗景祐三年七月庚寅"条，第2796页。
⑦ 欧阳修撰，李逸安点校：《欧阳修全集》卷六十九《与尹师鲁第二书》，第1000页。
⑧ 欧阳修撰，李逸安点校：《欧阳修全集》卷一百四十九《与梅圣俞》，第2445页。
⑨ 李焘：《续资治通鉴长编》卷一百二十五"仁宗宝元二年十一月戊子"条，第2938页。
⑩ 孙甫：《唐史论断》卷首《唐史论断序》。
⑪ 脱脱等：《宋史》卷二百三《艺文志·艺文二》，第5095页。

二十六卷"①。

通过对此期史学著作的剖析，可发现虽然各具特色，但却普遍受到新经学尤其是新春秋学的深刻影响，具体而论：

（一）学者皆重视弘扬《春秋》的褒贬之旨，褒善贬恶

在庆历（1041—1048）以前，学者对历史是非的判定颇为随意。如霍彦威等历仕后梁、后唐，薛居正等称："夫才之良者，在秦亦良也，在虞亦良也。故彦威而下，昔为梁臣，不亏亮节，洎归唐祚，亦无丑声，盖松贞不变于四时，玉粹宁虞其烈焰故也。"② 后汉张鹏因论国事被诛杀，薛居正等称"张鹏以一言之失，遽灭其身，亦足以诫后世多言横议之徒欤！"③

然庆历（1041—1048）之际，学者们受新春秋学影响，在判定历史之是非时，非常注重以伦理道德为准的来臧否历史。

如王沿著《唐志》，以《春秋》为指导，"美唐善"、"诎唐恶"④。欧阳修著《新五代史》，"褒贬义例，仰师《春秋》。"⑤ 欧阳发称欧阳修"于五代史，尤所留心，褒贬善恶，为法精密，发论必以'呜呼'，曰'此乱世之书也。'其论曰：'昔孔子作《春秋》，因乱世而立治法；余述本纪，以法治而正乱君。'此其志也。"⑥

《新唐书》的分工，欧阳修分修帝纪，宋祁修列传，而志、表则由范镇、王畴（？—1065）、宋敏求、吕夏卿、刘羲叟（1017—1060）等分修。欧阳修所撰帝纪，当时"议者，颇谓永叔学《春秋》，每务褒贬"⑦。宋祁虽与欧阳修在具体治学思想和方法上颇为异趣，但"在尊奉《春秋》以'使工政明而礼义充'方面"，两人之间并不存在"多少'异趣'的地方"，"宋祁与欧阳

---

① 王称：《东都事略》卷一百一十五《梅尧臣传》，第 1006 页。

② 薛居正：《旧五代史》卷六十五《唐书·周知裕传》，第 860 页。

③ 薛居正：《旧五代史》卷一百六《汉书·张鹏传》，第 1401 页。

④ 尹洙：《河南先生文集》卷十三《王先生述》。

⑤ 高似孙：《史略》卷三"欧阳修五代史"条，中华书局 1985 年版，第 87 页。

⑥ 欧阳发等述：《先公事迹》，欧阳修撰，李逸安点校：《欧阳修全集》附录二，第 2628 页。

⑦ 晁公武著，孙猛校证：《郡斋读书志校证》，卷五"正史类"，第 193 页。

修同样是非常尊奉《春秋》的"①。吴缜论及诸人，又称不仅欧阳修热衷于褒贬笔削，修志者也"专以褒贬笔削自任"②。吴枫则指出《新唐书》的编修者都重褒贬，他们"往往采用所谓的春秋笔法，抨击所谓乱臣贼子，用以维护封建正统地位"③。孙甫声称在撰述《唐史记》过程中，要对"是非不明者正之。"④

如论及唐太宗李世民与其兄太子李建成之间的是非，李觏批评唐太宗"残杀长嫡，以取其位"⑤。

孙甫以尧舜时期求圣贤以传大位的典故非李建成而是李世民。所谓："论曰立太子必嫡长者，使天下之心有系以止争夺之患也。行之乎世，固为常法，若夫大公之世，子不贤尚求圣人以传大位，况长子不贤次子圣乎？安得局于常法也。唐有天下本秦王之谋，秦王功德之大，海内属望，其势可终为人臣乎？建成自举义以来无一事可称道，但以年长使居圣子上，至愚者知其不可也。虽秦王以常让，胡不虚其位待天命之归！况受禅之初，天下未定，何汲汲于立太子也。善哉宁王宪让太子之言曰：'时平则先嫡长，世难则归有功。'此万世不易之法也。"⑥ 显见在孙甫看来，后来玄武门之变的发生都是李建成咎由自取。

当时学者从尊王的立场出发，褒贬的重点尤在于褒崇忠义，贬斥贼臣。如欧阳修虽然对五代乱君痛加挞伐，称"五代之得国者，皆贼乱之君"⑦。但同时又认为不管这些人是汉人或是夷狄，是昏暴之君或是僭伪之君，只要是皇帝，他的臣下就都要忠于君主，能做到这一点的就受到褒扬，否则就要受到贬斥。以此为标准，《新五代史》将王彦章、裴约、刘仁瞻等三位所谓的

---

① 谢保成：《关于〈新唐书〉思想倾向的考察》，《社会科学战线》1993 年第 4 期。

② 吴缜：《新唐书纠谬序》，《新唐书纠谬》，《知不足斋丛书》本。

③ 吴枫：《"两唐书"说略》，《古籍整理研究学刊》1986 年第 3 期。

④ 孙甫：《唐史论断》卷首《唐史论断序》。

⑤ 李觏撰，王国轩校点：《李觏集》卷二《礼论第七》，第 22 页。

⑥ 孙甫：《唐史论断》卷上《立建成为太子》。

⑦ 欧阳修撰，李逸安点校：《欧阳修全集》卷十六《正统论下》，第 273 页。

"全节之士"列入《死节传》①。将张源德、夏鲁奇、姚洪、王思同等十五位"初无卓然之节，而终以死人之事者"列入《死士传》②。将"仕非一代，不可以国系之者"归入《杂传》。并强调"夫人于杂，诚君子之所羞"③。因朱友珪杀死其父梁太祖朱全忠而自立，按说应该为他立本纪，但欧阳修却将朱友珪剔出本纪，之所以这么做，欧阳修称："《春秋》之法，君弑而贼不讨者，国之臣子任其责。予以友珪之事，所以伸讨贼者之志也"④。此外对冯道的评价更是生动地体现了这一主张。冯道此人历官后唐、后晋、后汉、后周四朝，中间还曾仕于辽。临难不赴，遇事依违两可，唯以圆滑应付为能事，然时人多称其贤，至谓与孔子同寿。所谓："道既卒，时人皆共称叹，以谓与孔子同寿，其喜为之称誉盖如此。"⑤ 入宋后依然受到士人的推崇。如薛居正等称："道之履行，郁有古人之风；道之宇量，深得大臣之体。"⑥ 范质称："冯道厚德稽古，宏才伟量，虽朝代迁贸，人无间言，屹若巨山，不可转也。"⑦ 胡瑗以冯道有功于民而对其颇为嘉许，"以为当五代之季，生民不至于肝脑涂地者，道有力焉，虽事仇无伤也。"⑧ 然欧阳修在其《新五代史》中却对冯道进行了尖锐的抨击，所谓："传曰：'礼义廉耻，国之四维；四维不张，国乃灭亡。'善乎，管生之能言也！礼义，治人之大法；廉耻，立人之大节。盖不廉，则无所不取；不耻，则无所不为。人而如此，则祸乱败亡，亦无所不至，况为大臣而无所不取不为，则天下其有不乱，国家其有不亡者乎！予读冯道《长乐老叙》，见其自述以为荣，其可谓无廉耻者矣，则天下国家可从而知也。"⑨

① 欧阳修：《新五代史》卷五十四《杂传》，第 611 页。
② 欧阳修：《新五代史》卷三十三《死事传》，第 355 页。
③ 欧阳修：《新五代史》卷二十一《梁臣传》，第 207 页。
④ 欧阳修：《新五代史》卷十三《梁家人传》，第 139 页。
⑤ 欧阳修：《新五代史》卷五十四《冯道传》，第 615 页。
⑥ 薛居正：《旧五代史》卷一百二十六《周书·冯道传》，第 1666 页。
⑦ 司马光：《资治通鉴》卷二百九十一"显德元年四月庚申臣光曰"条，第 9511 页。
⑧ 程颢、程颐：《河南程氏遗书》卷四，《二程集》，第 73 页。
⑨ 欧阳修：《新五代史》卷五十四《杂传》，第 611 页。

《新唐书》的褒忠贬奸思想，在主要由宋祁修撰的列传中有突出反映。在《忠义传》中宋祁声称："故忠义者，真天下之大闲欤！……义在与在，义亡与亡，故王者常推而褒之，所以砥砺生民而窒不轨也"。将尽忠朝廷，"终始一操"者置于《忠义传》①；设《卓行传》，以置"不污贼，据忠自完，而乱臣为沮计"者②；将"教孝而求忠"者收入《孝友传》③；《旧唐书》将《忠义传》排在类传的第五位，而《新唐书》则其将其排在第一位，并将《卓行传》、《孝友传》接序排列其后，予以表彰。在褒崇忠义的同时，又贬斥奸佞。称李林甫等为"奸臣"，贬之为"妖"。所谓："木将坏，虫实生之；国将亡，妖实产之。"④ 称叛臣是"凶德根于心"⑤。称安禄山、史思明、黄巢等为"逆臣"，贬之为"贼"、"盗"。如称安禄山、史思明是"二贼暴兴而亟灭。"⑥又"唐亡，诸盗皆生于大中之朝"⑦。为了暴扬他们的过恶，特新增《奸臣》、《叛臣》、《逆臣》等三个类传，将这些人分别置入三传之中，并放于全书之末。

孙甫也时有褒贬之笔，如论及魏征，孙甫从魏征忠于太宗立论，一则曰："观魏公之论诚得圣人之意"⑧；再则曰："魏公以忠直称，历数百年而名愈高"；复曰："（魏征）如事中常之主，天下未治，其君或有大过，魏公之谏必危切，至安危大计必忘身以争也。盖辅相之道，不至此不足以为忠，魏公之心后之为相者宜详之。"⑨ 对魏征的仰慕之情跃然纸上。武则天因以女主称帝，唐德宗时吴兢撰唐国史，把武则天列入本纪，次高宗之下。史馆修撰沈既济认为，这种做法既不合于礼制，亦不合于传统，故力陈不可，他说："请

---

① 欧阳修、宋祁：《新唐书》卷一百九十一《忠义传上》，第5495—5496页。

② 欧阳修、宋祁：《新唐书》卷一百九十四《卓行传》，第5574页。

③ 欧阳修、宋祁：《新唐书》卷一百九十五《孝友传》，第5592页。

④ 欧阳修、宋祁：《新唐书》卷二百二十三下《奸臣传下》，第6363页。

⑤ 欧阳修、宋祁：《新唐书》卷二百二十四上《叛臣传上》，第6381页。

⑥ 欧阳修、宋祁：《新唐书》卷二百二十五上《逆臣传上》，第6435页。

⑦ 欧阳修、宋祁：《新唐书》卷二百二十五下《逆臣传下》，第6469页。

⑧ 孙甫：《唐史论断》卷上《魏郑公论致治不难》。

⑨ 孙甫：《唐史论断》卷上《魏郑公谏诤》。

省《天后纪》合《中宗纪》，每岁首，必书孝和在所以统之，曰：'皇帝在房陵，太后行其事，改某制。'纪称中宗而事述太后，名不失正，礼不违常矣。"然而却"议不行。"① 五代时纂修《旧唐书》仍为其立本纪。孙甫撰《唐史记》，认为沈既济所论合于《春秋》之法，因采其议，书武后事于中宗纪中，所谓："此得《春秋》之法，足正《唐史》之失也。故从其议，书武后事于中宗纪中，武后改年皆是妄称，今起嗣圣继以景龙，武后所改但存其名，备证它事而不以表年焉，所以正帝统而黜借号也。"②

宋庠撰《纪年通谱》时，也取消名号不正者之年号，将其事系于正统政权年号之下，所谓："以王莽十九年系孺子更始，以接建武；东魏十七年附西魏；豫王六年、天后十五年系中宗，绪神龙；朱梁十六年通济阴天祐，续同光；捃晋恭帝禅宋之岁，对魏明元泰常五年。尊北降南，始主正朔，乃《通谱》之断意也。"③

后周大臣韩通死于后周与北宋皇权更迭之际，《旧五代史》与《新五代史》对于韩通皆不做评价，然王皞（？—1064）撰《唐余录》，将韩通列于《忠义传》，且表出宋朝褒赠之典，陈振孙认为这是该书最值得称道之处："列韩通于《忠义传》，且表出本朝褒赠之典，新旧史皆不及此。"④

在贯彻《春秋》褒贬之旨的过程中，学者们颇喜仿效《春秋》一字褒贬的书法。如尹洙著《五代春秋》，内容"全仿《春秋》"，而寓一字之褒贬，所谓："摹效《春秋》笔法，动辄云某人伐某，某人败某师于某地……且如李克用、李茂贞，不言姓名而突书之曰晋人、秦人。"⑤ 欧阳修亦于史著中寓一字之褒贬，如徐无党称其《新五代史》："用兵之名有四：两相攻曰攻，以大加小曰伐，加有罪曰讨，天子自往曰征。"诛杀有别："当杀曰伏诛，不当杀者，以两相杀为文"云云。⑥ 吕夏卿在《唐书直笔》一书中认为《唐书》的

---

① 欧阳修、宋祁：《新唐书》卷一百三十二《沈既济传》，第4539页。

② 孙甫：《唐史论断》卷上《不称武后年名》。

③ 晁公武著，孙猛校证：《郡斋读书志校证》卷五"杂史类"，第206页。

④ 陈振孙：《直斋书录解题》卷四"别史类"，第109页。

⑤ 王鸣盛：《十七史商榷》卷九十八"五代春秋"条，清乾隆五十二年刻本。

⑥ 欧阳修：《新五代史》卷二《梁太祖本纪下》，第16页。

修撰应体现《春秋》褒贬之旨。因在《春秋》书法的指导下，对《帝纪》中的名字、书母、即位、内禅、立太子、立皇后、宰相拜复、命将征伐、公主下降、乱臣、方镇、权臣、僭国、义师、巡幸、宴饗、土木功、亲蚕、耤田、失礼过举、灾祥、诏令、太子事、皇后事等诸问题的书法进行了探讨。如关于命将征伐之例，吕夏卿称"征伐，国家废兴之大政也。将得人，书'帅师'，讨有罪，书'伐'"、"将非其人，书'王师'，伐不得罪大战，书'及'"、"将擅出师，虽伐得罪，出而有功，皆书'自专'"、"官军失利，以将名师，恶衂国也，効命而死，书'失利'，将奔北俘辱，书'大败'"、"王师有功，执其丑虏，书'获'"、"将以辱命而诛，书'斩于军中'，否则书'斩'，杀无罪也"、"裨校之属，虽有功，书元帅之名，重兵柄之分也"、"执戎狄，则大将不名"，等等①。

孙甫也间用此法。如他认为"古之人君即位必逾年而改元者，先君之年不可不终也。继大位不可无始也，一年不可二君也，先君之年不终则后嗣急于为君而忘孝心矣，继大位无始则布政立事无以正本矣。一年二君，则国统不一而民听惑矣。典法如是之重，人君可不谨其事欤！"而睿宗即位当年即改元，孙甫认为这是不正确的，因而书当年为"景云年"，"所以戒无礼而正不典也。"② 王皥以一"余"字囊括五代史事："以本朝当承汉、唐之盛，五代，则闰也，故名之曰《唐余录》"③。

（二）学者普遍师法《春秋》，为文崇尚简约

学者普遍师法《春秋》简约之法，为文尚简。首先注重文辞的斟酌。如范仲淹称尹洙"深于《春秋》，故其文谨严，辞约而理精"④。欧阳修称尹洙"为文章，简而有法。博学强记，通知今古，长于《春秋》。"⑤ 欧阳修也效法

---

① 吕夏卿：《唐书直笔》卷一"命将征伐"条，《丛书集成初编》本，第7—8页。
② 孙甫：《唐史论断》卷中《景云年》。
③ 晁公武著，孙猛校证：《郡斋读书志校证》卷六"杂史类"，第259页。
④ 《范文正公文集》卷八《尹师鲁河南集序》，《范仲淹全集》，第183页。
⑤ 欧阳修撰，李逸安点校：《欧阳修全集》卷二十八《尹师鲁墓志铭》，第432页。

《春秋》撰史尚简约，其著《新五代史》，"简古斥辞费"①，官修的《新唐书》
亦以简约著称。具体而言，欧阳修撰《唐书》帝纪，"书法严谨，全仿乎《春
秋》"而削去诏令②。并且简字缩句，务求精简。宋祁不喜骈文，因尽删唐人诏
令，所谓"余修《唐书》，未尝得唐人一诏一令可载于传者。"③《新唐书》重要
编撰者吕夏卿也主张记事简要。在《唐书直笔》中，他多次批评《旧唐书》有
"繁芜"之弊。批评《汉书·天文志》中的内容复存于《五行志》，是"繁冗之
失中也"④。反对著史每志必赞，认为这是"拘儒繁文之病也"⑤。

　　其次，用编年体著史。尹洙采编年体撰《五代春秋》，刊落了大量的史
事。孙甫推崇编年体，看中的就是《春秋》编年纪事以简约之笔而明治乱之
道的特点。在他看来，司马迁所创设的纪传体虽便于纪事，但因奇异细碎之
事皆载，导致治乱之本、劝戒之道杂乱不明，又一事数出，文辞繁复。而
《春秋》用编年体"立法，故目其事而断之，明治乱之本，所目之事或一句，
或数句，国之典制罔不明，人之善恶罔不辨"。故二者相比，纪传体"则不若
编年体正而文简也"。同时为求简明，对于典制，"但记其大要以明法度政教
之体"。⑥

　　最后，注重贯彻常事不书的《春秋》义例。欧阳修在撰述《新五代史》
的过程中，多用常事不书之例取舍史料，徐无党在为《新五代史》所做的注
中对此屡有总结。如帝王即位后发生的史事，若非重大事件、变革事件、异
常事件、有深意事件、与后来事件有因果关系的事件等皆不予以记载，"自即
位以后，大事则书，变古则书，非常则书，意有所示则书，后有所因则书，
非此五者则否。"就用兵事而言，由于五代战乱为常事，书不胜书，故若用兵
没分出胜负，攻城没有得失，都不书之于史，"五代乱世，兵无虚日，不可悉

① 刘敞：《公是集》卷九《观永叔五代史》，第92页。
② 宋濂：《纂修元史凡例》，《元史》，中华书局1976年版，第4675页。
③ 宋祁：《宋景文公笔记》卷上，《全宋笔记》第1编第5册，第39页。
④ 吕夏卿：《唐书直笔》卷三，第39页。
⑤ 吕夏卿：《唐书直笔》卷三，第40页。
⑥ 孙甫：《唐史论断》卷首《唐史论断序》。

书。故用兵无胜败，攻城无得失，皆不书。"① 就命官而言，因也属常事，故一般也是不书的："命官不书，非常而有故则书。"若常事被书，那就是因为常事有了特殊的意义，而不得不书。如贞明元年三月贺德伦被任命为天雄军节度使，按照"命官不书"之例，此事不应书之，然欧阳修却将此事载之于史，究其原因乃在于此事为当月发生的天雄军叛乱埋下了伏笔，所谓"此书为天雄军乱张本。"贞明五年晋驻军于德胜，按照"用兵无胜败不书"的原则，此事本不当书，然欧阳修却书之于史，原因在于此事于梁、晋双方关系甚巨而不得不书，所谓"此梁、晋得失所系，故书也。"② 尹洙虽未明言其《五代春秋》的史料取舍原则，然将其所书史事与徐无党所总结出的常事不书义例相对照，可以发现这些史事往往与《新五代史》常事不书的原则暗合。而事实上这些原则很可能就是尹洙与欧阳修共同商定的。因为尹洙不仅曾与欧阳修一起撰写过《十国志》，如欧阳修称尹洙所撰部分，"在京师时不曾细看，路中昨来细读，乃大好。师鲁素以史笔自负，果然。河东一传大妙"。而且还与欧阳修商议合作重撰五代史探讨过撰述体例问题，如景祐四年（1037）欧阳修在给尹洙的信中称书："正史更不分五史，而通为纪传，今欲将《梁纪》并汉、周，修且试撰次，唐、晋师鲁为之，如前岁之议。"③ 惜乎后来尹洙因早卒而未成。清人朱彝尊、邵晋涵都认为《新五代史》本纪借鉴《五代春秋》。如朱彝尊说："欧阳子《五代史》其初约尹师鲁分撰，既而不果，师鲁别撰《五代春秋》，载《河南集》。欧阳子诸帝纪实取其材。盖心折其辞之简而有法，务削繁归于要。"④ 邵晋涵认为《五代春秋》"书法谨严，欧阳史帝纪所仿也。"⑤

总之，由于学者们都注重师法《春秋》之简，因而此期的史学著作普遍存在着简约的特点。如尹洙《五代春秋》一书，仅二卷，数千字而已，可谓

---

① 欧阳修：《新五代史·梁太祖本纪下》，第13—15页。
② 欧阳修：《新五代史·梁末帝本纪下》，第25—27页。
③ 欧阳修撰，李逸安点校：《欧阳修全集》卷六十九《与尹师鲁第二书》，第1000页。
④ 朱彝尊：《曝书亭集》卷三十五《五代史记注序》，上海书店1989年版。
⑤ 周中孚：《郑堂读书记》卷十六《五代春秋》，《续四库全书》本，第226页。

简极。孙甫的《唐史记》，详于人事而略于典制，用七十五卷内容囊括有唐近三百年的历史。《新五代史》"书成，减旧史之半，而事迹添数倍，文省而事备"①，卷帙"不及薛史之半"②。欧阳修代曾公亮作的《新唐书》进书表称："其事则增于前，其文则省于旧。"③

（三）重直笔尚考据

欧阳修等通过对《春秋》中据事直书的书法的探讨，认为孔子这样做意在伸其褒贬善恶之志。欧阳修所谓："《春秋》之于大恶之君不诛绝之者，不害其褒善贬恶之旨也。惟不没其实以著其罪，而信乎后世，与其为君而不得掩其恶，以息人之为恶"④。刘敞对《春秋》的"书法不隐"有深入的研究。刘敞认为古者史官以据事直书为职责，孔子对此非常欣赏，如董狐书赵盾弑君以示于朝，孔子以其书法不隐而谓之良史。同时孔子也继承了这种传统，所谓："凡议《春秋》者必曰'乱臣贼子惧'，乱臣贼子惧者，以其书法不隐而善恶明也。"⑤

当时史家非常推崇《春秋》的直笔精神，而其用意仍在于效法《春秋》行褒贬之旨。如对武则天以女主称帝，孙甫秉《春秋》正名之旨，《唐史记》中将其时事系于中宗纪之下，而欧阳修在撰《新唐书》时，则遵从《春秋》"不没其实"的手法为其列本纪，以"著其大恶。"⑥再如五代时的后梁，"自后唐以来，皆以为伪也。"然而欧阳修从《春秋》大义出发，撰《新五代史》，"论次五代，独不伪梁"⑦，大书梁之史事。孙甫也间或用直笔以伸褒贬之旨，如"旧《唐史》书'武后传位于中宗'"，孙甫认为这是"史官讳其事也。"因此在撰写这段历史时，遂"迹其实事书'柬之、彦范等遂废武后'，所以明大法也。"并进一步解释这是"用《春秋》之法为唐贬绝罪人，且作

---

① 欧阳发等述：《先公事迹》，欧阳修撰，李逸安点校：《欧阳修全集》附录二，第 2628 页。

② 赵翼著，王树民校证：《廿二史札记校证》，卷二十一"欧史不专据薛史旧本"条，第 459 页。

③ 欧阳修撰，李逸安点校：《欧阳修全集》卷九十一《进新唐书表》，第 1341 页。

④ 欧阳修撰，李逸安点校：《欧阳修全集》卷十七《魏梁解》，第 298—299 页。

⑤ 刘敞：《春秋权衡》卷六，第 232 页。

⑥ 欧阳修、宋祁：《新唐书》卷四《中宗本纪》，第 113 页。

⑦ 欧阳修：《新五代史》卷二《梁太祖本纪下》，第 21 页。

戒于后也。"①

由于据事直书可伸史家褒贬之旨，而其前提首先要得史事之实，而要得史事之实，就需对史事的真伪进行考订，故而考辨史事成为史著撰述过程中的重要任务，所以当时史家多重史事之辨析。

欧阳修撰《新五代史》便颇重考辨史事，欧阳发等称："其所辨正前史之失甚多。"② 赵翼更进一步指出："欧史虽多据薛史旧本，然采证极博，不专恃薛本也。"又说："盖薛史第据各朝实录，故成之易，而记载或有沿袭失实之处。欧史博采群言，旁参互证，则真伪见而是非得其真。故所书事实，所纪月日，多有与旧史不合者，卷帙虽不及薛史之半，而订正之功倍之，文直事核，所以称良史也。"③

《新唐书》与《旧唐书》相比，颇称"精详"④。当时宋祁、欧阳修虽负总责，而论其功，当推范镇、吕夏卿等，此一来如欧阳修所说："范镇、王畴、吕夏卿、刘羲叟并从初置局便编纂故事，分成卷草，用功最多。"⑤ 而欧阳修入局甚晚，"接续分撰，卷数不多，用功最少"⑥。二来欧宋皆不重史事考订。欧阳修撰帝纪，"学《春秋》，每务褒贬"。宋祁撰列传讲求文章的修辞，所谓"子京通小学，唯刻意文章"⑦。而若继续深究，则考辨之功当首推吕夏卿。吕夏卿"世称博学，精于史传"⑧。自入书局，直到书成，十余年间一直从事唐史的撰述活动。期间"贯穿唐事，博采传记杂说数百家，折衷整比……于《新唐书》最有功云"⑨。王称称"唐自韦述等著史，又有编年、诸录而旁说

① 孙甫：《唐史论断》卷上《废武后》。
② 欧阳发等述：《先公事迹》，欧阳修撰，李逸安点校：《欧阳修全集》附录二，第2628页。
③ 赵翼著，王树民校证：《廿二史札记校证》卷二一"欧史不专据薛史旧本"条，第459—460页。
④ 赵翼著，王树民校证：《廿二史札记校证》，卷一六"新唐书"条，第342页。
⑤ 欧阳修撰，李逸安点校：《欧阳修全集》卷九十一《辞转礼部侍郎札子》，第1342页。
⑥ 欧阳修撰，李逸安点校：《欧阳修全集》卷九十一《再辞转礼部侍郎状》，第1342页。
⑦ 晁公武著，孙猛校证：《郡斋读书志校证》卷五"正史类"，第193页。
⑧ 欧阳修撰，李逸安点校：《欧阳修全集》卷一百四十《唐欧阳琟碑》，第2251页。
⑨ 脱脱等：《宋史》卷三百三十一《吕夏卿传》，第10658—10659页。

杂记几数百家。夏卿讨论是正，于新书为力居多"①。

　　吕夏卿在其《唐书直笔》卷三"摘繁文阙误"一节，曾粗举数条史事，以证《旧唐书》阙误之多。如《旧唐书·高祖纪》武德四年十月，"赵郡王孝恭平荆州，获萧铣。"十一月，"会稽贼帅李子通以其地来降。"而吕夏卿据《萧铣传》考得萧铣是主动诣李靖军投降，因此本纪"书获，近乎诬矣。"据《李子通传》，李子通是为杜伏威将王雄诞所攻，穷蹙请降，杜伏威执之而送京师，尽收其地，显见"是子通不以地降，纪之误也。"② 吕夏卿又利用《睿宗实录》、《明皇实录》考出《睿宗纪》、《明皇纪》七条史事月日之误，得出"本纪所书日月，尤不足信也"的结论③。《韩愈传》谓韩愈"父仲卿，无名位。"吕夏卿据李白《武昌令韩君去思碑》及李翱、皇甫湜所作的《文公行状》、《神道碑》，称韩仲卿以铜陵尉补武昌令，徙邽阳令，终校书郎。指出"本传云'无名位'，谬矣。"④ 吕夏卿所作考证之史事共有十四条，其中有八条被《新唐书》所采纳，有四条欧阳修在撰《本纪》时略而未书。有两条另起新说，未采吕夏卿之说。总之，虽然吕夏卿只是粗举史事而已，但从中一可窥其于唐史考辨之精，二可见他的见解颇为书局同仁所称许。因此《四库》馆臣也认为吕夏卿"位虽出欧阳修、宋祁下，而编摩之力，实不在修、祁下也。"⑤

　　梅尧臣所撰的《唐载》"多补正旧史阙谬"。后梅尧臣能入《新唐书》书局编修《新唐书》原因即在于此。⑥

　　孙甫撰《唐史记》，也重考辨史实，史料采择以唐《实录》和《旧唐书》为主，同时也"兼采诸家著录，参验不差、足以传信者"，"失去就者改之，意不足而有它证者补之。"⑦

---

① 王稱：《东都事略》卷六十五《吕夏卿传》，第538—539页。
② 吕夏卿：《唐书直笔》卷三"高祖纪"条，第40页。
③ 吕夏卿：《唐书直笔》卷三"明皇纪"条，第42页。
④ 吕夏卿：《唐书直笔》卷三"韩愈传"条，第43页。
⑤ 永瑢等：《四库全书总目》卷八八《〈唐书直笔〉提要》，第751页。
⑥ 王稱：《东都事略》卷一百十五《梅尧臣传》，第1006页。
⑦ 孙甫：《唐史论断》卷首《唐史论断序》。

（四）排斥符瑞怪异及佛老内容

庆历（1041—1048）之际，中唐以来学者反异端、排佛道的思想得到了史学家的继承和发扬。对于异端思想，欧阳修称："郑惑谶纬，其不经之说汩乱六经者不可胜数。学者稍知正道，自能识为非圣之言。"① 欧阳修又称"'河出图，洛出书'，'圣人幽赞神明而生蓍'、'两仪生四象'，若此者，非圣人之言也。凡学之不通者，惑此者也。知此，然后知《易》矣。"② 对于佛教，欧阳修称："彼为佛者，弃其父子，绝其夫妇，于人之性甚戾，又有蚕食虫蠹之弊"③。据欧阳修推算，大体而言，"一僧常食五农之食"④。他认为佛教之所以能够风靡中国，是由于三代的礼乐制度遭到破坏的结果。要想排除佛教对社会的不良影响，最好的办法就是大力提倡礼义道德，所谓："礼义者，胜佛之本也。"⑤ 欧阳修对道教的态度虽不似对佛教那样，但也对其充满了忧虑，如他认为："道家者流，本清虚，去健羡，泊然自守，故曰'我无为而民自化，我好静而民自正'，虽圣人南面之术不可易也。至或不究其本，弃去仁义，而归之自然，以因循为用，则儒者病之云。"⑥

这种反谶纬排释老的思想在历史编纂上也有明显的反映。其有代表性的当属《新五代史》与《新唐书》。

在《新五代史》中，欧阳修对符瑞的抨击反映在两个方面。其一是将纪传中的所谓的符瑞纷纷刊落。前已述及，在《旧五代史》中记载了朱全忠称帝前后出现的大量符瑞现象，而在《新五代史》皆被欧阳修一一刊落。如对朱全忠身世的介绍便相当平实，所谓："太祖神武元圣孝皇帝，姓朱氏，宋州砀山午沟里人也。其父诚，以《五经》教授乡里，生三子，曰全昱、存、温。诚卒，三子贫，不能为生，与其母佣食萧县人刘崇家。全昱无他材能，然为

---

① 欧阳修：《诗本义》卷十二《长发》，《文渊阁四库全书》第70册，第278页。
② 欧阳修撰，李逸安点校：《欧阳修全集》卷六十一《易或问》，第879页。
③ 欧阳修撰，李逸安点校：《欧阳修全集》卷十七《本论下》，第291页。
④ 欧阳修撰，李逸安点校：《欧阳修全集》卷六十《原弊》，第872页。
⑤ 欧阳修撰，李逸安点校：《欧阳修全集》卷十七《本论中》，第290页。
⑥ 欧阳修撰，李逸安点校：《欧阳修全集》卷一百二十四《道家类》，第1891页。

人颇长者。存、温勇有力，而温尤凶悍。"① 其二是不设《五行志》。自班固《汉书》设《五行志》志五行、叙阴阳、记灾异起，后世史书大多设《五行志》仿效之。《旧五代史》即设有《五行志》，并称："五行，所以纪休咎之征，穷天人之际。故后之修史者，咸有其说焉。盖欲使后代帝王见灾变而自省责，躬修德业，崇仁补过，则祸消而福至"②。欧阳修撰《新五代史》则不立《五行志》，只立《司天考》以记天象及历法。他在《司天考序》中称："昔孔子作《春秋》而天人备，予述本纪，书人而不书天。"他之所以撰《司天考》乃是为了有司研究天象所用，所谓："本纪所述人君行事详矣，其兴亡治乱可以见。至于三辰五星逆顺变见，有司之所占者，故以其官志之，以备司天之所考。"③

欧阳修的排抑佛道思想在《新五代史》中也有生动的反映，有学者将其进行全面梳理之后指出："纵观《新五代史》，没有一处对佛教进行称赞和肯定，显示出欧阳修对佛教的彻底批判精神。欧阳修以史书的形式，通过大量的事实揭露了五代僧人以佛教名义骗取钱财和一些不法之徒利用佛教蛊惑人心给社会带来的严重危害，通过对上至皇帝后妃、下至臣僚庶民蠹耗钱财、顶礼膜拜依然不能改变自身命运的生动事例，警示北宋统治者和世人以史为鉴、悬崖勒马、勿蹈前人覆辙。"④ 又指出《新五代史》中欧阳修对道士的抨击虽不如他对僧人那样猛烈，但是仍然对那些"打着道教旗号或利用旁门左道蛊惑人心、致家国败落的伪道士们"进行了"不遗余力的批判。"⑤ 此可谓不易之论。

《新唐书》在反对符瑞释老方面也作了很多工作。如宋祁撰《新唐书·方伎传》将《旧唐书·方伎传》中所有的玄奘、神秀、慧能、一行诸传皆删而不载。欧阳修在《五行志序》中对阴阳五行之学进行了抨击，所谓："汉儒董

---

① 欧阳修：《新五代史》卷一《梁太祖本纪上》，第 1 页。
② 薛居正：《旧五代史》卷一百四十一《五行志》，第 1881 页。
③ 欧阳修：《新五代史》卷五十九《司天考二》，第 705—706 页。
④ 张明华：《〈新五代史〉研究》，中国社会科学出版社 2007 年版，第 121—122 页。
⑤ 张明华：《〈新五代史〉研究》，第 128 页。

仲舒、刘向与其子歆之徒，皆以《春秋》、《洪范》为学，而失圣人之本意。"认为他们"取其五事、皇极、庶证附于五行，以为八事皆属五行"，是荒谬的。①

（五）金石学兴起

受新学术思潮的影响，金石学在此期发展起来。金石学是一门主要以古代铜器、石刻为研究对象的学问，此学"滥觞于汉，历魏、晋、六朝、隋、唐而稍演进。惟见其于时之著录者，大抵一鳞片甲，犹未足以言学也。至宋刘原父、欧阳公起，搜集考证，著为专书，而学以立。"② 此论甚确。北宋金石学的兴起，始自刘敞、欧阳修。而考刘敞、欧阳修开创金石学的缘起，则于学者研经嗜古关系甚大。如欧阳修称："予性颛而嗜古，凡世人之所贪者，皆无欲于其间，故得一其所好于斯。"③ 而刘敞亦有此好，故欧阳修对刘敞称："信吾二人好恶之异如此，安得不为世俗所憎邪！其穷达有命耳，求合世人以取悦，则难矣。"④ 欧阳修曾与蔡襄论及初为此学时的寂寞："窃复自念，好嗜与俗异驰，乃独区区收拾世人之所弃者，惟恐不及，是又可笑也。因辄自叙其事，庶以见其志焉。"⑤ 故赵明诚称："盖收藏古物，实始于原父，而集录前代遗文，亦自文忠公发之。后来学者稍稍知搜抉奇古，皆二公之力也。"⑥

此期的重要成就是欧阳修编成《集古录》。欧阳修自称其集录金石文字始于庆历五年（1045），如他称："自庆历乙酉，逮嘉祐壬寅，十有八年，而得千卷"⑦。又称"《集录》成书后八年"的熙宁元年（1068）得《邹峄山刻石》于青州。据此可知《集古录》成书于嘉祐六年（1061）。⑧《集古录》收集了金石拓本一千卷，"上自周穆王以来，下更秦、汉、隋、唐、五代，外至

---

① 欧阳修、宋祁：《新唐书》卷三十四《五行志·五行一》，第 872 页。

② 朱剑心：《序例》，《金石学》，文物出版社 1981 年版。

③ 欧阳修撰，李逸安点校：《欧阳修全集》卷四十二《集古录目序》，第 600 页。

④ 欧阳修撰，李逸安点校：《欧阳修全集》卷一百四十八《与刘侍读书》，第 2429 页。

⑤ 欧阳修撰，李逸安点校：《欧阳修全集》卷七十《与蔡君谟求书集古录序书》，第 1023 页。

⑥ 赵明诚：《金石录》卷十二《谷口铜甬铭跋尾》，上海书画出版社 1985 年版，第 231—232 页。

⑦ 欧阳修撰，李逸安点校：《欧阳修全集》卷七十《与蔡君谟求书集古录序书》，第 1023 页。

⑧ 欧阳修撰，李逸安点校：《欧阳修全集》卷一百三十四《邹峄山刻石》，第 2085 页。

四海九州，名山大泽，穷崖绝谷，荒林破冢，神仙鬼物，诡怪所传，莫不皆有"①。刘敞所得古器铭款也甚多，因自著《先秦古器记》一书。后被欧阳修的《集古录》所辑录，所谓："咸载原父所得古器铭款"。欧阳修、刘敞的行为极大地推动了金石研究的开展："由是学士大夫雅多好之，此风遂一煽矣。"②

三、 庆历史学的影响

庆历（1041—1048）之际以新春秋学思想为指导撰述历史的活动，在相当大程度上得到了学界的肯定。其中欧阳修独撰的《新五代史》与《旧五代史》相比，从总体上看文辞简约、史料翔实、内涵丰富、观点鲜明，故问世后，论者普遍认为该书是一部深得《春秋》之法的典范之作，将该书比之为《史记》、《汉书》，将欧阳修与司马迁、班固以及汉代善叙事的刘向相提并论。如其子欧阳发一则称欧阳修于是书"尤所留心，褒贬善恶，为法精密"；再则称是书"文省而事备，其所辨正前史之失甚多"。③ 李廌称"欧阳公《五代史》最得《春秋》之法……虽司马子长无以复加。"④ 王辟之称其书"文约而事详，褒贬去取，得《春秋》之法，迁、固之流也。"⑤ 陈师锡称欧阳修撰是书，"其事迹实录详于旧记，而褒贬义例仰师《春秋》，由迁、固而来未之有也。至于论朋党、宦女、忠孝两全，义子降服，岂小补哉，岂小补哉！"⑥

欧阳修、宋祁主持修撰的《新唐书》也颇得佳评。如欧阳发称欧阳修奉敕撰《唐书》纪、志、表，其《本纪》"用《春秋》之法，虽司马迁、班固不及也。"其《礼乐志》发明礼乐之本，其《五行志》记灾异而不书事应，

---

① 欧阳修撰，李逸安点校：《欧阳修全集》卷四十二《集古录目序》，第600页。
② 蔡絛撰，冯惠民、沈锡麟点校：《铁围山丛谈》卷四，中华书局1983年版，第79页。
③ 欧阳发等述：《先公事迹》，欧阳修撰，李逸安点校：《欧阳修全集》附录二，第2628页。
④ 李廌：《苏门六君子文粹》卷四十九《欧阳公五代史得〈春秋〉之法》，《文渊阁四库全书》第1361册，第317页。
⑤ 王辟之：《渑水燕谈录》卷六，中华书局1981年版，第70页。
⑥ 陈师锡：《全宋文》（93）卷二〇三一《五代史记序》，第261页。

"皆出前人之所未至"。① 苏辙及国史本传则将欧阳修所撰的《新唐书》与《新五代史》并称，如苏轼称欧阳修"叙事似司马迁"②。苏辙认为《新唐书·本纪》与《新五代史·本纪》一样，"法严而辞约，多取《春秋》遗意"，《新唐书》志、表与《新五代史》传、考一样，"与迁、固相上下"。③ 国史本传一则称其作《唐书·志》、《五代史》，"叙事不愧刘向、班固也"④。再则称其撰《唐书》纪、志、表及《五代史记》，"法严辞约，多取《春秋》遗旨，殆与《史》、《汉》相上下。"他们的看法在一定程度上也得到了学者的认可，如苏轼认为欧阳修叙事似司马迁，"识者以为名言"。⑤ 国史将欧阳修与刘向、班固相提并论，"人不以为过"⑥。这里需要指出的是，《新唐书》的志、表，主要是由刘羲叟、吕夏卿等人撰述的，欧阳修只是主其事而总其成而已。如吕夏卿自入《新唐书》书局后十余年间一直参与其中，对该书凡例的制定、史事的考订、史稿的撰述等多有贡献。并且《新唐书》中的志与表，最得学者好评，其中的表主要就是吕夏卿执笔编撰的。《新唐书》共有四表，其中《宰相年表》、《宗室世系表》、《宰相世系表》三表即为吕夏卿所主撰。但由于主其事者为欧阳修、宋祁，且帝纪、列传一直被系于欧、宋名下，且"终宋一代，人们大多数情况下是把世系诸表的作者算在欧阳修名下"。故吕夏卿等的学术贡献在很长时间内并不为学者所知。⑦ 由于《新唐书》成就颇为显著，故书成颁行全国后，为学者所传习，影响甚大，吴缜曾说："《唐书》自颁行迨今几三十载，学者传习，与迁、固诸史均焉。"⑧

孙甫因善讲史，故其《唐史记》未出，在当时已颇享重名。如欧阳修称

---

① 欧阳发等述：《先公事迹》，欧阳修撰，李逸安点校：《欧阳修全集》附录二，第 2628 页。

② 《四朝国史本传》，欧阳修撰，李逸安点校：《欧阳修全集》附录二，第 2681 页。

③ 苏辙撰，陈宏天、高秀芳校点：《栾城后集》卷二十三《欧阳文忠公神道碑》，《苏辙集》，第 1135—1136 页。

④ 《神宗实录本传（墨本）》，欧阳修撰，李逸安点校：《欧阳修全集》附录二，第 2660 页。

⑤ 《四朝国史本传》，欧阳修撰，李逸安点校：《欧阳修全集》附录二，第 2681 页。

⑥ 晁公武著，孙猛校证：《郡斋读书志校证》卷五，第 192 页。

⑦ 郭锋：《吕夏卿与〈新唐书〉宰相世系表》，《史学史研究》1996 年第 3 期。

⑧ 吴缜：《新唐书纠谬》卷首《新唐书纠谬序》。

赞孙甫"博学强记，尤喜言唐事，能详其君臣行事本末，以推见当时治乱，每为人说，如其身履期间，而听者晓然如目见。故学者以谓终岁读史，不如一日闻公论也。"① 曾巩称孙甫："博学强记，其气温，其貌如不能自持。及与人言，反复经史，上下千有余年，贯穿通治，不可窥其际。"② 其《唐史论断》则被苏轼赞"议论英发，暗于人意合者甚多。"③

相对而言，尹洙《五代春秋》的学术影响远不及《新五代史》、《新唐书》以及《唐史记》等，但尹洙的作用也不容忽视，因为尹洙对孙甫、欧阳修学术思想的形成都有着一定的影响。由于史有阙略，尹洙与孙甫之间具体的学术交流颇难考辨，但他对欧阳修的影响却甚明确，如欧阳修称尹洙与己有"帅友之益"④，显见尹洙在学术上对他的帮助甚大。其他方面且不论，即以史学撰述而言，尹洙就对欧阳修影响甚深，如前已论及欧阳修曾与尹洙一起撰写《十国志》，两人还打算合作重撰五代史，惜乎后来尹洙因早卒而未成。

虽然庆历（1041—1048）之际的史学撰述活动取得了相当大的成绩，但因此期正处于新学术的开创时期，因而存在的问题也相当突出。

（一）史事褒贬差强人意

虽然学者们在史事褒贬方面用功甚力，并且也颇得佳评，然为人所诟病之处也甚多。其一，义理可商榷之处甚多。刘恕曾严厉批评尹洙机械模仿《春秋》笔法撰《五代春秋》，称尹洙"非圣人而作经，犹春秋吴楚之君僭号称王，诛绝之罪也。"⑤ 欧阳修《新五代史》不为韩通立传，刘攽（1023—1089）对此评论称："如此，亦是第二等文字耳。"⑥ 而王安石在阅读了数册《新五代史》后称："其文辞多不合义理。"⑦ 朱熹则认为孙甫的《唐史论断》

---

① 欧阳修撰，李逸安点校：《欧阳修全集》卷三十三《孙甫墓志铭》，第495页。
② 曾巩撰，陈杏珍、晁继周点校：《曾巩集》卷四十七《孙甫行状》，第648页。
③ 苏轼撰，孔凡礼点校：《苏轼文集》卷四十九《答李方叔书》，第1431页。
④ 欧阳修撰，李逸安点校：《欧阳修全集》卷四十九《祭尹师鲁文》，第694页。
⑤ 刘恕：《资治通鉴外纪》卷十，上海古籍出版社1987年版，第101页。
⑥ 周密撰，张茂鹏点校：《齐东野语》卷十三，中华书局1983年版，第234页。
⑦ 李焘：《续资治通鉴长编》卷二百六十三"熙宁八年闰四月丁未"条，第6441—6442页。

在义理阐发方面甚为浅显，如其一则称《唐史论断》说理"浅"①；再则称其"理不及《唐鉴》"；复称"也是切于事情，只是大纲却不正了。"② 其二，义例混乱。王鸣盛指出尹洙《五代春秋》书法义例褒贬无当："唐庄宗已建尊号国为唐矣，而于梁事中称为晋人。是其意将夺唐而与梁乎？其他名号之进退，义例之出入，纠纷无定，盖有不可知者。幸师鲁不秉史笔，若令修史，史法坏矣。"③ 钱大昕则对《新唐书》义例混乱提出批评："欧公修《唐书》，于《本纪》亦循《旧史》之例，如李林甫书薨，田承嗣、李正己书卒，初无异辞。独于《宰相表》变文，有书薨、书卒、书死之别，欲以示善善恶恶之旨，然科条既殊，争端斯启。书死者固为巨奸，书薨者不皆忠悫，予夺之际，已无定论。"④

（二）受累于《春秋》笔法影响，史事牴牾之处甚多

其一，为褒贬善恶，公然扭曲历史事实。武则天以女主称帝本当为其立本纪，然孙甫在撰述《唐史记》时，为达到其正帝统的目的，不惜歪曲历史事实，书武后事于中宗纪中。后梁朱友珪杀死其父梁太祖朱全忠而自立为帝，欧阳修从尊王的立场出发，不是据事直书，为其立本纪，而是将朱友珪置于《新五代史》的《梁家人传》中。天宝十五年六月，安禄山的属下崔乾祐在灵宝打败哥舒翰所率领的官军，但欧阳修从《春秋》义例出发，要首恶安禄山来承担责任，将此战书为"哥舒翰及安禄山战于灵宝西原，败绩。"⑤ 其二，强立义例，混淆史事。王鸣盛称《新唐书》"不据事直书，以著其实。而舞文出入强立多例高下其手，故多所牴牾。"⑥ 其三，效法《春秋》为尊者讳的笔法讳书史事。如《新五代史》书周世宗的两个儿子曹王柴熙让、蕲王柴

　　① 朱熹撰，朱杰人、严佐之、刘永翔主编：《朱子语类》卷四十四《论语二十六》，《朱子全书》（15），第 1559 页。

　　② 朱熹撰，朱杰人、严佐之、刘永翔主编：《朱子语类》卷一百三十四《历代一》，《朱子全书》（18），第 4177 页。

　　③ 王鸣盛：《十七史商榷》卷九十八《五代春秋》。

　　④ 钱大昕撰，方诗铭、周殿杰校点：《廿二史考异》卷四十六《宰相表中》，第 706 页。

　　⑤ 欧阳修、宋祁：《新唐书》卷五《玄宗本纪》，第 152 页。

　　⑥ 王鸣盛：《十七史商榷》卷七十六《新书杀某之例》。

熙诲在赵匡胤取代后周后，"不知其所终"①。对此胡三省称欧阳修如此表述，"盖讳之也。"② 其四，疏于考证。《新五代史》此弊甚为明显，故《四库》馆臣称该书"义存褒贬，而考证则往往疏舛"③。凡此种种，使学者们编撰的史书牴牾甚多。如论及《新唐书》，吴缜自言其"深怪此书牴牾穿穴，亦已太甚，揆之前史，皆未有如是者"④。

（三）因刻意追求《春秋》文辞之简，带来诸多消极影响

首先，使许多史事难以得到明确叙述。《五代春秋》就存在这样的弊病，王鸣盛评论该书"全仿《春秋》，谬妄已甚。即如晋人、燕人、赵人、秦人、吴人、楚人等称，此史家于叙事中间贪其文省，用之则可，若以此摹效《春秋》笔法，动辄云某人伐某，某人败某师于某地，岂非笑端。且如李克用、李茂贞，不言姓名而突书之曰晋人、秦人，后世读者知为谁乎？岂师鲁有待于后有为之左氏者乎？"⑤ 《新唐书》这方面的问题也相当严重。刘安世说："《新唐书》叙事好简略其辞，故其事多郁而不明，此作史之蔽也。"⑥ 王鸣盛也指出"《新唐书》本纪，较旧书减去十之七，可谓简极矣。意欲仿班、陈、范也。夫文日趋繁，势也。作者当随时变通，不可泥古。纪唐而以班、陈、范之笔行之，于情事必有所不尽。邵远平谓本纪出庐陵手，自一二行幸除拜之外，纪载寥寥。是矣。其尤不满人意者，尽削诏令不登，独不思班'纪'犹多载诏令，而唐'纪'反无诏令，恶可乎？"⑦ 如论及《顺宗纪》，王鸣盛指出，顺宗一朝美政甚多，但由于欧阳修在撰述本纪过程中，"减字缩句，专尚简严，且其立意务欲与旧书违异，故顺宗一朝美政刊削殆尽"⑧。其次，删削失当。吴缜针对《进新唐书表》"其事则增于前，其文则省于旧"一语，

---

① 欧阳修：《新五代史》卷二十《周世宗七子传》，第 205 页。
② 《资治通鉴》卷二百九十四"显德六年八月庚寅"条，第 9604 页。
③ 永瑢等：《四库全书总目》卷四六《〈五代史记纂误〉提要》，第 412 页。
④ 吴缜：《新唐书纠谬》卷首《新唐书纠谬序》。
⑤ 王鸣盛：《十七史商榷》卷九十八《五代春秋》。
⑥ 章如愚：《群书考索》卷十五，第 209 页。
⑦ 王鸣盛：《十七史商榷》卷七十《新纪太简》。
⑧ 王鸣盛：《十七史商榷》卷七十四《顺宗纪所书善政》。

指出"愚意以谓斯二者皆古良史之法"。但同时吴缜认为《新唐书》事实上并没有真正达到这一标准:"今徐观其所著,则增事省文固未能皆如所陈,往往一事数出,而其大致则同,可以刊省从一者甚众。"①

通过以上分析可知,庆历(1041—1048)之际与史学密切相关的春秋学在孙复等的倡导下,成为当世显学。受春秋学变革的影响,庆历(1041—1048)之际的史学也发生显著变化,在欧阳修、孙甫、尹洙等的倡导下,意欲以春秋学思想为指导来重新研究史学的思潮也随之兴起,在此过程中,学者们进行了一系列有益的尝试,获得了许多宝贵的经验。同时由于这只是宋代新史学的开端,不仅指导思想存在着一定的缺陷,并且理论与实践的结合也难免会出现脱节现象,因而学者们在取得显著成绩的同时,也出现了一系列的问题。不过无论是经验还是教训,对宋代学者而言都属宝贵财富,后起的学者必将以此为基础迈向更高的台阶,取得更大的成就,而事实也确实如此。

---

① 吴缜:《新唐书纠谬》卷一二。

第五章　嘉祐至元丰年间的史学思想

由于困扰皇朝的一系列问题在庆历（1041—1048）之际并没能得到妥善解决，因而随着时代的发展，宋代的统治危机日益严重，从而使学者的忧患意识有增无减。王安石曾在嘉祐五年（1060）称当时："内则不能无以社稷为忧，外则不能无惧于夷狄，天下之财力日以困穷，而风俗日以衰坏，四方有志之士，然常恐天下之久不安"①。

与此同时，兴起于庆历（1041—1048）之际的儒学新变继续发展，导致理学在此期的兴起，著名的理学五子邵雍（1011—1077）、周敦颐（1017—1073）、张载（1020—1077）、程颢（1032—1085）、程颐（1033—1107）等在此期都非常活跃，他们纷纷广授生徒、著书立说，发表自己对天理人事的看法，并主张学者以史穷理。

如程颢主张读史需以穷理为目的，其弟子谢良佐（1050—1103）"初以记问为学，自负该博。对明道举史书，不遗一字。"但程颢不仅不表示赞赏，还批评谢良佐玩物丧志，程颢说："贤却记得许多，可谓玩物丧志！"而程颢自己读史，"又却逐行看过，不差一字。"对史学兴趣之浓丝毫不弱于他，这让谢良佐一度困惑不已，而经过深入思考后，才意识到程颢之所以这样评价他，是由于他读史书不是以穷理为目的的缘故。此后在与学者探讨学问的过程中，他经常以此事为例，引导博学之士研修理学："谢甚不服，后来省悟，却将此

---

① 王安石撰，李之亮笺注：《王荆公文集笺注》卷二《上仁宗皇帝言事书》，第 21 页。

事做话头，接引博学之士。"① 程颐认为理先验地存在于事物之中："万物皆是一理，至如一物一事，虽小，皆有是理。"② 故而致知的途径就是格物穷理："格犹穷也，物犹理也，犹曰穷其理而已也。"③ 而穷理的办法则有多种："或读书，讲明义理；或论古今人物，别其是非；或应接事物而处其当，皆穷理也。"④ 所谓的"或论古今人物"，显然指的是史学。而格史学的目的就是格其中的理。

在此背景下，兴起于庆历（1041—1048）之际的新史学思想继续发展。就资治问题而言，随着学者对历史发展规律的深入剖析，虽然祖宗家法和汉唐故事也受到一些学者的推崇，但就当时的思想主流而言，更看重三代的王道。在庆历（1041—1048）之际还被认为是推动社会变革的积极因素的祖宗家法，在此期间则被普遍认为是需要加以破除的阻碍社会发展的消极因素。熙丰（1068—1085）年间的变法活动，就是一个高举王道旗帜，全面变更宋代祖宗家法的过程。就正统问题而言，欧阳修的主张得到学者普遍认同，正统观面貌焕然一新；就教化问题而言，学者们抛弃传统的天命观，纷纷以道德理性为指导研究、评判并撰述历史，确立了道德理性在史学领域内的主导地位。

第一节　高扬王道的资治思想

此期在义理之学的指导下，纷纷对"王道"的内涵发表看法，为国家的发展献计献策。当然祖宗家法和汉唐故事也受到一些学者的推崇，但就当时的思想主流而言，更看重三代的王道，在庆历（1041—1048）之际还被认为是推动社会变革的积极因素的祖宗家法，在此期间则被普遍认为是阻碍社会

---

① 黄宗羲辑，全祖望订补，冯云濠、王梓材校正：《宋元学案》卷二四《上蔡学案》，第447页。
② 程颢、程颐：《河南程氏遗书》卷十五，《二程集》，第157页。
③ 程颢、程颐：《河南程氏遗书》卷二十五，《二程集》，第316页。
④ 程颢、程颐：《河南程氏遗书》卷十八，《二程集》，第188页。

发展的消极因素。

一、对王道的诉求

王安石针对当时内忧外患的统治状况，对北宋的祖宗制度进行了激烈的批判。还是在庆历二年（1042）时，王安石就对田况（1005—1063）称："本朝太祖武靖天下，真宗文持之，今上接祖宗之成，兵不释甇者盖数十年，近世无有也。所当设张之具，犹若阙然。"① 此期言论更为激烈，嘉祐五年（1060）王安石上万言书，认为"今朝廷法严令具，无所不有，而臣以谓无法度者，何哉？方今之法度，多不合乎先王之政故也。"② 《上时政疏》指出："贤才不用，法度不修，偷假岁月，则幸或可以无他，旷日持久，则未尝不终于大乱。"③ 熙宁元年（1068），王安石称宋之所以百年无事，"赖非夷狄昌炽之时，又无尧、汤水旱之变，故天下无事，过于百年。虽曰人事，亦天助也。"④ 针对反对改革的意见，王安石称："至于祖宗之法不足守，则固当如此。且仁宗在位四十年，凡数次修敕，若法一定，子孙当世世守之，则祖宗何故屡自变改？"⑤ 他批评吴申"谨奉成宪"的观点说："不知申意欲何如谨奉，若事事因循弊法，不敢一有所改，谓之'谨奉成宪'，恐非是。"⑥ 司马光反对固守前代成规，告诫统治者："窃以方今国家多虞，人心危惧，正是朝廷斟酌时宜，损益变通之际，岂可不究利害，但询旧例而已。"⑦ 如衙前役问题，"若因循不改，日益久，则患益深矣。"⑧ 上言最高统治者："今陛下欲振举纪纲，一新治道，必当革去久弊，一遵正法。"⑨ 如他指出宋代"国家旧

---

① 王安石撰，李之亮笺注：《王荆公文集笺注》卷三十九《上田正言书二》，第1334页。

② 王安石撰，李之亮笺注：《王荆公文集笺注》卷二《上仁宗皇帝言事书》，第21页。

③ 王安石撰，李之亮笺注：《王荆公文集笺注》卷二《上时政疏》，第64页。

④ 王安石撰，李之亮笺注：《王荆公文集笺注》卷四《本朝百年无事札子》，第137页。

⑤ 佚名撰，李之亮校点：《宋史全文》卷十一《宋神宗一》，黑龙江人民出版社2005年版，第573页。

⑥ 彭百川：《太平治迹统类》卷十三《神宗任用安石》，江苏广陵古籍刻印社1981年版。

⑦ 司马光：《温国文正司马公文集》卷二十五《遗留物第二札子》。

⑧ 司马光：《温国文正司马公文集》卷三十八《衙前札子》。

⑨ 司马光：《温国文正司马公文集》卷三十七《王中正第一札子》。

制，百司细事，如三司鞭一胥史，开封府补一厢镇之类，往往皆须奏闻。崇政殿所引公事，有军人武艺国马刍秣之类，皆一一躬亲阅视。盖国初艰难权时之制，施于今日，颇伤烦碎。"建议此类无关大政的事情都委之相关部门进行处理："悉从简省，委之有司。"① 程颐代其父给英宗（1063—1067 年在位）所上奏疏称国家要想"安且治"，需要朝廷有纲纪权持统驭天下，郡县能宣达朝廷政令教化，百姓安居乐业心附于上，有歼灭之备以防奸宄盗贼之患，府库充实以防水旱虫螟之灾，武备修而威振蛮夷，"此六者，所谓安且治者。"而宋朝当时的情况却与此相反，所谓："今之事，一切反是。"以至于"有危亡之虞"，而之所以没有出现大难，程颐认为很大原因是出于侥幸："凡此数端，皆有危亡之虞，而未至于是者，不识朝廷制置能使之然邪？抑亦天幸而偶然邪？幸然之事，其可常乎？"建议英宗及时变革："今天下尚无事，朝廷宜急思所以救时之道。不然，臣恐因循岁月，前之所陈者一事至，则为之晚矣。"②

为改变这种状况，学者们仍然主张"师古"，如王安石指出："今犹古也，今之天下亦古之天下，今之士民亦古之士民。"③ 因此"以古准今，则天下安危治乱，尚可以有为。"④ 司马光称："臣闻史者，今之所以知古，后之所以知先，是故人主不可以不观史。善者可以为法，不善者可以为戒。自生民以来，帝王之盛者无如尧、舜，《书》称其德，皆曰'稽古'，然则治天下者，安可以不师古哉！"⑤ 范祖禹（1041—1098）认为："自昔下之戒上，臣之戒君，必以古验今，以前示后。"⑥ 又称："窃惟治乱兴废皆起细微，言之于已然，不若防之于未然；虑之于未有，不若视之于既有。故曰：'前事不亡，后事之师也。'"⑦

---

① 司马光：《温国文正司马公文集》卷二十六《上殿札子二道》。
② 程颐：《河南程氏文集》卷五《为家君应诏上英宗皇帝书》，《二程集》，第519—521页。
③ 王安石撰，李之亮笺注：《王荆公文集笺注》卷三十二《兴贤》，第1113页。
④ 王安石撰，李之亮笺注：《王荆公文集笺注》卷二《上时政疏》，第65页。
⑤ 司马光：《传家集》卷五十二《乞令校定资治通鉴所写稽古录札子》，第478页。
⑥ 范祖禹：《范太史集》卷十三《进唐鉴表》，《文渊阁四库全书》第1100册，第198页。
⑦ 范祖禹：《范太史集》卷十三《又上太皇太后表》，第199页。

　　由于此期学者也普遍继承了先秦以来的退化史观，并且在新兴的义理之学影响下，重新对这一问题展开了深入的思考，因而更加推崇王道政治。

　　如邵雍认为皇帝王霸的政治模式如同春夏秋冬一样是合于天道的，自战国以至于五代，千多年间王霸迭起，但从总体上看历史呈现出退化的趋势，所谓："三皇之世如春，五帝之世如夏，三王之世如秋，五伯之世如冬。"①

　　司马光认为，上古时期，人民处于草野，未知农桑，但逐捕禽兽，食其肉，衣其皮。由于圣人迭出，创制立法，方才将人民带出蒙昧时代，所谓伏羲氏出，教民"作结绳而为罔罟，以佃以渔"；神农氏出，"教民播种百谷"；黄帝有熊氏出，"始制轩冕，垂衣裳，贵有常尊，贱有等威。使上下有序，各安其分，而天下大治"。② 由此历史进入了"本仁祖义，任贤使能，赏善罚恶，禁暴诛乱"的三代盛世③。秦汉以后的历史总体上则呈现出衰落的趋势，汉代"虽不能若三代之盛王，然犹尊君卑臣，敦尚名节，以行义取士，以儒术化民。"魏晋以降，"风俗日坏，人于偷薄。叛君不以为耻，犯上不以为非，惟利是从，不顾名节。"到唐朝衰落时，社会已"不复论尊卑之序、是非之理"；到了五代，历史已衰落到极致："天下荡然，莫知礼义为何物矣。"④

　　司马光还具体探讨了朝代由盛转衰的变化过程。如他指出东汉的光武帝、明帝、章帝之时，风俗优美，"忠、信、廉、耻，几于三代矣。及孝、和以降，政令浸弛，外戚专权，近习放恣；然犹有骨鲠忠烈之臣，忘身以徇国，故虽衰而不亡；岂非建武、永平之余烈欤！至于桓、灵，而纪纲大坏，废锢英俊，贼虐忠正；嬖幸之党，中外盘结；鬻狱卖官，浊乱四海"。⑤ 对于唐朝，他认为贞观之治是"三代以还，中国之盛，未之有也"；开元之治，"浸淫于贞观之风矣"；肃宗、代宗是"武不足以决疑，明不足以烛理"之君，"唐之纪纲大坏，不可复振，则肃、代之为也。"而到唐宪宗时期，宪宗"聪明果

---

① 邵雍：《皇极经世书》卷十二《观物篇五十九》，《文渊阁四库全书》第 803 册，第 1044 页。
② 司马光撰，王亦令点校：《稽古录点校本》卷一，中国友谊出版公司 1987 年版，第 2—4 页。
③ 司马光：《资治通鉴》卷二十七"甘露元年正月臣光曰"条，第 881 页。
④ 司马光：《温国文正司马公文集》卷二十二《谨习疏》。
⑤ 司马光撰，王亦令点校：《稽古录点校本》卷十三，第 310 页。

决，得于天性"，"百年之忧，一旦廓然矣。"然而宪宗之治只是昙花一现，此后唐朝很快便衰落下去；到僖、昭之时，"天禄已去，民心已离"，唐朝终于衰败而不可挽回。①

曾巩称历史自成康以后就"日入于乱，以至于秦"，汉虽代秦，"然大抵多用秦法，其改更秦事，亦多附己意，非放先王之法而有天下之志也。"② 汉以后诸朝皆无可称道，值得肯定的是代隋而立更十八君、垂三百年的唐，尤其是唐太宗时期的政治极其清明，然而即使这样，唐也没能达到三代盛世的境界。

二程认为历史的盛衰循环不仅有宏观的而且有微观的，人类历史便是在这种无时无刻不存在的盛衰变动中走向退化："盛衰之运，卒难理会。且以历代言之，二帝、三王为盛，后世为衰。一代言之，文、武、成、康为盛，幽、厉、平、桓为衰。以一君言之，开元为盛，天宝为衰。"然而"有衰而复盛者，有衰而不复反者。若举大运而言，则三王不如五帝之盛，两汉不如三王之盛，又其下不如汉之盛。至其中间，又有多少盛衰。如三代衰而汉盛，汉衰而魏盛，此是衰而复盛之理。譬如月既晦则再生，四时往复来也。若论天地之大运，举其大体而言，则有日衰削之理。如人生百年，虽赤子才生一日，便是减一日也。形体日自长，而数日自减，不相害也。"③ 又"其间有如夏衰，殷衰，周衰，有盛则有衰，又是其间之盛衰，推之后世皆若是也。"④

由于继承并深化了先秦以来的退化史观，因而此期的学者们普遍主张效法三代，推行王道。如苏轼指出当时的士大夫"莫不谈王道，述礼乐，皆欲复三代，追尧舜"⑤。张耒（1054—1114）也说："世之学者，环坐而议政，未有不曰唐虞三代者也，其言当时之病，未有不曰不如唐虞三代者也。"⑥

如王安石卑视汉唐而对三代之政充满了向往，熙宁元年（1068）他曾对

---

① 司马光撰，王亦令点校：《稽古录点校本》卷十五，第589—592页。
② 曾巩撰，陈杏珍、晁继周点校：《曾巩集》卷九《唐论》，第140页。
③ 程颢、程颐：《河南程氏遗书》卷十八，《二程集》，第199—200页。
④ 程颢、程颐：《河南程氏遗书》卷二下，《二程集》，第55页。
⑤ 苏轼撰，孔凡礼点校：《苏轼文集》卷四十八《应制举上两制书》，第1392页。
⑥ 张耒撰，李逸安、孙通海、傅信点校：《张耒集》卷三十五《本治论下》，中华书局1990年版，第592页。

神宗（1067—1085 年在位）称：　"陛下当法尧、舜，何以（唐）太宗为哉?"① 又称神宗"固将制礼作乐，以复周、唐之旧；岂终循诵习传，而守秦、汉之余。"② 神宗召见张载问以治道，张载"皆以渐复三代为对"③。反对效法汉唐，如神宗问："尝谓孝宣能总人君之权，绳汉之弊。"张载答称："但观陛下志在甚处。假使孝宣能尽其力，亦不过整齐得汉法，汉法出于秦法而已。"④ 论及唐太宗，他称："唐太宗虽英明，亦不可谓之仁主；孝文虽有仁心，然所施者浅近，但能省刑罚，薄税敛，不惨酷而已。自孟轲而下，复无其人。"⑤ 程颢认为："若三代之治，后世决可复。不以三代为治者，终苟道也。"⑥ 程颐要英宗坚定信念，效法先王："至诚一心，以道自任，以圣人之训为可必信，先王之治为可必行，不狃滞于近规，不迁惑于众口，必期至天下如三代之世"。建议英宗"法先王之治，稽经典之训，笃信而力行之，救天下深沉固结之弊，为生民长久治安之计，勿以变旧为难，勿以众口为惑，则三代之治可望于今日也。"⑦ 程颐还说："为治而不法三代，苟道也。虞、舜不可及已，三代之治，其可复必也。"⑧ 直到崇宁二年（1103），在屡遭新党弹劾之际，程颐仍以欲复三代之治为说，其言曰："后王知《春秋》之义，则虽德非禹、汤，尚可以法三代之治。自秦而下，其学不传。予悼夫圣人之志不明于后世也，故作《传》以明之，俾后之人通其文而求其义，得其意而法其用，则三代可复也。"⑨

　　邵雍认为若有所谓的"命世之人"连续出现，"则虽民如夷狄，三变而帝

---

①　脱脱等：《宋史》卷三百二十七《王安石传》，第 10543 页。

②　王安石撰，李之亮笺注：《王荆公文集笺注》十九《进修〈南郊敕式〉表》，第 751 页。

③　张载著，章锡琛点校：《张载集》附录《吕大临横渠先生行状》，中华书局 1978 年版，第 382 页。

④　张载著，章锡琛点校：《经学理窟·自道》，《张载集》，第 290 页。

⑤　张载著，章锡琛点校：《经学理窟·周礼》，《张载集》，第 251 页。

⑥　程颢、程颐：《河南程氏遗书》卷十一，《二程集》，第 129 页。

⑦　程颐：《河南程氏文集》卷五《为家君应诏上英宗皇帝书》，《二程集》，第 521—522 页。

⑧　程颢、程颐：《河南程氏粹言》卷一，《二程集》，第 1211 页。

⑨　程颐：《河南程氏文集》卷八《春秋传序》，《二程集》，第 584 页。

道可举矣。"① 又称："羲轩尧舜虽难复，汤武桓文尚可循。事既不同时又异，也由天道也由人。"②

神宗也对先王之治充满了向往，声称："在昔明王之治天下，仁风翔洽，德泽汪濊，四序调于上，万物和于下，兵革不试，刑辟弗用，内则俊贤居位，以熙于王职；外则远国向风，以修于岁贡；建皇极以承天心，敛时福以锡民庶，然后日星雨露，鸟兽草木效祥荐祉，书之不绝。朕甚慕之。"并明确表达了效法先王的决心："予欲兴乎七教，兼乎三至，以底圣人之道。"③ 曾巩曾赞扬神宗"悯自晚周、秦、汉以来，世主不能独见于众人之表，其政所出，大抵踵袭卑近，因于世俗而已。于是慨然以上追唐、虞、三代荒绝之迹，修先王法度之政，为其任在己，可谓有出于数千载之大志。"④

二、 丰富多彩的王道观

由于普遍主张效法先王，推行王道，促使学者在庆历（1041—1048）之际已取得成就的基础上，继续对王道的内涵进行深入探讨，从而形成了丰富多彩的王道观。

王安石虽倡言效法三代，但其本意却是欲通过兴利，来摆脱长期困扰皇朝的财政危机，但这显然与以仁政为内容的传统王道治国理念不符。为改变这种被动局面，王安石反对以刑德区分王霸，指出王霸用以治国的手段其实都是相同的，之所以有王霸之别，是由于治国者在利用这些手段时的心理不同的缘故："仁义礼信，天下之达道，而王、霸之所同也。夫王之与霸，其所以用者则同，而其所以名者则异，何也？盖其心异而已矣。其心异则其事异，其事异则其功异，其功异则其名不得不异也。"⑤ 进而探讨了义与利的关系：

---

① 邵雍：《皇极经世书》卷十二《观物篇六十》，第1047页。

② 邵雍撰，陈明点校：《击壤集》卷十三《天人吟》，学林出版社2003年版，第171页。

③ 孔文仲：《清江三孔集》卷一《制科策》，第180—181页。

④ 曾巩：《上神宗乞兢兢寅畏以保祖宗基业》，赵汝愚编，北京大学中国中古史研究中心校点整理：《宋朝诸臣奏议》卷十二，第106页。

⑤ 王安石撰，李之亮笺注：《王荆公文集笺注》卷三十《王霸》，第1060—1061页。

"孟子所言利者，为利吾国（如曲防遏籴），利吾身耳。至狗彘食人则检之，野有饿莩则发之，是所谓政事。政事所以理财，理财乃所谓义也。一部《周礼》，理财居其半，周公岂为利哉?"① 并且《易经》亦称"利者义之和"，因此"义固所为利也。"② 这样就将义利统一，把利纳入到了义的范畴之中，从而为兴利找到了合理的依据。

苏洵也不赞成以义利、刑德区分王霸，认为圣人治国是根据具体情况，"义利、利义相为用"，从而使"天下运诸掌"。③ 苏洵认为治国固然"耻言夫徒利"，同时也"不能以徒义加天下"，因为"义者，所以宜天下，而亦所以拂天下之心。"因此需要"利"来加以调节。因为"《乾文言》曰：'利者，义之和。'又曰：'利物足以和义。'"因此"利在则义存，利亡则义丧。"故而就是周武王在行义之时也不能不以利和之："武王以天命诛独夫纣，揭大义而行，夫何恤天下之人? 而其发粟散财，何如此之汲汲也? 意者虽武王亦不能以徒义加天下也。"④ 指出刑德要根据形势运用，认为当时的形势就可以用刑："故用刑不必霸，而用德不必王，各观其势之何所宜用而已。然则今之势，何为不可用刑? 用刑何为不曰王道?"⑤

司马光持传统王道观，认为王者以义理财，《易传》"何以守位曰仁；何以聚人曰财；理财正辞禁民为非曰义。"司马光对此称"三者皆当断之以义。"⑥ 以礼约束百姓的欲望，如《易传》履卦象辞"上天下泽，履，君子以辨上下，定民志"，司马光称："履者何? 人之所履也。人之所履者何? 礼之谓也。人有礼则生，无礼则死。礼者人所履之常也，其曰辨上下定民志者何? 夫民生有欲，喜进务得，而不可厌者也，不以礼节之，则贪淫侈溢而无穷也，是故先王作为礼以治之，使尊卑有等，长幼有伦，内外有别，亲疏有序，然

---

① 王安石撰，李之亮笺注：《王荆公文集笺注》卷三十六《答曾公立书》，第 1240 页。

② 李焘：《续资治通鉴长编》卷二百十九"熙宁四年正月壬辰"条，第 5321 页。

③ 苏洵著，曾枣庄、金成礼笺注：《嘉祐集笺注》卷九《利者义之和论》，第 278 页。

④ 苏洵著，曾枣庄、金成礼笺注：《嘉祐集笺注》卷九《利者义之和论》，第 277—278 页。

⑤ 苏洵著，曾枣庄、金成礼笺注：《嘉祐集笺注》卷一《审势》，第 5 页。

⑥ 司马光：《易说》卷六，中华书局 1985 年版，第 131 页。

后上下各安其分，而无觊觎之心，此先王制世御民之方也。"①

二程讲王霸，认为"尽天道者，王道也。后世以智力持天下者，霸道也。"② 所谓的后世即是指秦汉以下，程颐称："古之时得丘民则得天下，财散则人聚。后世苟私利于目前，以兵制民，以财聚众。聚财者能守，保民者为迂。秦、汉而下，莫不然也。"③ 但同时，与王安石一样，二程也认为实行王道与霸道的手段是相同的，之所以有王霸之别，是由于治国者在利用这些手段时的心理不同的缘故，如程颢称："得天理之正，极人伦之至者，尧、舜之道也；用其私心，依仁义之偏者，霸者之事也。" 如果诚心推行王道，那就能成为王，借仁义道德来推行霸道，则只能是霸："王道如砥，本乎人情，出乎礼义，若履大路而行，无复回曲。霸者崎岖反侧于曲径之中，而卒不可与入尧、舜之道。故诚心而王则王矣，假之而霸则霸矣，二者其道不同，在审其初而已。" 与王安石不同的是，二程进一步强调了诚心立志的重要性，如程颢认为："治天下者，必先立其志，正志先立，则邪说不能移，异端不能惑，故力进于道而莫之御也。苟以霸者之心而求王道之成，是衒石以为玉也。故仲尼之徒无道桓、文之事，而曾西耻比管仲者，义所不由也，况下于霸者哉？"④ 与王安石的义利统一不同，在二程看来，义与利是对立的，程颢称："大凡出义则入利，出利则入义。天下之事，惟义利而已。"⑤ 故而虽然为人不能不言利，但却要防止害义，利是要受义约束的，程颐指出："天下只是一个利，孟子与《周易》所言一般。只为后人趋著利便有弊，故孟子拔本塞源，不肯言利。其不信孟子者，却道不合非利，李觏是也。其信者，又直道不得近利。人无利，直是生不得，安得无利？且譬如倚子，人坐此便安，是利也。如求安不已，又要褥子，以求温暖，无所不为，然后夺之于君，夺之于父，此其趋利之弊也。利只是一个利，只为人用得别。"⑥ 又称："利者一而已，

---

① 司马光：《易说》卷一，第22页。
② 程颢、程颐：《河南程氏粹言》卷二，《二程集》，第1243页。
③ 程颐：《河南程氏文集》卷九《答人示奏草书》，《二程集》，第600页。
④ 程颐：《河南程氏文集》卷一《论王霸札子》，《二程集》，第450—451页。
⑤ 程颢、程颐：《河南程氏遗书》卷十一，《二程集》，第124页。
⑥ 程颢、程颐：《河南程氏遗书》卷十八，《二程集》，第215—216页。

财利之利与利害之利，实无二义，以其可利，故谓之利。圣人于利，不能全不较论，但不至妨义耳。乃若惟利是辨，则忘义矣，故罕言。"①

孔文仲（1033—1088）持重义轻利的王道观，他认为："天下之所以治者，贵义而不贵利也，奈何先之以兴利？仁人之所以尊者，明道而不计功也，奈何一之以望功？万事所以成就者，迟久也，奈何期之以急迫？四方所以畏爱者，恺悌也，奈何驱之以威刑？"孔文仲也比较重视法治："德与刑并行天地之间，如寒暑相将，未尝离也"，但他更加强调德治："上焉者专德以胜刑"，"中焉者假刑以助德"，"下焉者唯刑而已"。②

在治国手段上，王安石有恢复古制的倾向，如其诗云："先王有经制，颁赉上所行。后世不复古，贫穷主兼并。非民独如此，为国赖以成。筑台尊寡妇，入粟至公卿。我尝不忍此，愿见井地平。"③ 但他同时又认为通过恢复三代之制而实现大治是不现实的。因为时代不同，对统治者提出的要求也不同，统治者只有因时而变，才能对百姓实现有效的统治。三代圣人治国即是如此："夏之法至商而更之，商之法至周而更之，皆因世就民而为之节，然其所以法，意不相师乎？"④ 若不懂权变，盲目效法先圣，其害甚大："古之人以是为礼，而吾今必由之，是未必合于古之礼也；古之人以是为义，而吾今必由之，是未必合于古之义也。夫天下之事，其为变岂一乎哉？固有迹同而实异者矣。今之人然求合于其迹，而不知权时之变，是则所同者古人之迹，而所异者其实也。事同于古人之迹而异于其实，则其为天下之害莫大矣，此圣人所以贵乎权时之变者也。"⑤ 因而主张法圣人之意："夫二帝、三王，相去盖千有余载，一治一乱，其盛衰之时具矣。其所遭之变，所遇之势，亦各不同，其施设之方亦皆殊，而其为天下国家之意，本末先后未尝不同也。臣故曰：当法其意而已。"⑥ 这种观念使王安石在变法过程中摆脱古制掣肘的同时，又

---

① 程颢、程颐：《河南程氏外书》卷七，《二程集》，第396页。
② 孔文仲：《清江三孔集》卷一《制科策》，第183—190页。
③ 王安石：《临川先生文集》卷十二《发廪》，中华书局1959年版，第177页。
④ 王安石撰，李之亮笺注：《王荆公文集笺注》卷三十三《策问十一道》，第1148页。
⑤ 王安石撰，李之亮笺注：《王荆公文集笺注》卷三十《非礼之礼》，第1059页。
⑥ 王安石撰，李之亮笺注：《王荆公文集笺注》卷二《上仁宗皇帝言事书》，第22页。

给他的新法的推行提供了理论上的依据，使他的兴利主张藉此获得了推行的正当性。因而在神宗的支持下展开了大规模的变法运动。

在变法过程中，王安石屡屡以所谓的先王之制为其所推行的法令张目，如他指出其所推行的免役、保甲、市易之法就出自三代，如免役之法，"出于《周官》所谓府、史、胥、徒，《王制》所谓'庶人在官者'也。"保甲之法，"起于三代丘甲，管仲用之齐，子产用之郑，商君用之秦，仲长统言之汉，而非今日之立异也。"市易之法，"起于周之司市、汉之平准。"[①] 又称："周置泉府之官，以权制兼并，均济贫乏，变通天下之财，后世唯桑弘羊、刘晏粗合此意。学者不能推明先王法意，更以为人主不当与民争利。今欲理财，则当修泉府之法，以收利权。"[②] 又称："臣以为酒税法如此，不为非义。何则？自三代之法固已如此。《周官》固已征商，然不云须几钱以上乃征之。泉府之法，物货之不售，货之滞于民用者，以其价买之，以待买者，亦不言几钱以上乃买。又珍异有滞者，敛而入于膳府，供王膳，乃取市物之滞者。周公制法如此，不以烦碎为耻者，细大并举，乃为政体，但尊者任其大，卑者务其细，此先王之法，乃天地自然之理。"[③]

王安石还常常通过曲解经典，以为变法张目。如《周礼·旅师》中有"以质剂致民，平颁其兴积"之语，其大意为当向人民放贷时，要有担保人和契约书，并且要本着公平的原则来实行。而王安石《周官新义》在注"平颁其兴积"一句时说："无问其欲否，概与之也，故谓之平。"杨时（1053—1135）对此称："今兼并之家，能以其资困细民者，初非能抑勒使之称贷也，皆其自愿耳。然而其求之艰，其出息重，非迫于其急不得已，则人孰肯贷也？今比户之民概与之，岂尽迫于其急不得已哉？细民无远虑，率多愿贷者，以其易得而息轻故也。以易贷之金资不急之用，至期而无以偿，则荷校束手为囚虏矣。……余以为青苗利害不在愿与不愿，正在官司以轻息诱致之也。孟子曰徒善不足以为政，徒法不能以自行。青苗其意乃在取息而已。行周公之

①　王安石撰，李之亮笺注：《王荆公文集笺注》卷四《上五事札子》，第118页。

②　陈邦瞻：《宋史纪事本末》卷八《王安石变法》，中华书局1977年版，第327页。

③　李焘：《续资治通鉴长编》卷二百四十"熙宁五年十一月丁巳"条，第5827页。

法而无仁心仁闻，是谓徒法。然则周公法、今法安得不为异?"① 又 "《周官》'平颁其兴积'，说者曰:'无问其欲否，概与之也。'故假此为青苗之法，当春则平颁，秋成则入之，又加息焉。以为不取息则舟车之费、鼠雀之耗、官吏之俸给，无所从出，故不得不然。此为之辞耳。先王省耕敛而为之补助，以救民急而已。方其出也，未尝望入，岂复求息，取其息而曰非渔利也，其可乎? 孟子论法以为凶年粪其田而不足，则必取盈焉。使民终岁勤勤不得以养其父母，又称贷而益之，是为不善。今也无问其欲否而颁之，亦无问年之丰凶而必取其息，不然则以刑法加焉，《周官》之意果如是乎?"②

王安石主张通过法圣人之意，来推行变法主张，以减少阻力:"法其意，则吾所改易更革，不至乎倾骇天下之耳目，嚣天下之口，而固已合乎先王之政矣。"③ 并理直气壮地声称:"举先王之政，以兴利除弊，不为生事;为天下理财，不为征利"④。

与王安石不同，张载主张效法"尧舜之迹"，如神宗说:"慕尧舜者不必慕尧舜之迹。"张载认为:"有是心则有是迹，如是则岂可无其迹!"⑤ 主张恢复三代井田:"仁政必自经界始。贫富不均，教养无法，虽欲言治，皆苟而已。"⑥ 又称:"治天下不由井地，终无由得平。周道止是均平。"主张封邦建国:"井田卒归于封建乃定"。⑦ 认为"井田而不封建，犹能养而不能教;封建而不井田，犹能教而不能养"。主张恢复肉刑:"封建井田而不肉刑，犹能教养而不能使。"⑧ 主张恢复宗法制:"官摄天下人心，收宗族，厚风俗，使人不忘本，须是明谱系世族与立宗子法。"⑨

① 杨时:《龟山集》卷六《神宗日录辨》，《文渊阁四库全书》第1125册，第150页。
② 杨时:《龟山集》卷十《荆州所闻》，第201页。
③ 王安石:《临川先生文集》卷三十九《上仁宗皇帝言事书》，第410—411页。
④ 王安石撰，李之亮笺注:《王荆公文集笺注》卷三十六《答司马谏议书》，第1233页。
⑤ 张载著，章锡琛点校:《经学理窟·自道》，《张载集》，第290页。
⑥ 张载著，章锡琛点校:《张载集》附录《吕大临横渠先生行状》，第384页。
⑦ 张载著，章锡琛点校:《经学理窟·周礼》，《张载集》，第248—251页。
⑧ 张载著，章锡琛点校:《经学理窟·月令统》，《张载集》，第297页。
⑨ 张载著，章锡琛点校:《经学理窟·宗法》，《张载集》，第258页。

二程不赞同恢复分封制，程颐弟子问："封建可行否？"程颐答："封建之法，本出于不得已。柳子厚有论，亦窥测得分数。秦法固不善，亦有不可变者，罢侯置守是也。"① 但是主张恢复井田制，程颢所谓："天生蒸民，立之君使司牧之，必制其恒产，使之厚生，则经界不可不正，井地不可不均，此为治之大本也。"② 程颐回答其弟子井田是否可行的疑虑："岂有古可行而今不可行者？或谓今人多地少，不然。譬诸草木，山上著得许多，便生许多。天地生物常相称，岂有人多地少之理？"③

三、 汉唐故事与祖宗旧制

由于学者以王霸论治道，不免将历史截然两分，导致三代以下历史在学者心中的地位大减。王安石、张载、二程鄙视三代以下的政治，原因即在于此。于是为了强调汉唐故事与祖宗之法在学者普遍追求王道的氛围里所具有的借鉴意义，司马光也对王霸观进行了重新解读。

司马光认为"王霸无异道。昔三代之隆，礼乐、征伐自天子出，则谓之王。天子微弱不能治诸侯，诸侯有能率其与国同讨不庭以尊王室者，则谓之霸。"王道、霸道所推行的政令皆是以仁义为根本的："其所以行之也，皆本仁祖义，任贤使能，赏善罚恶，禁暴诛乱；顾名位有尊卑，德泽有深浅，功业有巨细，政令有广狭耳，非若白黑、甘苦之相反也。"④ 历代统治的差异体现在得道程度的深浅和取得成就的大小上面："自孟、荀氏而下，皆曰：由何道而王，由何道而霸。道岂有二哉？得之有浅深，成功有小大耳。譬诸水，为畎、为浍、为谷、为溪、为川、为渎，若所钟则海也，大夫士，畎浍也；诸侯，溪谷也；州牧，川也；方伯，渎也；天子，海也；小大虽殊，水之性奚以异哉？"⑤

---

① 程颢、程颐：《河南程氏遗书》卷二十二上，《二程集》，第291页。

② 程颢：《河南程氏文集》卷一《论十事札子》，《二程集》，第453页。

③ 程颢、程颐：《河南程氏遗书》卷二十二上，《二程集》，第291页。

④ 司马光：《资治通鉴》卷二十七"甘露元年正月臣光曰"条，第881页。

⑤ 司马光：《温国文正司马公文集》卷七十四《道同》。

司马光通过否定传统王霸观，成功地消解了三代与汉唐及宋代历史的隔阂，据此，欲行王道，则古今治乱皆不可不效法鉴戒。从而得出了"治乱之道，古今一贯"的结论。① 故他欲对前代史书"删削冗长，举撮机要，专取关国家盛衰，系生民休戚，善可为法，恶可为戒者，为编年一书"，用来"监前世之兴衰，考当今之得失"。② 因穷十九年之功，对上至战国下迄五代一千三百余年的历史做通贯研究。

司马光通过对历史上的治乱兴衰的探研，形成了重人治、讲渐变、贵守成的观念。如他对神宗说"荀卿曰：'有治人，无治法'，故为治在得人，不在变法也。"神宗说："人与法，亦相表里耳。"司马光说："苟得其人，则无患法之不善。不得其人，虽有善法，失先后之施矣。故当急于求人，而缓于立法也。"③

司马光也讲变法："臣等闻三王不相袭礼，五帝不相沿乐，况国家设官分职，张立治具，上下相维，修饬明备，何所愧于汉、唐！何必事事循陈迹而失当今之宜也。"④ 但他主张在祖宗成规的基础上做适当变更，反对全盘更改："且治天下譬如居室，弊则修之，非大坏不更造也。大坏而更造，非得良匠美材不成。今二者皆无有，臣恐风雨之不庇也。"⑤ 认为继体守文为治国之要："夫继体之君，谨守祖宗之成法，苟不惰之以逸欲，败之以谗谄，则世世相承，无有穷期。"⑥ 熙宁二年（1069）十一月，司马光进读《资治通鉴·汉纪》，论及汉代萧规曹随之美，神宗问："使汉常守萧何之法，久而不变，可乎？"司马光答称："何独汉也！夫道者，万世无弊，夏、商、周之子孙，苟能常守禹、汤、文、武之法，虽至今存可也。武王克商曰：'乃反商政，政由旧'，虽周，亦用商政也。《书》曰：'毋作聪明，乱旧章'，然则祖宗旧法，

① 司马光撰，王亦令点校：《稽古录点校本》卷十六，第649页。
② 司马光：《资治通鉴》卷尾《进书表》，第9607—9608页。
③ 江少虞：《宋朝事实类苑》卷十五"司马温公"条，第182页。
④ 司马光：《温国文正司马公文集》卷五十五《乞合两省为一札子》。
⑤ 王称：《东都事略》卷八十七上《司马光传》，第734页。
⑥ 司马光：《温国文正司马公文集》卷十八《惜时》。

何可变也？"①

　　司马光的门生范祖禹说："然则今所宜监，莫近于唐。《书》曰'我不可不监于有夏，亦不可不监于有商。'"② 又称"监于前代，宜莫如唐"。因而"尝于纬次之余，稽其成败之迹，折以义理，缉成一书。"③

　　范祖禹在主张以唐为鉴的同时，还认为要取法宋代祖宗旧制。在范祖禹看来，唐虽享国久远，且有贞观、开元之治，然因君主持家不正，无以表率天下，因而祸乱相仍，治日长久者也不过数十年。而宋由于君主家道端正，仁以受民，治国有术，因而立国百余年太平无事，"虽三代之盛，未有如此其久者也。"相比而言，宋优于唐："较之唐世，我朝为优。"因此认为宋代当取鉴于唐，取法于宋代祖宗旧制："夫唐事已如彼，祖宗之成效如此，然则今当何监？不在唐乎！今当何法？不在祖宗乎！夫惟取监于唐，取法于祖宗，则永世保民之道也。"④ 反对变更旧制，"夫三代之法出于圣人，及其末流，亦未尝无弊，救之者举其偏以补其弊而已。若并其法废之，而以私意为一切苟简之制，则先王之法其存者几何？天下之务，常患于议臣之好改旧章，此所以多乱也。"⑤ 认为"自古国家之败，未有不由子孙更变祖宗之旧也。创业之君，其得之也难，故其防患也深，其虑之也远，故其立法也密。后世虽有聪明才智之君，高出君臣之表，然未若祖宗更事之多也。夫中人不可假以威权，盖近而易以为奸也。明皇不戒履霜之渐，而轻变太宗之制，崇宠宦者，增多其员，自是以后，浸干国政，其原一启，末流不可复塞。唐室之祸，基于开元。《书》曰：'鉴于先王成宪，其永无愆。'为人后嗣，可不念之哉！"⑥

　　总之嘉祐（1056—1063）至熙丰（1068—1085）年间，虽然祖宗家法和汉唐故事也受到一些学者的推崇，但就当时的思想主流而言，更看重三代的王道，在庆历（1041—1048）之际还被认为是推动社会变革的积极因素的祖

　　① 江少虞：《宋朝事实类苑》卷十五"司马温公"条，第182页。
　　② 范祖禹：《唐鉴》卷首《唐鉴序》，上海古籍出版社1981年版，第3页。
　　③ 范祖禹：《范太史集》卷十三《进唐鉴表》，第198页。
　　④ 范祖禹：《唐鉴》卷十二，第348—349页。
　　⑤ 范祖禹：《唐鉴》卷四，第118页。
　　⑥ 范祖禹：《唐鉴》卷四，第109—110页。

宗家法，在此期间则被普遍认为是需加破除的阻碍社会发展的消极因素。熙丰（1068—1085）年间宋神宗、王安石的变法，就是一个高举王道旗帜，全面变更宋代祖宗家法的过程。

第二节　激烈的正统之辩

庆历（1041—1048）之际，欧阳修的新正统观提出后，他的以理性原则为标准衡量朝代是否为正统的主张受到学者们普遍认同。

如章望之就以理性原则为标准评判朝代："以功德而得天下者，其得者正统也。"① 苏轼也称："正统之说曰：'正者，所以止天下之不止也；统者，所以合天下之不一也。'"又称"正统之为言，犹曰有天下云尔。"② 又说"吾与欧阳子"云云。③ 司马光称："欧阳公谓正统不必常相继，有时而绝，斯则善矣。"④ 刘恕所谓："正统之论兴于汉儒，推五行相生，指玺绂相传以为正统。是神器大宝必当搤喉而夺之，则乱臣贼子释然得行其志矣。"⑤ 章衡（1025—1099）曾以所谓的"至公大义而得天下者"为标准，"书正统之君"。⑥

不过当时也不乏有学者仍按传统的三统五德理论思考正统问题，如程颐所谓："五德之运，却有这道理。凡事皆有此五般，自小至大，不可胜数。一日言之，便自有一日阴阳；一时言之，便自有一时阴阳；一岁言之，便自有一岁阴阳；一纪言之，便自有一纪阴阳；气运不息，如王者一代，又是一个大阴阳也。唐是土德，便少河患；本朝火德，便多水灾。盖亦有此理，只是

---

①　苏轼撰，郎晔选注，庞石帚校订：《经进东坡文集事略》卷十一《正统辨论中》，文学古籍刊行社1957年版，第149页。

②　苏轼撰，孔凡礼点校：《苏轼文集》卷四《正统论·总论一》，第120页。

③　苏轼撰，孔凡礼点校：《苏轼文集》卷四《正统论·辩论二》，第121页。

④　司马光：《温国文正司马公文集》卷六十一《答郭纯长官书》。

⑤　刘元高编：《通鉴议论》，《三刘家集》，第546页。

⑥　章如愚：《群书考索》卷十六，第225页。

须于这上有道理。"①

　　就欧阳修而言，他对于自己的正统观颇为自负，认为此论一出当解决思想界就此问题的长期纷争："若夫推天下之至公，据天下之大义，究其兴废，迹其本末，辨其可疑之际，则不同之论息，而正统明矣。"② 因而"自谓无以易矣。"③ 实则由于他更新了学术理念，转换了学术话语，开拓了学者的思维，因而他的正统观出现后，不仅没有成为定论，反而引发了激烈的论争。

一、　章望之的霸统说

　　欧阳修的正统论出后，章望之作《明统论》三篇予以辩驳，并由此提出了正统、霸统说："欧阳永叔《正统论》，与夺异于旧说者四焉：以前世谓秦为闰，今较其功业之初，宜得正统；以陈寿列叙《三国志》，钧为之传，而魏不立纪以统二方；以朱梁得唐而后唐以降皆绌为伪梁，故今并以正统进之。予以谓进秦得矣，而未善也。进魏梁，非也。凡为书者，将有补于治乱也。秦、魏、梁于统之得否，未有损益焉。可惜者，进之无以别善恶也。"④ 继而章望之根据欧阳修提出的判定正统与否的"居正"与"一统"标准对这些问题进行了辨析。

　　就魏而言，章望之认为其不当居正统。原因有二：其一，在于其不能一天下："魏不有吴蜀，犹吴蜀之不能有魏，蜀虽见灭，吴最后亡，岂能合天下于一哉。"又"永叔直谓魏居汉晋之间，彼皆有统，故连魏而举之也。是不难明，有白大夫者，其父百年而死，其身五十而死，以百方五十，则寿为多矣。他日其子亦百年，得以其父子皆寿，而谓大夫非短命可乎？汉之兴也，兼天下而有之，晋之兴也，武帝平吴之后，中国莫不臣。魏之兴也，兼天下而有

　　① 程颢、程颐：《河南程氏遗书》卷十九，《二程集》，第 263 页。
　　② 欧阳修撰，李逸安点校：《欧阳修全集》卷十六《原正统论》，第 277—278 页。
　　③ 司马光：《温国文正司马公文集》卷六十一《答郭纯长官书》。
　　④ 苏轼撰，郎晔选注，庞石帚校订：《经进东坡文集事略》卷十一《正统辨论中》，第 149 页。

之乎？中国莫不臣乎？此三失也。"① 由于"魏不能兼天下，当为无统。"② 其二，在于其得国不正："永叔之进魏，特奖其能篡也。夫谓以至公得天下者尧舜禹，以大义者汤武，故二帝三王之得正统者，不疑也。乃进能篡君者与之同列。圣人顾不耻之欤。今有乡人于此，无异能也，然未尝造非陷于刑辟，俄尔与向之尝为盗者群饮酒焉，则以并坐齐齿为耻矣。乡人且耻与盗者偶，圣人岂得与篡君者同名哉！"认为以魏为正统，名分不正："永叔以正统之论，肇于《春秋》之学，故引《公羊》大居正、大一统之文为据。既曰大居正，而又以不正人居之，是正不正之相去，未能远也。"并举例称"今有为人妇者，姑死矣，其舅未娶焉。谓之姑，宜也。若特以婢妾宠之，为其近尊者，目以长妾，礼之，可也。曰姑云者，则惑也。非正名之道也。"③

秦、晋、隋等虽一统天下，但得国不正，故不能予正统："秦、晋、隋不得与二帝三王并为正统"④。朱梁虽能威加四方，但得国不正："朱梁挟力以欺君，杀其子弟宗属而得之，幸而举乎大号以临四方，四方虽有奸雄而莫之敢取者，畏其强也。"因而也不能予以正统。⑤

秦、晋、隋、朱梁的情况显然与魏又不同。魏是既不能一统，也不能居正。秦、晋、隋、朱梁虽得国不正，但秦、晋、隋却能一天下，朱梁虽未能一天下，但却能够号令四方。据此章望之引入"王霸观念"⑥，别"统"为正统与霸统，完全符合"居正"、"一统"标准的为正统，只符合一统标准的为霸统："予今分统为二，名曰正统、霸统。以功德而得天下者，其得者正统也。尧、舜、夏、商、周、汉、唐、我宋，其君也。得天下而无功德者，强

① 苏轼撰，郎晔选注，庞石帚校订：《经进东坡文集事略》卷十一《正统辨论中》，第149—151页。

② 司马光：《温国文正司马公文集》卷六十一《答郭纯长官书》。

③ 苏轼撰，郎晔选注，庞石帚校订：《经进东坡文集事略》卷十一《正统辨论中》，第150—151页。

④ 司马光：《温国文正司马公文集》卷六十一《答郭纯长官书》。

⑤ 苏轼撰，郎晔选注，庞石帚校订：《经进东坡文集事略》卷十一《正统辨论中》，第150页。

⑥ 饶宗颐：《中国史学上之正统论》，第41页。

而已矣，其得者霸统也。秦、晋、隋，其君也。"① 同时进五代"使与秦、晋、隋皆为霸统"②。以此达到"使天下之名皆不得过乎实"的目的③。

显然章望之是既赞同欧阳修的判定正统的标准，亦认可其正统绝续说。然而由于他认为欧阳修的正统绝续观存在着相当大的漏洞，因此起而修补之，力求在判定朝代正统与否时使正统标准得到严格的贯彻，而且对"统"又予以细分，力求使新正统论更加合理和谨严，这无疑是对欧阳修正统论的发展。但章望之的霸统观出现后不仅未能平息这场论争，反而使论争更加激烈。

二、 苏轼的正统论

关于正统观的论争，苏轼支持欧阳修而反对章望之："正统之论，起于欧阳子，而霸统之说，起于章子。二子之论，吾与欧阳子，故不得不与章子辩，以全欧阳子之说。欧阳子之说全，而吾之说又因以明。"④ 进而对章望之分统为正统、霸统的理由进行了驳辩。

首先，章望之认为如果不能一天下，就不能与之正统。魏不能一天下，欧阳修不当与之正统。

对此苏轼承认"正统之为言，犹曰有天下云尔。"⑤ 但同时又指出正统观正是为了解决乱世无君现象而出现的，因此就乱世政权而言，只要不是两强并立，而是一强独大，有并吞天下之势，就应当予以正统之名："夫魏虽不能一天下，而天下亦无有如魏之强者，吴虽存，非两立之势，奈何不与之统。章子之不绝五代也，亦徒以为天下无有与之敌者而已。今也绝魏，魏安得无辞哉！正统者，恶夫天下之无君而作也。故天下虽不合于一，而未至乎两立者，则君子不忍绝之于无君。且夫德同而力均，不臣焉可也。今以天下不幸而不合于一，德既无以相过，而弱者又不肯臣乎强，于是焉而不与之统，亦

①　苏轼撰，郎晔选注，庞石帚校订：《经进东坡文集事略》卷十一《正统辨论中》，第149页。
②　司马光：《温国文正司马公文集》卷六十一《答郭纯长官书》。
③　苏轼撰，孔凡礼点校：《苏轼文集》卷四《正统论·辩论三》，第123页。
④　苏轼撰，孔凡礼点校：《苏轼文集》卷四《正统论·辩论二》，第121页。
⑤　苏轼撰，孔凡礼点校：《苏轼文集》卷四《正统论·总论一》，第120页。

见其重天下之不幸，而助夫不臣者也。"①

其次，章望之认为许篡君以正统，是对圣人的不尊重。

苏轼认为只要得天下，其名就是正统，不会因为得天下者是圣人或篡君而改变，因而圣人与篡君同名对圣人并无影响："是乡人与是为盗者，民则皆民也，士则皆士也，大夫则皆大夫也，则亦与之皆坐乎？苟其势不得不与之皆坐，则乡人何耻耶？圣人得天下，篡君亦得天下，顾其势不得不与之同名，圣人何耻耶？吾将以圣人耻夫篡君，而篡君又焉能耻圣人哉！"②

再次，章望之认为以不正之人居于正统之位，在一定程度上混淆了正与不正的界限。

苏轼认为正有公正与私正之别，从国家的角度考虑，应当推崇公正而非私正，若如此则篡君亦是正人："且章子之所谓正者，何也？以一身之正为正耶，以天下有君为正耶？一身之正，是天下之私正也。天下有君，是天下之公正也。吾无取乎私正也。天下无君，篡君出而制天下，汤武既没，吾安所取正哉。故篡君者，亦当时之正而已。"③

在批驳了章望之的观点后，苏轼又引入了名实观念，从名实的角度谈了霸统说之害。苏轼认为章望之的霸统说是"伤乎名而丧乎实者也"。他认为欧阳修的正统绝续说，"是以名言者也"，章望之的正统霸统说，"是以实言者也"。在苏轼看来以实言害处甚大。因为这将使人们轻"实"，从而以"实"伤"名"，所谓："欧阳子以名言而纯乎名。章子以实言而不尽乎实。章子之意，以霸统重其实，而不知实之轻自霸统始。使天下之名皆不得过乎实者，固章子意也。"因为如果以章望之的正统、霸统观推演历史，结果会使篡君无所畏惧，因为不论是以德或以弑，总之都在统绪之中。而若以正统统之，则其就不能掩盖其罪行："尧、舜以德，三代以德与功，汉、唐以功，秦、隋、后唐、晋、汉、周以力，晋、梁以弑（不言魏者，因章子之说而与之辩）。以实言之，则德与功不如德，功不如德与功，力不如功，弑不如力，是尧、舜

---

① 苏轼撰，孔凡礼点校：《苏轼文集》卷四《正统论·辩论二》，第 121 页。
② 苏轼撰，孔凡礼点校：《苏轼文集》卷四《正统论·辩论二》，第 122 页。
③ 苏轼撰，孔凡礼点校：《苏轼文集》卷四《正统论·辩论二》，第 122 页。

而下得统者，凡更四不如，而后至于晋、梁焉。而章子以为天下之实，尽于其正统霸统之间矣。欧阳子纯乎名，故不知实之所止。章子杂乎实，故虽晋、梁弑君之罪，天下所不容之恶，而其实反不过乎霸。彼其初得正统之虚名，而不测其实罪之所至也。章子则告之曰：'尔，霸者也。'夫以弑君得天下而不失为霸，则章子之说，固便乎篡者也。夫章子岂曰弑君者其实止乎霸也哉，盖已举其实而著之名，虽欲复加之罪，而不可得也。"①

为了不以名害实，苏轼认为对那些篡君虽无正统之实仍应与之正统之名。原因是"天下固有无其实而得其名者，圣人于此不得已焉，而不以实伤名。而名卒不能伤实，故名轻而实重。不以实伤名，故天下不争。名轻而实重，故天下趋于实。"许之以正统，但其实际上却没能达到正统的标准，那么正统之名就与实不副，因而就"名轻"，这也就显现出来达到正统标准的重要性，亦即"实重"："正统者，名之所在焉而已。名之所在，而不能有益乎其人，而后名轻。名轻而后实重。吾欲重天下之实，于是乎始轻。"根据这一标准，真正拥有正统之号的有十个朝代："正统听其自得者十，曰：尧、舜、夏、商、周、秦、汉、晋、隋、唐。"而经过努力，能够得到的有六个朝代："予其可得者六以存教，曰：魏、梁、后唐、晋、汉、周。"②

对于自己的这一主张，苏轼相当看重："虽然，欧阳子之论，犹有异乎吾说者。欧阳子之所与者，吾之所与也。欧阳子之所以与之者非吾所以与之也。欧阳子重与之，而吾轻与之。且其言曰：'秦、汉而下，正统屡绝，而得之者少。以其得之者少，故其为名甚尊而重也。'呜呼，吾不善夫少也。幸而得之者少，故有以尊重其名。不幸而皆得，欧阳子其敢有所不与耶？且其重之，则其施于篡君也，诚若过然，故章子有以启其说。"③

然而王安石对苏轼的看法颇不以为然："（苏轼）附丽欧阳修，修作《正统论》，章望之非之，乃作论排章望之，其论都无理。"④

---

① 苏轼撰，孔凡礼点校：《苏轼文集》卷四《正统论·辩论三》，第123—125页。
② 苏轼撰，孔凡礼点校：《苏轼文集》卷四《正统论·总论一》，第120页。
③ 苏轼撰，孔凡礼点校：《苏轼文集》卷四《正统论·辩论二》，第122页。
④ 彭百川：《太平治迹统类》卷十三《神宗任用安石》。

三、 司马光及其同调的正统论

司马光对于欧阳修的正统绝续说，也表示赞赏："欧阳公谓正统不必常相继，有时而绝，斯则善矣。"对于章望之的正统霸统说，司马光有肯定有批评。具体而言，对于章望之严格贯彻"居正"、"一统"的标准，将虽得天下却无功德的秦、晋、隋以及没有得天下的魏排除在正统之外，司马光表示赞同："章子补欧阳公思虑之所未至，谓秦、晋、隋不得与二帝三王并为正统，魏不能兼天下，当为无统，斯则善矣。"对于章望之不按照自己所提出的霸统标准即"得天下"，将并没能得天下的五代列入霸统与秦、晋、隋并列提出质疑："然五代亦不能兼天下，与魏同，乃独不绝而进之，使与秦、晋、隋皆为霸统，亦误矣。"进而对章望之的正统霸统说提出质疑。首先，司马光认为先儒以秦为闰，重在强调其名分之不正，而章望之给予秦、隋等以霸统，使其名分得以确立，在事实上肯定了秦、隋等以强暴攫取天下的行为；其次，司马光认为"霸"就是"伯"，本是古代天子所立的助其治理天下的诸侯，然后世学者却将其演绎为皇、帝、王、霸的历史演进模式中的一环，声称这四种模式各有其治道，如此解读历史是不正确的，而章望之却以这种错误的观点来论列王朝的兴替，所以其霸统说是不足取的："孔子曰：'名不正则言不顺。'先儒谓秦为闰者，以其居二代之间，而非正统，如余居两月之间，而非正月也。夫霸之为言伯也，古者天子立二伯，分治天下诸侯，周衰，方伯之职废，齐桓、晋文能帅诸侯以尊周室，故天子册命使续方伯之职，谓之霸主。而后世学者乃更以皇、帝、王、霸为德业之差，谓其所行各异道，此乃儒家之末失也。今章子以霸易闰，以失为得，恐不足遵也。"①

司马光对正统问题也有着自己的看法。他赞同欧阳修的正统之争起于汉代的看法："秦焚书坑儒，汉兴，学者始推五德生、胜，以秦为闰位，在木火之间，霸而不王，于是正闰之论兴矣。"对于历史上关于正统问题展开的论辩，司马光认为观点纷呈，但皆难自圆其说，如"若以自上相授者为正邪"，

---

① 司马光：《温国文正司马公文集》卷六十一《答郭纯长官书》。

但南朝的陈和北朝的魏却无所授受；"若以居中夏者为正邪"，但十六国时没有仁德可言的夷族如"刘、石、慕容、苻、姚、赫连所得之土皆五帝、三王之旧都"；"若以有道德者为正邪"，然而"蕞尔之国，必有令主，三代之季，岂无僻王！"因此认为正统问题实在是太复杂了："正闰之论，自古及今，未有能通其义，确然使人不可移夺者也。"故而表示自己要置而勿论："臣今所述，止欲叙国家之兴衰，著生民之休戚，使观者自择其善恶得失，以为劝戒，非若《春秋》立褒贬之法，拨乱世反诸正也。"但话虽如此，正闰之论毕竟是那个时代绕不过的话题，尤其是对于撰述史书而言，是必须表明态度的。因此他也委婉地提出了自己的标准："窃以为苟不能使九州合为一统，皆有天子之名而无其实者也。虽华夏仁暴，大小强弱，或时不同，要皆与古之列国无异，岂得独尊奖一国谓之正统，而其余皆为僭伪哉！"又所谓："正闰之际，非所敢知，但据其功业之实而言之。"①

司马光根据自己的"但据其功业之实"的观点，也得出了自己的正统谱系，即周、秦、汉、晋、隋、唐。继而又以相授受为标准排出了分裂时期的顺序："据汉传于魏而晋受之，晋传于宋以至于陈而隋取之，唐传于梁以至于周而大宋承之，故不得不取魏、宋、齐、梁、陈、后梁、后唐、后晋、后汉、后周年号，以纪诸国之事。"对此他声称这样作是因为"天下离析之际，不可无岁、时、月、日以识事之先后"，以诸国年号纪事"非尊此而卑彼，有正闰之辨也。"②又所谓"光学疏识浅，于正闰之际，尤所未达。故于所修《通鉴》，叙前世帝王，但以授受相承，借其年以记事尔，亦非有所取舍抑扬也。"③但事实上却隐有暗传正统之意。有鉴于此，故刘羲仲称"司马公论正统与欧阳公略同。"④郭纯则特地写信与他辩三国时的蜀汉之事。胡寅也举出了几个例子批驳他的言论："司马氏自以谓正闰之际非所敢知，然蜀、魏分据

　① 司马光：《资治通鉴》卷六十九"黄初二年三月臣光曰"条，第2186—2187页。
　② 司马光：《资治通鉴》卷六十九"黄初二年三月臣光曰"条，第2187—2188页。
　③ 司马光：《温国文正司马公文集》卷六十一《答郭纯长官书》。
　④ 刘羲仲：《通鉴问疑》，《文渊阁四库全书》第686册，第10页。

则书诸葛亮入寇,是以魏为正矣;梁、晋交争而书晋兵寇洺州,是以梁为正矣。"① 朱熹还曾揶揄他说:"温公谓魏为正统。使当三国时,便去仕魏矣。"②

针对司马光的正统观,刘恕在撰写《资治通鉴》的过程中与司马光曾往复辩难,彼此之间都是有赞同有保留。应该说刘恕对传统的三统、五德说并不排斥,如对于庆历(1041—1048)之际宋庠撰《纪年通谱》以五德论盛衰,刘恕认为这样"亦可也,五德固出于汉儒,犹是依凭天道以断人事耳。"但他在探讨正统问题时,却持欧阳修的新正统观论列历史。与司马光一样,刘恕也反对在分裂割据的情况下,强拔一国为正统:"若《春秋》无二王,则吴、楚固周诸侯也。史书非若《春秋》以一字褒贬,而魏、晋、南北、五代之际,以势若相敌遂分裂天下,其名分位号异乎周之于吴楚,安能强拔一国谓之正统,余皆指为僭伪哉!况微弱自立者不必书为僭,背君自立者不必书为伪,其臣子所称亦从而称之,乃深著其僭伪也。"而对于司马光的尊魏抑蜀,刘恕以为:"晋元东渡,南北分疆,魏周据中国,宋齐受符玺,互相诋毁,自谓正统。则宋齐与魏周势当两存之。然汉昭烈窜于巴蜀,似晋元;吴大帝兴于江表,似后魏。若谓中国有主,蜀不得绍汉为伪,则东晋非中国也;吴介立,无所承,为伪,则后魏无所承也。南北朝书某主而不名,魏何以得名吴、蜀之主乎?"对于司马光尊东晋,刘恕也不赞成:"尝混一海内者,并其子孙用天子法,未尝相君臣者,用列国法,此至当之论也。然以晋元比光武,兹事恐未当。晋失其政,中原纷扰,天命不常,唯归有德。若东晋德政胜,则僭伪之主必复为臣仆,而东晋与诸国异名号,并正朔,是德政不相胜也。吴尝称臣于魏,魏不能混一四海,不得用天子法,而东晋辟在江南,非魏之比,又诸国苻健、姚苌、慕容垂等与东晋非君臣,东晋乃得用天子法乎?若秦、夏、凉、燕及五代诸国,虽僭伪窃名号,皆继踵仆灭,其兴亡异于吴蜀南北,黜之不当疑也。"刘恕认为,虽然西晋统一了中国,但其得国不正,且到东晋时,德政不相胜,使中原纷扰,异邦突起,各据一方,已经不是大一统国家,

---

① 胡寅:《致堂读史管见》卷二十七,台湾商务印书馆 1981 年版,第 1822 页。
② 朱熹撰,朱杰人、严佐之、刘永翔主编:《朱子语类》卷一百三十四《历代一》,《朱子全书》(18),第 4176 页。

因此不能与汉光武相比，不应用天子法。而吴尝称臣于魏，也不能用天子法。但司马光并不以为然："道原黜秦、夏、燕、凉及五代诸国，愚虑所不到者。然欲使东晋与秦、赵并为敌国，则与光所见异。晋元乃高祖曾孙、琅玡嫡嗣……晋尝奄有四海，兼制中外，符、姚、慕容垂等虽身不臣晋，其父祖皆晋臣，而东晋之视符、姚，犹东周之视吴、楚也。魏吴俱为列国，岂能相臣？吴称臣于魏，犹勾践之事夫差，石勒之事王浚，非素定君臣之分者也！"司马光认为周、秦、汉、晋、隋、唐为天下大一统王朝，应皆用天子法，虽其后子孙微弱，但毕竟也是王室子孙，而四周争斗之臣也为故臣，所以写这段历史即用天子之法而非有所偏颇。①

郭纯在欧阳修、章望之正统论的基础上，曾对历代王朝统绪问题作过细致的探讨。具体而言，他对王朝统绪谱系进行了细分，在正统之外又分出余、闰、偏、僭、伪等称谓。所谓"余"，"蒙先世之烈者谓之余"，亦即"承正统之余也"。这样的政权有汉之余蜀，唐之余后唐、南唐等，对于这样的政权，郭纯都给之以正统。此外对于历史上分裂割据时期的政权分出了闰、偏、僭三类，所谓"曹魏、刘石二赵、符姚两秦、元魏、高齐、宇文周、朱梁、石晋、刘汉、郭周为闰，孙吴、刘宋、二萧齐梁、陈、慕容燕、赫连夏为偏，李蜀、吕、李、秃发、沮渠、西凉、乞伏秦、冯燕、杨吴、王孟两蜀、广南汉、王闽为僭。"而对于新莽、武周则"同谓之伪"②。

对于郭纯对王朝统绪所做的探研，司马光表示肯定："足下离之，更为异等，斯又善矣。"但是认为郭纯的观点也有很多值得商榷的地方。如郭纯以"余"为统，司马光认为"夫统者，合于一之谓也。今自余以下，皆谓之统，亦恐名之未正也。又蜀先主自言中山靖王之后，而不能举其世系。后唐出于沙陀，姓朱邪氏，唐赐之姓。明宗复非庄宗之族，清泰又非明宗之子。李昇起于厮役，莫知其姓，或云湖州潘氏子，李神福俘之，以为僮仆，徐温匄之以为子。及称帝，慕唐之盛，始自言姓李。初欲祖吴王恪，嫌其诛死，又欲

---

① 刘元高编：《通鉴议论》，《三刘家集》，第546—548页。
② 司马光：《温国文正司马公文集》卷六十一《答郭纯长官书》。

祖郑王元懿，命有司检讨二王苗裔，有司请为恪十世孙。昪曰：'历十九帝，十世何以尽之?'有司请以三十年为一世，议后始定。足下云：'蒙先世之烈者谓之余。'今三家皆谓之余可乎？且余者岂非谓承正统之余也，今刘知远谓之闰，而刘崇谓之余，可乎？"对于郭纯将历代政权所做的闰、偏、僭之分，司马光也不赞成，认为"三者如不相远"，并且"彼苻氏、姚氏与慕容氏，赫连氏与拓跋氏，一据关西，一据山东，与高齐、宇文周何以异乎？"对于将新莽与武周并称为"伪"，司马光也提出了自己的看法，所谓："又凡天禄之不终者，传世不传世等耳。王莽虽篡窃天下，尝尽为之臣者十八年，与秦颇相类，非四夷群盗之比也；则天乃唐之母后，临朝称制与吕后无殊，但不当革命称周耳，其后子孙相继有天卜，不得谓之不终其身，今与王莽同谓之伪，亦似未安也。"①

四、 欧阳修对正统论争的回应

针对章望之对自己以魏、梁为正统提出的质疑，欧阳修用《魏梁解》予以回应："予论正统，辨魏、梁不为伪。议者或非予大失《春秋》之旨，以谓魏梁皆负篡弑之恶，当加诛绝，而反进之，是奖篡也，非《春秋》之志也。予应之曰：是《春秋》之志也。鲁桓公弑隐公而自立者，宣公弑子赤而自立者，郑厉公逐世子忽而自立者，卫公孙剽逐其君衎而自立者，圣人于《春秋》皆不绝其为君。此予所以不黜魏、梁者，用《春秋》之法也。"而所谓的《春秋》之法，也就是所谓的"不没其实"："《春秋》之于大恶之君不诛绝之者，不害其褒善贬恶之旨也。惟不没其实以著其罪，而信乎后世，与其为君而不得揜其恶，以息人之为恶，能知《春秋》之此旨，然后知余不黜魏、梁之是也。"② 不过在《正统辨》中他还是接受了将秦、晋、魏、隋、五代等从正统谱系中剔除出去。他认为秦之裔得天下"以力不以德"，其罪暴于夏桀，晋继魏而兴，是"以篡继篡。隋亦若是，而徒禅云尔。晋、隋，盗也。或者

① 司马光：《温国文正司马公文集》卷六十一《答郭纯长官书》。
② 欧阳修撰，李逸安点校：《欧阳修全集》卷十七《魏梁解》，第298—299页。

以为正统，兹非误欤！（自注：魏以吴存，至于晋而吴始灭，或者又以魏为正统，愈误矣！自后魏、东晋至于周、陈、五代，或以义，或不以义，皆不能并天下。）"① 从而得出与章望之相同的正统谱系，即尧、舜、夏、商、周、汉、唐、宋。在对自己的正统谱系进行修订后，欧阳修并没有停止对这一问题的思考，最终在其晚年所做的正统论定稿中，对自尧舜以来的正统谱系重新进行了梳理，认为尧、舜、夏、商、周、秦、汉、唐等朝代即居正又一统，是无可争辩的正统，晋、隋始虽不得其正，然终能合天下于一而居正，故也可称为正统。东晋与后魏两强并峙，难分高下，故难予正统。魏及五代，"终始不得其正，又不能合天下于一"，亦难称正统。既以五代而论，"五代之得国者，皆贼乱之君也。而独伪梁而黜之者，因恶梁者之私论也。唐自僖、昭以来，不能制命于四海，而方镇之兵作。已而小者并于大，弱者服于强。其尤强者，朱氏以梁，李氏以晋，共起而窥唐，而梁先得之。李氏因之借名讨贼，以与梁争中国，而卒得之，其势不得不以梁为伪也。而继其后者，遂因之，使梁独被此名也。夫梁固不得为正统，而唐、晋、汉、周何以得之？今皆黜之。"故又称"然则有不幸而丁其时，则正统有时而绝也。"从而得出新的正统谱系即尧、舜、夏、商、周、秦、汉、晋、隋、唐："故正统之序，上自尧、舜，历夏、商、周、秦、汉而绝，晋得之而又绝，隋、唐得之而又绝，自尧、舜以来，三绝而复续。惟有绝而有续，然后是非公，予夺当，而正统明。"② 此标志着欧阳修正统观的最终定型。

从学术角度看，此期激烈的正统论争，更新了正统观的学术话语，丰富了正统论的内容。传统正统观语境下的正统观往往与三统、五德、运历、祥瑞、神异等文字联系在一起。然此期正统语境则发生重大变化，学者们在谈论正统之时，普遍采用"功"、"德"、"仁"、"居正"、"一统"等充满理性内涵的学术话语来推演自己的观点，而神学术语则遭到排斥，这在一定意义上标志着新正统观语境的形成和新正统观在学术领域内主导地位的确立，意

---

① 欧阳修撰，李逸安点校：《欧阳修全集》卷六十《正统辨下》，第864页。

② 欧阳修撰，李逸安点校：《欧阳修全集》卷十六《正统论下》，第269—273页。

义相当重大；从现实角度看，由于每一种新正统观都可以推演出北宋皇权无可争议的正统地位，从而在相当大程度上消解了新形势下北宋皇权所面临的合法性危机，因而具有重要的现实意义。

第三节　构筑道德理性在史学领域的主导地位

向燕南师曾称："人是历史的存在，所以人对世界的任何理解，都要受其'前理解'的制约。"① 此确为的论。兴起于庆历（1041—1048）之际的学术变革运动，发展至此期，使学者们得以逐渐摆脱经书注疏甚至经书的束缚，而整合儒、释、道三家的思想，构建出充满理性内涵的新儒学——理学。在此过程中，学者们既从史学中汲取了相当多的营养，同时也试图将其新的学术理念灌输到史学领域，通过多方努力，在相当大程度上构筑起了道德理性在史学领域的主导地位，从而进一步强化了史学的教化功能。

一、　以道德理性推演历史的发展

庆历（1041—1048）以前的学者在论及历史发展的动力时每每称说天命。然自庆历（1041—1048）之际起，尤其是此期，学者在思考历史时，往往以经过改造已注入新的内涵的道德理性来推演历史的发展，并认为决定人类历史发展的不是"天命"，而是儒家的以伦理纲常为核心的道德理性。当然在论述的过程中，由于学者们各自立论的角度不同，因此在强调儒家伦理纲常的过程中，或称之以"道"、或称之以"礼义"、或称之以"天理"。而代表人物则非邵雍、司马光、程颢、程颐莫属。

邵雍从"道"的角度论述了儒家的伦理道德对历史发展的作用。他认为整个宇宙及万物衍生的过程都是由"太极"展开的："太极既分，两仪立矣。阳下交于阴，阴上交于阳，四象生矣。阳交于阴，阴交于阳，而生天之四象。

---

① 向燕南：《〈史记〉编纂体例之数的意义》，《南开学报》2007 年第 3 期。

刚交于柔，柔交于刚，而生地之四象，于是八卦成矣。八卦相错，然后万物生焉。是故一分为二，二分为四，四分为八，八分为十六，十六分为三十二，三十二分为六十四。故曰：'分阴分阳，迭用柔刚，《易》六位而成章也。'十分为百，百分为千，千分为万，犹根之有干，干之有枝，枝之有叶，愈大则愈少，愈细则愈繁。合之斯为一，衍之斯为万。"① 而所谓的"太极"，就是"心"，就是"道"："心为太极，又曰道为太极。太极，道之极也。"② 因此道为宇宙之本原，天、地、人、物都受道的支配："春夏秋冬者，昊天之时也；《易》、《书》、《诗》、《春秋》者，圣人之经也。天时不差，则岁功成矣；圣经不忒，则君德成矣。天有常时，圣有常经，行之正则正矣，行之邪则邪矣。邪正之间，有道在焉。行之正则谓之正道，行之邪则谓之邪道。邪正之由人乎？由天乎？天由道而生，地由道而成，物由道而行，天、地、人、物则异也，其于由道一也。夫道也者，道也。道无形，行之则见于事矣，如道路之道，坦然使千亿万年行之，人知其归者也。"③

因此邵雍认为"道"是支配人类社会发展的根本力量，只有推行人伦之道，国家才能够实现大治："至于三代之世治，未有不治人伦之为道也。三代之世乱，未有不乱人伦之为道也。后世之慕三代之治世者，未有不正人伦者也。后世之慕三代之乱世者，未有不乱人伦者也。自三代而下，汉唐为盛，未始不由治而兴乱而亡，况其不盛于汉唐者乎！其兴也，又未始不由君道盛、父道盛、夫道盛、君子之道盛、中国之道盛；其亡也，又未始不由臣道盛、子道盛、妻道盛、小人之道盛、夷狄之道盛。噫，二道对行，何故治世少而乱世多耶！"④ 邵雍还认为遵循孔子之道治国，是万世之业："所以自古当世之君天下者，其命有四焉。一曰正命；二曰受命；三曰改命；四曰摄命。正命者，因而因者也；受命者，因而革者也；改命者，革而因者也；摄命者，革而革者也。因而因者，长而长者也；因而革者，长而消者也；革而因者，

---

①　邵雍：《皇极经世书》卷十三《观物外篇上》，第1064页。
②　邵雍：《皇极经世书》卷十四《观物外篇下》，第1075页。
③　邵雍：《皇极经世书》卷十二《观物篇五十九》，第1044—1045页。
④　邵雍：《皇极经世书》卷十二《观物篇五十九》，第1045页。

消而长者也；革而革者，消而消者也。革而革者，一世之事业也；革而因者，十世之事业也；因而革者，百世之事业也；因而因者，千世之事业也。可以因则因，可以革则革者，万世之事业也。一世之事业者，非五伯之道而何；十世之事业者，非三王之道而何；百世之事业者，非五帝之道而何；千世之事业者，非三皇之道而何；万世之事业者，非仲尼之道而何。是知皇帝王伯者，命世之谓也；仲尼者，不世之谓也。"①

　　司马光认为主宰人类社会发展的决定力量是儒家的伦理纲常、礼乐教化。在司马光看来，社会人生乃至自然都有个永恒不变的"道"存在，它不随历史推移而发生变化。他说："治乱之道，古今一贯"②，"古之天地有以异于今乎？古之万物有以异于今乎？古之性情有异于今乎？天地不易也，日月无变也，万物自若也，性情如故也，道何为而独变哉！"③ 他还说："我穷我之心，以求古之道，力之所及者，则取之。"④ 在决定社会治乱兴衰的层面上，他将这个"道"称为"先王之道"，其实质即是儒家纲常伦理、礼乐教化："孝慈仁义忠信礼乐，自生民以来谈之至今矣。"⑤ 又："治乱之道，古今一贯；历年之期，惟德是视而已。"⑥

　　具体而论，司马光把对所谓的一贯之道的实施落实在"礼"上。因为礼是儒家伦理纲常的具体体现者："辨贵贱，立纲纪，礼之实也。"⑦ 因为不如此就会天下大乱："夫民生有欲，喜进务得，而不可厌者也，不以礼节之，则贪淫侈溢而无穷也。是故先王作为礼以治之，使尊卑有等，长幼有伦，内外有别，亲疏有序，然后上下各交其分，而无觊觎之心，此先王制士御民之方也。"⑧ 而即使有人心生异图，但由于有礼的制约，其对于君主的统治也无可

---

① 邵雍：《皇极经世书》卷十二《观物篇五十五》，第 1037—1038 页。
② 司马光撰，王亦令点校：《稽古录点校本》卷十六，第 649 页。
③ 司马光：《温国文正司马公文集》卷七十四《辨庸》。
④ 司马光：《温国文正司马公文集》卷七十四《迂书序》。
⑤ 司马光：《温国文正司马公文集》卷七十四《辨庸》。
⑥ 司马光撰，王亦令点校：《稽古录点校本》卷十六，第 649 页。
⑦ 司马光：《传家集》卷二十一《务实》，第 220 页。
⑧ 司马光：《易说》卷一，第 22 页。

奈何："夫以四海之广，兆民之众，受制于一人，虽有绝伦之力，高世之智，莫不奔走而服役者，岂非以礼为之纪纲哉！"① 因此他说："礼之为物大矣！用之于身，则动静有法而百行备焉；用之于家，则内外有别而九族睦焉；用之于乡，则长幼有伦而俗化美焉；用之于国，则君臣有叙而政治成焉；用之于天下，则诸侯顺服而纪纲正焉"②。

司马光利用他的理论对三代至五代十国时期的历史进行了梳理："昔三代之王皆习民以礼，故子孙数百年享天之禄"。到了汉代，"虽不能若三代之盛王，然犹尊君卑臣，敦尚名节，以行义取士，以儒术化民，是以王莽之乱，民思刘氏，而卒复之。"到了东汉末年，"曹操挟献帝以令诸侯，而天下莫能与之敌。操之心岂不欲废汉而自立哉？然没身不敢为者，畏天下之人疾之也。"自魏晋以降，由于统治者"以先王之礼为糟粕而不行，以纯固之士为鄙朴而不用。于是风俗日坏，人于偷薄。叛君不以为耻，犯上不以为非，惟利是从，不顾名节。至于有唐之衰，麾下之士有屠逐元帅者，朝廷不能讨，因而抚之。"视成功者为贤，失败者为愚，"不复论尊卑之序，是非之理。陵夷至于五代，天下荡然，莫知礼义为何物矣。是以世祚不永，远者十余年，近者四三年，败亡相属，生民涂炭。"③

具体到唐中期以至于五代的长期动乱，他认为乃在于肃宗不治礼所致："肃宗遭唐中衰，幸而复国，是宜正上下之礼以纲纪四方"，但肃宗却"偷取一时之安，不思永久之患"，"治军而不顾礼"，"由是祸乱继起，兵革不息，民坠涂炭，无所控诉，凡二百余年，然后大宋受命。"而宋立国后，由于以礼治军，因而迅速结束了战乱，迎来了盛世："太祖始制军法，使以阶级相承，小有违犯，咸伏斧质。是以上下有叙，令行禁止，四征不庭，无思不服，宇内乂安，兆民允殖，以迄于今，皆由治军以礼故也。"④

曾巩认为："至治之极，教化既成，道德同而风俗一，言理者虽异人殊

---

① 司马光：《资治通鉴》卷一"威烈王二十三年臣光曰"条，第2页。
② 司马光：《资治通鉴》卷十一"高帝七年十月臣光曰"条，第375—376页。
③ 司马光：《温国文正司马公文集》卷二十二《谨习疏》。
④ 司马光：《资治通鉴》卷二百二十"乾元元年二月己未臣光曰"条，第7065—7066页。

世，未尝不同其指。何则？理当故无二也。"① 又说"盖法者所以适变也，不必尽同；道者所以立本也，不可不一，此理之不易者也。"因此治国要循理而行。如他称战国游士"不知道之可信，而乐于说之易合，其设心注意，偷为一切之计而已。故论诈之便而讳其败，言战之善而蔽而患，其相率而为之者，莫不有利焉，而不胜其害也；有得焉，而不胜其失也。卒至苏秦、商鞅、孙膑、吴起、李斯之徒以亡其身，而诸侯及秦用之者亦灭其国，其为世之大祸明矣，而俗犹莫之寤也。惟先王之道，因时适变，为法不同，而考之无疵，用之无弊，故古之圣贤，未有以此而易彼也。"② 对于曾巩的这种观点，学者指出："历史的发展，受着天理的支配，遵循着天理的准则，这是理学历史观念的一个基点。"而曾巩"是一位颇具史学才华的思想家，他的历史观与理学所建构的历史观是有契合之处的。"③

二程主张以天理来解释历史的变易。他们提出"天者理也"的命题④。由于在古人的观念里所谓的"天"就是宇宙的绝对主宰者和事物的本源，所谓"天为万物之祖"⑤，故而以天为理，"理"便具有了宇宙本体的意义。为了凸显理的这种特性，二程在阐述此一观点的过程中，常常将"天"与"理"并提。在他们看来，所谓的天理是独立于人，不以人的意志为转移的圆满自足的宇宙精神："天理云者，这一个道理，更有甚穷已？不为尧存，不为桀亡。人得之者，故大行不加，穷居不损。这上头来，更怎生说得存亡加减？是佗元无少欠，百理具备。"⑥ 它包含一切："万物皆只是一个天理"⑦。是万物的主宰："实有是理，乃有是物。"⑧ 天理是不受外物所左右自然流转、生

---

① 曾巩撰，陈杏珍、晁继周点校：《曾巩集》卷十二《王子直文集序》，第 197 页。

② 曾巩撰，陈杏珍、晁继周点校：《曾巩集》卷十一《战国策目录序》，第 184 页。

③ 范立舟、徐志刚：《曾巩思想的理学特质》，《江西社会科学》2002 年第 8 期。

④ 程颢、程颐：《河南程氏遗书》卷十一，《二程集》，第 132 页。

⑤ 程颐：《周易程氏传》卷一，《二程集》，第 698 页。

⑥ 程颢、程颐：《河南程氏遗书》卷二上，《二程集》，第 31 页。

⑦ 程颢、程颐：《河南程氏遗书》卷二上，《二程集》，第 30 页。

⑧ 程颢、程颐：《河南程氏经说》卷八，《二程集》，第 1160 页。

生不息的："天理生生，相续不息，无为故也。使竭智巧而为之，未有能不息也。"① 程颐所谓"理自相续不已，非是人为之。如使可为，虽使百万般安排，也需有息时。只为无为，故不息。"② "莫之为而为，莫之致而致，便是天理"③。由于天理是宇宙的本体、万物的主宰，且不受外物所左右，自然生生不息，因此人所能做的只能是顺从而不能违背它。程颐所谓："天地之道，万物之理，唯至顺而已。大人所以先天后天而不违者，亦顺乎理而已。"④

而二程认为天理的具体内容就是人与人之间的伦常关系："人伦者，天理也。"⑤ 就是上下尊卑的等级秩序和仁义礼智的道德原则，亦即是"礼"，程颐所谓："礼即是理也。"⑥ 具体而言，"父子君臣，天下之定理，无所逃于天地之间"⑦。"君尊臣卑，天下之常理也。"⑧ "为君尽君道，为臣尽臣道，过此则无理。"⑨

因此对于人类历史的发展而言，所谓的顺从天理，实际上也就是顺应所谓的"人伦"、"礼"方才能够实现："名分正则天下定。"⑩ 若"道不行，百世无善治"⑪。

在程颐看来历史的发展过程中之所以不断出现纷争，就是由于行事违背义理所致："秦以暴虐、焚《诗》、《书》而亡。汉兴，鉴其弊，必尚宽德崇经术之士，故儒者多。儒者多，虽未知圣人之学，然宗经师古，识义理者众，故王莽之乱，多守节之士。世祖继起，不得不褒尚名节，故东汉之士多名节。

---

① 程颢、程颐：《河南程氏粹言》卷二，《二程集》，第 1228 页。
② 程颢、程颐：《河南程氏遗书》卷十八，《二程集》，第 226 页。
③ 程颢、程颐：《河南程氏遗书》卷十八，《二程集》，第 215 页。
④ 程颐：《周易程氏传》卷二，《二程集》，第 778—779 页。
⑤ 程颢、程颐：《河南程氏外书》卷七，《二程集》，第 394 页。
⑥ 程颢、程颐：《河南程氏遗书》卷十五，《二程集》，第 144 页。
⑦ 程颢、程颐：《河南程氏遗书》卷五，《二程集》，第 77 页。
⑧ 程颢、程颐：《河南程氏遗书》卷十八，《二程集》，第 217 页。
⑨ 程颢、程颐：《河南程氏遗书》卷五，《二程集》，第 77 页。
⑩ 程颢、程颐：《河南程氏遗书》卷二十一下，《二程集》，第 276 页。
⑪ 程颢、程颐：《河南程氏粹言》卷二，《二程集》，第 1242 页。

知名节而不知节之以礼，遂至于苦节，故当时名节之士，有视死如归者。苦节既极，故魏、晋之士变而为旷荡，尚浮虚而亡礼法。礼法既亡，与夷狄无异，故五胡乱华。夷狄之乱已甚，必有英雄出而平之，故隋、唐混一天下。隋不可谓有天下，第能驱除尔。唐有天下，如贞观、开元间，虽号治平，然亦有夷狄之风，三纲不正，无父子君臣夫妇，其原始于太宗也。故其后世子弟，皆不可使。玄宗才使肃宗，便篡。肃宗才使永王璘，便反。君不君，臣不臣，故藩镇不宾，权臣跋扈，陵夷有五代之乱。汉之治过于唐，汉大纲正，唐万目举。本朝大纲甚正，然万目亦未尽举。"①

苏轼认为只有修德才能保持国家长治久安："夫三代、秦、汉之君，虑其后世而为之备患者，不可谓不至矣，然至其亡也，常出于其所不虑。此岂形势不如德之明效欤？《易》曰：'神而明之，存乎其人。'人存则德存，德存则无诸侯而安，无障塞而固矣。"② 又称："夫国家之所以存亡者，在道德之浅深，不在乎强与弱，历数之所以长短者，在风俗之厚薄，不在富与贵。"③

苏辙也强调仁义道德是治国之本："治天下在德不在势。诚能因势以立法，务德以扶势，未有不安且治者也。"④ 如战国之时，"诸侯大者连地数千里，带甲数十万，虽使齐桓、晋文假仁义、挟天子以令之，其势将不能行。惟得至诚之君子，自修而不争，如商、周之先君，庶几可以服之。孟子游于齐、梁，以此干其君，皆不能信。以为诈谋奇计之所不能下，长戟劲弩之所不能克，区区之仁义何足以致此？然魏文侯，当时之弱国也，君王后，齐之一妇人也。魏文侯行仁义，礼下贤者，用卜子夏、田子方、段干木，而秦人不敢加兵。君王后用齐四十余年，事秦谨，与诸侯信，而齐亦未尝受兵。而况于力行仁义，中心惨怛，终身不懈，而有不能胜者哉！"又如秦朝，若其"诚因秦之地，用秦之民，按兵自守，修德以来天下，彼将襁负其子而至，而

---

① 程颢、程颐：《河南程氏遗书》卷十八，《二程集》，第 236 页。
② 苏轼撰，孔凡礼点校：《苏轼文集》卷二《形势不如德论》，第 48 页。
③ 苏轼撰，孔凡礼点校：《苏轼文集》卷二十五《上神宗皇帝书》，第 737 页。
④ 苏辙：《古史》卷七《秦始皇本纪》，《三苏全书》(3)，语文出版社 2001 年版，第 446 页。

谁与共守？惜乎，其明不足以知之，竭力以胜敌，敌胜之后，二世而亡。其数有以取之矣。"①

范祖禹称："三代之得天下也以仁，其失天下也以不仁。人心悦而归之则王，离而去之则亡，故凡有德则兴，无德则废。"②

当然，当时也并不是学者们都不称说天命。如司马光便屡称天命："天者，万物之父也。父之命，子不敢逆；君之言，臣不敢违。"认为"违天之命者，天得而刑之；顺天之命者，天得而赏之。"并称"智愚勇怯、贵贱贫富，天之分也；君明、臣忠、父慈、子孝，人之分也。僭天之分，必有天灾；失人之分，必有人殃。"甚者说"天使汝穷，而汝强通之，天使汝愚，而汝强智之，若是者必得天刑。"③ 范祖禹称："夫天人之际，相去不远，应如影响，不可不畏，能应之以德，则灾变而为福，变异而为祥。不能应之以德，则重违天意，何由消弭？"④ "夫天人之交，相去不远，故汉世儒者，各以所学推言灾异，其言多验。"然而近世学者却"废而不习。人君奉顺天道，不可不留意也。"⑤ 凡此种种，说明他们对天命还是在意的。然而他们在探讨历史盛衰之变时，天命论色彩都大为减弱。对此的解释有二，一者应该与所谓的"神道设教"关系甚大。亦即想以天命论来约束百姓，限制君主，以达到"使百姓绝对服从君王，遵守封建伦理纲常的目的"，以及使人君"勤政纳言以安民治邦"的目的。⑥ 再者理学毕竟是处于正在形成的过程中，所以许多学者在接受新的观念的同时仍无法摆脱旧的观念的影响，不免在思想中出现新旧杂陈的现象。不仅是司马光、范祖禹等如此，可以说当时整个思想界都处在这样一个氛围之中。

---

① 苏辙：《古史》卷六《秦本纪》，《三苏全书》(3)，第424—425页。
② 范祖禹：《唐鉴》卷十二，第346页。
③ 司马光：《温国文正司马公文集》卷七十四《士则》。
④ 范祖禹：《范太史集》卷二十六《畏天札子》，第307页。
⑤ 范祖禹：《范太史集》卷二十七，第318页。
⑥ 董根洪：《论司马光丰富的无神论思想》，《西南师范大学学报》1991年第2期。

二、 以义理判定历史是非

庆历（1041—1048）之际，受新儒学思想的影响，学者们在判定历史之是非时，已有意识地以伦理道德，或者说是义理为准则来评判史事的得失，至此期学者对历史的是非评价趋于伦理道德至上的一元化，如程颐就对以成败论是非的观念予以批判，他每读史到一半，"便掩卷思量，料其成败，然后却看有不合处，又更精思。其间多有幸而成，不幸而败。今人只见成者便以为是，败者便以为非，不知成者煞有不是，败者煞有是底。"又认为"读史须见圣贤所存治乱之机，贤人君子出处进退，便是格物。今人只将他见成底事便做是使，不知煞有误人处。"①

如就李建成、李世民兄弟的是非而言，司马光认为李世民是篡位："君实修《资治通鉴》，至唐事。正叔问曰：'敢与太宗、肃宗正篡名乎？'曰：'然。'"② 然与此同时，他从礼的角度出发，对玄武门之变有关各方的行为提出了批评，试图作持平之论："立嫡以长，礼之正也。然高祖所以有天下，皆太宗之功；隐太子以庸劣居其右，地嫌势逼，必不相容。向使高祖有文王之明，隐太子有泰伯之贤，太宗有子臧之节，则乱何自而生矣！既不能然，太宗始欲俟其先发，然后应之，如此，则事非获已，犹为愈也。既而为群下所迫，遂至喋血禁门，推刃同气，贻讥千古，惜哉！夫创业垂统之君，子孙之所仪刑也，彼中、明、肃、代之传继，得非有所指拟以为口实乎！"③

程颐则秉持君臣名分，对李世民进行了尖锐的批判："唐太宗，后人只知是英主，元不曾有人识其恶，至如杀兄取位。若以功业言，不过只做得个功臣，岂可夺元良之位？"④ 又称："太宗佐父平天下，论其功不过做得一功臣，岂可夺元良之位？太子之与功臣，自不相干。唐之纪纲，自太宗乱之。终唐

① 程颢、程颐：《河南程氏遗书》卷十九，《二程集》，第258页。
② 程颢、程颐：《河南程氏遗书》卷二上，《二程集》，第19页。
③ 司马光：《资治通鉴》卷一百九十一《唐纪七》"武德九年辛酉庚申臣光曰"条，第6012—6013页。
④ 程颢、程颐：《河南程氏遗书》卷十七，《二程集》，第178页。

之世无三纲者，自太宗始也。"① 并连带着对唐肃宗也进行了批判，所谓："至如肃宗即位灵武，分明是篡也。"②

范祖禹对程颐之论予以深入阐发，评论也更加严厉，如他论玄武门之变："建成虽无功，太子也；太宗虽有功，藩王也。太子君之贰，父之统也，而杀之是无君父也。立子以长不以功，所以重先君之世也。故周公不有天下，弟虽齐圣，不先于兄久矣。论者或以太宗杀建成、元吉，比周公诛管、蔡，臣窃以为不然。昔者象日以杀舜为事，舜为天子也，则封之，管、蔡启商以叛周，周公为相也，则诛之，其迹不同，而其道一也。舜知象之将杀己也，故象忧亦忧，象喜亦喜，尽其诚以亲爱之而已矣。象得罪于舜，故封之。管、蔡流言于国，将危周公以间王室，得罪于天下，故诛之。非周公诛之，天下之所当诛也，周公岂得而私之哉！后世如有王者，不幸而有害兄之弟如象，则当如舜封之是也；不幸而有乱天下之兄如管、蔡，则当如周公诛之是也。舜处其常，周公处其变，此圣人所以同归于道也。若夫建成、元吉，岂得罪于天下者乎？苟非得罪于天下，则杀之者己之私也，岂周公之心乎！或者又以为使建成为天子，又辅之以元吉，则唐必亡。臣曰：古之贤人守死而不为不义者，义重于死故也。必若为子不孝，为弟不弟，悖天理，灭人伦，而有天下，不若亡之愈也。故为唐史者书曰：'秦王世民杀皇太子建成、齐王元吉，立世民为皇太子。'然则太宗之罪著矣。"③ 论肃宗灵武称帝："肃宗以皇太子讨贼，至灵武，遂自称帝，此乃太子叛父，何以讨禄山也。唐有天下几三百年，由汉以来享国最为长久。然三纲不立，无父子君臣之义。见利而动，不顾其亲，是以上无教化，下无廉耻。古之王者，必正身齐家以率天下。其身不正，未有能正人者也。唐之父子不正，而欲以正万事，难矣。其享国长久，亦曰幸哉。"④

就魏征而言，司马光认为魏征事太宗一事与春秋时期管仲事桓公一事相

---

① 程颢、程颐：《河南程氏遗书》卷十八，《二程集》，第236页。
② 程颢、程颐：《河南程氏遗书》卷十七，《二程集》，第178页。
③ 范祖禹：《唐鉴》卷一，第21—22页。
④ 范祖禹：《唐鉴》卷六，第149页。

类，故认为魏征无罪："管仲不死子纠之难而事桓公，孔子称其能不死，曰：'岂若匹夫匹妇之为谅也，自经于沟渎而莫之知也！'与征何异？"而程颐则认为魏征身为太子建成之臣而反事太宗，有当诛之罪："魏征事皇太子，太子死，遂忘戴天之仇而反事之，此王法所当诛。后世特以其后来立朝风节而掩其罪。有善有恶，安得相掩？"认为管仲之事与魏征之事并不相同，并无可比之处："管仲之事与征异。齐侯死，公子皆出。小白长而当立，子纠少亦欲立。管仲奉子纠奔鲁，小白入齐，既立，仲纳子纠以抗小白。以少犯长，又所不当立，义已不顺。既而小白杀子纠，管仲以所事言之则可死，以义言之则未可死。故《春秋》书'齐小白入于齐'，以国系齐，明当立也；又书'公伐齐纳纠'，纠去子，明不当立也；至'齐人取子纠杀之'，此复系子者，罪齐大夫既盟而杀之也。与征之事全异。"① 因此程颐称："天下宁无魏公之忠亮，而不可无君臣之义。昔事建成而今事太宗，可乎？"②

范祖禹对魏征的看法与程颐基本相同："齐桓公杀公子纠，召忽死之，管仲不死，又相桓公以霸，何哉？桓公、子纠皆以公子出奔，子纠未尝为世子也。桓公先入而得齐，非取诸子纠也。桓公既入而杀子纠，恶则恶矣，然纳桓公者齐也。《春秋》书'公伐齐，纳纠。'称纠而不称子，不当立者也。齐小白入于齐，以小白系之齐，当立者也。又曰：'齐人取子纠，杀之。'称子纠，所以恶齐也。是以管仲不得终仇桓公，而得以之为君。今建成为太子，且兄也；秦王为藩王，又弟也。王（珪）、魏（征）受命为东宫之臣，则建成其君也。岂有人杀其君而可北面为之臣乎？且以弟杀兄，以藩王杀太子而夺其位，王、魏不事太宗可也。夫食君之禄而不死其难，朝以为仇，暮以为君，于其不可事而事之，皆有罪焉。臣之事君如妇之从夫也，其义不可以不明。苟不明于君臣之义而委质于人，虽曰不利，臣不信也。"③

就冯道而言，欧阳修的观点引起了学者们的强烈共鸣，据称冯道"自为

---

① 程颢、程颐：《河南程氏遗书》卷二上，《二程集》，第 19 页。
② 程颢、程颐：《河南程氏外书》卷十，《二程集》，第 405 页。
③ 范祖禹：《唐鉴》卷一，第 23—24 页。

欧阳公所诋，故学者一律不复分别"①。

如司马光认为冯道虽有小善，但因大节已亏，因此不足称许："天地设位，圣人则之，以制礼立法，内有夫妇，外有君臣。妇之从夫，终身不改；臣之事君，有死无贰；此人道之大伦也。苟或废之，乱莫大焉！范质称冯道厚德稽古，宏才伟量，虽朝代迁贸，人无间言，屹若巨山，不可转也。臣愚以为正女不从二夫，忠臣不事二君。为女不正，虽复华色之美，织纴之巧，不足贤矣；为臣不忠，虽复材智之多，治行之优，不足贵矣。何则，大节已亏故也。道之为相，历五朝、八姓，若逆旅之视过客，朝为仇敌，暮为君臣，易面变辞，曾无愧怍，大节如此，虽有小善，庸足称乎。"司马光承认他的观点会引起争议："或以为自唐室之亡，群雄力争，帝王兴废，远者十余年，近者四三年，虽有忠智，将若之何！当是之时，失臣节者非道一人，岂得独罪道哉！"对此司马光认为："忠臣忧公如家，见危致命，君有过则强谏力争，国败亡则竭节致死。智士邦有道则见，邦无道则隐，或灭迹山林，或优游下僚。今道尊宠则冠三师，权任则首诸相，国存则依违拱嘿，窃位素餐，国亡则图全苟免，迎谒劝进。君则兴亡接踵，道则富贵自如，兹乃奸臣之尤，安得与他人为比哉！"还有一种看法认为冯道"能全身远害于乱世，斯亦贤已。"司马光认为："君子有杀身成仁，无求生害仁，岂专以全身远害为贤哉！然则盗跖病终而子路醢，果谁贤乎？"②

二程认为冯道"更相数主，皆其仇也"，因此这是"不忠"，尽管冯道会辩解自己的行为是为了天下，不得已而为之，同样是不能原谅："如以为事固有轻重之权，吾方以天下为心，未暇恤人议己也，则枉己者未有能直人者也。"③

对于学者普遍以伦理道德为标准臧否历史的主张，一些学者也提出了不同的看法，如对于冯道，王安石从其功业方面予以肯定："尝谓其能屈身以安人，如诸佛菩萨之行"。对于其作为宰相，历官数朝，"身事十主"的事实，

---

① 吴曾：《能改斋漫录》卷十《欧阳公论冯道乃壮岁时》，第 299 页。
② 司马光：《资治通鉴》卷二百九十一"显德元年四月庚申臣光曰"条，第 9511—9512 页。
③ 程颢、程颐：《河南程氏遗书》卷四，《二程集》，第 73 页。

王安石引伊尹的典故为其开脱:"伊尹五就汤、五就桀者,正在安人而已,岂可亦谓之非纯臣也?"①

苏辙认为冯道之行为有类于管仲,而之所以不为世人所重,是因为功劳不如管仲高的缘故:"道之所以不得附于管子者,无其功耳。"相比而言,冯道更像晏子,可称得上五代之名臣:"使道自附于晏子,庶几无甚愧也。"原因是冯道虽历事八君,但只是备位而已,故朝代的更迭并非他的过错:"盖道事唐明宗,始为宰相,其后历事八君,方其废兴之际,或在内,或在外,虽为宰相,而权不在己,祸变之发,皆非其过也。"苏辙认为冯道不仅于皇朝更迭无过错,而且还做过很多有益的事:"明宗虽出于夷狄,而性本宽厚。道每以恭俭劝之,在位十年,民以少安。契丹灭晋,耶律德光见道,问曰:'天下百姓如何救得?'道顾夷狄不可晓以庄语,乃曰:'今时虽使佛出,亦救不得,惟皇帝救得。'德光喜,乃罢杀戮,中国之人赖焉。周太祖以兵犯京师。隐帝已没,太祖谓汉大臣必相推戴。及见道,道待之如平日。太祖常拜道。是日亦拜,道受之不辞。太祖意沮,知汉未可代,乃立湘阴公为汉嗣,而使道逆之于徐。道曰:'是事信否?吾平生不妄语。公毋使我为妄语人?'太祖为誓甚苦。道行未返,而周代汉。篡夺之际,虽贲育无所致其勇,而道以拜跪谈笑却之,非盛德何以致此?而议者黜之曾不少借,甚矣。士生于五代,立于暴君骄将之间,日与虎兕为伍,弃之而去,食薇蕨,友麋鹿,易耳。而与自经于沟渎何异?不幸而仕于朝,如冯道犹无以自免,议者诚少恕哉!"②

对于魏征,苏辙折中孙甫、司马光的观点,认为错在唐高祖而非唐太宗:"唐高祖起太原,其谋发于太宗,诸子不与也。及克长安,诛锄群盗,天下为一,其功亦出于太宗。盖天心之所副予,人心之所归向,其在太宗者审矣。至立太子,高祖以长立建成,建成当之不辞。于是兄弟疑间,卒至大乱。"但问题并非出在太子建成,而是出在高祖:"吾尝论之,高祖、睿宗,皆中主也,其欲立长,非专其私也,以为立嫡以长,古今之正义也。谓之正义,而

---

① 魏泰撰,李裕民点校:《东轩笔录》卷九,第99页。
② 苏辙撰,陈宏天、高秀芳校点:《栾城后集》卷十一《冯道》,《苏辙集》,第1010—1011页。

不敢违，胡不考之前世乎？太王舍太伯、仲雍而立季历，文王舍伯邑考而立武王，而周以之兴。诚天命之所在，而吾无心焉，乱何自生？"①

虽然王安石、苏辙等试图从功业与道德两个方面着手，对历史是非做持平之论，但在新儒学大行、理学兴起，重视伦理纲常成为社会共识的时代大背景下，他们的主张已不能如宋初那样得到广泛的认同。

三、以义理指导历史编纂

肇端于庆历（1041—1048）之际的新史学撰述活动，此期继续向前推进。其一，对唐、五代史的研究深入化。出现了史评类专书，即范祖禹的《唐鉴》，研究五代十国历史的专书，即刘攽的《五代春秋》一部，路振的《九国志》五十卷，刘恕的《十国纪年》四十二卷，吴缜的《朱梁列传》；其二，出现通史性著作，即司马光主持，刘恕、刘攽、范祖禹等协助编撰的《资治通鉴》，是书二百九十四卷，《考异》、《目录》各三十卷，共计三百五十四卷。司马光的《稽古录》二十卷。章衡纂《编年通载》十卷。其三，先秦史撰述的繁荣。即刘恕的《资治通鉴外纪》十卷，苏辙的《古史》六十卷。又刘恕撰《疑年谱》、《年谱略》各一卷，刘攽撰《东汉刊误》四卷，刘攽、刘敞、刘奉世合撰《三刘汉书标注》六卷，刘羲仲撰《通鉴问疑》一卷。其四，金石学继续向前发展。

通过对以上史学著作的剖析，可知其都受到此期兴起的理学思想的深刻影响。

（一）重以义理褒贬善恶

司马光虽声称其撰《资治通鉴》，"非若《春秋》立褒贬之法，拨乱世反诸正也。"② 然是书虽不若《春秋》那样寓一字之褒贬，但字里行间却蕴含着深刻的褒贬思想。故清人编《古今图书集成》时，即将该书作为理学著作看待："自《通鉴》之书作，非仅仅纪言纪事之文，其所以正千万世之人心而维

---

① 苏辙撰，陈宏天、高秀芳校点：《栾城后集》卷十《唐高祖》，《苏辙集》，第 996 页。
② 司马光：《资治通鉴》卷六十九"黄初二年三月臣光曰"条，第 2187 页。

持其世道者，非小补也。此盖自《春秋》以后仅有此书者也。"① 余敦康也称司马光的《资治通鉴》"是通过一些具体的历史事例来表明其中所隐含的微言大义"，司马光撰述历史的动机来自《春秋》。②

范祖禹声称其《唐鉴》是他在协助司马光撰述《资治通鉴》的过程中，稽考唐代历史的"成败之迹，折以义理"撰述而成。③ 如他论玄武门之变中唐太宗杀其兄太子建成及齐王元吉一事称："古之贤人守死而不为不义者，义重于死故也。必若为子不孝，为弟不弟，悖天理，灭人伦，而有天下，不若亡之愈也。故为唐史者书曰：'秦王世民杀皇太子建成、齐王元吉，立世民为皇太子。'然则太宗之罪著矣。"④ 在史书撰述过程中又颇重一字褒贬的"春秋笔法"。如唐中宗继位后很快便被武则天废为庐陵王，嗣后武则天又改国号为周而称帝，范祖禹在《唐鉴》中叙述这段历史时，不肯书武周年号，自嗣圣元年至中宗再次复位的一二十年间的历史仍用中宗纪年。如称中宗"二年春正月，太后赦天下，改元垂拱。三月丙辰，迁帝于房州。""三年春正月，帝在房州"，"四年秋九月，虢州人杨初成自称郎将，募人迎帝于房州，太后杀之"云云。武则天称帝后仍用中宗纪年，且仍称武则天为"太后"，所谓"九年春正月，帝在房州。夏四月，太后赦天下，改元如意"，"二十年春正月，帝在东宫。冬十一月，太后如东都"云云。之所以如此，范祖禹称这是取"春秋笔法"的"公在乾侯"之义。并对此谈了自己的看法："昔季氏出其君，鲁无君者八年。《春秋》每岁必书公之所在，及其居乾侯也，正月必书曰：'公在乾侯。'不与季氏之专国也。自司马迁作《吕后本纪》，后世为史者因之，故唐史亦列武后于本纪，其于纪事之体则实矣，《春秋》之法则未用也。或曰武后母也，中宗子也，母虽不慈，子不可以不孝。中宗欲以天下与韦元正，不得为无罪。武后实有天下，不得不列于本纪，不没其实所以著其

---

① 陈梦雷、蒋廷锡等编：《理学汇编经籍典》卷三百九十九《通鉴部》，《古今图书集成》第587册，中华书局1934年影印本，第50页。
② 余敦康：《内圣外王的贯通》，学林出版社1997年版，第212页。
③ 范祖禹：《进唐鉴表》，《范太史集》卷十三，第198页。
④ 范祖禹：《唐鉴》卷一，第22页。

恶也。臣以为不然，中宗之有天下，受之于高宗也。武后以无罪而废其子，是绝先君之世也。况其革命乎！中宗曰：'我以天下与韦元正，何不可？'此乃一时拒谏之忿辞，非实欲行之也，若以为罪，则汉哀帝之欲禅位董贤，其臣亦可废立也。《春秋》吴楚之君不称王，所以存周室也。天下者，唐之天下也。武氏岂得而间之。故臣复系嗣圣之年，黜武氏之号，以为母后祸乱之戒。窃取《春秋》之义，虽获罪于君子而不辞也。"①

章衡撰《编年通载》也颇寓褒贬之意，如"其书吕后称制之年系之少帝，黜则天擅政之岁列之中宗者，惧后世改元据位，仇伪假真以失正也。"②

（二）重考信求实

理学的思辨特点对学者考实求信影响巨大。此一者在于学者希望通过对史事的考辨以获得理之真谛。理学以理欲心性为论学对象，讲究"格物穷理"。二程认为，理既是世界万物的本原，又是道德伦理原则，其言"天下之事归于一是，是乃理也，循此理乃可进学至形而上者也。"③ 体认这种形而上之理，"须是今日格一件，明日又格一件，积习既多，然后脱然自有贯通处。"④ 因而力图通过搜采历史兴衰事实探求支配天地万物之理，从历史的认识中求得为人君、为人臣、为人子之道，把探讨历史事实作为获得"天理"的途径。如有弟子问："学必穷理。物散万殊，何由而尽穷其理？"程颐曰："诵《诗》、《书》，考古今，察物情，揆人事，反覆研究而思索之，求止于至善，盖非一端而已也。"⑤ 其二，据事直书与褒贬善恶劝戒之旨密切相关。吴缜在其《新唐书纠谬序》中强调据事直书的重要性："夫为史之要有三：一曰事实，二曰褒贬，三曰文采。有是事而如是书斯谓事实，因事实而寓惩劝斯谓褒贬，既得矣必资文采以行之，夫然后成史。至于事得其实矣而褒贬文采则阙焉，虽未能成书，犹不失为史之意；若乃事实未明而徒以褒贬文采为事，

① 范祖禹：《唐鉴》卷四，第100—105页。
② 章如愚：《群书考索》卷十六，第225页。
③ 程颢、程颐：《河南程氏外书》卷一，《二程集》，第351页。
④ 程颢、程颐：《河南程氏遗书》卷十八，《二程集》，第188页。
⑤ 程颢、程颐：《河南程氏粹言》卷一，《二程集》，第1191页。

则是既不成书而又失为史之意矣。"此显见是对孔子的事、文、义观念的重新解读。① 苏辙对《春秋》的"不没其实"书法也别有会心:"诸侯虽以篡得,苟能和其民而亲诸侯,内外君之,则以君书之,不没其实也。虽君而实篡,虽篡而实君,皆因其实而已。不然则否,不能君也。"②

由于"不没其实"、"书法不隐"与探讨天理及褒贬劝戒之旨关系密切,因而北宋中期求真意识甚重。史家在著述过程中,往往采征宏富、精于考辨。在这方面具有代表性的当推司马光、刘恕。

司马光在编纂《资治通鉴》过程中,和他的助手们搜集了大量的史料,据高似孙统计,该书所引援二百二十余家。事实上据现代学者考证《资治通鉴》所引书数远不至此。并且从史料搜集到全书定稿,司马光都有合理的安排。首先是作丛目,就是以一书为主,按时间顺序标出事目,尔后将它书中的相关史料但凡"稍干时事者,皆须依年月注所出篇卷于逐事之下,实录所无者亦须依年月日添附,无日者附于其月之下称是月,无月者附于其年之下称是岁,无年者附于其事之首尾,有无事可附者则约其时之早晚附于一年之下,但稍与其事相涉者即注之,过多不害"③。然后是编写长编。所谓长编,也就是初稿,即各部分的负责人依据丛目将所有资料检出,进行整理简选,错综铨次,按照年月顺序将广泛的史事贯穿起来,编成长编,为保证定稿时有充分翔实的史料根据,长编的标准是"宁失于繁,无失于略"④。因而单是《唐纪》的长编就有六七百卷之多。最后是定稿。即根据长编,审定史实,删繁就简,斟酌文字,著成定稿。完成这一程序,历时十九年之久,从史料的搜集到最后的定稿,每一项工作都极其艰巨。如编《唐纪》的六七百卷丛目就耗费了二三年时间,其后司马光的删削又用了三四年的时间。刘恕用司马光的长编法著《资治通鉴外纪》,亦是博极群书。胡克家称该书史料"所采自经说、史传、诸子百家而外,旁及谱牒、谶纬、卜筮、占验之书,不下二百

---

① 吴缜:《新唐书纠谬》卷首《新唐书纠谬序》。
② 苏辙:《春秋集解》卷二,《三苏全书》(3),第 30 页。
③ 司马光:《传家集》卷六十三《答范梦得》,《文渊阁四库全书》第 1094 册,第 581 页。
④ 马端临:《文献通考》卷一百九十三《经籍考·经籍二十》,第 1637 页。

余种"。刘恕将这些史料依长编法一一编排，胡克家所谓："其每载一事，或诸书类同而其言小异者，则必左右采获，包罗各家，错综条贯，以矜赅博，连缀比附，以成文章。"① 著成《资治通鉴外纪》十卷，以待司马光刊定，所谓："恕作此书，特创为草稿，储才备用，如《通鉴》之有长编，以待司马光之刊定耳。"②

司马光在编撰《资治通鉴》的过程中为了厘清史实，非常注意考较史料的异同。在修长编时他就告诉范祖禹说："若彼此年月事迹有相违戾不同者，则请选择一证据分明、情理近于得实者，修入正文，余者注于其下，仍为叙述所以取此舍彼之意。"为此，司马光还规定了考异的格式，即"先注所舍者，云'某书云云，某书云云，今案某书证验云云'；或无证验则以事理推之云云，今从某书为定。若无以考其虚实是非者，则云今两存之。其实录、正史未必皆可据，杂史、小说未必皆无凭，在高鉴择之。"③ 在长编考订同异的基础上，司马光在定稿的过程中继续进行考较，并把长编中的考异剔取出来，另撰三十卷的《通鉴考异》。应该说考订同异历来都深受学者重视，如司马迁作《史记》就提出了"考信于六艺"的主张④。裴松之注《三国志》对于"纰缪显然，言不附理"之史料，常加以辨析⑤。然而如司马光这样将考异成果编定成书，在历史编纂发展史上还是第一次，故《四库》馆臣称："修史之家，未有自撰一书，明所以去取之故者。有之，实自光始。"⑥ 总之，司马光的考异工作不仅提高了《资治通鉴》的可信度，而且将历史编纂和史学研究推向了一个更高的阶段。

刘恕撰述《资治通鉴外纪》亦精于考辨。《四库》馆臣评是书"于上古之事，可信者大书；其异同舛误以及荒远茫昧者，或分注、或细书，未尝不具有别裁。目录于共和以后据《史记》年表编年，共和以前皆谓之疑年，不

---

① 胡克家：《资治通鉴外纪注补序》，刘恕：《资治通鉴外纪》。
② 永瑢等：《四库全书总目》卷四七《〈通鉴外纪〉提要》，第 423 页。
③ 司马光：《传家集》卷六十三《答范梦得》，第 582 页。
④ 司马迁：《史记》卷六十一《伯夷列传》，第 2121 页。
⑤ 陈寿撰，裴松之注：《上三国志注表》，《三国志》，第 1471 页。
⑥ 永瑢等：《四库全书总目》卷四七《〈资治通鉴考异〉提要》，第 421—422 页。

标岁阳岁阴之名，并不缕列其数，亦特为审慎。"① 其所撰《十国纪年》"长于考异同"②。是书传世后，"世以比迁、固、歆、向，公亦自以不愧，而自蔚宗以降不论也。当时司马君实、欧阳文忠，号通史学，贯穿古今，亦自以不及而取正焉。"③ 如司马光在其《考异》于五代十国史事颇取资于是书。

（三）促进先秦史研究的繁荣

《三苏全集》的编纂者曾谈及宋人对上古史的热衷，所谓："特别值得注意的是宋人对中国上古史的普遍热衷，更是其他朝代无可比拟的。"④ 究其原因，在于理学的兴起，使学者们对经书的研究成为时代的潮流，由于经书所讲多为三代及上古之史事，故而对经书的研究也带动了学者们对古史的兴趣。

如刘恕之所以撰《资治通鉴外纪》就是因为他认为司马迁《史记》始于黄帝，而包牺、神农阙漏不录；司马光编撰《资治通鉴》又不及周威烈王之前，从而给学者研究这段历史带来了极大的不便："学者考古，当阅小说，取舍乖异，莫知适从。"⑤ 同时汉魏以后关于这段历史的异说甚多："太史公云黄帝以来皆有年数，咸不同乖异。历汉魏晋，去古益远。众言不本于经，夸者务为诡诞。包牺前后逮周厉王，竞列年纪，更相违背，辽邈无据，安能考质？"⑥ 因撰《资治通鉴外纪》。

（四）排斥符瑞怪异及佛老内容

此期，随着理学的兴起，学者反异端、排佛道的思想继续得到了继承和发扬。对于异端思想，司马光称："性者，子贡之所不及。命者，孔子之所罕言。"⑦ 司马光认为读书行事，应该"直取其合人情物理，目前可用者而从之。前贤高奇之论，皆如面墙。"⑧ 声称"吾常疾阴阳家立邪说以惑众，为世

---

① 永瑢等：《四库全书总目》卷四七《〈通鉴外纪〉提要》，第423页。

② 马端临：《文献通考》卷二百《十国纪年》，第1672页。

③ 张耒撰，李逸安、孙通海、傅信点校：《张耒集》卷四十九《冰玉堂记》，第762页。

④ 《古史叙录》，《三苏全书》（3），第344页。

⑤ 刘恕：《通鉴外纪后序》，《资治通鉴外纪》卷十，第101页。

⑥ 刘恕：《通鉴外纪目录序》，《资治通鉴外纪》。

⑦ 司马光：《温国文正司马公文集》卷四十五《论风俗札子》。

⑧ 司马光：《传家集》卷六十三《答怀州许奉世秀才书》，第578页。

患，于丧家尤甚。顷为谏官，尝奏乞禁天下葬书"①。二程称："治乱之在国，不可归之命。"②"人事常随天理，天变非应人事。"③ 程颐论"六天"，"此起于谶书，郑玄之徒从而广之甚可笑也。帝者，气之主也。东则谓之青帝，南则谓之赤帝，西则谓之白帝，北则谓之黑帝，中则谓之黄帝。岂有上帝而别有五帝之理？此因《周礼》言祀昊天上帝，而后又言祀五帝亦如之，故诸儒附此说。"④

对于释老，学者们也大加挞伐。司马光"不喜释、老"，声称："其微言不能出吾书，其诞吾不信也。"⑤ 又称："窃以释、老之教，无益治世，而聚匿游惰，耗蠹良民，此明识所共知。"⑥

这种反谶纬排释老的思想在学者的历史撰述活动中也有明确的反映。

司马光的《资治通鉴》对妖异符瑞现象必欲悉数删之而后快，还是在修定长编的阶段，他在与助手范祖禹讨论修《资治通鉴》的原则时就称："妖异止于怪诞、诙谐止于取笑之类，便请直删不妨。"⑦ 对刘恕也称："其符瑞等皆无用可删。"⑧ 所以王应麟称："《通鉴》不书符瑞，高帝赤帝子之事，失于删削，《纲目》因之。"⑨ 胡三省也称："《通鉴》不语怪⑩"。对于释、老则在书中采取批判态度。他称佛教之书，"其书大抵以虚无为宗，贵慈悲不杀；以为人死，精神不灭，随复受形；生时所行善恶，皆有报应，故所贵修炼精神，以至为佛。善为宏阔胜大之言，以劝诱愚俗。"⑪ 对于史家盛言张良从赤松子

---

① 司马光：《温国文正司马公文集》卷七十一《葬论》。

② 程颢、程颐：《河南程氏粹言》卷一，《二程集》，第 1218 页。

③ 程颢、程颐：《河南程氏外书》卷五，《二程集》，第 374 页。

④ 程颢、程颐：《河南程氏遗书》卷二十二上，《二程集》，第 287 页。

⑤ 脱脱等：《宋史》卷三百三十六《司马光传》，第 10769 页。

⑥ 司马光：《温国文正司马公文集》卷二十四《论寺额札子》。

⑦ 司马光：《传家集》卷六十三《答范梦得》，第 582 页。

⑧ 司马光：《温国文正司马公文集》卷六十二《与刘道原书》。

⑨ 王应麟著，翁元圻等注，栾保群、田松青、吕宗力校点：《困学纪闻》卷十二《考史》，第 1412 页。

⑩ 司马光：《资治通鉴》卷一百三十"泰始元年十月戊午"条，第 4088 页。

⑪ 司马光：《资治通鉴》卷四十六"永平八年十月丙子"条，第 1447 页。

学辟谷之术，司马光驳斥说："夫生之有死，譬犹夜旦之必然，自古及今，固未有超然而独存者也。"① 就魏太武帝崇奉嵩山道士寇谦之一事他批评道教，所谓："老、庄之书，大指欲同死生，轻去就。而为神仙者，服饵修炼以求轻举，炼草石为金银，其为术正相戾矣；是以刘歆《七略》叙道家为诸子，神仙为方技。其后复有符水、禁咒之术，至谦之遂合而为一；至今循之，其讹甚矣！"② 还利用古人之口驳斥释老，如载崔浩不好老庄之书，称："此矫诬之说，不近人情。老聃习礼，仲尼所师，岂肯为败法之书以乱先王之治乎？"尤其不信佛法，曰："何为事此胡神！"③ 还载"范缜盛称无佛"事④，并摘举《神灭论》的大旨。载李邕谏唐中宗用术士郑普思等为官之语："若有神仙能令人不死，则秦始皇、汉武帝得之矣；佛能为人福利，则梁武帝得之矣。尧、舜所以为帝王之首者，亦修人事而已。尊崇此属，何补于国！"⑤ 还详细记载了北魏太武帝、北周武帝、唐武宗、后周世宗禁佛之事。

刘恕撰《资治通鉴外纪》于灾异、符瑞、图谶等亦多所不载，胡克家所谓："道原不载荒唐之说，不穷幽渺之辞，虽博引详征，而其旨必轨于正。"⑥

范祖禹也反对释道迷信活动，在《唐鉴》中批评唐玄宗迷信道教："开元之末，明皇怠于庶政，志求神仙。惑方士之言，自以老子其祖也。故感而见梦，亦其诚之形也。自是以后，言祥瑞者众而迂怪之语日闻，谄谀成风，奸宄得志，而天下之理乱矣。"⑦

此外，如庆历（1041—1048）之际一样，此期史著颇尚简。司马光采编年体撰资治通鉴，一个重要原因就是看中了编年纪事的简约之利，他曾对刘恕说："春秋之后，迄今千余年，《史记》至《五代史》，一千五百卷，诸生历年莫能竟其篇第，毕世不暇举其大略，厌烦趋易，行将泯绝。予欲讬始于

① 司马光：《资治通鉴》卷十一"高帝五年五月臣光曰"条，第363页。
② 司马光：《资治通鉴》卷一百一十九"景平元年十二月臣光曰"条，第3762—3763页。
③ 司马光：《资治通鉴》卷一百一十九"景平元年十二月"条，第3761页。
④ 司马光：《资治通鉴》卷一百三十六"永明二年正月乙亥"条，第4259页。
⑤ 司马光：《资治通鉴》卷二百八"神龙元年四月"条，第6589页。
⑥ 胡克家：《资治通鉴外纪注补序》，刘恕：《资治通鉴外纪》。
⑦ 范祖禹：《唐鉴》卷五，第126页。

周威烈王命韩、魏、赵为诸侯，下迄五代，因丘明编年之体，仿荀悦简要之文，网罗众说，成一家书。"① 书成之后，以二百九十四卷内容包罗一千几百年史事，可谓甚简。薛季宣称刘恕《十国纪年》"叙事微而赡，简而详，疏而有旨，质而不芜"②。

（五）形成了丰富的金石学思想

经过对金石长期的研究，刘敞及欧阳修等形成了丰富的金石学思想。首先，他们认为器物尤其是三代彝器中蕴含着有助于道德教化的圣人之意，金石碑刻中所记述了大量体现圣人之意的文字，因此对此加以研究有助于道德教化。如刘敞认为"三王之事，万不存一，《诗》、《书》所记，圣王所立，有可长太息者矣。独器也乎哉！兑之戈、和之弓、离磬崇鼎，三代传以为宝，非赖其用也，亦云上古而已矣。孔子曰：多见而识之，知之次也。众不可概，安知天下无能尽辨之者哉！使工模其文，刻于石，又并图其象，以俟好古博雅君子焉，终此意者，礼家明其制度，小学正其文字，谱牒次其世谥，乃为能尽之。"③ 欧阳修就通过对三国时吴国的《国山碑》的评论批判了统治者迷信祥瑞的现象："孙皓天册元年禅于国山，改元天玺，因纪其所获瑞物，刊石于山阴。是岁晋咸宁元年，后五年晋遂灭吴。以皓昏虐，其国将亡，而众瑞并出，不可胜数。后世之言祥瑞者，可以鉴矣。"④ 其次，他们认为金石器物可以用来考订经史，欧阳修所谓："因并载夫可与史传正其阙谬者，以传后学，庶益于多闻。"⑤ 又所谓："余所集录与史传不同者多，其功过难以碑碣为正者，铭志所称有褒有讳，疑其不实。至于世系、子孙、官封、名字，无情增损，故每据碑以正史。"⑥ 这种考订可分为以金石证文献之谬和以金石补文献之阙。如欧阳修以《孔颖达碑》所书孔颖达之字证《唐书》之所书之字

---

① 刘恕：《通鉴外纪后序》，《资治通鉴外纪》卷十，第101页。

② 薛季宣：《浪语集》卷三十《叙十国纪年》，《文渊阁四库全书》第1159册，第490页。

③ 刘敞：《公是集》卷三十六《先秦古器记》，第437页。

④ 欧阳修撰，李逸安点校：《欧阳修全集》卷一百三十七《吴国山碑》，第2158页。

⑤ 欧阳修撰，李逸安点校：《欧阳修全集》卷四十二《集古录目序》，第600页。

⑥ 欧阳修撰，李逸安点校：《欧阳修全集》卷一百四十二《唐孔府君神道碑》，第2302页。

之讹谬："又其字不同，传云字仲远，碑云字冲远。碑字多残缺，惟其名字特完，可以正传之谬不疑。"并深有感触地说："以此知文字转易失其真者，何可胜数？幸而因余《集录》所得，以正其讹舛者，亦不为少也。"[1] 最后，他们认为金石文字中含有许多实用的内容，可以利用其经世致用。如欧阳修自述"余家集录古文，不独为传记正讹缪，亦可为朝廷决疑议也。"欧阳修曾讲当时有一名张席的尚书郎曾为他言及"安邑、解县两池盐事。云夏月盐南风来，池面紫色，须臾凝结如雪，士人谓之漫生盐。而两池岁役畦夫数百种盐，公私耗敝，而州县吏缘以为奸利，弃漫生盐不取，诬其苦不可食。席博学，能言汉、唐事尤详，为余复言前世盐皆自生，开元中，姜师度为河中尹，而盐池涸，始置盐屯，故唐格自开元后遂有畦夫营种之课。"张席因此上书朝廷，"论盐漫生之利，官遂罢畦夫，而公私皆以为然。而议者或害其事，乃云漫生盐味苦不可食，或云暂结复销，不可畜，听者方惑其事。"而欧阳修读唐朝大历年间任榷盐使的徐义方所撰的《盐宗神祠记》，见其论漫生盐之事，声称"若阴阳调和，鬼神驱造，不劳人而擅其利，与夫凿泉煮海，不相为谋。由是知唐世盐非营种，为决可信。"[2] 从而印证了张席所言确非妄语。

---

[1]　欧阳修撰，李逸安点校：《欧阳修全集》卷一百三十八《唐孔颖达碑》，第 2194 页。

[2]　欧阳修撰，李逸安点校：《欧阳修全集》卷一百四十《唐盐宗神祠记》，第 2245—2246 页。

第六章　北宋晚期党争视野下的史学思想

北宋熙丰变法的一个重要后果，就是将统治阶层基本划分为支持变法的新党与反对变法的旧党两大阵营。神宗死后，熙丰（1068—1085）年间受到压制的旧党在主政的高太后的支持下，在元祐（1086—1094）年间执掌朝政，遂党同伐异，清算新党。旧党在残酷打击新党成员的同时，又不择手段地发展壮大自己的阵营；并废除新法，强行推行祖宗旧制，客观上将熙丰（1068—1085）时期新旧党派之间的国是之争演变成党派之间的恩怨之争，使北宋统治阶层内部的党争愈演愈烈。如罗家祥指出，元祐新旧党争恶化了北宋统治阶层内部政治派别的关系，自此之后，"迄'靖康之难'、徽钦二帝被金人俘掳北去，北宋的政治舞台上再也没有平静过，不论是新党、旧党的主要人物，还是那些依附于新党、旧党的人物，均各立其说，拼死厮斗，形成了一次次士大夫间的激烈斗争"[1]。游彪认为："从元祐时期的党争开始，直至靖康之变，北宋的权力中心几乎没有平静过，全国规模的政治动荡层出不穷，每一次最高权力的更迭都会导致党争的进一步加剧和酷烈。"[2]

激烈的党争使自庆历（1041—1048）以来形成的奋发有为的士气，到北宋晚期几被消耗殆尽，从而对当时的史学思想产生了极其消极的影响。此期不同政治派别打着以史资治的旗号，行其专断国是之私心，从而异化了北宋

---

① 罗家祥：《朋党之争与北宋政治》，华中师范大学出版社2002年版，第134页。
② 游彪：《靖康之变：北宋衰亡记》，中华书局2007年版，第118页。

的史鉴之风。正统思想与教化思想皆乏善可陈。

第一节　被异化的资治思想

此期以史资治思想仍然甚盛。如梁焘（1034—1097）对哲宗（1085—1100 年在位）称："《说命》曰：'王人求多闻，时惟建事，学于古训，乃有获。'盖事不稽古，从政则迷，是君人者不可以无学也。"① 陈师道（1053—1102）建议徽宗（1100—1125 年在位）："远思尧、舜、禹、稷任贤去邪之道，中采齐桓、管仲善善恶恶之戒，近法仁祖纳谏御臣之意，则太平之盛指日可见。"② 陈师锡（1057—1125）进谏称："《六经》载道，诸子谈理，历代史籍，祖宗图书，天人之蕴，性命之妙，治乱安危之机，善恶邪正之迹在焉。"徽宗习之，可以有补于"盛德"。③ 上官均（1038—1115）称："人主之学，在乎简而知要，达而适用。知要在乎明道，明道在乎味五经之微言；适用在乎远观前世治乱盛衰之迹，而近稽祖宗圣明相继治天下之意。因已然之迹而考其理乱，因理乱而鉴其所以得失，可谓知要而适用矣。此人主之好学所以为先务也。"④

就效法二帝三王而言，王岩叟（1043—1093）认为如果哲宗"能用《洪范》之三德以修己，推《皋陶》之九德以用人，则尧、舜、三王之盛可坐而致矣。"⑤ 彭汝砺（1041—1095）称只要哲宗能效法尧、舜治理天下，则"二

---

①　梁焘：《上哲宗论进学之时不可失》，赵汝愚编，北京大学中国中古史研究中心校点整理：《宋朝诸臣奏议》卷五，第 48 页。

②　陈师道：《上徽宗论任贤去邪在于果断》，赵汝愚编，北京大学中国中古史研究中心校点整理：《宋朝诸臣奏议》卷十七，第 160 页。

③　陈师锡：《上徽宗论宣取画图》，赵汝愚编，北京大学中国中古史研究中心校点整理：《宋朝诸臣奏议》卷六，第 59 页。

④　上官均：《上徽宗论治天下在好学广问》，赵汝愚编，北京大学中国中古史研究中心校点整理：《宋朝诸臣奏议》卷五，第 51 页。

⑤　王岩叟：《上哲宗论洪范三德》，赵汝愚编，北京大学中国中古史研究中心校点整理：《宋朝诸臣奏议》卷三，第 32 页。

帝、三王之盛，盖可跂而至也。"①

就王道观而言，一些学者的观念仍有发展，如程颐在前期主张恢复井田，但此期他认为法三代应该法圣人之意，而非圣人之迹。他说："必井田，必封建，必肉刑，非圣人之道也。善治者，放井田而行之而民不病，放封建而使之而民不劳，放肉刑而用之而民不怨。故善学者，得圣人之意而不取其迹也。迹也者，圣人因一时之利而制之也。"② 但大多数学者的王道观已经定型，此期重在推行。

神宗去世后，高太后（1032—1093）主政，旧党得势，反对打着效法三代的旗号而行兴利之实的新法，如元丰八年（1085）四月，司马光上疏斥王安石等在熙宁（1068—1077）中"多以己意轻改旧章，谓之新法。"实则"名为爱民，其实病民，名为益国，其实伤国。"③ 遂尽废新法，代之以旧党的主张。元祐七年（1092）苏轼称哲宗即位以来，"讲读之官，谈王而不谈霸，言义而不言利。"④

嗣后自哲宗亲政至徽宗时期，其间除了旧党短暂主政外，政权长期为新党所把持，王安石的王道观遂大行于世。

崇宁元年（1102）十二月丁丑下诏"非先圣之书"，"不得教授学生，犯者屏出。"⑤ 而实则所谓的先圣之学就是王安石的学术，故吴曾称："崇宁以来，专意王氏之学，士非三经、字说不用。"⑥ 钦宗（1125—1127）即位之初，崔鷃上书云："谏议大夫冯澥近上章曰：'士无异论，太学之盛也。'澥尚敢为此奸言乎。王安石除异己之人，著《三经》之说以取士，天下靡然雷同，陵夷至于大乱，此无异论之效也。京又以学校之法驯士人，如军法之驭卒伍，

---

① 彭汝砺：《上哲宗论人主尽道在修身修身在正学》，赵汝愚编，北京大学中国中古史研究中心校点整理：《宋朝诸臣奏议》卷五，第50页。

② 程颢、程颐：《河南程氏遗书》卷二十五，《二程集》，第326页。

③ 李焘：《续资治通鉴长编》卷三百五十五"元丰八年四月庚寅"条，第8490页。

④ 苏轼：《上哲宗论王道六事》，赵汝愚编，北京大学中国中古史研究中心校点整理：《宋朝诸臣奏议》卷三，第33页。

⑤ 黄以周等辑注，顾吉辰点校：《续资治通鉴长编拾补》卷二十，中华书局2004年版，第725页。

⑥ 吴曾：《能改斋漫录》卷十二《罢史学》，第371页。

一有异论，累及学官。"①

　　就汉唐故事而言，一些学者仍主张予以效法。如苏颂认为："前事不忘，后事之师也。在昔圣帝明王，莫不以稽考古道，为有国之先务，故能享御永世，垂无疆之休。然往古所行，或文或质，施之今日，各有所宜。"进而指出："臣窃谓国朝号令风采，超迈百王，原其典章文物，刑名法制，大抵沿袭唐旧，其间或有损益，亦不相远。"又说："荀卿曰：'道不过三代，道过三代谓之荡。'言其远而难信也。本朝去唐，正同三代，其事近而易考，所宜宸扆之留听也。"因而建议哲宗效法仁宗时期研读唐史的故事，鉴观唐史，"臣欲望圣慈特举庆历故事，诏史官学士采录新旧《唐书》中列帝王所行之事，与夫群臣献替之言，每日上奏数事，清燕之间，特赐览观，所冀萤烛末光，增辉日月。"②范祖禹指出："观古所以知今，彰往所以察来，唐于本朝如夏之于商，商之于周也。厥监不远，著而易见。"因而撰《唐鉴》一书，用来"稽参得失，监观成败。"③陈瓘（1057或1060—1124）认为："人君稽古之学，一经一史。经则守之而治身，史则考之而应变。天下之事，其变无穷，故往古可监之迹，不可以不详知也。"因请求徽宗于经筵日，令侍读官读《资治通鉴》。④

　　虽然汉唐故事受到一些学者的重视，但由于轻视汉唐故事的新党在北宋晚期持续主政，从而使汉唐故事在当时以史资治思想中的地位大减。

　　与欧阳修、司马光等对史学大加推崇不同，王安石对史学兴趣不大。其原因首先在于他认为史书中充满了虚枉不实的内容，让人难以相信。所谓："自三代之时，国各有史，而当时史，多世其家，往往以身死职，不负其意。盖其所传，皆可考据。后既无诸侯之史，而近世非尊爵盛位，虽雄奇俊烈，道德满衍，不幸不为朝廷所称，辄不得见于史。而执笔者又杂出一时之贵人，

　　①　脱脱等：《宋史》卷三百五十六《崔鶠传》，第11216页。
　　②　苏颂：《上哲宗乞诏儒臣讨论唐故事以备圣览》，赵汝愚编，北京大学中国中古史研究中心校点整理：《宋朝诸臣奏议》卷六，第55页。
　　③　范祖禹：《范太史集》卷十三《又上太皇太后表》，第198页。
　　④　陈瓘：《上徽宗乞读资治通鉴》，赵汝愚编，北京大学中国中古史研究中心校点整理：《宋朝诸臣奏议》卷六，第58页。

观其在廷论议之时，人人得讲其然不，尚或以忠为邪，以异为同，诛当前而不栗，讪在后而不羞，苟以餍其忿好之心而止耳。而况阴挟翰墨，以裁前人之善恶，疑可以贷褒，似可以附毁，往者不能讼当否，生者不得论曲直，赏罚谤誉又不施其间，以彼其私，独安能无欺于冥昧之间邪？善既不尽传，而传者又不可尽信如此。"① 王安石《读史》诗亦谓："自古功名亦苦辛，行藏终欲付何人。当时黮暗犹承误，末俗纷纭更乱真。糟粕所传非粹美，丹青难写是精神。区区岂尽高贤意，独守千秋纸上尘。"②

其次，提倡史学对变法不利。如经中之史《春秋》颇重灾异，用以戒惧后世。而北宋的官员们也常常利用灾异来干扰变法活动，这使王安石对这种现象非常反感，他曾称："天文之变无穷，人事之变无已，上下傅会，或远或近，岂无偶合？此其所以不足信也。"③ 这自不免让他对《春秋》心生不满。《史记》、《汉书》而下史书大抵多褒美创业垂统之主与尊祖守成之君，也容易给保守派阻挠变法口实。如熙宁二年（1069）十一月，司马光在为神宗讲解"萧规曹随"史实时，即以故事抨击新政，所谓："夫道者，万世无弊，夏、商、周之子孙，苟能常守禹、汤、文、武之法，何衰乱之有乎？"认为"苟得其人，则何患法之不善；不得其人，虽有善法，失先后之施矣。故当急于得人，缓于立法也。"④

再者，王安石对汉唐的统治相当轻视，他理想中的政治是三代之治，三代以下的政治对他而言没有借鉴的必要。如熙宁元年（1068）四月，神宗问王安石为治所先，王安石对曰："择术为先。"神宗于是问王安石："唐太宗何如？"王安石不屑地称："陛下当法尧、舜，何以太宗为哉？"并以精通王道之术自负，熙宁二年（1069）二月，王安石拜参知政事，神宗称："人皆不能知卿，以为卿但知经术，不晓世务。"王安石答称："经术正所以经世务，但后

---

① 王安石撰，李之亮笺注：《王荆公文集笺注》卷三十六《答韶州张殿丞书》，第1231—1232页。
② 王安石：《临川先生文集》卷二十五《读史》，第294页。
③ 李焘：《续资治通鉴长编》卷二百六十九"熙宁八年十月戊戌"条，第6597页。
④ 黄以周等辑注，顾吉辰点校：《续资治通鉴长编拾补》卷六，第259页。

世所谓儒者，大抵皆庸人，故世俗皆以为经术不可施于世务尔。"① 王安石还曾以伊吕自况，其《浪淘沙令》有云："伊吕两衰翁，历遍穷通，一为钓叟一耕佣。若使当时身不遇，老了英雄。汤武偶相逢，风虎云龙，兴王只在笑谈中。直至如今千载后，谁与争功。"②

由于以上诸种原因，使王安石对史学颇为冷淡。因此史学被排斥出科举考试："熙宁四年二月丁巳，更定科举法，从王安石议，罢诗赋及明经诸科，专以经义、论、策试士。"王安石又声称："孔子作《春秋》，实垂世立教之大典，当时游、夏不能赞一词。自经秦火，煨烬无存。汉求遗书，而一时儒者附会以邀厚赏。自今观之，一如断烂朝报，决非仲尼之笔也。《仪礼》亦然。"因而请求："自今经筵毋以进讲，学校毋以设官，贡举毋以取士。"③ 他的主张得到了神宗的支持。从而将史学排除在了科考之外，导致士子罕有习者。如司马光在为刘恕所撰的《资治通鉴外纪》所作的序中称："前世史自太史公所记，下至周显德之末，简策极博。而于科举非所急，故近岁学者多不读，鲜有能道之者"④。朱弁所谓："科举自罢诗赋以后，士趋时好，专以三经义为捷径，非徒不观史，而于所习经外他经及诸子，无复有读之者。故于古今人物及时世治乱兴衰之迹，亦漫不省。元祐初，韩察院以论科举改更事，尝言臣于元丰初差对读举人试卷，其程文中或有云'古有董仲舒，不知何代人'，当时传者莫不以为笑。"⑤ 因此两宋之际人陈公辅称："《春秋》正名分，定褒贬，俾乱臣贼子惧，安石使学者不治《春秋》；《史》、《汉》载成败安危、存亡理乱，为圣君贤相、忠臣义士之龟鉴，安石使学者不读《史》、《汉》。"⑥

哲宗时，薛昂"尝请罢史学，哲宗斥为俗佞。"⑦ 徽宗建中靖国元年

---

① 脱脱等：《宋史》卷三百二十七《王安石传》，第10543—10544页。
② 王安石：《临川先生文集》卷三十七《浪淘沙令》，第401页。
③ 陈邦瞻：《宋史纪事本末》卷九《学校科举之制》，第371页。
④ 司马光：《传家集》卷六十八《刘道原十国纪年序》，第627—628页。
⑤ 朱弁撰，孔凡礼点校：《曲洧旧闻》卷三"举人不知董仲舒"条，第116页。
⑥ 脱脱等：《宋史》卷三百七十九《陈公辅传》，第11694页。
⑦ 脱脱等：《宋史》卷三百五十二《薛昂传》，第11122页。

（1101）亲政后，新党蔡京（1047—1126）等相继主政，以史学非先圣之学，予以禁止。如"崇宁初，薛门下昂为司成。士人程文有用史记、西汉语者，薛辄黜落。"① 其时严禁旧党学术，亦即所谓的元祐学术，而《唐鉴》的作者范祖禹属旧党中人，故该书官方不仅不让士子修习，而且在崇宁二年（1103）四月由朝廷下诏毁板。司马光的《资治通鉴》也差点被毁版，所幸有神宗亲制之序，方才得以保存下来。周辉所谓："薛昂、林自之徒为正、录，皆蔡卞之党也，竞尊王荆公而挤排元祐，禁戒士人不得习元祐学术。卞方议毁《资治通鉴》板，陈（瓘）闻之，因策士题特引序文，以明神宗有训。于是林自骇异，而谓陈（瓘）曰：'此岂神宗亲制耶?'陈（瓘）曰：'谁言其非也?'自又曰：'亦神宗少年之文耳。'陈（瓘）曰：'圣人之学，得于天性，有始有卒。岂有少长之异乎?'自辞屈愧叹，遽以告卞。卞乃密令学中敞高阁，不复敢议毁矣。"② 清代学者钱大昕论及此事，非常感慨，所谓："自王安石以猖狂诡诞之学要君窃位，自造《三经新义》，驱海内而诵习之，甚至诋《春秋》为断烂朝报。章、蔡用事，祖述荆舒，屏弃《通鉴》为元祐学术，而十七史皆束之高阁矣。"③

当时不仅禁绝史书，就是藏书阁的名字也不允许涉及史学。如大观二年（1108）九月乙丑诏"诸路州学有阁藏书，皆以经史为名。方今崇八行以造多士，尊《六经》以黜百家，史何足言! 应置阁处赐名曰稽古。"④ 政和（1111—1117）初，翰林学士蔡嶷、吏部侍郎慕容彦逢、给事中宇文粹中（？—1139）、起居舍人张琮等试图扭转这种尊经抑史的局面，遂联合上奏徽宗："欲望今后时务策，并随事参以汉、唐历代事实为问。"徽宗先是诏允其奏，然而此事很快便遭到了监察御史兼权殿中侍御史李彦章的反对，李彦章奏称："夫《诗》、《书》、《周礼》，三代之故，而史载秦、汉、隋、唐之事。学乎《诗》、《书》、《礼》者，先王之学也；习秦、汉、隋、唐之史者，流俗

---

① 吴曾：《能改斋漫录》卷十二"薛昂黜用史记西汉讳蔡京名"，第368页。
② 周辉撰，刘永翔校注：《清波杂志校注》卷九《毁通鉴》，中华书局1994年版，第400页。
③ 钱大昕：《廿二史札记序》，赵翼著，王树民校证：《廿二史札记校证》附录二，第885页。
④ 黄以周等辑注，顾吉辰点校：《续资治通鉴长编拾补》卷二十八，第949页。

之学也。今近臣进思之论，不陈尧、舜之道，而建汉、唐之陋；不使士专经，而使习流俗之学，可乎？伏望罢前日之诏，使士一意于先王之学，而不流于世俗之习，天下幸甚。"徽宗认为李彦章讲得有道理，遂再下诏收回成命："前降指挥，更不施行。"① 不过虽然李彦章反对的理由颇为冠冕堂皇，然而马端临指出"尊经书，抑史学，废诗、赋，此崇观以后立科造士之大指，其论似正矣。然经之所以获尊者，以有荆舒之《三经》也，史与诗之所以遭斥者，以有涑水之《通鉴》，苏、黄之酬唱也。群佥借正论以成其奸，其意岂真以为六籍优于迁、固、李、杜也哉！"②

嗣后到了政和四年（1114），又诏令禁止经筵等讲官讲读史学。所谓："政和四年，诏令东宫讲读官罢读史，专一导以经术，迪其初心，开其正路。庶遵王之道，而不牵于流俗焉。"③

针对当时禁绝史学的状况，陈瓘曾忧心忡忡地说："天下之事，变故无常，唯稽考往事，则有以知其故而应变。王氏之学，乃欲废绝史学，而咀嚼虚无之言，其事与晋无异，将必以荒唐乱天下矣。"④

当时也有学者暗中提携研读史学之士，但因偶一为之，所以效果不大。如陈瓘为太学博士时，"尝为别试主文，林自复谓蔡卞曰：'闻陈瓘欲尽取史学而黜通经之士，意欲沮坏国是，而动摇吾荆公之学也。'卞既积怒，谋将因此害瓘，而遂禁绝史学。计划已定，唯候瓘所取士，求疵立说而行之。瓘固预料其如此，乃于前五名悉取谈经及纯用王氏之学者，卞无以发。然五名之下，往往皆博洽稽古之士也。瓘尝曰：'当时若无矫谲，则势必相激，史学往往遂废矣。故随时所以救时，不必取快目前也。'"⑤

新党的政治高压对其统治造成了相当恶劣的影响，如王应麟指出："自荆舒之学行，为之徒者，请禁读史书。其后经筵不读《国风》，而《汤誓》、

① 吴曾：《能改斋漫录》卷十二《罢史学》，第371—372页。
② 马端临：《文献通考》卷三十一《选举考·选举四》，第296页。
③ 吴曾：《能改斋漫录》卷十三《诏东宫讲读官罢读史专以经术》，第386页。
④ 朱熹撰：《三朝名臣言行录》卷十三，朱杰人、严佐之、刘永翔主编：《朱子全书》（12），第827页。
⑤ 徐自明撰，王瑞来校补：《宋宰辅编年录校补》卷十，中华书局1986年版，第652页。

《泰誓》亦不进讲。人君不知危亡之事，其效可睹矣。"① 同时对北宋后期的史学也产生了相当消极的影响。洪迈称："当政和宣和间，蔡京为政，禁士大夫不得读史。而《春秋三传》，真束高阁，故其所引用，绝为乖盾。"②

就祖宗家法而言，此期更是纷争不断。自元祐（1086—1094）至靖康（1126—1127）年间，在法祖问题上，新党旧党各持一端，大致而言，新党推崇神宗熙丰之政，旧党尊奉仁宗的庆历、嘉祐之政。二者皆党同伐异，纷争不断。及至新党徽宗时期主政后，又以法祖为旗号而行其私意，从而加速了宋朝统治的崩溃。

元祐（1086—1094）年间高太后主政时期，旧党得势，为了废除新法，旧党对北宋所谓的祖宗家法大加推崇。如丁隲指出本朝祖宗"威明仁厚，不惟有益于当时，皆可为法于后世。"请求哲宗经筵时要求进讲者，"更以祖宗故事一二端为陛下开陈，仍乞晓谕侍讲臣僚，豫先编叙《六圣典故》可以取法于后来者，以备讲筵听纳。庶几前圣后圣所为所行如合符节，威明仁厚之德源源相继，天下幸甚。"③ 范祖禹针对哲宗纳后事上疏称："本朝太祖皇帝以来，家道正而人伦明，历世皆有圣后内德之助，自三代以来，未有如本朝家法也。"④ 继而范祖禹又称："恭惟本朝祖宗家法，自三代以还盖未之有，由汉以下皆不及也。"⑤ 其所撰《帝学》，"自上古至汉、唐二卷，自宋太祖至神宗六卷，于诸帝叙述独详，盖亦本法祖之意以为启迪也。"⑥ 宰相吕大防等则对哲宗称："祖宗家法甚多，自三代以后，唯本朝百三十年中外无事，盖由

---

① 王应麟著，翁元圻等注，栾保群、田松青、吕宗力校点：《困学纪闻》卷十五《考史》，第1747页。

② 洪迈撰，孔凡礼点校：《容斋三笔》卷十三"再书博古图"条，《容斋随笔》，第578页。

③ 丁隲：《上哲宗乞讲筵开陈祖宗故事》，赵汝愚编，北京大学中国中古史研究中心校点整理：《宋朝诸臣奏议》卷十二，第108页。

④ 范祖禹：《上宣仁皇后论纳后宜先知者四事》，赵汝愚编，北京大学中国中古史研究中心校点整理：《宋朝诸臣奏议》卷二十七，第263页。

⑤ 范祖禹：《上哲宗进家人卦解义》，赵汝愚编，北京大学中国中古史研究中心校点整理：《宋朝诸臣奏议》卷二十七，第266页。

⑥ 永瑢等：《四库全书总目》卷九一《〈帝学〉提要》，第775页。

祖宗所立家法最善。……陛下不须远法前代，但尽行家法，足以为天下。"①
陈瓘也劝徽宗"远师尧、舜，近法祖宗"②。

然旧党所谓的法祖，乃是法神宗以前之政，尤其重在法仁宗之政，如元
祐二年（1087）十一月，苏颂指出哲宗继位后，"祗绍先烈，勤劳万机，治理
之间，多用仁宗故事"③。元祐八年（1093）九月，范祖禹对哲宗奏称"太皇
太后之政事，乃仁宗之政事也。"④ 又称高太后"以大公至正为心，罢王安
石、吕惠卿等所造新法，而行祖宗旧政"。并指出当时契丹君主与其宰相议也
称"南朝专行仁宗皇帝政事"。⑤ 吕陶（1027—1103）所谓："元祐之政，谓
元丰之法不便，即复嘉祐之法以救之。然不可尽变，大率新、旧二法并用，
贵其便于民也。议者乃云：'对钧行法。'朝士善谑乃云：'岂独法令，至于年
号，亦对钧矣。'然谑戏之谈有味，此可见当时改元意"⑥。故元祐七年
（1092）三月，范祖禹又总结仁宗之政，要求效法仁宗："臣掌国史，伏睹仁
宗皇帝在位四十二年，丰功盛德固不可得而名言，所可见者，其事有五：畏
天、爱民、奉宗庙、好学、听谏。仁宗能行此五者于天下，所以为仁
也。……臣愿陛下深留圣思，法象祖宗，日新辉光，昭示所好，以慰答群生
之望，则天下幸甚。"⑦ 同年十二月，又采集"仁宗圣政"三百余事，编录为
《仁皇训典》六卷进奏，劝哲宗益思戒慎，唯勤修德。"修德之实，唯法祖宗。
恭惟一祖五宗，畏天爱民，后嗣子孙，皆当取法。惟是仁宗在位最久，德泽
深厚，结于天下，是以百姓思慕，终古不忘。陛下诚能上顺天意，下顺民心，

① 李焘：《续资治通鉴长编》卷四百八十"元祐八年正月丁亥"条，第11416—11417页。

② 陈瓘：《上徽宗乞罢王师约枢密都承旨》，赵汝愚编，北京大学中国中古史研究中心校点整
理：《宋朝诸臣奏议》卷三十五，第346页。

③ 苏颂：《上哲宗乞诏儒臣讨论唐故事以备圣览》，赵汝愚编，北京大学中国中古史研究中心校
点整理：《宋朝诸臣奏议》卷六，第55页。

④ 范祖禹：《范太史集》卷二十五《听政札子》，第296页。

⑤ 范祖禹：《范太史集》卷二十五《第二札子》，第298页。

⑥ 李焘：《续资治通鉴长编》卷三百六十四"元祐元年正月庚寅"条，第8697页。

⑦ 范祖禹：《上哲宗乞法仁宗五事》，赵汝愚编，北京大学中国中古史研究中心校点整理：《宋
朝诸臣奏议》卷十二，第108页。

专法仁宗，则垂拱无为，海内晏安，成、康之隆不难致也。"①

新党则推崇神宗之治。元祐八年（1093）高太后去世后，杨畏很快上疏，"言神宗更法立制以垂万世，乞赐讲求以成继述之道。"② 元祐九年（1094）三月，御试进士策题中表现出哲宗"思述先志"的意图："朕惟神宗皇帝躬神明之德，有舜、禹之学，凭几听断，十九年之间，凡礼乐法度所以惠遗天下者甚备。朕思述先志，拳拳业业，夙夜不敢忘。"③ 当年，曾布"言先帝政事当复施行，且请改元以顺天意。"四月改元绍圣元年（1094）。④

徽宗自称："朕嗣承丕业，率循旧章，夙夜于兹，大惧弗克祗绍。"⑤ 陈师锡称："庆历、嘉祐之治为本朝甚盛之时，远过汉、唐，几有三代之风。"建议徽宗"近法仁祖纳谏御臣之意"。⑥ 然徽宗却志在于神宗。元符三年（1100）十月，徽宗即位不久即下诏称："神考以天纵之圣，厉精治道，内修法度，外辟境土，新一代之典则，以遗我后人。"声称自己要以义取舍进退官员，"使政事不失其当，人材各得其所，则能事毕矣。无偏无党，正直是与，常用中以与天下休息，以成朕继志述事之美。"⑦ 徽宗召见蔡京称："神宗创法立制，先帝继之，两遭变更，国是未定。朕欲上述父兄之志，卿何以教之?"⑧ 徽宗改元崇宁，"崇宁者，谓崇熙宁也。"⑨ 但在具体执行上，新党所为不过是以神宗之法为幌子而行其私意而已。如大观元年（1107），方轸奏劾蔡京："京凡妄作，必持说劫持上下曰'此先帝之法也'，'此三代之法也'，

---

① 范祖禹：《上哲宗乞专法仁宗》，赵汝愚编，北京大学中国中古史研究中心校点整理：《宋朝诸臣奏议》卷六，第109页。

② 徐自明撰，王瑞来校补：《宋宰辅编年录校补》卷十，第619页。

③ 黄以周等辑注，顾吉辰点校：《续资治通鉴长编拾补》卷九，第392页。

④ 徐自明撰，王瑞来校补：《宋宰辅编年录校补》卷十，第626页。

⑤ 徐松：《宋会要辑稿》第五十八册《职官一》"职官一之四二"，第2350页。

⑥ 陈师锡：《上徽宗论任贤去邪在于果断》，赵汝愚编，北京大学中国中古史研究中心校点整理：《宋朝诸臣奏议》卷十七，第160页。

⑦ 王稱：《东都事略》卷二《徽宗本纪一》，第72—73页。

⑧ 脱脱等：《宋史》卷四百七十二《蔡京传》，第13723页。

⑨ 曾敏行著，朱杰人标校：《独醒杂志》卷三《徽宗初改元建中靖国》，上海古籍出版社1986年版，第25页。

或曰'熙、丰遗意，未及施行'。"①

　　及至末期，徽宗为了挽救北宋于危亡，又声称要除新法而复祖宗之法，如宣和七年（1125）十二月下旬，金军压境，"徽宗将内禅，诏解党禁，除新法，尽复祖宗之故。"② 钦宗靖康元年（1126）二月戊申诏敕称要"诏谕士民，自今庶事并遵用祖宗旧制，凡蠹国害民之事一切寝罢。"六月壬寅诏称："今日政令，惟遵奉上皇诏书，修复祖宗故事。群臣庶士亦当讲孔、孟之正道，察安石旧说之不当者，羽翼朕志，以济中兴。"③ 靖康元年（1126）七月，李纲（1083—1140）上疏要求推行祖宗之法，所谓："恭惟祖宗创业守成垂二百年，圣圣传受以至陛下，适丁艰难之秋，戎狄内侵，中国势弱，此诚陛下尝胆思报，励精求治之日。伏望圣慈深考祖宗之法，一一推行之。"奏上后，钦宗表示对于李纲所讲，"当一一铭记于怀"④。罗从彦（1072—1135）称钦宗继位后，"悉划熙丰弊法，一以遵祖宗故事为言"⑤。虽然要改弦更张，但已无济于事，北宋很快便被金朝灭亡。

第二节　历史撰述活动的畸形发展

　　此期的古史研究与前期相比，有一定突破；受新旧党争的影响，国史的撰述成为党争的工具；由于官方的大力提倡，金石学呈现出蓬勃发展的势头。整体而言，此期的历史撰述活动呈现畸形发展的趋势，史学的教化功能大减。

---

① 王明清：《挥麈后录》卷三《方轸论列蔡京章疏》，上海书店出版社 2001 年版，第 86 页。

② 脱脱等：《宋史》卷三百六十二《吕好问传》，第 11329 页。

③ 脱脱等：《宋史》卷二十三《钦宗本纪》，第 425—429 页。

④ 李纲：《梁溪集》卷四十八《乞深考祖宗之法札子》，《文渊阁四库全书》第 1125 册，第 900 页。

⑤ 罗从彦：《豫章文集》卷二《遵尧录序》，《文渊阁四库全书》第 1135 册，第 648 页。

一、 成就有限的古史研究

此时期学者对古史的研究有新的进展，但由于长期执政的新党对史学持排斥态度，因而成就有限。

此期对古史的研究颇有进展。如崇宁五年（1106）董衡撰《唐书释音》二十五卷。宣和（1119—1125）年间，李绘以《旧唐书》参《新唐书》，为《唐书补注》225卷。聂山撰有《历代史门类》二百卷。其中尤以吴缜的《新唐书纠缪》、《五代史纂误》，苏辙的《古史》最为有名。沈括①的《梦溪笔谈》②虽非治史专书，但也颇多精妙之处。

吴缜的《新唐书纠缪》撰成于元祐四年（1089），绍圣元年（1094）被奏上。其书重在考订《新唐书》讹误，称该书有"八失"："一曰责任不专，二曰课程不立，三曰初无义例，四曰终无审覆，五曰多采小说而不精择，六曰务因旧文而不推考，七曰刊修者不知刊修之要而各徇私好，八曰校勘者不举校勘之职而惟务苟容。"③然后纠摘《新唐书》449条失事，并将之分隶于"以无为有"、"似实而虚"、"书事失实"、"自相违舛"、"年岁时世差互"、"官爵姓名谬误"、"世系乡里无法"、"尊敬君亲不严"、"纪志表传不相符合"、"一事两见而异同不完"、"载述脱误"、"事状丛复"、"宜削而反存"、"当书而反缺"、"义例不明"、"先后失序"、"编次未当"、"与夺不常"、"事有可疑"、"字书非是"等二十个条目下进行辨析。是书虽然不免"吹毛索瘢。然欧、宋之作新书，意主文章，而疏于考证。抵牾踳驳，本自不少。缜自序中所举八失，原亦深中其病，不可谓无裨史学也。"④吴缜又有《五代史

---

① 见徐规：《沈括生卒年问题的再探索》，《杭州大学学报》1977年第3期；张其凡：《沈括生卒年考辨》，载杭州大学宋史研究室：《沈括研究》，浙江人民出版社1985年版。

② 据李裕民考证，"《梦溪笔谈》始作于元丰六年、元祐元年至二年，至迟到五年初迁润州梦溪时已成书，是为二十六卷本。元祐五年至七年间再加增修，成三十卷。元祐七年至八年，作《补笔谈》，补三十卷本之不足。"（李裕民：《关于沈括著作的几个问题》，载杭州大学宋史研究室：《沈括研究》，浙江人民出版社1985年版，第182页。）

③ 吴缜：《新唐书纠缪》卷首《新唐书纠谬序》。

④ 永瑢等：《四库全书总目》卷四六《〈新唐书纠缪〉提要》，第411页。

纂误》一书，其书是为考证欧阳修的《新五代史》讹谬而作，该书对于《新五代史》的阙误："无不疏通剖析，切中症结。故宋代颇推重之。"①

沈括的《梦溪笔谈》虽非考史专书，但他对史事的考订之法却颇具启发意义。他除了经常利用文献资料考订史实外，还以自身生活阅历释史。如《唐六典》中有"涩河"之目，人多不晓其义。沈括在鄜延时，见安南行营诸将阅兵马籍，有称"过范河损失"，就询问他们"范河"的意思，方知越人称"淖沙"为"范河"，而北方人称"淖沙"为"活沙"。继而用亲身经历讲述了"活沙"之意："予尝过无定河，度活沙，人马履之，百步之外皆动，澒澒然如人行幕上，其下足处虽甚坚，若遇其一陷，则人马驰车，应时皆没，至有数百人平陷无孑遗者。"沈括非常重视第一手资料在史事考订中的作用。沈括家藏有唐画家阎立本所画唐秦府十八学士像，"各有真赞，亦唐人书"，沈括读后发现所书内容"多与旧史不同"。对此，沈括认为应以唐人所作的十八学士真赞为准："盖《唐书》成于后人之手，所传容有讹谬，此乃当时所记也。"沈括还通过实验来检验史事的真伪。如针对史书有汉人有饮酒数石不乱之说，沈括亲自按照制酒法进行了验证，进而对该说提出了质疑："予以制酒法较之，每粗米二斛，酿成酒六斛六斗。今酒之至醨者，每秫一斛，不过成酒一斛五斗，若如汉法，则粗有酒气而已。能饮者饮多不乱，宜无足怪。然汉之一斛，亦是今之二斗七升，人之腹中，亦何容置二斗七升水耶？或谓：'石乃钧石之石，百二十斤。'以今秤计之，当三十二斤，亦今之三斗酒也。于定国食酒数石不乱，疑无此理。"② 还经常运用丰富的历史地理知识疑史、证史。沈括有着丰富的历史地理知识，这使他常常能于常人不疑处置疑，并予以深入地剖析。如司马相如《上林赋》叙上林诸水称八川分流，"东注太湖"。沈括对此发问道："八川自入大河，大河去太湖数千里，中间隔太山及淮、济、大江，何缘与太湖相涉？"郭璞《江赋》云："注五湖以漫漭，灌三江而漰沛。"《墨子》曰："禹治天下，南为江、汉、淮、汝，东流注之五

---

① 永瑢等:《四库全书总目》卷四六《〈五代史记纂误〉提要》，第412页。
② 沈括撰，胡道静校注:《新校正梦溪笔谈》卷三《辩证》，第41—44页。

湖。"孔安国曰："自彭蠡，江分为三，入于震泽后，为北江而入于海。"沈括认为"此皆未尝详考地理。"因为"江、汉至五湖自隔山，其末乃绕出五湖之下，流径入于海，何缘入于五湖？淮、汝径自徐州入海，全无交涉。"进而对《禹贡》"彭蠡既潴，阳鸟攸居。三江既入，震泽底定。"进行了释读："以对文言，则彭蠡水之所潴；三江水之所入，非入于震泽也。震泽上源，皆山环之，了无大川；震泽之委，乃多大川，亦莫知孰为三江者。盖三江之水无所入，则震泽壅而为害；三江之水有所入，然后震泽底定，此水之理也。"通过对地名的研究，沈括发现"天下地名错乱乖谬，率难考信。"并以楚章华台为例，指出"亳州城父县、陈州商水县、荆州江陵、长林、监利县皆有之。乾溪亦有数处。"然后通过对《左传》所记述的楚灵王所建章华台的历史沿革的考辨，得出了章华台在临利县的结论。沈括根据宋太宗时期发现的古本《尚书》文字及《左传》的内容，修改了云梦泽在江南的传统观点，提出了"江南为梦，江北为云"新说，并指出云梦泽在宋代的位置："江南则今之公安、石首、建宁等县。江北则玉沙、监利、景陵等县，乃水之所委，其地最下。江南上渐，水出稍高，云方土而梦已作义矣。"① 沈括政绩虽颇遭人诟病，然对于其《梦溪笔谈》一书所显现出的"博洽与精核，人无异辞。"故是书一出，便引起学者的重视，从而对北宋的考据之学产生了重大影响。对此，有学者指出："宋人笔记中偏重于考证的类型，依笔者之见，实自《梦溪笔谈》问世后才渐趋大兴。沈括所谈的一些题目，在他身后的学者著述中往往一再被辩驳论证，且辗转讨究，甚至三五种书用几乎相同的标题议论一事，而其源莫不出于《笔谈》，此亦可见其书在宋代考证领域的重大影响。"②

苏辙自神宗元丰（1078—1085）年间开始撰述《古史》，直到绍圣二年（1095）三月方才撰成。苏辙撰写此书的动机主要是出于对《史记》的不满。在苏辙看来，"古之帝王皆圣人也"，其道至善："其道以无为为宗，万物莫能婴之。其于为善，如水之必寒，如火之必热；其于不为不善，如驺虞之不杀，

---

① 沈括撰，胡道静校注：《新校正梦溪笔谈》卷四《辩证》，第48—53页。
② 张富祥：《宋代文献学研究》，上海古籍出版社2006年版，第347—352页。

如窃脂之不谷。不学而成，不勉而得。其积之中者有余，故其推之以治天下者，有不可得而知也。孔氏之遗书曰：'喜怒哀乐之未发谓之中，发而皆中节谓之和。中也者，天下之大本也；和也者，天下之达道也。致中和，天地位焉，万物育焉。'天地万物犹将赖之以存，而况于人乎？"然而"自三代之衰，圣人不作。世不知本而驰骋于喜怒哀乐之余，故其发于事业日以鄙陋，不足以睎圣人之万一。虽春秋之际，王泽未竭，士生其间，习于礼义而审于利病，如管仲、晏子、子产、叔向之流，皆不足以知之。至于孔子，其知之者至矣，而未尝言。孟子知其一二，时以告人，而天下亦莫能信也。陵迟及于秦、汉，士益以功利为急，言圣人者皆以其所知亿之。儒者留于度数，而智者溺于权利，皆不知其非也。"对于这段历史，司马迁虽著《史记》以记之，但是由于"其为人浅近而不学，疏略而轻信。汉景、武之间，《尚书》古文、《诗》毛氏、《春秋》左氏皆不列于学官，世能读之者少。故其记尧、舜、三代之事，皆不得圣人之意。战国之际，诸子辩士各自著书，或增损古事以自信。一时之说，迁一切信之，甚者或采世俗相传之语，以易古文旧说。及秦焚书，战国之史不传于民间，秦恶其议己也，焚之略尽。幸而野史一二存者，迁亦未暇详也。故其记战国，有数年不书一事者。"于是为了阐述圣人之道，遂"因迁之旧，上观《诗》、《书》，下考《春秋》，及秦汉杂录，记伏牺、神农，迄秦始皇帝，为七本纪、十六世家、三十七列传，谓之《古史》。追录圣贤之遗意，以明示来世。至于得失成败之际，亦备论其故。"① 在其《颍滨遗老传》中论及撰述《古史》之意也称："司马迁作《史记》，记五帝三代，不务推本《诗》、《书》、《春秋》，而以世俗杂说乱之，记战国事，多断缺不完，欲更为《古史》。"② 书成之后，颇为自负地说："尧舜三代之遗意，太史公之所不喻者，于此而明；战国君臣得失成败之际，太史公所脱遗者，于此而足。"③《四库》馆臣虽批评苏辙"乃欲点定其书，殆不免于轻妄。"但也指出是书有

---

① 苏辙撰，桑海风、舒大刚点校：《古史自叙》，《古史》，《三苏全书》(3)，第351—352 页。

② 苏辙撰，陈宏天、高秀芳校点：《栾城后集》卷十二《颍滨遗老传上》，《苏辙集》，第1017 页。

③ 苏辙扎，桑海风、舒大刚点校：《书后》，《古史》，《三苏全书》(4)，第443 页。

"补《史记》所未及"之处，并且"其去取之间，亦颇为不苟。存与迁书相参考，固亦无不可矣。"①

总之，虽然此期对古史的研究呈现出明显的学术化倾向，但由于长期执政的新党对史学持排斥态度，因而成就相当有限。

二、　国史的撰述成为党争的工具

由于深知历史撰述活动对国家政治的影响，因而北宋统治者自一立国起就对国史的撰述严加控制，力求其合乎国家的要求。具体而言，从为撰述《实录》、《国史》所做的前期准备《时政记》起，就开始拣选"可书简册者"，抄录送付史馆。② 如仁宗朝"元昊叛命"、"契丹请地"事，时政记、起居注皆不录，皇祐五年（1053）司马光为史馆检讨后，请求宰执官员允许自己"就枢密府检寻事迹，以备载录。"宰相庞籍对此颇为重视，"自至史院商量"，然兼修国史之任的孙朴称"国恶不可书。"后又适逢庞籍离职，其事"遂寝。"③ 同时所修时政记、起居注等都要按时进呈皇帝审核。太平兴国八年（983），直史馆胡旦再请复时政记。同年八月，太宗诏令"今后中书门下应有国家裁制之事及帝王宣喻之言合书史册者，宜令参知政事李昉旋抄录逐季送史馆，以凭修撰日历。枢密院所行公事有合送史馆者，亦令副使一人准此。"是月，李昉上言"所修时政记，请每月先以奏御，后付所司。"此建议为太宗所采纳。④ 淳化五年（994）四月，梁周翰（929—1009）建议起居注"每月先进御，后降付史馆"，为太宗所采纳。⑤ 在实录、国史的撰述中，君主往往都有着深度的参与。如宋太宗针对沈伦监修的《太祖实录》，指出"先朝事，耳目相接，今《实录》中多有漏略，可集史官重修。"因于淳化五年（994）四月命张泊、李至等重修，同年十月，张泊等献《太祖纪》一卷，

---

① 永瑢等：《四库全书总目》卷五十《〈古史〉提要》，第448页。
② 徐松：《宋会要辑稿》第六十三册《职官六》"职官六之三〇"，第2511页。
③ 江休复：《嘉祐杂志》，《文渊阁四库全书》第1036册，第560页。
④ 徐松：《宋会要辑稿》第六十三册《职官六》"职官六之三〇"，第2511页。
⑤ 李焘：《续资治通鉴长编》卷三十五"太宗淳化五年四月丁酉"条，第779页。

"以朱墨杂书。凡躬承圣问及史官采摭之事，即朱书以别之"①。乾兴元年（1022）修《真宗实录》，朝廷"谕以一朝大典，谨笔削之意。"② 天圣（1023—1032）中修《真宗国史》，仁宗告诫监修国史王曾（978—1038）："先朝美政甚多，可谕史官详载之。"③ 熙宁十年（1077）七月，吴充（1021—1080）等进仁宗、英宗《纪草》两册，神宗"立而览之，顾问反覆，至读毕始坐。"④ 为了加强对国史撰述的控制，史官例以他职兼领而无专官。李心传所谓："自真庙以来，史馆无专官。"⑤ 自雍熙四年（987）起，国史、实录的修撰往往临时设局，并基本上成为制度。

由于国家对国史纂修控制严谨，因而消极之处颇为明显。如欧阳修论及宋代国史之撰述称，当时"员具而职废，其所撰述简略遗漏，百不存一，至于事关大体者，皆没而不书"。究其原因，"其弊在于修撰之官，惟据诸司供报，而不敢书所见闻故也。今时政记虽是两府臣僚修纂，然圣君言动有所宣谕，臣下奏议事关得失者，皆不记录，惟书除目、辞见之类，至于起居注亦然，与诸司供报公文无异。修撰官只据此铨次，系以月日，谓之日历而已。是以朝廷之事，史官虽欲书而不得书也。自古人君不自阅史，今撰述既成，必录本进呈，则事有讳避，史官虽欲书而又不可得也。加以日历、时政记、起居注，例皆承前，积滞相因。故纂录者常务追修累年前事，而岁月既远，遗失莫存。至于事在目今，可以详于见闻者，又以追修积滞，不暇及之。"⑥ 且在国史的撰述过程还常常出现反复，如太祖实录四修，太宗、哲宗实录两修。但大体而言，在相当长时期内，宋代统治阶级对国史的撰述活动基本上都实现了有效的控制。

然而自哲宗继位起，由于党争愈演愈烈，国史的撰述遂成为党争中党同

---

①　王应麟：《玉海》卷四八"咸平重修太祖实录"条，第908页。

②　王应麟：《玉海》卷四八"乾兴真宗实录"条，第909页。

③　李焘：《续资治通鉴长编》卷一百七"天圣七年三月壬午"条，第2504页。

④　王应麟：《玉海》卷四六"熙宁修仁宗英宗两朝正史"条，第877页。

⑤　李心传撰，徐规点校：《建炎以来朝野杂记·甲集》卷十《史馆专官》，中华书局2000年版，第207页。

⑥　欧阳修撰，李逸安点校：《欧阳修全集》卷一百一十一《论史馆日历状》，第1687—1688页。

伐异的工具。哲宗元祐元年（1086）二月至元祐六年（1091）三月，修成《神宗实录》（墨本）200卷进御。此次实录的纂修，新党蔡确仅短期任提举官，很快便被旧党司马光等取代，任修撰、检讨以及编修者也多为旧党，如苏轼、苏颂、黄庭坚、范祖禹等，因而撰述过程中对王安石变法持批评态度。以至于参与修撰的王安石门生陆佃（1042—1102）多次与史官范祖禹、黄庭坚发生争执，"大要多是安石，为之晦隐。庭坚曰：'如公言，盖佞史也。'佃曰：'尽用君意，岂非谤书乎！'"① 元祐七年（1092）七月，修《神宗正史》，吕大防提举，范祖禹、赵彦若等预其事。元祐八年（1093）三月，进《神宗皇帝纪草》。

由于旧党主持纂修的《神宗实录》、《神宗正史》党旧党而斥新党，因而引起新党的强烈不满。故哲宗一亲政，新党即上疏攻击旧党。如刘拯（？—约1107）上言，"元祐修先帝实录，以司马光、苏轼之门人范祖禹、黄庭坚、秦观为之，窜易增减，诬毁先烈，愿明正国典。"② 翟思奏称："元祐间，吕大防提举实录，祖禹、庭坚等编修，刊落事迹，变乱美恶，外应奸人诋诬之说。"③ 绍圣元年（1094）四月，蔡卞（1058—1117）奏称："先帝圣德大业，卓然出千古之上，发扬休光，正在史策。而《实录》所记，类多疑似不根。乞验索审订，重行刊定，使后世考观，无所迷惑。"哲宗"诏从之"④。遂以章惇（1035—1105）为提举官，蔡卞、曾布（1036—1107）、林希等预其事，审查与修订元祐（1086—1094）所修神宗《实录》及《正史》。曾布因指出："比奉诏旨，重行修定《神宗皇帝实录》。臣窃观《实录》所载事迹，于去取之际，诚有所偏。如时政记皆时执政所共编修，往往不以为信。至司马光记事及杂录，多得宾客或道路传闻，悉以为实，鲜不收载。闻王安石秉政日，凡所奏对论议，日有记录，皆安石手自书写一时君臣咨诹反复之语。请降旨

---

① 脱脱等：《宋史》卷三百四十三《陆佃传》，第10918页。
② 脱脱等：《宋史》卷三百五十六《刘拯传》，第11199页。
③ 马端临：《文献通考》卷一百九十四《经籍考·经籍二十一》，第1644页。
④ 徐乾学：《资治通鉴后编》卷九十一"绍圣元年四月戊辰"条，《文渊阁四库全书》第343册，第677页。

下本家取索投进，付本院参合照对编修，庶一代信史，不失事实。"曾布的建议得到了哲宗的采纳。① 绍圣元年（1094）五月，"以王安石《日录》参定神宗《实录》、《正史》。"蔡卞于是从王安石的从子王防家取《日录》以上，"因芟落事实，文饰奸伪，尽改元祐所修。"② 陈瓘所谓："凡日历、时政记及《神宗御集》之所不载者，往往专据此书，追议刑赏。"③ 初修本中来自司马光《涑水纪闻》的文字被尽行抹去。当时台谏官前后章疏奏言："实录院所修先帝实录类多附会，奸言诋斥熙宁以来政事，乞重行罢黜。"哲宗怒称："史官敢如此诞谩不恭，须各与安置。"遂重贬范祖禹、赵彦若、黄庭坚等。④

重修神宗实录至绍圣三年（1096）十一月撰成。修改过程中，以色笔分别之，"其朱书系新修，黄字系删之，墨字系旧文，其增改删易处则又有签贴。"亦为二百卷，号称"朱墨本"。⑤

针对《神宗正史》，纂修者"芟落事实"，多所改易。绍圣三年（1096）十月，邓洵武（1057—1121）为编修官，其人"撰《神宗史》，议论专右蔡卞，诋诬宣仁后尤切，史祸之作，其力居多。"⑥ 元符元年（1098）四月，章惇等进《神宗皇帝正史纪》二册。

及至徽宗即位后，旧党对绍圣（1094—1098）时期所修《神宗实录》提出批评意见。元符三年（1100）四月，晁说之上言，批评绍圣（1094—1098）时期大臣以元祐（1086—1094）时期所修《神宗实录》为诬谤之书，请求徽宗"诏神考旧史并行不毁，以去后世之疑。"⑦ 五月，陈瓘批评绍圣（1094—1098）时期所修《神宗实录》"夺宗庙之美以归故臣，建掌书之官以修私史，考之往古，并无此例。"要求予以改正："改而正之，理不可缓。所有绍圣

---

①　周煇：《清波别志》卷下，中华书局 1985 年版，第 158 页。

②　徐乾学：《资治通鉴后编》卷九十一"绍圣元年五月己酉"条，第 678 页。

③　陈瓘：《上徽宗乞别行删修绍圣神宗实录》，赵汝愚编，北京大学中国中古史研究中心校点整理：《宋朝诸臣奏议》卷六十，第 657 页。

④　徐乾学：《资治通鉴后编》卷九十一"绍圣元年十二月甲午"条，第 682 页。

⑤　陈振孙：《直斋书录解题》卷四"起居注类"，第 130 页。

⑥　脱脱等：《宋史》卷三百二十九《邓洵武传》，第 10599 页。

⑦　晁以道：《景迂生集》卷一《元符三年应诏封事》，《文渊阁四库全书》第 1118 册，第 8 页。

《神宗实录》，愿诏史臣别行删修，以成一代不刊之典。"① 陈次升（1044—1119）继而也附和陈瓘要求重修《神宗实录》。建中靖国元年（1101）六月，徽宗下诏重修《神宗实录》，指出神宗的盛德大业，"三代比隆"，然而史官"或怀私见，议论去取，各有所偏，参错异同，未归至当，不惟无以传信于万世，亦恐屡以招致于人言。"为此要求史官在前修的基础上，斟酌去取："夫熙宁、元丰，事实具备，元祐、绍圣，编录具存，订正讨论，其在今日。笔则笔，削则削，宜公乃心；是谓是，非谓非，无忝厥职。庶称朕丕扬先烈，昭示无穷之意。其令修史官取索元祐、绍圣实录，应于文字讨论事迹。依公参详去取，务要所书，不至失实。"② 此次纂修史官可考者，有韩忠彦（1038—1109）为提举官，邓洵武为修撰官。然十月份又从左正言范致虚之言，"诏前降修实录参取元祐及陈瓘乞删除王安石《日录》等指挥勿行，仍诏实录院以朱墨本进。"③ 三修遂中止。

对于《神宗正史》徽宗自己也称"元祐、绍圣所修《神宗史》，互有得失，当折中其说，传信万世。"于是"遂诏刊定"。④ 元符三年（1100）九月，"诏修《神宗史》"⑤，以韩忠彦为提举，预其事者有徐勣、陈瓘、晁补之（1053—1110）、上官均等。建中靖国元年（1101）七月，又"诏重修《神宗正史》"⑥。因国史久不成，徐勣建言："《神宗正史》，今更五闰矣，未能成书。盖由元祐、绍圣史臣好恶不同，范祖禹等专主司马光家藏记事，蔡京兄弟纯用王安石《日录》，各为之说，故论议纷然。当时辅相之家，家藏记录，何得无之？臣谓宜尽取用，参订是非，勒成大典。"徐勣的建议得到徽宗的认可，"命勣草诏戒史官，俾尽心去取，毋使失实。"⑦ 邹浩（1060—1111）建

　　① 陈瓘：《上徽宗乞别行删修绍圣神宗实录》，赵汝愚编，北京大学中国中古史研究中心校点整理：《宋朝诸臣奏议》卷六十，第657页。
　　② 《宋大诏令集》卷一百五十《政事三·重修神宗实录诏》，第558页。
　　③ 李埴：《皇宋十朝纲要》卷十六，《六经堪丛书初集》本。
　　④ 脱脱等：《宋史》卷三百五十一《刘正夫传》，第11099页。
　　⑤ 脱脱等：《宋史》卷十九《徽宗纪》，第360页。
　　⑥ 李埴：《皇宋十朝纲要》卷十六，《六经堪丛书的集》本。
　　⑦ 脱脱等：《宋史》卷三百四十八《徐勣传》，第11025页。

中靖国元年（1101）称当时"已降指挥，兼用新、旧《实录》及《实录》之所不载而明有稽据可参相照者，并听详考事实，书之《国史》。"① 后以蔡京提举，至崇宁三年（1104）八月修成，共 120 卷。是书体现着新党的主张。如徐度称："余顷见史院《神宗国史稿·富韩公传》称少时范仲淹一见，以王佐期之。蔡太师（京）大书其旁曰：'仲淹之言何足道哉！'"②

靖康（1126—1127）中，杨时、陈过庭（1071—1130）相继上书，请求改正宣仁皇后谤史。杨时声称宣仁皇后"保佑哲宗皇帝殆十年，枉被诬谤，久而未明。"究其原因，乃在于绍圣初用事的章惇、蔡卞等为了自己之私利，"上诬圣母"，下以"中伤元祐之人"，以至于"天下衔冤积怨几四十年"。因而请求钦宗"下秘书省国史案索《元祐时政记》，一赐览观，庶以究见事实"，昭洗冤情，"滥恩所被，悉行改正，以释天下积年愤郁之气。"③ 陈过庭也称宣仁皇后"保佑哲宗，功在社稷，垂裕无穷"，但由于在当政期间，"登用耆旧，惠养黎元"，同时弃黜"奸险刻薄之徒"，结果招致这些小人的报复，以至于"负诬谤于天下者垂四十年"，因而请求钦宗"令三省、枢密院及侍从臣僚共议其事，辨明休烈，振发潜光"云云。④

北宋晚期不同党派间围绕国史撰述展开的斗争，进一步深化了党派的矛盾，并破坏了自庆历（1041—1048）以来学界经过长期努力而确立的新的伦理观念。

三、 金石学大盛

由于北宋统治阶层向往二帝三王之治，持续推崇王道，并且徽宗又推波助澜："宪章古始，眇然追唐虞之思，因大宗尚。"⑤ 因而发端于庆历

---

① 邹浩：《道乡集》卷二十《辞免同修国史第二状》，《文渊阁四库全书》第 1121 册，第 332 页。

② 徐度：《却扫编》卷中，《丛书集成初编》本，第 114 页。

③ 杨时：《上钦宗乞改正宣仁皇后谤史》，赵汝愚编，北京大学中国中古史研究中心校点整理：《宋朝诸臣奏议》卷六十，第 661 页。

④ 陈过庭：《上钦宗乞改正宣仁皇后谤史》，赵汝愚编，北京大学中国中古史研究中心校点整理：《宋朝诸臣奏议》卷六十，第 662 页。

⑤ 蔡絛撰，冯惠民、沈锡麟点校：《铁围山丛谈》卷四，第 79 页。

（1041—1048）之际的金石学呈现出蓬勃发展的势头，出现了多部重要的金石学著作。其著名者有李公麟（1049—1106）的《考古图》，吕大临（1040—1092）的《考古图》（10 卷），王黼（1079—1126）等的《宣和博古图》（30卷），赵明诚（1081—1129）的《金石录》（30 卷），黄伯思（1079—1118）的《东观余论》（10 卷）等。而沈括的《梦溪笔谈》所记金石条目虽有限，但其价值却甚高。

　　欧阳修等金石证史的思想为此期学者所继承。如吕大临称金石可以"补经传之阙亡，正诸儒之谬误"①。赵明诚以金石来研史考经："余自少小，喜从当时学士大夫访问前代金石刻词，以广异闻。后得欧阳文忠公《集古录》，读而贤之，以为是正讹谬，有功于后学甚大。"赵明诚强调了金石文字作为第一手资料的可信度："窃尝以谓《诗》、《书》以后，君臣行事之迹悉载于史，虽是非褒贬出于秉笔者私意，或失其实，然至其善恶大节有不可诬，而又传之既久，理当依据。若夫岁月、地理、官爵、世次，以金石刻考之，其牴牾十常三四。盖史牒出于后人之手，不能无失，而刻石当时所立，可信不疑。"②又称"余每得前代名臣碑版以校史传，其官阀、岁月少有同者，以此知石刻为可宝也。"③李清照也称《金石录》所载有"足以订史氏之失者"④。

　　考订可分为以金石证文献之谬和以金石补文献之阙。以金石证文献之谬。如沈括以所得青铜器物证《三礼图》之误。宋立国后，即采用聂崇义所编撰的《三礼图》作为制定礼义制度的依据，而沈括则利用金石器物对《三礼图》提出了广泛的质疑。如沈括以自己所得黄彝证《三礼图》所载黄彝之误："礼书所载黄彝，乃画人目为饰，谓之'黄目'。予游关中，得古铜黄彝，殊不然"云云。以古铜罍证《三礼图》罍皆以木为之之误："或曰：'《礼图》罍彝，皆以木为之，未闻用铜者。'此亦未可质，如今人得古铜罍者极多，安

① 吕大临：《考古图序》，《考古图》，中华书局 1987 年版，第 2 页。
② 赵明诚撰，金文明校证：《〈金石录〉序》，《金石录校证》，上海书画出版社 1985 年版，第1 页。
③ 赵明诚撰，金文明校证：《金石录校证》卷十五《汉荆州刺史度尚碑跋尾》，第 281 页。
④ 李清照：《金石录后序》，赵明诚撰，金文明校证：《金石录校证》，第 560 页。

得言无？如《礼图》甊以瓦为之，《左传》却有'瑶甊'；律以竹为之，晋时舜祠下乃发得玉律。此亦无常法。"以时人发古冢所得蒲璧、谷璧证《三礼图》所载蒲谷璧之误："如蒲谷璧，《礼图》悉作草稼之象，今世人发古冢得蒲璧，乃刻文蓬蓬如蒲花敷时；谷璧如粟粒耳。"进而得出了"《礼图》亦未可为据"的结论。又称："《礼书》言罍画云雷之象，然莫知雷作何状。今祭器中画雷，有作鬼神伐鼓之象，此甚不经。予尝得一古铜罍，环其腹皆有画，正如人间屋梁所画曲水，细观之乃是云雷相间为饰"云云。① 赵明诚以《秦泰山刻石》证史书之误："以《史记·本纪》考之，颇多异同。《史》云'亲巡远方黎民'，而碑作'亲巡远黎'；《史》云'大义休明'，而碑作'著明'；《史》云'垂于后世'，而《碑》作'陲于后嗣'；《史》云'皇帝躬圣'，而《碑》作'躬德'；《史》云'男女礼顺'，而《碑》作'体顺'；《史》云'施于后嗣'，而《碑》作'昆嗣'；《史》云'具刻诏书刻石'，而《碑》作'金石刻'，皆足以正史氏之误。"② 又以《汉国三老袁君碑》和《后汉书》考订《元和姓纂》及《唐书·宰相世系表》的相关内容，发现关于袁干的族系叙述，"《姓纂》与《唐表》殊为疏谬。"并感叹说："袁氏自汉以来，世为著姓，安与滂皆一时显人，而诸书于其族系错谬如此，以此知典籍所载，其失可胜道哉！"③ 以金石补经史之阙。如赵明诚非常注意搜求为史传所遗漏的姓氏以补其阙："右《汉唐君碑阴》，载出钱造碑人，有故从事、故督邮、故吏、处士、门生、门童等姓名。案《唐君碑》云：'处士阊葵斑等刻石树颂。'而《碑阴》又有'故吏阊葵巴、处士阊葵楚'。阊葵姓不见于前史，而《姓苑》、《姓纂》之类亦皆不载，盖前代氏族，或因改易，或浸微不显，遂泯没而无传者甚众。今世所有姓氏书，类多简略不完，惟时时见于时刻者，余每记之，以裨姓氏书之阙云。"④

与此同时，学者们也注意到文献可订证金石之阙疑。以文献释金石之疑。

---

① 沈括撰，胡道静校注：《新校正梦溪笔谈》卷十九《器用》，第 190—191 页。
② 赵明诚撰，金文明校证：《金石录校证》卷十三《秦泰山刻石跋尾》，第 241 页。
③ 赵明诚撰，金文明校证：《金石录校证》卷十四《汉国三老袁君碑跋尾》，第 253—254 页。
④ 赵明诚撰，金文明校证：《金石录校证》卷十八《汉唐君碑阴跋尾》，第 329 页。

如沈括在长安故宫阙遗址发现一唐代肺石，其上虽有题刻，但已不可辨认，沈括利用《周礼》对其进行了考释："按《秋官》：'大司寇以肺石达穷民。'原其义，乃伸冤者击之，立其下，然后士听其辞，如今之挝登闻鼓也。所以肺形者，便于垂。又肺主声，声所以达其冤也。"① 吕大临释鄎子钟："按《史记》郑悼公元年，鄎公恶郑于楚，徐广曰：鄎音许，许公，灵公也。《左氏传》鲁成公五年，许灵公愬郑伯于楚，郑悼公如楚讼，不胜。以是推之，许灵公即鄎公，鄎、许，文异而音义同。"② 东汉幽州刺史朱龟碑中有"蛮夷授手乞降"之语，而赵明诚翻检史书，发现《后汉书·西南夷传》称："熹平五年，诸夷反叛，执蜀郡太守雍陟。遣御史中丞朱龟讨之，不能克。太尉掾李颙建策讨伐，乃以颙为益州太守，发板木盾蛮击破平之。"同时"常璩《华阳国志》亦载其事，与《史》同。"由此得出结论："疑《碑》所书非实录也。"③ 以文献补金石之阙。如赵明诚考释《汉孔君碣》中阙字称："右《汉孔君碣》，在孔子墓林中，其额题'孔君之墓'，文已残阙；其前云'元年乙未'，而'元年'上阙二字。按东汉自建武以后，惟桓帝永寿元年岁次乙未，其他有三乙未，皆非元年，然则此《碣》所阙二字当为'永寿'也。"④ 在用金石与文献互证的同时，学者们还以金石证金石。如吕大临释"双鱼洗"："前一洗不知所从得，后二洗得于新郑，形制与大洗同而差小，皆有'宜子孙'三字，旁有双鱼为饰"，然后指出："《唐会要》云上元二年，高宗命韦弘机营东都上阳宫，于涧曲疏建阴殿，掘得古铜器似盆而浅，中有蹙起双鲤之象，鱼间有四篆字'长宜子孙'，与此器同，皆汉洗也。"⑤ 赵明诚《秦琅邪台刻石跋尾》："右《秦琅邪台刻石》，在今密州。其颂诗亡矣，独从臣姓名及二世诏书尚存，然亦残缺。熙宁中，苏翰林守密，令庐江文勋模揭刻石，即此碑也。从臣姓名，'五大夫'作'夫夫'，泰山秦篆亦如此。或以

---

① 沈括撰，胡道静校注：《新校正梦溪笔谈》卷十九《器用》，第193页。
② 吕大临：《考古图》卷七《鄎子钟》，第133页。
③ 赵明诚：《金石录校证》卷十八《汉幽州刺史朱龟碑跋尾》，第330—331页。
④ 赵明诚：《金石录校证》卷十五《汉孔君碑跋尾》，第271页。
⑤ 吕大临：《考古图》卷九《双鱼洗》，第160页。

谓古'大'与'夫'同，为一字，恐不然。余家所藏古器款识，有《周大夫始鼎》及《秦权铭》，'黔首大安'皆用'大'字。盖古人简质，凡字点画相近及音同者，多假借用之，别无它义。东汉时碑刻尚多如此。"① 《汉卫尉卿衡方碑跋尾》："右《汉卫尉卿衡方碑》，有云：'感背人之《凯风》，悼《蓼仪》之劬劳。'以'蓼莪'为'蓼仪'，他汉碑多如此。盖汉人各以其学名家，故所传时有异同也。"②

金石文字有益于道德教化的思想也为学者所继承。如刘敞一样，学者们也重视三代彝器形制，认为其中蕴含着有助于道德教化的圣人之意。沈括认为："大抵先王之器，皆不苟为。昔夏后铸鼎以知神奸，殆亦此类。恨未能深究其理，必有所谓。"③ 李公麟重视金石对礼制的作用，认为圣人之旨正寓于器用之间，后人由器求象，由象求意，就可以得圣人不传之秘："圣人制器尚象，载道垂戒，寓不传之妙于器用之间，以遗后人，使宏识之士，即器以求象，即象以求意，心悟目击命物之旨，晓礼乐法而不说之秘，朝夕鉴观，罔有逸德，此唐虞画衣冠以为纪，而使民不犯于有司。岂独眩美资玩，为悦目之具哉。"④ 吕大临认为由于古圣"可尊"、"可法"，因而"尧舜禹皋陶之言皆曰'稽古'，孔子自道亦曰'好古，敏以求之。'所谓'古'者，虽先王之陈迹，稽之好之者必求其所以迹也，制度法象之所寓，圣人之精义存焉。"所以"观其器，颂其言，形容仿佛，以追三代之遗风，如见其人矣。"⑤ 王黼称："凡彝器有取于物者小，而在礼实大；其为器也至微，而其所以设施也至广。"⑥ 徽宗还把这种观念予以实现，所谓："徽宗所储三代彝器，诏（刘）昺讨定，凡尊爵、俎豆、盘匜之属，悉改以从古，而载所制器于祀仪，令太学诸生习肄雅乐。"⑦ 由于学者极重此学，故图录之作甚多。其著者有吕大临的

① 赵明诚撰，金文明校证：《金石录校证》卷十三《秦琅邪刻石跋尾》，第 242 页。
② 赵明诚撰，金文明校证：《金石录校证》卷十六《汉卫尉卿衡方碑跋尾》，第 293 页。
③ 沈括撰，胡道静校证：《新校正梦溪笔谈》卷十九《器用》，第 623 页。
④ 翟耆年：《籀史》卷上《李伯时考古图五卷》，《守山阁丛书》本。
⑤ 吕大临：《考古图序》，《考古图》，第 2 页。
⑥ 王黼：《重修宣和博古图》卷十四"爵总说"，《文渊阁四库全书》第 840 册，第 650 页。
⑦ 脱脱等：《宋史》卷三百五十六《刘昺传》，第 11207 页。

《考古图》10卷，王黼等奉敕编撰的《宣和博古图》30卷。

在重视钟鼎彝器形制的同时，学者们也强调金石文字在道德教化方面作用甚大。如为了劝世人远小人，赵明诚特详录《杨历碑》："右《唐杨历碑》，题云'义男光禄大夫、前中书令、上柱国、越国公、太子右谕德'。颍川钟绍京撰铭并书。历，中官杨思勖父也。绍京出于胥吏，无他才能，特以贪缘附会，致位宰相，固无足道者，然屈于阉竖，至以父事之，而又著之金石，略无愧耻，亦甚矣！书之可以为后来之戒，而新、旧《史》皆阙焉。故余详录之于此者，有以见小人苟可以得利，无不为也。"① 在《汉州辅碑阴跋尾》中赵明诚又批评了那些热衷于攀附权贵的势利小人："右《汉州辅碑阴》，京兆尹延笃叔坚而下，题名者凡四十余人。自东汉以后，一时名卿贤士大夫，死而立碑，则门生故吏往往寓名其阴，盖欲附讬以传不朽尔。今辅一宦者，而碑阴列名者数十人，虽当代显人如延叔坚亦预焉，有以见权势之盛如此。虽然，区区挂名于此者，亦可耻也夫！"②

最后刘敞的金石可以正定文字的思想也为学者所继承。如黄伯思"好古文奇字，洛下公卿家商、周、秦、汉彝器款识，研究字画体制，悉能辨正是非，道其本末，遂以古文名家，凡字书讨论备尽。"③

针对元祐（1086—1094）以后，金石学大盛的现象，曾机认为与此期古器物不断出现有关："元祐以竣，地不爱宝，颓堤废墓，埋鼎臧敦，所触呈露，由是《考古》、《博古》之书生焉。"④ 实则是由于徽宗刻意追求古器，导致金石器物价格暴涨，为追求利益，民间破冢相随所致。蔡絛称："世既知其所以贵爱，故有得一器，其直为钱数十万，后动至百万不翅者。于是天下冢墓，破伐殆尽矣。独政和间为最盛，尚方所贮至六千余数，百器遂尽。……时所重者三代之器而已，若秦、汉间物，非殊特盖亦不收。及宣和后，则咸蒙贮录，且累数至万余。若岐阳宣王之石鼓，西蜀文翁礼殿之绘像，凡所知

---

① 赵明诚：《金石录校证》卷二十六《唐杨历碑跋尾》，第477页。
② 赵明诚：《金石录校证》卷十五《汉州辅碑阴跋尾》，第272—273页。
③ 脱脱等：《宋史》卷四百四十三《黄伯思传》，第13106页。
④ 曾机：《〈啸堂集古录〉跋》，王俅：《啸堂集古录》，《续古逸丛书》本。

名，罔间巨细远近，悉索入九禁。而宣和殿后，又创立保和殿者，左右有稽古、博古、尚古等诸阁，咸以贮古玉印玺，诸鼎彝礼器，法书图画尽在。"①
叶梦得称："宣和间，内府尚古器。士大夫家所藏三代秦汉遗物，无敢隐者，悉献于上。而好事者复争寻求，不较重价，一器有值千缗者。利之所趋，人竞搜剔山泽，发掘冢墓，无所不至。往往数千载藏，一旦皆见，不可胜数矣。"②

第三节　相对消沉的正统论争

就正统观而言，此期仍有学者以五德立论，如"元祐中人"诸葛深撰《绍运图》一卷③。"自伏羲迄皇朝神庙五德之传及纪事，皆著于篇云。"④ 而多数仍沿着欧阳修等所开创的议题展开。

如刘弇（1048—1102）称："《传》曰：'王者大一统。'孟子曰：'创业垂统。'然则统之为言，固有天下者之所欲一，而又其所甚重者钦。"⑤ 毕仲游（1047—1121）称："孔子作《春秋》，以天下无王而作也。虽以无王而作，然至于周之爵命盟会聘使，未尝不称王也。虽有桓、文、穆、庄之霸，未尝不称侯、伯、子也。是不敢计治乱盛衰，而一以周为正统也。"当然他也称言天命："历数存于天，治乱在于人。"但同时他又指出，一个朝代是否得到了所谓的"历数"是以人事的治乱兴衰为依据的："故所谓得其统者，可当其历数也。可当其历数者，岂以图书敕之而言语告之哉？亦观其兴废善恶长短之效而已矣。"⑥ 故其虽称言历数，但神学色彩甚淡。陈师道的正统观神学色彩比较浓，但同时他也不废人事。如他论及正统之"正"称"正之说有三，

① 蔡絛撰，冯惠民、沈锡麟点校：《铁围山丛谈》卷四，第80页。
② 叶梦得：《避暑录话》卷下，《丛书集成初编》本，第59页。
③ 陈振孙：《直斋书录解题》卷四"编年类"，第116页。
④ 晁公武著，孙猛校证：《郡斋读书志校证》卷六，第275页。
⑤ 刘弇：《龙云集》卷二十八《策问第四》，《文渊阁四库全书》第1119册，第297页。
⑥ 毕仲游撰，陈斌校点：《西台集》卷四《正统议》，中州古籍出版社2005年版，第45—46页。

而其用一。三者，天、地、人也。天者，命也。天与贤则贤，天与子则子，非人所能为也，故君子敬焉。地者，中国也。天地之所合也，先王之所治也，礼乐刑政之所出也，故君子慕焉。人者，德功也。德者，化也；功者，事也，故君子尚焉。一者，义也。可进则进，可黜则黜，而统有归矣，吾于《诗》与《春秋》见之也。"①

刘弇对欧阳修、章望之的正统、霸统说发表了自己的看法："三代而下，统之最可疑者其魏、宋、齐、梁、陈、拓跋之魏、宇文之后周、高氏之北齐与夫末造之五代乎！其始也，陈寿盖尝统魏而伪吴、蜀矣，而江南之宋至号魏为索房，代北之魏或称宋为岛夷，然则所谓统者尚焉所取正耶！此宜前日学士大夫所以有正统、霸统之论也。"指出关于这一问题学者已进行了深入的探讨，进而发问道："然则所谓正统、霸统果若是其多岐哉？"继而在借鉴苏轼正统观的前提下，刘弇也表达了自己对正统问题的看法。在他看来，衡量一个朝代是否为正统，一统的标准至为重要："传曰：'王者大一统。'孟子曰：'创业垂统。'然则统之为言，固有天下者之所欲一，而又其所甚重者欤。"苏轼认为历代君主获取天下的手段德、功、力、弑等，刘弇则认为第四种手段应该是"胁"而非"弑"："尧舜以德，三代以德与功，秦、隋、拓跋、后唐晋汉周以力，魏、晋、北齐、后周、齐、梁、陈以胁，其所以有天下与所以为天下虽参差不齐，盖皆不出乎功德力胁。"②

毕仲游对于正统问题也有着自己的观点，如就秦而言，毕仲游与章望之一样，也没有予之正统地位。章望之的理由是秦虽得天下，但无功德。毕仲游也持此看法，但要比章望之讲得更详细："由周而下，秦继周矣。始皇以威力强灭六国而帝天下。二世不改，又大远人情而为政。故嬴姓之立，十四岁而易，是始不能以仁义取，终不能以仁义守，历数不得于天，治乱不得于人，非可与三代同为政也。"就曹魏而言，欧阳修认为曹魏之取汉，如同汉之取秦，具有正义性。故予之正统，章望之则认为曹魏以篡兴，故不仅不赞成予

①　陈师道：《陈后山集》卷十六《正统论》，《适园丛书》本。
②　刘弇：《龙云集》卷二十八《策问第四》，第297页。

其正统，而且也没有予其霸统。苏轼虽承认曹魏为篡立，且没有统一天下，但当时魏在三国中实力最强，因此要予之正统。毕仲游在借鉴苏轼的观点的基础上，又加上存在长短这一标准："若曹魏之继汉，司马晋之继魏，虽取之非道，而子孙血食，或五六世，或十数世。较于当日，又无其他长久之主以相拟，故亦可独推其统而言正矣。"就萧梁而言，尹洙予之正统，毕仲游采王通之说不予其正统地位："比较梁取之非道而子孙不长也。是以不取其继晋之统，而以后魏、周、隋为正统焉。故王通亦尝称皇魏之德，以其兴起自然，历年久也。"在对秦、曹魏、萧梁进行探讨的基础上，毕仲游提出自己的以功、德、时为标准评判正统的主张："故所谓得其统者，可当其历数也。可当其历数者，岂以图书敕之而言语告之哉？亦观其兴废善恶长短之效而已矣。"①

陈师道继承并发展了苏轼的正统就是拥有天下，正统观是为了解决乱世无君现象而出现的观念："统者，一也，一天下而君之，王事也，君子之所贵也，吾于《诗》、《春秋》、《孟子》见之也。《周南》自风而雅，王者之事也；《召南》自家而国，诸侯之事也。公羊子曰：'王正月者，大一统也。'孟子曰：'伊尹、孔子得百里之地，皆能朝诸侯而有天下也。'夫正者以有贰也，非谓得之有正与否也。天下有贰，君子择而与之，所以致一也。不一则无君，无君则人道尽矣，吾于《中说》见之也。王子曰：'中国有一，圣人明之；中国有并，圣人除之。'夫列国并立而不相尚，君子必致于一者，不欲天下一日而无君也，吾于《春秋》见之也。《诗》降于风，《书》绝于《文侯之命》，则天下无王矣，《春秋》所以作也。天下无王，而正月必书王者，所以君之也。"进而提出了自己的评定正统的标准，即三才标准："正之说有三，而其用一。三者，天、地、人也。天者，命也。天与贤则贤，天与子则子，非人所能为也，故君子敬焉。地者，中国也。天地之所合也，先王之所治也，礼乐刑政之所出也，故君子慕焉。人者，德功也。德者，化也；功者，事也，故君子尚焉。一者，义也。可进则进，可黜则黜，而统有归矣，吾于《诗》与《春秋》见之也。"然后以此为依据，对历代正统归属问题进行了辨析。就

---

① 毕仲游撰，陈斌校点：《西台集》卷四《正统议》，第45—46页。

春秋时期东周与齐、晋的正统归属而言，齐、晋有功于天下，然由于眷顾东周的天命未改，故齐、晋不可得而王："桓、文一中国，却外夷，出民水火之中，有功矣。天命未改，故管仲不得而革也。夫周，存之者，天也，文、武之泽也；黜之者，人也，天下之法也，此周与齐、晋之辨也。"就秦而言，陈师道不赞成因为秦推行暴政就将其排除在正统之外："秦之昭襄始亡周而臣诸侯，及始皇又合六国而为一，而学者不以接统，岂不已甚矣哉！"并持秦为正统观点："以秦之暴，疾之可也，而不谓天下为秦可乎？夺之其谁与哉？"这显然是对章望之黜秦为霸统观点的回应①。

就新而言，学者皆不予其正统，但由此也产生一个问题，若不予其统，则如何书写该段历史。就欧阳修而言，他认为："天下有统，则为有统书之；天下无统，则为无统书之。然后史可法也。"新属绝统，则据实作《王莽传》既可："汉之中衰，王莽篡位，十有五年而败。是汉之统，尝绝十五年而复续。然为汉史者，载其行事，作《王莽传》。是则统之绝，何害于记事乎？"②陈师道显然不赞成欧阳修的绝统说，而与尹洙一样，持传统的统运流转，间不容发的观念，而以王莽新朝为闰，其年效法《春秋》系季氏专国行君之事的七年于鲁昭公、鲁定公之下那样，将新朝之年系之于元始之下："以元始属之建武，其可矣"。就曹魏而言，与其并立的蜀汉，是汉之余绪，但其地与功德皆不足道，故"君子不得而私焉"。吴与魏一样皆有志于天下，皆有功于民，所不同的是魏地处中州，是为君子所慕的先王之地，故以曹魏为正统："吴、魏皆有志于天下，又皆有功于民，而魏则中州也，于是与之，其得已乎！"就南北朝时期正统归属问题而言，他糅合了王通、尹洙、张方平等人的观点，提出了自己的主张，即南北分裂时期的正统谱系是晋、宋、元魏："南北之变，吾于《元经》见之也。晋之东，犹汉也。属而继宗，古之制也。其所以贵者，以中土之无代也。君子因其旧而与之，犹周也。皇始授魏，进之也，天也。而帝晋者，人也。魏可贵而未贵，晋可贱而未贱，故君子持之也。

① 陈师道：《陈后山集》卷十六《正统论》。
② 欧阳修撰，李逸安点校：《欧阳修全集》卷十六《明正统论》，第 279 页。

持之者，待其定也。晋、宋有其志，又有其功，而魏未有以胜之。武、文没而孝文兴，于是南北定矣。故宋亡而帝魏也。"针对元魏为夷狄所建这一问题，陈师道引经据典从文化的角度予以消解："夷而变，虽未纯乎夏，君子进之也。夏而变，虽未纯乎夷，君子斥之也。矧其纯乎！孔子曰：'一日克己复礼，天下归仁。'而不考其素，善其变也，又况终身由之者乎？色斯举矣，而不察其著，恶其变也，又况言弗行乎？"就朱梁而言，陈师道不赞成宋祁将其比之新朝的说法，而是认为朱梁的情况与曹魏比较相似，因而予以正统地位："学者拟梁于新，而唐非其族也，且其取之，夺也，非讨也，吾于《春秋》见之也。楚比，盗也，而弃疾杀之，君子书之曰：'公子弃疾杀公子比。'以情不以迹也。梁之有犹魏也，此朱梁之辨也。"①

总之，通过探析，陈师道对学者有异议的时代的正统问题给出了自己的答案，从而形成了自己相对完整的正统观。

---

① 陈师道：《陈后山集》卷十六《正统论》。

参考文献

一、古代文献

胡瑗：《周易口义》，《文渊阁四库全书》第 8 册。

陆淳：《春秋集传纂例》，《文渊阁四库全书》第 146 册。

陆淳：《春秋集传微旨》，《文渊阁四库全书》第 146 册。

孙复：《春秋尊王发微》，《文渊阁四库全书》第 147 册。

刘敞：《春秋权衡》，《文渊阁四库全书》第 147 册。

刘敞：《春秋意林》，《文渊阁四库全书》第 147 册。

曾巩：《隆平集》，《文渊阁四库全书》第 371 册。

陶岳：《五代史补》，《文渊阁四库全书》第 407 册。

王禹偁：《五代史阙文》，《文渊阁四库全书》第 407 册。

刘羲仲：《通鉴问疑》，《文渊阁四库全书》第 686 册。

邵雍：《皇极经世书》，《文渊阁四库全书》第 803 册。

章如愚：《群书考索》，《文渊阁四库全书》第 936 册。

杨亿：《武夷新集》，《文渊阁四库全书》第 1086 册。

胡宿：《文恭集》，《文渊阁四库全书》第 1088 册。

余靖：《武溪集》，《文渊阁四库全书》第 1089 册。

孙复：《孙明复小集》，《文渊阁四库全书》第 1090 册。

刘敞：《彭城集》，《文渊阁四库全书》第 1096 册。

范祖禹：《范太史集》，《文渊阁四库全书》第 1100 册。

邵雍：《击壤集》，《文渊阁四库全书》第 1101 册。

张方平:《乐全集》,《文渊阁四库全书》第 1104 册。

刘弇:《龙云集》,《文渊阁四库全书》第 1119 册。

陈傅良:《止斋集》,《文渊阁四库全书》第 1150 册。

刘元高:《三刘家集》,《文渊阁四库全书》第 1345 册。

孔文仲、孔武仲、孔平仲:《清江三孔集》,《文渊阁四库全书》第 1345 册。

《苏门六君子文粹》,《文渊阁四库全书》第 1361 册。

黄宗羲辑,全祖望订补,冯云濠、王梓材校正:《宋元学案》,《续修四库全书》第 518 册。

皇甫湜:《皇甫持正文集》,《四部丛刊初编》本。

王禹偁:《小畜集》,《四部丛刊初编》本。

柳开:《河东先生集》,《四部丛刊初编》本。

尹洙:《河南先生文集》,《四部丛刊初编》本。

欧阳修:《欧阳文忠公文集》,《四部丛刊初编》本。

司马光:《温国文正司马公文集》,《四部丛刊初编》本。

释契嵩:《镡津文集》,《四部丛刊三编》本。

吕温:《吕衡州文集》,《丛书集成初编》本。

宋祁:《景文集》,《丛书集成初编》本。

刘敞:《公是弟子记》,《丛书集成初编》本。

刘敞:《公是集》,《丛书集成初编》本。

吕夏卿:《唐书直笔》,《丛书集成初编》本。

毕仲游:《西台集》,《丛书集成初编》本。

陶毂:《清异录》,《惜阴轩丛书》本。

孙甫:《唐史论断》,《学海类编》本。

吴缜:《新唐书纠谬》,《知不足斋丛书》本。

李焘:《续资治通鉴长编》,中华书局点校本。

司马光:《资治通鉴》,中华书局 1956 年版。

徐松:《宋会要辑稿》,中华书局 1957 年版。

沈括撰,胡道静校证:《新校正梦溪笔谈》,中华书局 1957 年版。

苏轼撰,郎晔选注,庞石帚校订:《经进东坡文集事略》,文学古籍刊行社 1957 年版。

《宋大诏令集》,中华书局 1962 年版。

永瑢等：《四库全书总目》，中华书局 1965 年版。

欧阳修：《新五代史》，中华书局 1974 年版。

魏收：《魏书》，中华书局 1974 年版。

欧阳修、宋祁：《新唐书》，中华书局 1975 年版。

刘昫：《旧唐书》，中华书局 1975 年版。

薛居正：《旧五代史》，中华书局 1976 年版。

脱脱等：《宋史》，中华书局 1977 年版。

吴曾：《能改斋漫录》，上海古籍出版社 1979 年版。

柳宗元：《柳宗元集》，中华书局 1979 年版。

程颢、程颐：《二程集》，中华书局 1981 年版。

江少虞：《宋朝事实类苑》，上海古籍出版社 1981 年版。

范祖禹：《唐鉴》，上海古籍出版社 1981 年版。

李觏撰，王国轩校点：《李觏集》，中华书局 1981 年版。

苏辙撰，俞宗宪点校：《龙川别志》，中华书局 1982 年版。

方勺撰，许沛藻、杨立扬点校：《泊宅编》，中华书局 1983 年版。

蔡绦撰，冯惠民、沈锡麟点校：《铁围山丛谈》，中华书局 1983 年版。

邵伯温撰，李剑雄、刘德权点校：《邵氏闻见录》，中华书局 1983 年版。

魏泰撰，李裕民点校：《东轩笔录》，中华书局 1983 年版。

吴任臣撰，徐敏霞、周莹点校：《十国春秋》，中华书局 1983 年版

文莹撰，郑世刚、杨立扬点校：《续湘山野录》，中华书局 1984 年版。

杜佑撰，王云锦等点校：《通典》，中华书局 1984 年版。

赵翼著，王树民校证：《廿二史札记校证》，中华书局 1984 年版。

曾巩撰，陈杏珍、晁继周点校：《曾巩集》，中华书局 1984 年版。

石介著，陈植锷点校：《徂徕石先生文集》，中华书局 1984 年版。

高似孙：《史略》，中华书局 1985 年版。

吴处厚撰，李裕民点校：《青箱杂记》，中华书局 1985 年版。

潘永因编，刘卓英点校：《宋稗类钞》，书目文献出版社 1985 年版。

苏轼撰，孔凡礼点校：《苏轼文集》，中华书局 1986 年版。

马端临：《文献通考》，中华书局 1986 年版。

王应麟：《玉海》，江苏古籍出版社、上海书店 1987 年版。

陈振孙：《直斋书录解题》，上海古籍出版社1987年版。

刘恕：《资治通鉴外纪》，上海古籍出版社1987年版。

苏颂著，王同策等点校：《苏魏公文集》，中华书局1988年版。

王利器校注：《新语校注》，中华书局1988年版。

司马光撰，邓广铭、张希清点校：《涑水记闻》，中华书局1989年版。

张籍撰，李冬生注：《张籍集注》，黄山书社1989年版。

刘知幾撰，赵吕甫校注：《史通新校注》，重庆出版社1990年版。

苏辙撰，陈宏天、高秀芳校点：《苏辙集》，中华书局1990年版。

晁公武著，孙猛校证：《郡斋读书志校证》，上海古籍出版社1990年版。

吕大防等撰：《韩愈年谱》，中华书局1991年版。

苏舆撰，钟哲点校：《春秋繁露义证》，中华书局1992年版。

杨亿口述，黄鉴笔录，宋庠整理：《杨文公谈苑》，上海古籍出版社1993年版。

苏洵著，曾枣庄、金成礼笺注：《嘉祐集笺注》，上海古籍出版社1993年版。

秦观撰，徐培均笺注：《淮海集笺注》，上海古籍出版社1994年版。

顾炎武著，黄汝成集释，秦克诚点校：《日知录集释》，岳麓书社1994年版。

韩愈著，屈守元、常思春主编：《韩愈全集校注》，四川大学出版社1996年版。

赵彦卫撰，傅根清点校：《云麓漫钞》，中华书局1996年版。

朱彝尊著，汪嘉玲等点校：《经义考》，"中央"研究院中国文哲研究所筹备处（台北）1997年版。

《蔡襄全集》，福建人民出版社1999年版。

窦仪撰，薛梅卿点校：《宋刑统》，法律出版社1999年版。

贾谊撰，阎振益、钟夏校注：《新书校注》，中华书局2000年版。

李昉等撰，夏剑钦、王巽斋校点：《太平御览》，河北教育出版社2000年版。

王稱：《东都事略》，齐鲁书社2000年版。

王明清：《挥麈录》，上海书店出版社2001年版。

欧阳修撰，李逸安点校：《欧阳修全集》，中华书局2001年版。

黄庭坚撰，刘琳、李勇先、王蓉贵校点：《黄庭坚全集》，四川大学出版社2001年版。

朱弁撰，孔凡礼点校：《曲洧旧闻》，中华书局2002年版。

范仲淹撰，李勇先、王蓉贵点校：《范仲淹全集》，四川大学出版社2002年版。

朱熹撰，朱杰人、严佐之、刘永翔主编：《朱子全书》，上海古籍出版社、安徽教育出版社 2002 年版。

宋祁:《宋景文公笔记》,《全宋笔记》第 1 编第 5 册, 大象出版社 2003 年版。

程俱撰, 张富祥校证:《麟台故事校证》, 中华书局 2004 年版。

黄以周等辑注, 顾吉辰点校:《续资治通鉴长编拾补》, 中华书局 2004 年版。

洪迈撰, 孔凡礼点校:《容斋随笔》, 中华书局 2005 年版。

王安石撰, 李之亮笺注:《王荆公文集笺注》, 巴蜀书社 2005 年版。

王钦若等编纂, 周勋初等校订:《册府元龟》(校订本), 凤凰出版社 2006 年版。

王应麟撰, 翁元圻注, 栾保群等校点:《困学纪闻》, 上海古籍出版社 2008 年版。

二、现代重要论著

(一) 重要著作

陈钟凡:《两宋思想述评》, 商务印书馆 1933 年版。

金毓黻:《中国史学史》, 重庆商务印书局 1944 年版。

张煦侯:《通鉴学》, 开明书店 1948 年版。

何竹淇:《两宋农民战争史料汇编》(全 4 册), 中华书局 1976 年版。

陈光崇:《中国史学史》, 辽宁大学历史系 1980 印。

张孟伦:《中国史学史论丛》, 兰州大学历史系 1980 年印。

聂崇岐:《宋史丛考》(全二册), 中华书局 1980 年版。

朱剑心:《金石学》, 文物出版社 1981 年版。

刘乃和主编:《〈册府元龟〉新探》, 中州书画社 1983 年版。

侯外庐等:《宋明理学史》, 人民出版社 1984 年版。

梁启超:《中国近三百年学术史》, 中国书店 1985 年版。

刘乃和、宋衍申主编:《〈资治通鉴〉丛论》, 河南人民出版社 1985 年版。

杭州大学宋史研究室编:《沈括研究》, 浙江人民出版社 1985 年版。

钱穆:《朱子新学案》, 巴蜀书社 1986 年版。

白寿彝:《中国史学史》(第 1 册), 上海人民出版社 1986 年版。

牟润孙:《注史斋丛稿》, 中华书局 1987 年版。

[美] 汪荣祖:《史传通说》, 中华书局 1989 年版。

陶懋炳:《司马光史论探微》, 湖南师范大学出版社 1989 年版。

陈来:《宋明理学》, 辽宁教育出版社 1991 年版。

孙钦善、曾枣庄等主编:《国际宋代文化研讨会论文集》, 四川大学出版社 1991 年版。

吴怀祺：《宋代史学思想史》，黄山书社 1992 年版。

陈植锷：《北宋文化史述论》，中国社会科学出版社 1992 年版。

林平：《宋代史学编年》，四川大学出版社 1994 年版。

洪本健：《欧阳修资料汇编》，中华书局 1995 年版。

谢保成：《隋唐五代史学》，厦门大学出版社 1995 年版。

吴怀祺：《中国史学思想史》，安徽人民出版社 1996 年版。

饶宗颐：《中国史学上之正统论》，上海远东出版社 1996 年版。

余敦康：《内圣外王的贯通——北宋易学的现代阐释》，学林出版社 1997 年版。

杨渭生等：《两宋文化史研究》，杭州大学出版社 1998 年版。

孙昌武：《柳宗元评传》，南京大学出版社 1998 年版。

瞿林东：《中国史学史纲》，北京出版社 1999 年版，

［美］包弼德著，刘宁译：《斯文：唐宋思想的转型》，江苏人民出版社 2000 年版。

陈登原：《国史旧闻》，中华书局 2000 年版。

范凤书：《中国私家藏书史》，大象出版社 2001 年版。

萧公权：《中国政治思想史》，辽宁教育出版社 2001 年版。

傅璇琮、谢灼华主编：《中国藏书通史》，宁波出版社 2001 年版。

葛兆光：《中国思想史》，复旦大学出版社 2001 年版。

吴怀祺：《中国史学思想通史》（宋辽金卷），黄山书社 2002 年版。

罗家祥：《朋党之争与北宋政治》，华中师范大学出版社 2002 年版。

［美］刘子健著，赵冬梅译：《中国转向内在》，江苏人民出版社 2002 年版。

［美］田浩编，杨立华等译：《宋代思想史论》，社会科学文献出版社 2003 年版。

余英时：《朱熹的历史世界：宋代士大夫政治文化的研究》，三联书店 2004 年版。

祖慧：《沈括评传》，南京大学出版社 2004 年版。

赵伯雄：《春秋学史》，山东教育出版社 2004 年版。

皮锡瑞著，周予同注释：《经学历史》，中华书局 2004 年版。

李兵：《书院与科举关系研究》，华东师范大学出版社 2005 年版

瞿林东：《中国简明史学史》，上海人民出版社 2005 年版。

［日］东英寿著，王振宇、李莉等译：《复古与创新　欧阳修散文与古文复兴》，上海古籍出版社 2005 年版。

曹刚华：《宋代佛教史籍研究》，华东师范大学出版社 2005 年版。

蒙文通：《中国史学史》，上海人民出版社 2006 年版。

方建新：《二十世纪宋史研究论著目录》，北京图书馆出版社 2006 年版。

李更：《宋代馆阁校勘研究》，凤凰出版社 2006 年版。

张富祥：《宋代文献学研究》，上海古籍出版社 2006 年版。

邓小南：《祖宗之法：北宋前期政治述略》，三联书店 2006 年版。

何忠礼：《科举制度与宋代社会》，商务印书馆 2006 年版。

张明华：《〈新五代史〉研究》，中国社会科学出版社 2007 年版。

游彪：《靖康之变：北宋衰亡记》，中华书局 2007 年版。

周生杰：《太平御览研究》，巴蜀书社 2008 年版。

王盛恩：《宋代官方史学研究》，人民出版社 2008 年版。

陈雷：《契嵩佛学思想研究》，宗教文化出版社 2008 年版。

钱茂伟：《中国传统史学的范型嬗变》，黑龙江人民出版社 2010 年版。

（二）重要论文

夏承焘：《五代史记题解》，《民铎杂志》1924 年 5 卷第 4 期。

王国维：《宋代之金石学》，《国学论丛》1928 年 1 卷第 3 期。

班书阁：《五代史记注引书考》，《燕大月刊》1930 年 6 卷第 3 期。

王焕镳：《曾南丰先生年谱》，《江苏国学图书馆年刊》1930 年第 11 期。

班书阁：《五代史记纂误释例》，《女师学院期刊》1933 年 1 卷第 1 期。

班书阁：《五代史记注引书检目》，《女师学院期刊》1934 年 2 卷第 2 期。

罗香林：《唐书源流考》，《文史学研究所月刊》1934 年 2 卷第 5 期。

纪国宣：《宋儒疑古考略》，《师大月刊》1935 年第 22 期。

姚薇元：《欧阳修集古目录考》，《广州学报》1937 年 1 卷第 1 期。

滨远：《通鉴之纂修及其读法》，《新东方》1941 年 2 卷第 9 期。

金毓黻：《唐宋时代设馆修史制度考》，《说文月刊》1942 年 3 卷第 8 期。

陈垣：《北宋校刊南北八史诸臣考》，《辅仁学志》1943 年 12 卷第 1—2 期。

张芝联：《资治通鉴纂修始末》，《汉学》1944 年第 1 期。

陈述：《宋刘敞在史学上之贡献》，《说文月刊》1944 年第 4 期。

缪钺：《欧阳永叔治学之精神》，《思想与时代》1945 第 40 期。

刘滇波：《"五代史记注"作述考》，《萍乡文物》1948 年第 2 期。

吴兴华：《读"通鉴"札记》，《燕京学报》1950 年第 12 期。

陈千钧:《论〈资治通鉴〉——与聂崇岐、王崇武两先生商榷》,《历史研究》1957 年第 7 期。

赵贞信:《欧阳修对经学上的贡献》,《文史哲》1958 年第 3 期。

钟肇鹏:《论"经"和"史"——与周予同、汤志均先生商榷》,《学术月刊》1962 年第 1 期。

赵吕甫:《欧阳修史学的初探》,《历史教学》1963 年第 1 期。

王仲荦:《"资治通鉴"与通鉴学》,《历史教学》1963 年第 5 期。

白寿彝:《读"资治通鉴"札记》,《人民日报》1964 年 5 月 13 日。

柴德赓:《论欧阳修的〈新五代史〉》,《人民日报》1965 年 7 月 2 日。

夏鼐:《沈括和考古学》,《考古学报》1974 年第 2 期。

王曾瑜:《关于编写〈资治通鉴〉的几个问题》,《文史哲》1977 年第 3 期。

徐规:《沈括生卒年问题的再探索》,《杭州大学学报》1977 年第 3 期。

李裕民:《刘恕年谱》,《山西大学学报》1978 年第 2 期。

曹家琪:《〈资治通鉴〉编修考》,《文史》1978 年第 5 辑。

陈光崇:《〈资治通鉴〉述论》,《历史研究》1978 年第 11 期。

柴德赓:《〈资治通鉴〉及其有关的几部书》,《史学史研究》1979 年第 1 期。

郑涵:《欧阳修天人观试探》,《学术研究辑刊》1980 年第 1 期。

姚瀛艇:《欧阳修的史论》,《河南师范大学学报》1980 年第 2 期。

郭预衡:《论欧阳修》,《北京师范大学学报》1980 年第 3 期。

颜中其:《〈新唐书〉修撰考》,《史学史资料》1980 年第 4 期。

钟阳胜:《试论李觏的历史观》,《暨南学报》1980 年第 4 期。

王曾瑜:《关于刘恕参加〈通鉴〉编修的补充说明》,《文史哲》1980 年第 5 期。

陈光崇:《范祖禹与〈资治通鉴〉——读〈范太史集〉札记》,《辽宁大学学报》1980 年第 6 期。

蒋见元:《读〈资治通鉴考异〉》,《华东师范大学学报》1981 年第 2 期。

仓修良:《读司马光〈贻刘道原书〉》,《杭州大学学报》1981 年第 3 期。

张孟伦:《宋代统治阶级在撰修国史上的斗争》,《兰州大学学报》1981 年第 4 期。

陈光崇:《欧阳修金石学述略》,《辽宁大学学报》1981 年第 6 期。

杨渭生:《司马光与〈资治通鉴〉》,《杭州大学学报》1982 年第 1 期。

葛兆光:《宋官修国史考》,《史学史研究》1982 年第 1 期。

陶懋炳：《评欧阳修的史学》，《湖南师范大学学报》1982 年第 1 期。

陈光崇：《欧阳修的史学成就》，《社会科学辑刊》1982 年第 1 期。

杨正基：《〈通鉴〉的提纲和〈通鉴〉的编纂顺序》，《中国史研究》1982 年第 1 期。

晨舟：《范祖禹与〈唐鉴〉》，《史学史研究》1982 年第 2 期。

陶懋炳：《"鉴前世之兴衰，考当今之得失"——评司马光的史学思想》，《求索》1982 年第 2 期。

陈光崇：《欧宋修书异同论》，《史学史研究》1982 年第 4 期。

郑涵：《张景学术思想述评》，载邓广铭、程应镠主编：《宋史研究论文集》（中华文史论丛增刊），上海古籍出版社 1982 年版。

陈光崇：《欧阳修的史学》，载邓广铭、程应镠主编：《宋史研究论文集》（中华文史论丛增刊），上海古籍出版社 1982 年版。

徐规：《〈梦溪笔谈〉中有关史事记载订误》，载邓广铭，程应镠主编：《宋史研究论文集》（中华文史论丛增刊），上海古籍出版社 1982 年版。

仓修良：《司马光无神论思想剖析》，《东北师大学报》1983 年第 1 期。

乔治忠：《司马光〈史剡〉中的史料思想》，《南开史学》1983 年第 2 期。

陈光崇：《论司马光的历史编纂学》，《历史教学》1983 年第 6 期。

陈光崇：《记晚唐史家姚康和陈岳》，《史学史研究》1984 年第 2 期。

王仲荦、郑宜秀：《〈通鉴考异〉的史料考订价值》，《史学史研究》1984 年第 2 期。

张孟伦：《关于宋代重修〈唐书〉的问题》，《兰州大学学报》1984 年第 3 期。

冒怀辛：《邵雍的人生观与历史哲学》，《中国哲学》（第 12 辑），人民出版社 1984 年版。

倪士毅：《北宋馆阁制度述略》，载邓广铭、郦家驹等主编：《宋史研究论文集》，河南人民出版社 1984 年版。

陈光崇：《司马光与欧阳修》，《史学集刊》1985 第 1 期。

张利群：《试论〈资治通鉴〉中的臣光曰》，《晋阳学刊》1985 年第 1 期。

邱居里：《从〈通鉴考异〉看〈资治通鉴〉的史料来源与选材特点》，《史学史研究》1985 年第 3 期。

仓修良：《〈新五代史〉编修献疑》，《山西大学学报》1985 年第 3 期。

陈尚君：《欧阳修著述考》，《复旦学报》1985 年第 3 期。

陈光崇：《吕夏卿事录》，《史学史研究》1985 年第 4 期。

彭久松：《北宋〈神宗实录〉四修考》，《文史》（第 24 辑），中华书局 1985 年版。

吴怀祺：《史学思想和史学史研究》，《史学史研究》1986 年第 2 期。

邓广铭：《宋朝的家法和北宋的政治改革运动》，《中华文史论丛》1986 年第 3 期。

吴枫：《"两唐书"说略》，《古籍整理研究学刊》1986 第 3 期。

王天顺：《欧阳修〈五代史记〉的修撰与〈史通〉理论》，《宁夏大学学报》1986 年第 3 期。

施丁：《司马光史论的特点》，《史学史研究》1986 年第 3 期。

陶懋炳：《司马光史论表微》，《晋阳学刊》1986 年第 3 期。

施丁：《论司马光主编〈资治通鉴〉》，《历史研究》1986 年第 4 期。

陈光崇：《司马光简论》，《晋阳学刊》1986 年第 4 期。

杨渭生：《从〈疑孟〉看司马光的学术思想》，《晋阳学刊》1986 年第 5 期。

周征松：《〈资治通鉴考异〉对史学的贡献》，《晋阳学刊》1986 年第 5 期。

乔治忠：《司马光史论的特点》，《史学史研究》1986 年第 8 期。

赵吉惠：《试论司马光的历史哲学》，《哲学研究》1986 年第 9 期。

蔡崇榜：《〈唐鉴〉与宋代义理史学》，《四川大学学报丛刊》1986 年总 32 期。

翁福清：《苏颂生平事迹研究》，载徐规主编：《宋史研究集刊》，浙江古籍出版社 1986 年版。

唐兆梅：《试论北宋的"祖宗家法"》，《汕头大学学报》1987 年第 1 期。

陶懋炳：《新旧〈五代史〉评议》，《史学史研究》1987 年第 2 期。

李叔毅、龚佩琏：《从〈温公易说〉看司马光的政治历史观》，《信阳师范学院学报》1987 年第 2 期。

陈植锷：《从疑传到疑经——宋学初期疑古思潮述论》，《福建论坛》1987 年第 3 期。

王东：《正统论与中国古代史学》，《学术界》1987 年第 5 期。

杨渭生：《评司马光的认识论》，《晋阳学刊》1987 年第 6 期。

杨渭生：《评司马光的历史观》，《山西大学学报》1988 年第 1 期。

陈植锷：《论北宋知识分子的知识结构》，《社会科学研究》1988 年第 1 期。

张邦炜：《论宋代"无内乱"》，《四川师范大学学报》1988 年第 1 期。

张新民：《〈通鉴〉编修与史馆制度》，《贵州大学学报》1988 年第 1 期。

孙方明：《论司马光的史学思想》，《中国人民大学学报》1988 年第 1 期。

吴怀祺：《〈资治通鉴〉的价值和司马光的历史观》，《史学史研究》1988 年第 2 期。

张全明：《司马光在〈资治通鉴〉中的非正统史观》，《西南师范大学学报》1988 年第 2 期。

吴怀祺：《〈资治通鉴〉的价值和司马光的历史观》，《史学史研究》1988 年第 2 期。

陈舒平：《经验世界的推绎——谈司马光写人》，《四川师范大学学报》1988 年第 3 期。

周原孙：《范祖禹与〈资治通鉴〉》，《社会科学研究》1988 年第 3 期。

宋衍申：《刘攽与〈东汉刊误〉》，《古籍整理研究学刊》1988 年第 4 期。

宋衍申：《论刘恕的史学》，《东北师大学报》1988 年第 4 期。

施丁：《论司马光的史学思想》，《文史哲》1988 年第 6 期。

王东：《宋代史学与〈春秋〉经学——兼论宋代史学的理学化趋势》，《河北学刊》1988 年 6 期。

徐洪兴：《经学更新运动中的一个转折点——论庆历之际的社会思潮》，《复旦学报》1988 年第 6 期。

晓天：《北宋史学家陶岳其人其书考略》，《求索》1988 年第 6 期。

徐规：《沈括事迹编年》，载杭州大学历史系宋史研究室编：《宋史研究集刊》（2），浙江省社联《探索》1988 年增刊。

许沛藻：《宋代修史制度及其对史学的影响》，《上海师范大学学报》1989 年第 1 期。

叶建华：《曾巩的史学活动试探》，《河南大学学报》1989 年第 1 期。

陈光崇：《苏颂与史学》，《史学史研究》1989 年第 2 期。

贾荣贵：《〈春秋〉经与北宋史学》，《中国史研究》1990 年第 1 期。

全根先：《历史上的"正统"观念》，《文献》1990 年第 2 期。

叶建华：《曾巩史学思想简论》，《中州学刊》1990 年第 2 期。

徐洪兴：《孙复论》，《孔子研究》1990 年第 3 期。

谢保成：《谈五代十国的史学发展》，《河南大学学报》1990 年第 4 期。

吴德义：《论孙复思想的贡献及其时代意义》，《晋阳学刊》1990 年第 4 期。

何忠礼：《科举制度与宋代文化》，《历史研究》1990 年第 5 期。

陈光崇：《尹洙与〈新五代史〉小议》，《辽宁大学学报》1991 年第 2 期。

刘辉平：《试论欧阳修对北宋学风的影响》，《江西社会科学》1991 年第 3 期。

刘昭瑞：《"庆历之际"——中国传统思想文化发展的又一高峰期》，《人文杂志》1991 年第 3 期。

谢保成：《中唐〈春秋〉学对史学发展的影响》，《社会科学研究》1991 年第 3 期。

施懿超：《范祖禹与〈资治通鉴〉》，《史学史研究》1991 年第 3 期。

吴怀祺：《对欧阳修史学的再认识》，《史学史研究》1991 年第 4 期。

邹国义：《〈通鉴〉影射变法问题辨权》，《中国社会科学院研究生院学报》1991 年第
4 期。

范兆琪：《参与编修〈资治通鉴〉的史学家刘恕》，《争鸣》1991 年第 5 期。

徐洪兴：《试论范仲淹与北宋儒学的复兴》，《复旦学报》1992 年第 2 期。

彭小平：《路振史学著作述略》，《湘潭大学学报》1992 年第 4 期。

蔡崇榜：《关于宋修国史的几个问题》，《中国史研究》1993 年第 1 期。

陈润叶：《王安石的历史观》，《湘潭师范学院学报》1993 年第 1 期。

陈勇：《从〈通鉴〉看范祖禹的史学思想》，《四川师范学院学报》1993 年第 1 期。

房鑫亮：《〈唐鉴〉及其在历史编纂学上的地位》，《安徽史学》1993 年第 2 期。

刘复生：《说北宋中期儒学嬗变与史学的变化》，《史学史研究》1993 年第 2 期。

唐兆梅：《宋代史家对"以史为鉴"思想的继承和发扬概说》，《华东化工学院学报》
1993 年第 3 期。

谢保成：《关于〈新唐书〉思想倾向的考察》，《社会科学战线》1993 年第 4 期。

唐兆梅：《论宋代史学家的"反天命"思想》，《河北学刊》1993 年第 4 期。

李明山：《刘恕与〈资治通鉴〉的编纂》，《史学月刊》1993 年第 4 期。

王智勇：《张方平年谱》，载四川大学古籍整理研究所、四川大学宋代文化研究资料中
心编：《宋代文化研究》（第 7 辑），四川大学出版社 1993 年版。

宋立民：《宋代史馆沿革考》，《社会科学战线》1994 年第 1 期。

唐兆梅：《略论宋代史学家的"会通"思想》，《湖南大学学报》1994 年第 2 期。

王晓清：《宋元史学的正统之辨》，《中州学刊》1994 年第 6 期。

刘连开：《理学和两宋史学的趋向》，《史学史研究》1995 年第 1 期。

林怡：《简论欧阳修的〈易〉说及其史学观》，《周易研究》1995 年第 1 期。

吴振清：《北宋〈神宗实录〉五修始末》，《史学史研究》1995 年第 2 期。

何宛英：《两五代史比较研究》，《东北师大学报》1995 年第 3 期。

孙建民、凌崞：《宋代史学与长编法》，《学术月刊》1995 年第 3 期。

俞樟华：《宋人对〈史记〉的研究》，《浙江师大学报》1995 年第 4 期。

陈剩勇：《〈资治通鉴〉中国传统史学功能分析》，《史学理论研究》1995 年第 4 期。

王记录、闫明恕：《正统论与欧阳修的史学思想》，《贵州社会科学》1996 年第 1 期。

郭锋：《吕夏卿与〈新唐书〉宰相世系表》，《史学史研究》1996 年第 3 期。

杨世文：《经学的转折：啖助赵匡陆淳的新春秋学》，《孔子研究》1996 年第 3 期。

杨世文：《历史序列的重新编排——宋代德运之争的文化意义》，《中国典籍与文化》1996 年第 3 期。

杨世文：《啖助学派通论》，《中国史研究》1996 年第 3 期。

余敏辉：《纠摘谬误传信求实——吴缜〈新唐书纠谬〉新探》，《殷都学刊》1996 年第 3 期。

韩长耕：《〈宋会要辑稿〉述论》，《中国史研究》1996 年第 4 期。

庞天佑：《理学与宋代考据学》，《湛江师范学院学报》1996 年第 4 期。

王云飞：《苏轼史学思想述论》，《史学月刊》1996 年第 6 期。

王天顺：《试论宋代史学的政治功利主义》，《中州学刊》1997 年第 1 期。

庞天佑：《理学与宋代史学发展的特点》，《湛江师范学院学报》1997 年第 2 期。

范立舟：《宋儒对理想社会的构思》，《杭州大学学报》1997 年第 3 期。

余敏辉：《吴缜稽评"〈新唐书〉修撰八失"说浅析》，《信阳师范学院学报》1997 年第 3 期。

徐洪兴：《北宋理学思潮散论》，《浙江社会科学》1997 年第 3 期。

张邦炜：《两宋时期的丧葬陋俗》，《四川师范大学学报》1997 年第 3 期。

谢保成：《北宋前中期的唐史研究与〈新唐书〉重修中的几个问题》，《中国史研究》1997 年第 4 期。

刘连开：《宋代史学义理化的表现及其实质》，《广西大学学报》1997 年第 4 期。

庞天佑：《理学与宋代史学思想》，《湖北民族学院学报》1997 年第 5 期。

徐洪兴、杨月清：《试论欧阳修与北宋理学思潮的兴起》，《复旦学报》1997 年第 6 期。

王德毅：《孙甫的生平及史学》，《宋史研究集》（第 27 辑）》，"国立"编译局（台北）1997 年版。

吴怀祺：《易学、理学与欧阳修的史学》，《安徽大学学报》1998 年第 1 期。

余敏辉：《吴缜首创"纠谬"体考论》，《成都大学学报》1998 年第 1 期。

余敏辉：《吴缜的校勘学成就》，《史学史研究》1998 年第 2 期。

曹家齐：《欧阳修私撰〈新五代史〉新论》，《漳州师院学报》1998 年第 4 期。

余敏辉：《〈新唐书〉纠谬考辨》，《文献》1998 年第 4 期。

章权才：《宋初经学的守旧与开新》，《广东社会科学》1998 年第 5 期。

祝尚书：《尹洙年谱》，载四川大学古籍整理研究所、四川大学宋代文化研究资料中心编：《宋代文化研究》（第 7 辑），巴蜀书社 1998 年版。

范立舟：《宋儒对历史学价值的探求》，《漳州师院学报》1999 年第 1 期。

王志略：《曾巩历史学说综述》，《贵州师范大学学报》1999 年第 1 期。

余敏辉：《聚讼九百年"吴缜公案"之真相》，《商丘师范学院学报》1999 年第 1 期。

杨渭生：《范仲淹与宋学之勃兴》，《浙江大学学报》1999 年第 1 期。

唐兆梅：《论北宋文史哲的重振》，《贵州社会科学》1999 年第 1 期。

瞿林东：《两宋史学批评的成就》，《河北学刊》1999 年第 2 期。

范立舟：《宋儒正统论之内容与特质》，《安徽师范大学学报》1999 年第 2 期。

余敏辉：《欧阳修的金石证史》，《史学史研究》1999 年第 3 期。

范立舟：《宋儒对历史人物的评价》，《广西大学学报》1999 年第 3 期。

赵荣蔚：《〈唐史论断〉的史学批评特色》，《盐城师范学院学报》1999 年第 3 期。

汪高鑫：《司马光范祖禹唐史观点不一致论》，《安徽史学》2000 年第 1 期。

汪高鑫：《对司马光历史盛衰论的再认识》，《史学史研究》2000 年第 1 期。

乐文华、陈志强：《宋神宗与"祖宗家法"》，《江西教育学院学报》2000 年第 1 期。

邹志峰：《考据史实独辟蹊径——吴缜考据史学研究》，《四川大学学报》2000 年第 3 期。

邹志峰：《宋代考据史学三题》，《史学史研究》2000 年第 3 期。

王德保：《〈资治通鉴〉与〈册府元龟〉》，《南昌大学学报》2000 年第 3 期。

邹志峰：《宋代历史考据学的兴起及其发展演变》，《文献》2000 年第 4 期。

邓小南：《"正家之法"与赵宋的"祖宗家法"》，《北京大学学报》2000 年第 4 期。

许忠洪：《以古谕今　借史明志——论余靖的史学思想》，《韶关大学学报》2000 年第 6 期。

郭学信：《略论宋代士大夫的"史学自觉"精神》，《山东师大学报》2000 年第 6 期。

邓小南：《论宋朝的"祖宗之法"——以北宋时期为例》，《国学研究》（第 7 卷），北京大学出版社 2000 年版。

杨世文：《论宋初的文化忧患意识——兼论经学变古的历史必然性》，《四川大学学报》2001 年第 5 期。

祝尚书：《尹洙〈河南先生文集〉版本考略》，《文献》2001年第1期。

葛兆光：《理学诞生前夜的中国》，《中国史研究》2001年第1期。

漆侠：《胡瑗在经学和教育上的杰出贡献》，《天津社会科学》2001年第4期。

刘连开：《再论欧阳修的正统论》，《史学史研究》2001年第4期。

向燕南：《从"荣经陋史"到"六经皆史"——宋明经史关系说的演化及意义之探讨》，《史学理论研究》2001年第4期。

杨朝亮：《宋初"三先生"学术思想考论》，《齐鲁学刊》2002年第1期。

王德保：《〈通鉴〉周秦汉纪史源问题》，《南昌大学学报》2002年第2期。

杨朝亮：《试论宋初"三先生"在儒学发展史上的历史地位》，《中国社科院研究生院学报》2002年第3期。

于瑞桓：《司马光的史学思想及其理学精神》，《山东大学学报》2002年第3期。

康建强、余敏辉：《徐无党生平学术考略》，《淮北煤师院学报》2002年第4期。

赵维平：《薛居正、欧阳修史论之比较》，《河南教育学院学报》2002年第4期。

孔学：《王安石〈日录〉与〈神宗实录〉》，《史学史研究》2002年第4期。

张秀春：《试论〈太平御览〉的成书年代》，《烟台师范学院学报》2002年第4期。

郭学信：《略论"庆历之际"士人精神的嬗变》，《天津社会科学》2002年第5期。

李乐民：《李昉的类书编纂思想及成就》，《河南大学学报》2002年第5期。

范立舟：《论二程的历史哲学》，《史学月刊》2002年第6期。

周宝荣：《北宋官方对民间出版的管制》，《中南民族大学学报》2002年第6期。

范立舟：《曾巩思想的理学特质》，《江西社会科学》2002年第8期。

张伟：《两宋正统史观的历史考察》，《宁波大学学报》2003年第2期。

吴晓亮：《试论宋代"全民经商"及经商群体构成变化的历史价值》，《思想战线》2003年第2期。

孙立尧：《"史者儒之一端"试解——兼论司马光、范祖禹的史论》，《南京大学学报》2003年第2期。

罗炳良：《从宋代义理化史学到清代实证性史学的转变》，《史学月刊》2003年第2期。

马玉臣、杨高凡：《"易进难退"的兵制与北宋前期之冗兵》，《烟台大学学报》2003年第2期。

秦蓁：《韩愈修史——以〈答刘秀才论史书〉为中心》，《史林》2003年第2期。

刘瑛、罗炳良：《宋代史学的两个发展趋势及相互关系》，《光明日报》2003 年 7 月 17 日。

王盛恩：《孙甫史学发微》，《史学史研究》2003 年第 3 期。

余敏辉：《欧阳修校勘学述论》，《史学史研究》2003 年第 3 期。

张伟：《苏辙与〈古史〉》，《史学史研究》2003 年第 3 期。

杨国安：《欧阳修、石介与宋代韩学的兴盛》，《史学月刊》2003 年第 4 期。

葛焕礼：《石介儒学思想析论》，《东岳论丛》2003 年第 5 期。

顾永新：《欧阳修编纂史书之义例及其史料学意义》，《文史哲》2003 年第 5 期。

张保见：《宋敏求〈河南志〉考——兼与高敏、党宝海先生商榷》，《河南图书馆学刊》2003 年第 5 期。

高建立：《程朱理学的正统化实现及其历史命运》，《吉林师范大学学报》2003 年第 5 期。

郎国华、范立舟：《略论范仲淹与理学思潮产生的关系》，《广东社会科学》2003 年第 6 期。

李怡：《从〈册府元龟〉看宋真宗的图书编纂思想》，《图书馆理论与实践》2003 年第 6 期。

张保见：《〈太平寰宇记〉的文献学价值及地位》，《四川大学学报》2003 年第 6 期。

王存山：《范仲淹与宋代儒学的复兴》，《哲学研究》2003 第 10 期。

路育松：《从对冯道的评价看宋代气节观念的嬗变》，《中国史研究》2004 年第 1 期。

郭文佳：《宋代的疑经思潮与〈春秋〉学的地位》，《中州学刊》2004 年第 1 期。

宋馥香、王海燕：《论欧阳修〈新五代史〉的编纂特点》，《吉林师范大学学报》2004 年第 1 期。

宋馥香：《论〈唐鉴〉的编纂特点及其历史评论特色》，《郑州大学学报》2004 年第 2 期。

宋馥香：《〈资治通鉴〉：编年体史书历史叙事发展的高峰》，《陕西师范大学学报》2004 年第 2 期。

刘浦江：《德运之争与辽金王朝的正统性问题》，《中国社会科学》2004 年第 2 期。

余敏辉：《〈集古录〉成书年代辨》，《史学史研究》2004 年第 3 期。

王盛恩：《宋代皇权对国史修纂的全面干预》，《河南科技大学学报》2004 年第 4 期。

王德保：《以史为鉴与道德评判——论司马光的咏史诗》，《南昌大学学报》2004 年第 5 期。

雷戈：《正朔正统正闰》，《史学月刊》2004 年第 6 期。

邓志峰：《义法史学与中唐新史学运动》，《复旦学报》2004 年第 6 期。

李更：《北宋馆阁校书之人员构成及其政治文化内涵》，《江西社会科学》2004 年第
7 期。

江湄：《正统论的兴起与历史观的变化》，《史学月刊》2004 年第 9 期。

张保见：《〈太平寰宇记〉成书再探——以乐史生平事迹为线索》，《中国地方志》
2004 年第 9 期。

陈元锋：《宋代馆职的名实与职任》，《史学月刊》2004 年第 12 期。

金鑫、曹家齐：《说欧阳修的正统论思想》，《史学史研究》2005 年第 2 期。

董恩林：《试论历史正统观的起源与内涵》，《史学理论研究》2005 年第 2 期。

宋馥香：《〈新五代史〉对"不没其实"原则的具体应用》，《河北职业技术学院学报》
2005 年第 2 期。

向燕南：《10—19 世纪历史文化认同意识的发展》，《学术研究》2005 年第 4 期。

葛焕礼：《论啖助、赵匡和陆淳〈春秋〉学的学术转型意义》，《文史哲》2005 年第
5 期。

葛焕礼：《论苏辙〈春秋〉学的特点》，《孔子研究》2005 年第 6 期。

王盛恩：《试论宋代的史学政策及其实质》，《南开学报》2005 年第 6 期。

孔学：《宋代书籍文章出版和传播禁令述论》，《河南大学学报》2005 年第 6 期。

邬国义：《刘恕与古史研究》，《社会科学》2005 年第 7 期。

李峰：《论北宋"不杀士大夫"》，《史学月刊》2005 年第 12 期。

宋馥香、宋晓明：《〈春秋〉对北宋历史编纂之影响探微》，《东北师大学报》2006 年
第 1 期。

刘成国：《尊经卑史——王安石的史学思想与北宋后期史学命运》，《四川大学学报》
2006 年第 1 期。

余敏辉：《宋代金石学的双璧——〈集古录〉、〈金石录〉比较论》，《徐州师范大学学
报》2006 年第 1 期。

王盛恩：《北宋中期的唐史研究述略》，《平原大学学报》2006 年第 1 期。

向燕南：《求真与致用：构筑民族精神的努力》，《史学史研究》2006 年第 1 期。

王盛恩：《宋代〈日历〉纂修考》，《史学史研究》2006 年第 2 期。

刘浦江：《"五德终始"说之终结——兼论宋代以降传统政治文化的嬗变》，《中国社

会科学》2006 年第 2 期。

宋馥香：《论北宋的唐史编纂和政治诉求》，《史学理论研究》2006 年第 3 期。

江湄：《从"大一统"到"正统"论：论唐宋文化转型中的历史观嬗变》，《史学理论研究》2006 年第 4 期。

江湄：《以"公天下"大义正"家天下"之法——论中唐〈春秋〉学的"王道"论述及其时代意义》，《中国哲学史》2006 年第 4 期。

吴宁、范立舟：《两宋士风述论》，《西安交通大学学报》2006 年第 3 期。

余敏辉：《欧阳修的文献学旨趣》，《淮北煤炭师范学院学报》2006 年第 4 期。

周生杰：《〈太平御览〉目录学思想初探》，《牡丹江师院学报》2006 年第 5 期。

高建立：《论宋初"三先生"与宋明理学的肇端》，《中州学刊》2006 年第 5 期。

杨世文：《宋代经学变古的几个问题》，《四川大学学报》2006 年第 6 期。

王盛恩：《宋代监修国史和提举修史制度变化考》，《史学月刊》2006 年第 7 期。

奚刘琴：《隋唐儒士排佛思想探微——以著名排佛文献为例》，《学习与实践》2006 年第 7 期。

余敏辉：《欧阳修论考史》，《史学史研究》2007 年第 3 期。

张琴：《辽人正统观及其文学表现》，《山西师大学报》2007 年第 4 期。

孟宪玉：《五代入宋文人对宋朝儒学振兴及文化事业的发展所做的贡献——以名儒杨徽之为个案研究》，《河北大学学报》2007 年第 4 期。

王国良、郭蕾：《欧阳修与北宋儒学复兴运动》，《安徽大学学报》2007 年第 6 期。

闫春新：《正统观念与宋夏和战》，《山东大学学报》2007 年第 6 期。

文娟、范立舟：《李觏与范仲淹的交游及政治思想刍论》，《江西社会科学》2007 年第 7 期。

江湄：《北宋诸家〈春秋〉学的"王道"论述及其论辩关系》，《哲学研究》2007 年第 7 期。

张尚英：《宋代〈春秋〉学文献与宋代〈春秋〉学》，《求索》2007 年第 7 期。

郭友亮：《宋代的疑古惑经与〈春秋〉学的地位》，《求索》2007 年第 12 期。

范立舟：《论两宋理学家的历史哲学》，《哲学研究》2008 年第 1 期。

罗炳良：《宋元义理史学的"致用"与"求真"》，《史学史研究》2008 年第 2 期。

吴铮强：《唐宋时期科举制度的变革与社会结构之演变》，《社会学研究》2008 年第 2 期。

李峰：《北宋的史鉴之风》，《史学史研究》2008 年第 3 期。

江湄：《"正统论"的演变及其文化功能》，《学习与探索》2008 年第 4 期。

刘越峰：《孙复〈春秋〉学思想探源》，《南京师大学报》2008 年第 6 期。

范立舟：《论程朱理学对中国历史演进法则的认识》，《江汉论坛》2008 年第 8 期。

王天顺：《宋代史学的政治功利主义与春秋宋学——蠡测宋代史学成就的另一面》，《学术月刊》2008 年第 11 期。

苟焕礼：《刘敞的〈春秋〉学》，载四川大学古籍整理研究所、四川大学宋代文化研究中心编：《宋代文化研究》（第 15 辑），巴蜀书社 2008 年版。

洪本健：《欧阳修〈居士外集〉若干作品系年考》，《长江学术》2009 年第 1 期。

黄觉弘：《孙复〈春秋总论〉佚文及其他》，《山西师大学报》2009 年第 2 期。

张保见：《论〈太平寰宇记〉的文献学价值与地位——以今江西部分所引地志为例》，《上饶师范学院学报》2009 年第 2 期。

侯步云：《宋初"三先生"之孙复学术思想考论》，《四川师范大学学报》2009 年第 3 期。

罗炳良：《宋代义理史学再评价》，《廊坊师范学院学报》2009 年第 4 期。

周宝荣：《印本时代的到来与宋朝社会的读书风尚》，《河南社会科学》2009 年第 3 期。

李峰：《试论中国古代历史编纂的致用传统》，《大连大学学报》2009 年第 4 期。

邓锐：《尹洙〈五代春秋〉对〈春秋〉书法的继承》，《淮北煤炭师范学院学报》2009 年第 6 期。

张师伟：《浅析孙复的春秋思想与尊王理论》，《福建论坛》2009 年第 4 期。

邓锐：《〈春秋〉书法对宋代史书褒贬的影响》，《安徽史学》2009 年第 6 期。

宋馥香：《宋代史家对信史传统的继承和发展》，《南开学报》2009 年第 6 期。

李峰：《中国古代历史编纂的传统与困境》，《兰台世界》2009 年第 8 期。

罗炳良：《范仲淹与北宋〈春秋〉学》，《东岳论丛》2009 年第 8 期。

许秀文：《宋代〈春秋〉学研究方法探微》，《广西社会科学》2009 年第 12 期。

李蕉：《守道与思归——从张载政治蓝图的复古倾向论其内在追寻》，《政治学研究》2010 年第 1 期。

孙旭红：《宋代理学与〈春秋〉学》，《北方论丛》2010 年第 1 期。

宋馥香：《论宋代史家对历史编纂学的贡献》，《史学理论研究》2010 年第 2 期。

申慧青：《略论〈册府元龟·帝王部〉的帝王观》，《学习与探索》2010 年第 2 期。

吴业国：《欧阳修〈新五代史〉与北宋忠节礼义的重建》，《河南大学学报》2010 年第 3 期。

陈晓莹：《历史与符号之间——试论两宋对冯道的研究》，《史学集刊》2010 年第 2 期。

王记录：《两宋时期史学正统观念的发展》，《学习与探索》2010 年第 4 期。

邬国义：《〈论通鉴〉的"著生民之休戚"》，《社会科学》2010 年第 4 期。

王利伟：《宋代类书在中国古代类书编纂史上的地位》，《辞书研究》2010 年第 5 期。

黄觉弘：《胡瑗〈春秋〉佚说以及与孙复之异同》，《山西师大学报》2011 年第 1 期。

余敏辉：《略论欧阳修古籍整理研究中的"阙疑"法》，《淮北师范大学学报》2011 年第 2 期。

苏勇强：《"镜子意识"与北宋史籍刊刻》，《深圳大学学报》2011 年第 4 期。

唐玲：《〈四库提要〉视角下的北宋正统观质疑》，《图书馆理论与实践》2011 年第 10 期。

李峰：《论北宋中期的史学思潮及其实践》，《史学史研究》2012 年第 2 期。

李峰：《宋太祖誓约"不诛大臣、言官"新论——兼与张希清、刘浦江等先生商榷》，《史林》2012 年第 6 期。

李峰：《试论北宋中期的历史考据之风》，《兰台世界》2012 年 7 月（下旬刊）。

李峰：《论庆历之际的新春秋学及历史编纂》，《史学月刊》2013 年第 1 期。

李峰：《论北宋前期的时代命题与史学贡献》，《四川师范大学学报》2013 年第 5 期。

四、港台地区重要论著

（一）重要著作

孙彦明：《宋代书院制度之研究》，政治大学 1963 年版。

黄盛雄：《通鉴史论研究》，文史哲出版社 1979 年版。

叶国良：《宋人疑经改经考》，台湾大学出版委员会 1980 年版。

何泽恒：《欧阳修之经史学》，台湾大学出版委员会 1980 年版。

宋晞：《宋史研究论文与书籍目录》，中国文化大学出版部 1983 年版。

罗光：《中国哲学史（宋代篇）》（上、下），台湾学生书局 1984 年版。

宋鼎宗：《春秋宋学发微》，文史哲出版社 1986 年版。

李则芬：《泛论司马光〈资治通鉴〉》，台湾商务印书馆 1986 年版。

"国家"文艺基金会、"国立"政治大学编：《纪念司马光王安石逝世九百周年学术研讨会论文集》，"国家"文艺基金会1986年版。

潘英：《〈资治通鉴〉司马光史论之研究》，明文书局1987年版。

夏长朴：《李觏与王安石研究》，大安出版社1989年版。

雷家骥：《中古史学观念史》，学生书局1991年版。

蔡崇榜：《宋代修史制度研究》，文津出版社1991年版。

吴万居：《宋代书院与宋代学术之关系》，文史哲出版社1991年版。

刘复生：《北宋中期儒学复兴运动》，文津出版社1993年版。

陈正雄：《苏辙学术思想述评》，文史哲出版社2000年版。

宋晞：《宋史研究论文与书籍目录续编》，中国文化大学出版部2003年版。

（二）重要论文

赵铁寒：《朱弁和他的曲洧旧闻》，《大陆杂志》1954年第8卷第12期。

李宗侗：《司马光和〈资治通鉴〉》，《中国一周》1956年第330期。

陶希圣：《北宋几个大思想家的井田论》，《宋史研究集》（1），"国立"编译馆中华丛书编审委员会1958年版。

刘季洪：《范仲淹对于宋代学术之影响》，《宋史研究集》（1），"国立"编译馆中华丛书编审委员会1958年版。

王德毅：《神哲徽钦四朝国史修纂考》，《幼狮学志》1963年第2卷第1期。

金中枢：《宋代古文运动之发展研究》，《新亚学报》1963年第5卷第2期。

史谦举：《宋代史学的义理观念》，《人生》1964年第28卷第3期。

屈万里：《宋人疑经的风气》，《大陆杂志》1964年第29卷3期。

吕谦举：《宋代史学的义理观念》，《人生》1964年6月16日第327期。

张君劢：《宋代儒学复兴之先例》，《人生》1964年第28卷第12期。

黄汉超：《宋神宗实录前后改修之分析》，《新亚学报》1965年7卷第1—2期。

郭武雄：《读五代史札记》，《史绎》1965年第2期。

黄汉超：《宋神宗实录前后改修之分析》（上、下），《新亚学报》1965年第7卷第1期，1966年第7卷第2期。

王德毅：《刘道原及其史学》，《思与言》1966年第4卷第1期。

王德毅：《范祖禹的史学与政治》，《幼狮学志》1966年第5卷第2期。

蒋复璁：《宋太祖实录纂修考》，《宋史新探》，正中书局1966年版。

黄汉超：《宋代禁止实录流布之原因》，《新亚学报》1968 年第 8 卷第 2 期。

康铭：《司马光对历史人物的评价》，《史绎》1968 年第 5 期。

王德毅：《刘恕及其史学》，《大陆杂志》1968 年第 37 卷第 10 期。

吕谦举：《五代暨两宋的史学》，《人生》1968 年第 32 卷第 12 期。

王德毅：《司马光和〈资治通鉴〉》，《宋史研究集》(4)，"国立"编译馆 1969 年版。

陈庆新：《宋儒春秋尊王要义的发展与政治思想》，《新亚学报》1971 年第 10 卷第 1 期。

潘铭燊：《宋代私家藏书考》，《华国》1971 年第 6 期。

［日］内藤虎次郎著，苏振申译：《宋代史学的发展》，《文艺复兴》1970 年第 1 卷第 7、8、10 期。

陈芳明：《宋代正统论的形成背景及其内容——从史学史的观点试探宋代史学之一》，《食货月刊》1971 年复第 1 卷第 8 期。

王德毅：《北宋九朝实录纂修考》，《东海大学图书馆学报》1971 年第 11 期。

［日］内藤虎次郎：《宋代史学的发展》，《宋史研究集》(6)，"国立"编译馆 1971 年版。

王德毅：《刘攽及其史学贡献》，《中华文化复兴月刊》1972 年第 5 卷第 2 期。

林瑞翰：《司马光之史学及其政术》，《幼狮学志》1972 年第 10 卷第 2 期。

张寿平：《宋儒历史观》，《孔孟月刊》1972 年第 11 卷第 3 期。

林鸿邵：《〈资治通鉴〉与司马光》，《"中央"月刊》1972 年第 4 卷第 7 期。

南怀瑾：《邵康节的历史哲学》，《人文世界》1972 年第 2 卷第 10 期。

林瑞翰：《〈资治通鉴五代纪〉补注》，《幼狮学志》1973 年第 11 卷第 1 期。

叶鸿洒：《论宋代书院制度之产生及其影响》，《"国立"编译馆馆刊》1973 年第 2 卷第 3 期。

林瑞翰：《欧阳修〈五代史记〉之研究》，《台大文史哲学报》1974 年第 23 期。

沈兼士：《司马光与〈资治通鉴〉》，《江苏文献》1977 年第 1 期。

彭国栋：《〈资治通鉴〉帝魏探微》，《明道文艺》1978 年第 29 期。

黄盛雄：《〈通鉴〉史论述例》，《台中师专学报》1979 年第 8 期。

刘德美：《范祖禹与唐鉴》，《食货月刊》1979 年复第 9 卷第 7—8 期。

王德毅：《司马光与〈资治通鉴〉》，《中国史学史论文集》(1)，台北北华出版社 1979 年版。

孙国栋：《〈资治通鉴〉所表现的政治观念》，《国际汉学会议论文集》历史考古组中册，台湾"中央"研究院1981年编印。

陈明著，张荣芳译：《〈资治通鉴〉的史学》，《食货月刊》1982年复第12卷第4、5、6期。

陆碧云：《宋代正统论的渊源及形成背景》，《史学通迅》1986年第22期。

李则芬：《欧阳修的新史识》，《东方杂志》1987年复第20卷第7期。

宋晞：《从〈资治通鉴〉看司马光史论》，《宋史研究集》（17），"国立"编译馆1988年版。

［日］卢崎哲彦：《关于中唐的新〈春秋〉学派》，《中国文哲研究通讯》1990年第2期。

赵叔键：《论欧阳修作新五代史之意义》，《光武学报》1991年第16期。

叶鸿洒：《北宋儒者的自然观》，《淡江史学》1992年第4期。

王德毅：《李淑的政事和史学》，《第二届国际华学研究会议论文集》，中国文化大学文学院1992年版。

张元：《苏轼的史论》，《第二届国际华学研究会议论文集》，中国文化大学文学院1992年版。

陈学霖：《欧阳修〈正统论〉新释》，《宋史论集》，（台）东大图书公司1993年版。

赵效宜：《从宋太祖崇儒看学风之产生》，《新亚学报》1994年第17期。

赵海涛：《司马光与〈资治通鉴〉》，《孔孟月刊》1995年第34卷第1期。

陈荣熙：《论北宋史学的义理化趋向——欧阳修、司马光史观探析》，《第二届宋史学术研讨会论文集》，中国文化大学1996年版。

王德毅：《孙甫的生平及其史学》，《宋史研究集》（27），"国立"编译馆1997年版。

范立舟：《宋儒圣人史观论析》，《孔孟月刊》1998年第36卷第12期。

王德毅：《宋代史学的特质及其影响》，《台大历史学报》1999年第23期。

王德毅：《宋代史家的唐史学》，《台大文史哲学报》1999年第50期。

黄丽思：《欧阳修的史学》，《兰女学报》2000年第7期。

朱重圣：《司马光的〈资治通鉴〉史学》，《宋旭轩教授八十荣寿论文集》，中国文化大学2000年版。

王德毅：《宋敏求的家世与史学》，《台大历史学报》2003年第31期。

刘祥光：《宋代的时文刊本与考试文化》，《台大文史哲学报》2011年第75期。

后　记

　　遥忆乙酉之岁，时在清秋，余负笈京华，师从向燕南师攻读博士学位。时余初治史学兼又资质愚钝，故选题之际，颇费周章。所幸向师不惮其烦，导引启发，弥日经月，终定北宋史学思想为余之博士选题。嗣后吴怀祺先生、史革新先生、李帆先生拨冗光临余之论文开题报告会，对余悉心指教，受益良多，谨致谢忱。

　　是时为提高余之学养，向师特为余设席授课，日常话语，亦每以学术为题，传余道、授余业、解余惑，循循善诱，不遗余力，使余常有如沐春风、如饮醇醪之感。余性本木讷，不善言辞，唯与向师论学，则滔滔不绝，难以止歇。后屡为向师提及，引为笑谈。

　　然余虽得良师指导，无奈水平有限，故于论文撰述之初，颇有畏难之情绪：文献典籍卷帙浩繁，何时方能阅遍？颇多文章皆无年月标识，如何确定其撰成年代？学者思想纷繁芜杂、异同并陈，则纲领性之观念如何抽绎？烦闷之下，屡欲更换选题，然一则为选题之事反复叨扰向师，自觉有愧，再则相关材料已搜罗甚多，中途收手，未免可惜，因渐息杂念，专心撰述。二载之后，遂成初稿。

　　其时本当浅斟小酌，以示庆祝。孰料一次医检，竟查出余罹患重病！一时令余手足无措：八旬老父尚待赡养，弱女其灼尚待抚育，初成论文尚待完善，而余之生命即将终结！衷心伤感，难以描摹。然余于此一无哀怨，人食五谷，鲜有不患病者，别人患得，若何余患不得？唯因骤对死神，不免稍有惊惧。时医者宅心仁厚，欲助余了却一心愿，遂保余可半年无恙，劝余待撰成博士论文并通过论文答辩后再行疗治，然为余及内子闫喜琴女士所婉拒。余生于世，惯于和光同尘，与时府仰，遭事不辞，然亦不强求！所幸手术成功。余疗病期间，甚得家人及师友之关爱与帮助，令余终生心存感恩之情。

术后归家静养旬余，余即于病榻之上重操翰墨：展读前论，翻检典籍，增补删改，不亦乐乎！至次年春遂撰成定稿，并顺利通过论文答辩。感谢施丁先生、李小树先生、许殿才先生、周少川先生、陈理先生、赵俊先生、汪高鑫先生，诸位先生在余之论文评审及论文答辩会上，对余之论文悉加指正，使余受益匪浅。戊子年初夏，余如期毕业于北京师范大学历史学院史学研究所史学理论暨史学史专业。

余学业虽成，然自觉博士论文尚颇粗疏，故毕业之后，仍删修不辍，以至数年之间，几易文稿。其间，余之硕士导师王记录师、博士后导师李振宏师又对余耳提面命，时加指点，使余深为感激。而因机缘巧合，余之文稿先后又幸得十余精擅宋代学术之学者斧正，其或当头棒喝，或娓娓而谈，皆洞中余文之肯綮，而屡致余于汗流浃背、跼踏无地之境地，令余中夜踟蹰，既愧且喜，感佩之情，无以言表。惜乎皆不知其名，无法言谢，遂成憾事。然余今后定将着意一一访求，亲致谢意。

癸巳年秋，终成定稿。平实而论，此稿之质量已远非博士论文可比，然余之心却愈益惶恐。回思书稿初创之三年，可谓艰辛，嗣后数载改易却令余颇觉惬意，自觉再假余数岁，定可将其修得珠圆玉润。惜乎余与此稿缘分已尽，余虽中心忐忑，战栗不已，然一字一符已改易不得矣。然余亦应知足，若非邵永忠编辑包容与理解，此书已问世数年矣，则其形容又该如何！

书稿修成，抚键静思。蓦觉此书自选定题目至如今最终撰成，忽忽八载已逝。而八载之间，余已须发微白，容颜暗换。前尘往事不免俱上心头，一时百感交集，遂草就此文，聊作纪念！

癸巳年仲秋之夜于听风轩

责任编辑:邵永忠
封面设计:黄桂月

图书在版编目(CIP)数据

北宋史学思想流变研究/李峰 著. –北京:人民出版社,2013.12
ISBN 978 – 7 – 01 – 012833 – 7

Ⅰ.①北… Ⅱ.①李… Ⅲ.①史学思想-思想史-研究-中国-北宋
 Ⅳ.①K092.441

中国版本图书馆 CIP 数据核字(2013)第 274210 号

北宋史学思想流变研究
BEISONG SHIXUE SIXIANG LIUBIAN YANJIU

李 峰 著

人民出版社 出版发行
(100706 北京市东城区隆福寺街 99 号)

北京新魏印刷厂印刷 新华书店经销

2013 年 12 月第 1 版 2013 年 12 月北京第 1 次印刷
开本:710 毫米×1000 毫米 1/16 印张:21.5
字数:330 千字

ISBN 978 – 7 – 01 – 012833 – 7 定价:48.00 元

邮购地址 100706 北京市东城区隆福寺街 99 号
人民东方图书销售中心 电话 (010)65250042 65289539

版权所有·侵权必究
凡购买本社图书,如有印制质量问题,我社负责调换。
服务电话:(010)65250042